조선왕실의 책봉의례

조선왕실의 의례와 문화 1

조선왕실의 책봉의례

초판 1쇄 인쇄 2016년 9월 20일

초판 1쇄 발행 2016년 10월 1일

지은이 신명호

펴낸이 이방원

편　집 윤원진 · 김명희 · 이윤석 · 안효희 · 강윤경 · 김민균

디자인 박선옥 · 손경화

마케팅 최성수

펴낸곳 세창출판사

출판신고 1990년 10월 8일 제300-1990-63호

주소 03735 서울시 서대문구 경기대로 88 냉천빌딩 4층

전화 723-8660

팩스 720-4579

이메일 sc1992@empal.com

홈페이지 http://www.sechangpub.co.kr

ISBN 978-89-8411-640-5　04900

　　　978-89-8411-639-9(세트)

ⓒ 한국학중앙연구원 2016

_ 이 도서의 국립중앙도서관 출판시도서목록(CIP)은 서지정보유통지원시스템 홈페이지(http://seoji.nl.go.kr)와

　국가자료공동목록시스템(http://www.nl.go.kr/kolisnet)에서 이용하실 수 있습니다. (CIP제어번호: CIP2016022674)

_ 이 도서는 2011년도 정부재원(교육과학기술부 학술연구지원사업비)의 지원에 의하여 연구되었음(AKS-2011-ABB-3101)

조선왕실의
의례와 문화

1

조선왕실의
책봉의례

신명호

지음

세창출판사

거시사적인 측면에서 조선왕조 500년을 드러낼 수 있는 특징은 무엇일까? 필자의 소견으로는 종교적인 측면에서의 성리학적 유교문화와 정치적인 측면에서의 중앙집권적 양반관료체제가 아닐까 싶다.

조선이 건국되기 이전 1천여 년간 한국을 지배한 종교는 불교였다. 고려말 신진사대부는 성리학을 무기로 불교를 비판하다가 결국에는 조선을 건국하였다. 이런 사실에서 조선시대를 특징짓는 가장 강력한 특징은 역시 성리학적 유교문화라고 할 수 있다. 아울러 조선시대 양반들이 성리학을 바탕으로 강력한 중앙집권체제를 추구하였다는 사실 역시 이 시대의 특징이라 할 만하다.

조선시대의 성리학적 유교문화와 중앙집권적 양반관료체제의 특징을 잘 드러낼 수 있는 연구 주제의 하나가 바로 왕실의 책봉의례이다. 예와 악으로 대표되는 성리학적 유교문화의 정수가 책봉의례에 함축되어 있을 뿐만 아니라 중앙집권적 양반관료체제의 특징 역시 왕실의 책봉의례를 통하여 표출되었기 때문이다.

조선의 왕은 중국 황제로부터 국왕에 책봉되었고, 그것에 입각하여 대내적으로 왕족과 공신들을 봉작했다. 특히 조선시대에는 종친, 부마, 외척, 공주, 왕과 종친의 배우자 등 왕족을 대상으로 하는 왕실 봉작제도가 치밀하게 정비되었다. 이 같은 책봉의례를 바탕으로 왕권이 확립되고 나아가 왕실집단과 공신집단이 확정되었다. 이런 면에서 조선시대 책봉의례는 관료제도와 함께 조선왕조를 규제한 가장 강력한 장치였다고 할 수 있다. 이 책은 바로 이런 문제의식의 결과물이다.

　이 책을 통하여 조선시대 성리학적 유교문화와 중앙집권적 양반관료체제가 구조적, 종합적으로 이해되는 데 조금이라도 기여할 수 있기를 기대한다. 아울러 3년에 걸쳐 이 책을 집필할 기회를 주신 한국학중앙연구원 장서각에 감사의 말을 전하고 싶다. 마지막으로 복잡하고 난해한 내용을 꼼꼼하게 교정해 주신 세창출판사 여러분들에게도 고마운 마음을 전한다.

2016년 9월

신 명 호

차례

제 1 장

서론

1 동아시아 군주제와 국제질서 그리고 책봉의례

전통시대 동아시아 군주제와 국제질서의 형식 및 기능을 이해하기 위해서는 책봉 자체는 물론 책봉의례도 검토해야 한다. 군주제를 지탱한 기둥 중의 하나가 봉작제였고, 또한 국제질서를 지탱한 기둥 중의 하나가 조공·책봉 체제였기 때문이다. 봉작제와 조공·책봉 체제는 공히 책봉을 통해 실현되었기에 책봉은 전통시대 동아시아 군주제와 국제질서를 지탱하던 핵심 중 하나였다고 해도 과언이 아니다.

책봉이란 '책명(冊命)'과 '봉작(封爵)'의 합성어이다. 책명은 '책(冊)으로 명(命)한다'는 뜻이고, 봉작은 '봉토(封土)하고 수작(授爵)한다'는 뜻이다. 봉작에서의 '봉토'는 중국에서 시행된 봉건제도에서 제후의 토지를 분봉한다는 의미이고, '수작'은 제후의 등급에 맞는 작위를 수여한다는 의미이다. 따라서 책봉의례는 '분봉을 통해 제후를 봉건하고 제후의 등급에 맞는 작위를 책으로 명하는 과정에서 시행되었던 의례'라는 의미를 함축하고 있다.

동아시아의 봉작제는 역사적 변천에 따라 다양한 형태를 띠었다. 본래 봉작제는 중국의 은·주 대에 봉건 제후들을 포섭, 예우하던 것에서 출발하여 진(秦) 대 이후 모든 신민들을 포섭하는 제도로 발전하였으며 관료제와 함께 국가의 2대 통치기술로 발달한 제도였다.

은·주 대에 시작된 중국의 봉작제는 한, 당, 송, 명을 거치면서 봉작제라는 이름은 그대로 존속되었지만 형식과 내용 및 기능 면에서는 크게 변하였다. 진 대와 한 대에 황제 체제가 확립되면서 사실상 봉건제도는 유명무실화되었기 때문이다. 하지만 봉작제의 형식과 기능이 어떻게 변화했든 상관

없이 봉작의 대상자는 왕족과 공신에 한정되었으며 봉작에 수반되는 경제적, 형사적 특권은 세습되는 것이 원칙이었다.

주 대와 춘추시대의 봉작제에서는 기내제후(畿內諸侯)를 대상으로 하는 내작(內爵)과 기외제후(畿外諸侯)를 대상으로 하는 5등작(五等爵)이 있었다. 진 대와 한 대에 들어 기외제후를 대상으로 하던 5등작제가 중국 주변 국가의 통치자들을 대상으로 시행되면서 중국을 중심으로 하는 동아시아 국제질서로서 조공·책봉 체제가 형성되었다.

주 대와 춘추시대의 봉건제도에 입각한 봉작제에서는 의례가 매우 중요하였다. 사실상 독립국의 통치자인 제후들을 평화적으로 연대, 협력하게 만든 매개체가 바로 의례화된 서열로서의 봉작이었기 때문이다.

예컨대『주례(周禮)』에 수록된 의례 중의 많은 부분이 봉건 제후들의 연대, 협력에 필요한 의례였다. 진·한 대 이후 형성된 조공·책봉 체제에서도 의례는 매우 중요했다. 진·한 대부터 시작하여 중국의 역대 왕조는 조공·책봉 체제에 필요한 의례를 세밀하게 마련하였다. 중국의 역대 왕조에서 제정된 왕조례(王朝禮) 중에서 빈례(賓禮)가 바로 조공·책봉에 필요한 외교의례였다.

한국사에서는 고구려, 백제, 신라의 통치자들이 각각 중국으로부터 국왕 책봉을 받고 조공을 거행함으로써 조공·책봉 체제에 편입되었다. 삼국시대의 통치자들은 대외적으로 중국 황제에게 국왕으로 책봉되었고, 그것에 입각하여 대내적으로 왕족과 공신들을 봉작하였다. 다만 삼국시대에는 토지의 분봉이 시행된 적이 없었으므로 봉건제도에 입각했던 은·주 대의 봉작제보다는 황제 체제에 입각했던 당(唐) 대의 봉작제가 주로 이용되었다. 고려시대의 통치자 역시 중국 황제로부터 국왕에 책봉되었고, 그것에 입각하여 대내적으로 왕족과 공신들을 봉작했다.

조선의 통치자 역시 중국 황제로부터 국왕에 책봉되었고, 그것에 입각하여 대내적으로 왕족과 공신들을 봉작했다. 특히 조선시대에는 종친, 부마,

외척, 공주, 왕과 종친의 배우자 등 왕족을 대상으로 하는 왕실 봉작제가 정밀하게 정비되었다. 조선 건국 이전의 신라왕실, 고려왕실은 기본적으로 족내혼에 입각하여 구성, 운영되었지만 조선의 왕실은 철저하게 이성혼(異姓婚)에 입각하여 구성, 운영되었기에 조선왕실의 실정에 적합한 왕실 봉작제가 필요했다.

조선시대 왕실 사람들이 기왕의 족내혼 대신 이성혼을 받아들이면서 유교의 친친(親親) 이념에 의거하여 왕의 친인척 중에서 일정 범위의 사람들을 국가 차원에서 봉작하게 되었다. 봉작된 왕실 사람들은 국가로부터 경제, 형사, 명예 측면에서 다양한 특권을 부여받았다. 반면에 정치적, 사회적으로는 금고를 당하였다. 이 같은 조선왕실의 책봉의례를 전체적으로 파악하기 위해서는 조선왕실의 구성 원리를 비롯하여 왕실 봉작제, 조공·책봉 체제 등이 역사적, 구조적으로 해명되어야 한다.

그런데 조선시대의 봉작제와 책봉의례는 단순히 양반관료 체제를 보완하는 부차적인 역할만 한 것이 아니었다. 조선국왕의 정통성은 중국 황제의 책봉을 받았다는 사실에 있었으며, 나아가 조선왕조의 핵심 세력인 왕족과 공신들을 포섭, 예우하던 제도 역시 봉작제였다. 따라서 조선시대의 봉작제와 책봉의례는 관료제와 함께 조선왕조를 규제한 가장 강력한 장치였다고 할 수 있다.

이 책에서는 조선왕실의 책봉의례를 통해 조선시대 왕실 봉작제와 책봉의례의 역사적 연원을 비롯하여 그 역할, 기능, 중요성 등을 해명하고 이를 바탕으로 조선왕실문화에 대한 재인식과 재발견을 견인하고자 하였다. 특히 조선왕조부터 대한제국까지를 검토 대상으로 삼음으로써 조선왕실의 봉작제와 대한제국황실의 봉작제를 각각 해명하고 나아가 두 봉작제를 비교함으로써 각각이 갖는 특징, 역할, 기능 등을 보다 선명하게 파악하고자 하였다.

2 검토 내용과 검토 방법

조선시대 책봉의례에는 중국과 조선 사이에서 시행된 대외적 책봉의례가 있고, 조선 내부에서 시행된 대내적 책봉의례가 있다. 중국과 조선 사이에서 시행된 대외적 책봉의례는 이른바 동아시아의 조공·책봉 체제에 입각하여 중국 황제가 조선국왕을 책봉하는 의례였다. 반면 조선 내부에서 시행된 대내적 책봉의례는 조선국왕이 왕실 봉작제에 의거하여 왕족들을 책봉하는 의례였다. 그러므로 조선왕실의 책봉의례를 구조적, 전체적으로 파악하기 위해서는 대외적 책봉의례와 대내적 책봉의례를 통합적으로 파악할 필요가 있다.

조선을 건국한 주체세력들은 유교의 예와 악에 입각한 예치(禮治)를 중시하였다. 이에 따라 조선 건국을 전후하여 고려시대의 불교적 국가의례가 유교적 국가의례로 대거 개편되었다. 그 성과가 조선 성종 대의 『국조오례의』에 종합되었다.

조선왕실의 책봉의례를 검토한 기왕의 성과는 대체로 부분적, 제도적 측면에 치중되었다. 반면 대외적 책봉의례와 대내적 책봉의례의 두 측면을 통합하여 검토한 성과는 거의 없었다. 그 이유는 무엇보다도 조선왕조가 중앙집권적 양반관료 체제로 인식됨으로써 봉작제나 책봉의례가 관료 체제를 보완하는 부분적 또는 부차적 의미만 갖는 것으로 간주되었고, 아울러 대외적 책봉의례와 대내적 책봉의례가 별도의 책봉의례로 인식되었기 때문이다.

예컨대 조선왕실의 대외적 책봉의례는 '사대교린'이라는 조선시대 외교의 일부분으로 인식되었으며, 조선왕실의 대내적 책봉의례 역시 중앙집권적 양반관료 체제의 일부분으로 인식되었다. 이 결과 고려시대의 봉작제, 책봉 등과 관련해서는 『고려시대 봉작제 연구』(김기덕: 1999), 『고려국왕 책봉연구』(심재석: 2002) 등이 있지만 조선시대의 봉작제, 책봉 등과 관련하여서는 한 권의 단행본도 없는 실정이다. 『한국중세정치법제사연구』(김성준: 1985), 『조선양반사회연구』(이성무: 1995) 등에서 종친부, 의빈부, 돈녕부, 내명부 등이 관료제의 일부분으로서 개별적, 부분적으로 다루어졌을 뿐이며 2000년대 이후의 관련 논문들 역시 마찬가지인 실정이다.

이 책에서는 조선왕실 책봉의례의 역사적 연원을 비롯하여 그 역할, 기능, 중요성 등을 해명하고 이를 바탕으로 조선왕실문화에 대한 재인식과 재발견을 견인하기 위하여 첫째로 조선왕실의 책봉의례를 대외적 책봉의례와 대내적 책봉의례의 두 측면에서 통합적으로 고찰하였다. 이에 따라 먼저 대외적 책봉의례를 검토하였다. 대외적 책봉의례 검토에서는 조선시대 '국왕'이 중국 황제로부터 책봉되는 과정에서 시행된 다양한 의례들을 대상으로 하였는데, 여기에는 세 가지 과정이 포함되었다. 조선의 통치자가 국왕에 책봉되기 위해 책봉을 요청하는 사신을 중국에 보내는 것이 첫 번째 과정이었고, 조선 측의 요청을 받은 중국에서 책봉에 필요한 책보(冊寶)를 제작해 조선으로 보내는 것이 두 번째 과정이었으며, 조선 측에서 중국의 사신을 받아들여 책보를 받는 것이 세 번째 과정이었다. 첫 번째 과정과 세 번째 과정에서 시행되는 의례들은 기본적으로 조선의 『국조오례의』의 흉례, 가례, 빈례 등에 규정되었고 두 번째 과정에서 거행되는 의례들은 명나라의 국가의례집인 『대명집례(大明集禮)』의 빈례에 규정되었다. 아울러 대외적 책봉의례에 관련된 다양한 사례들이 『조선왕조실록』, 『승정원일기』, 『영접도감의궤』, 『동문휘고(同文彙考)』 같은 관찬사료는 물론 『사행록(使行錄)』 등의 사찬사료에 풍부하게 전하고 있다. 따라서 대외적 책봉의례 검토에서는 『국조오례의』, 『대명집례』, 『조선왕조실록』, 『승정원일기』, 『영접도감의궤』, 『동문휘고』,

『사행록』 등을 주 자료로 활용하고 그 외에 『주례』, 『의례』, 『예기』, 『명회전 (明會典)』, 『대청회전(大淸會典)』 등을 보조 자료로 이용하였다.

다음으로 대내적 책봉의례 검토에서는 조선시대의 상왕, 대비, 왕비, 왕세자, 왕세자빈, 종친, 부마, 외척, 공주, 왕과 종친의 배우자 등과 관련된 봉작 그리고 대한제국기의 태후, 황후, 황태자, 황태자비, 황자 등과 관련된 봉작을 대상으로 하였으며 『경국대전』, 『대전회통』, 『춘관통고』, 『국조오례의』, 『동문휘고』, 『사행록』, 『조선왕조실록』, 『승정원일기』, 『영접도감의궤』, 『영접도감등록』, 『대례의궤(大禮儀軌)』, 『대한예전』, 『책봉의궤』, 『의주(儀註)』 등을 주 자료로 활용하였다.

둘째로 조선과 대한제국의 봉작제를 다양한 측면에서 검토하였다. 예컨대 봉호, 책보, 상징물, 책봉에 따른 권리와 의무 등을 관련 자료 등을 통해 고찰하였다. 이와 같은 검토를 통하여 이 책에서는 조선 건국을 전후하여 고려시대의 불교적 국가의례가 유교적 국가의례로 개편된 결과 나타난 조선왕실의 대외적 책봉의례와 대내적 책봉의례가 조선시대부터 대한제국기까지 어떤 방식으로 형성, 변화되었는지를 통시적으로 이해하고자 하였다.

제 2 장

명·청 대 조공·책봉제도와 책봉의례

1 여말·선초 명과의 조공·책봉관계 성립과정

명은 조선이 건국되기 이전부터 고려와 조공·책봉관계를 맺었다. 조선이 건국된 이후의 조공·책봉관계도 고려 때의 조공·책봉관계를 근거로 하여 맺어졌다. 이후 조선과 명과의 조공·책봉관계는 명이 멸망할 때까지 200여 년간 지속되었다. 조선이 청과 맺은 조공·책봉관계 역시 명 대의 조공·책봉관계와 별로 다르지 않았다. 그러므로 조선이 명 및 청과 맺었던 조공·책봉관계를 역사적으로 이해하기 위해서는 고려와 명 사이에 맺어졌던 조공·책봉관계를 검토할 필요가 있다.

고려정부는 원 간섭기 동안 원의 부마국이자 제후국이었다. 이에 따라 당시 고려정부의 외교는 원에 편중될 수밖에 없었다. 이런 상황은 원 말기에 명이 부상하면서 바뀌기 시작하였다.

고려정부가 기존의 원 일방에 치우치던 외교에서 벗어난 시점은 공민왕 17년(1368)이었다. 이해 9월에 명의 군사에게 수도를 함락당한 원의 황제와 황후가 상도(上都)로 도망하였다는 소식을 들은 공민왕은[1] 명에 사신을 보낼지 여부를 놓고 백관들에게 의견을 물었다.[2] 그 결과 11월에 공민왕은 예의판서 장자온(張子溫)을 오왕(吳王) 주원장에게 파견했다.[3]

그런데 오왕 주원장은 이미 공민왕 17년 1월에 황제에 즉위하고 국호를 대명(大明)으로 바꾼 상황이었다. 하지만 공민왕 18년(1369) 4월에 명의 사

---

1 『고려사』 세가, 공민왕 17년(1368) 9월 을묘.
2 『고려사』 세가, 공민왕 17년(1368) 9월 정사.
3 "遣禮儀判書張子溫 聘于吳王", 『고려사』 세가, 공민왕 17년(1368) 11월 정미.

신 설사(偰斯)가 도착하기 전까지 공민왕은 명의 주원장을 오왕으로 간주하였다. 이에 따라 고려와 명의 최초 외교는 대등한 관계에서 시작되었다. 즉 고려 공민왕은 오왕 주원장과 대등한 입장에서 예의판서 장자온을 파견하였던 것이다.

하지만 고려와 명 사이의 대등한 외교관계는 오래가지 않았다. 예의판서 장자온이 명에 간 지 5개월 만인 공민왕 18년 4월에 명의 주원장이 파견한 설사가 고려에 도착하였다. 원래 설사는 공민왕 17년 11월에 명의 수도를 출발하였는데, 바닷길이 험난하여 5개월 만에 고려에 도착했던 것이다.

그런데 설사가 전달한 명의 국서는 새서(璽書)로서 이는 '대명황제'가 '고려국왕'에게 보내는 형식이었다.[4] 즉 황제국의 황제가 제후국의 제후왕에게 보내는 형식이었던 것이다. 따라서 공민왕이 명의 주원장을 황제로 인정하지 않았다면 설사의 새서를 접수하지 않았을 것이다. 하지만 공민왕은 백관을 거느리고 개경의 동대문인 숭인문 밖에까지 나가 설사를 영접하였다.[5] 이는 공민왕이 사실상 명을 황제의 나라로 인정한 결과였다. 따라서 고려와 명 사이에 황제국과 제후국의 외교관계, 즉 조공·책봉관계가 사실상 시작된 것은 공민왕 18년 4월의 설사 영접 때부터라고 할 수 있다.

고려와 명 사이의 조공·책봉관계는 공민왕 18년 5월에 원의 연호인 지정(至正)을 정지하고[6] 명에 표문을 보내면서[7] 본격화되었다. 주지하듯이 연호와 표문은 동아시아의 조공·책봉관계를 상징하였다. 예컨대 과거 동아시아에서 연호는 하늘의 명을 받아 이 땅을 다스리는 황제만이 반포할 수 있었다. 황제는 자신을 이 땅의 통치자로 만들어 준 하늘의 뜻을 알기 위해 천문관측소를 설치하고 주야로 하늘을 살폈다. 그 결과 하늘의 운행질서를 파악

---

4   "其書曰 大明皇帝 致書高麗國王", 『고려사』 세가, 공민왕 18년(1369) 4월 임진.
5   『고려사』 세가, 공민왕 18년(1369) 4월 임진.
6   "停至正年號", 『고려사』 세가, 공민왕 18년(1369) 5월 신축.
7   『고려사』 세가, 공민왕 18년(1369) 5월 갑진.

하고 그에 대응하는 인간의 시간 즉 역(曆)을 만들었다. 역은 현실적으로 농업 사회에서 하늘의 절기에 따르는 농사월령의 역할을 하였다. 하늘의 운행 질서 즉 역을 선포할 수 있는 권한은 하늘의 명을 받은 황제만이 갖는다고 생각하였기에 중국에서는 한 때부터 황제가 즉위한 후에 자신만의 역을 선포하였는데, 그것이 바로 연호였다. 연호란 말 그대로 '연도의 호칭'으로서 일 년 동안의 책력(冊曆)이란 뜻이었다.

연호는 황제의 통치권을 상징하였으므로 황제의 지배를 받는 모든 사람은 그 황제의 연호를 사용해야 했다. 따라서 특정 황제의 연호를 사용하는 것은 곧 그 황제의 통치권을 인정한다는 의미이고, 반대로 특정 황제의 연호를 정지하는 것은 곧 그 황제의 통치권을 부정한다는 의미였다. 결국 공민왕 18년 5월에 원의 연호인 지정을 정지한 것은 고려가 더 이상 원과 황제와 제후국 관계, 즉 조공·책봉관계를 유지하지 않겠다는 의지의 표명이었다. 이는 원 연호를 정지한 직후에 명에 보낸 표문에서 더욱 확연히 드러났다.

명에서 표문은 황제에게 올리는 상달(上達)문서 10가지 즉 제(題), 주(奏), 표(表), 강장(講章), 서장(書狀), 문책(文冊), 게첩(揭帖), 제대(制對), 노포(露布), 역(譯) 중의 하나였다.[8] 공민왕은 원의 연호를 정지한 직후에 곧바로 명에 표문을 올렸는데, 이는 고려정부가 원 대신 명과 황제와 제후국 관계, 즉 조공·책봉관계를 맺을 것임을 표명한 것이었다. 그것은 표문의 다음과 같은 내용에서도 분명하게 확인된다.

그 표문에 이르기를, "녹(祿)을 잡고 도(圖)에 응하여 다시 중국 황왕(皇王)의 정통을 회복하고 원(元)을 체득하고 정(正)에 기거하여 만방에 신첩(臣妾)의

---

8 "下之達上 曰題 曰奏 曰表 曰講章 曰書狀 曰文冊 曰揭帖 曰制對 曰露布 曰譯 ",『明史』志, 職官, 內閣.

마음을 동일하게 하였으며, 하늘의 대명이 돌아오니 만민이 기뻐하는 소리가 사방에 퍼집니다. 황제 폐하의 문명(文明)은 제순(帝舜)에 미치고 용지(勇智)는 탕왕(湯王)에 이르렀습니다. 우레가 매섭고 바람이 날치매 큰 공훈을 평란(平亂)에서 이룩하고 정신(鼎新)으로 옛것이 고쳐지매 큰 칭호가 창수(創垂)로써 빛납니다. 전장과 문물이 찬연히 빛나니 화하(華夏)와 만맥(蠻貊)이 서로 이끌고 봉사(奉仕)합니다. 신이 멀리 동쪽 귀퉁이에 거처하며 공손히 북신(北辰)을 바라봅니다. 비록 칭하의 반열에는 참여하지 못하였지만 원컨대 늘 정성을 바치고자 합니다" 하였다.[9]

위에서 보듯이 공민왕은 스스로 신이라 칭하면서 명 주원장을 '황제 폐하'로 불렀다. 이는 비록 당시까지 명과 공식적인 조공·책봉관계를 맺지는 않았지만 사실상 조공·책봉관계를 자처하며 책봉을 요청한 셈이었다.

표문을 보낸 지 3개월 후에 공민왕은 또다시 총부상서 성준득, 대장군 김갑우, 예의판서 장자온 등을 명에 파견하였는데, 목적은 성절과 천추절 그리고 신정을 축하하고 아울러 명의 『조하의주(朝賀儀注)』를 요청하기 위해서였다.[10] 결국 공민왕은 동왕 18년에 명과 완벽한 조공·책봉관계를 맺기 위해 연속적으로 사신을 보냈던 것이다.

『명태조실록』에 의하면 공민왕이 동왕 18년 5월에 보낸 표문이 명에 도착한 시점은 3개월 후인 8월이었으며, 공민왕은 표문에서 봉작을 요청하였고 또한 방물도 바쳤다고 한다.[11] 공민왕으로부터 봉작 요청을 받은 명은 즉시 고명(誥命)을 작성하고 상보사승(尚寶司丞) 설사를 파견하였는데, 그 시점

9　『고려사』 세가, 공민왕 18년(1369) 5월 갑진.
10　『고려사』 세가, 공민왕 18년(1369) 8월 무진.
11　"高麗國王王顓 遣其禮部尚書洪尚載等 奉表賀即位 請封爵且貢方物 中宮及皇太子皆有獻 賜尚載以下 羅綺有差",『명태조실록』 권44, 홍무 2년(1369) 8월 갑자.

은 공민왕의 표문이 도착한 지 13일 만이었다.[12] 즉 명은 중국대륙에서 원을 구축한 후 하루라도 빨리 고려와 조공·책봉관계를 맺으려 했던 것이다. 명을 출발한 설사가 고려에 도착한 때는 9개월 만인 공민왕 19년(1370) 5월이었다. 공민왕은 설사에게서 고명을 받음으로써 공식적으로 명 황제에 의해 고려국왕으로 책봉되었다. 그와 관련된 내용이 『고려사』에 다음과 같이 실려 있다.

명 황제가 상보사승 설사를 파견하여 공민왕에게 고명을 주었다. 공민왕이 백관을 거느리고 교외에 나가 맞이하였다. 고명에 이르기를, "아! 당신 고려왕 왕전(王顓)은 대대로 조선을 지켜 전왕(前王)의 사업을 계승하였고 중국을 잘 받들어 동쪽의 훌륭한 번국이 되었다. 내가 천하를 평정하였을 때, 일찍이 사신을 파견하여 고려에 가서 통보하게 하였더니 곧 표문과 공물을 갖추어 성의를 다하였으니 이는 평상시 문화와 종교에 익숙하여 신하로서의 직무를 잘 수행한 결과이다. 그러니 더욱 가상히 여겨 표창해야 하므로 이번에 사신을 보내 인을 가지고 가서 당신을 고려왕으로 책봉한다. 일체 의제와 복장은 본속(本俗)을 따를 것을 허락한다. 아! 신민과 사직을 보존하며 국토를 계승하고 전례를 준수하여 자손만대에 전하며 변방을 수호하여 나의 훈사(訓辭)를 받들어 더더욱 많은 복록을 누리도록 하라! 이번에 『대통력(大統曆)』 1권과 금수융단(錦繡絨段) 10필을 보내니 수령하라" 하였다. 아울러 태비에게 금단(金段), 색단(色段), 선라(線羅), 사(紗) 각 4필을 주고 왕비에게도 이와 같이 주었다. 상국(相國) 신돈과 시중 이춘부, 이인임에게도 각각 색단과 선라 각 4필, 사 4필을 주었다.[13]

12 『명태조실록』 권44, 홍무 2년(1369) 8월 병자.
13 『고려사』 세가, 공민왕 19년(1370) 5월 갑인.

위와 같은 과정을 거쳐 공민왕은 명 황제에 의해 공식적으로 고려국왕에 봉작되었다. 그 증표는 물론 명으로부터 받은 고명 및 인장이었다. 이 인장의 인문(印文)은 책봉 명칭에 따라 '고려국왕지인(高麗國王之印)'이었다.[14]

공민왕이 고명 및 인장을 받음으로써, 고려는 명실상부하게 명과의 조공·책봉관계를 확립하였다. 고려와 명의 조공·책봉관계는 공민왕이 『대통력』을 받음으로써 구체화되었다. 아울러 공민왕은 비록 명과 조공·책봉관계를 맺었지만 "일체 의제와 복장은 본속(本俗)을 따를 것을 허락한다"는 고명의 내용에 따라 자율권을 확보할 수 있었다.

공민왕 이후 우왕 대에 고려는 신진사대부와 권문세족 간의 정치투쟁에 따라 명과 원 사이에서 줄타기 외교를 벌이면서 우왕은 원과 명 양쪽에서 책봉을 받았다. 하지만 우왕 8년(1388) 이성계와 신진사대부가 주도한 위화도 회군 이후 고려의 대외정책은 친명 외교로 확정되었다.[15] 위화도 회군 이후 중앙권력을 장악한 신진사대부들은 친명사대 외교를 내세웠으며, 그 근거는 공민왕 19년(1370) 5월에 공민왕을 고려국왕으로 책봉한 명 황제의 고명이었다.

그런데 고려의 친명 외교에도 불구하고 명은 창왕과 공양왕의 고명 요청을 거절하였다. 우왕 대의 요동정벌 이후 고려에 대한 불신이 커졌기 때문이었다.[16] 이에 따라 명과의 공식적인 조공·책봉관계는 조선 건국 이후에야 다시 성립될 수 있었다.

1392년 7월 17일, 태조 이성계가 개경의 수창궁에서 백관의 추대를 받아 왕위에 오름으로써[17] 고려왕조는 멸망되었고 새로이 조선왕조가 창업되었다. 그런데 태조 이성계가 즉위한 지 11일 만인 7월 28일에 공포된 즉위

---

14 『고려사』 지, 車輿, 王印.
15 심재석, 『고려국왕 책봉연구』, 혜안, 2002, 230-237쪽.
16 같은 책, 237-238쪽.
17 『태조실록』 권1, 1년(1392) 7월 17일(병신).

교서에 의하면 국호는 여전히 고려였으며, 의장법제 역시 고려의 고사(故事)를 따른다고 하여,[18] 이성계의 즉위가 명실상부한 역성혁명임에도 불구하고 겉으로는 역성혁명이 아닌 것 같은 형식을 취하였다. 물론 이는 태조 이성계가 공양왕을 몰아냈다는 혐의, 즉 찬탈 혐의를 벗어나기 위한 방편이었다.

태조 이성계는 찬탈 혐의를 벗어나기 위해 왕대비의 권위를 이용해 공양왕을 축출하였는데,[19] 공양왕은 7월 12일에 폐위되었다. 따라서 7월 12일부터 태조 이성계가 왕위에 오르는 7월 17일까지 5일간은 공식적으로 왕이 부재한 상황이었다. 이런 상황에서 형식적으로 공양왕의 후계 왕 결정은 물론 군국대사를 최종 결정할 수 있는 권위는 왕대비에게 있었다. 이에 따라 공양왕이 폐위된 직후 전국새(傳國璽)는 왕대비에게 전달되었으며 모든 군국정사도 최종적으로는 왕대비의 명령을 받아 시행되었다.[20]

이는 형식적으로 볼 때, 왕대비의 수렴청정이라 할 수 있지만 그 상황은 오래가지 않았다. 왕대비가 형식적인 수렴청정을 시작한 12일로부터 하루 만인 13일에 태조 이성계는 왕대비에 의해 '감록국사(監錄國事)'에 임명되었다.[21] 태조 이성계는 7월 13일부터 즉위하는 17일까지 4일간 감록국사로서 고려의 군국대사를 처결하였다. 하지만 당시에 전국새가 왕대비에게 있었기에 형식적으로 태조 이성계는 군국대사를 처결하기 전에 왕대비에게 품의하였다고 생각된다. 이런 불편을 해소하기 위해 7월 17일에 태조 이성계가 왕위에 즉위하였던 것이다.

태조 이성계는 즉위하면서 당연히 고려의 전국새를 받았을 것이다. 이 전국새는 공민왕 19년(1370) 5월에 명에서 받은 인신이었고, 그 인문은 앞에서 언급한 대로 '고려국왕지인'이었다. 그러므로 태조 이성계는 즉위 후에

---

18 『태조실록』 권1, 1년(1392) 7월 28일(정미).
19 『태조실록』 권1, 1년(1392) 7월 17일(병신).
20 "百官奉傳國璽 置于王大妃殿 庶務就稟裁決", 『태조실록』 권1, 1년(1392) 7월 17일(병신).
21 "大妃宣敎 以太祖監錄國事", 『태조실록』 권1, 1년(1392) 7월 17일(병신).

도 형식적으로 보면 새로운 왕조의 창업 군주가 아닌 고려국왕이었다.

태조 이성계와 건국 주체세력은 찬탈 혐의를 벗으면서 동시에 국제적으로 신왕조의 창업을 공인받기 위해 명의 권위를 이용하고자 했다. 그것은 먼저 국호 문제를 통해서 표출되었다. 태조 이성계가 왕위에 오른 다음 날인 7월 18일에 도평의사사 및 대소 신료, 한량(閑良), 기로(耆老) 등은 지밀직사사 조반을 명에 보내 왕조가 교체된 사실을 알리자고 요청하였다.[22] 이에 따라 태조 이성계는 명 예부에 국서를 보냈는데, 주요 내용은 공민왕 이후 고려왕실의 정치상황 및 태조 이성계의 즉위 불가피성을 역설하면서 태조 이성계의 즉위를 허락해 달라는 것이었다.[23] 이어서 한 달여 후인 8월 29일에는 조림이 표문을 가지고 명으로 향하였는데, 그 내용 역시 공민왕 이후 고려왕실의 정치상황 및 태조 이성계의 즉위 불가피성을 역설하면서 태조 이성계의 즉위를 허락해 달라는 것이었다.[24] 이때의 국서에서 태조 이성계는 '권지고려국사(權知高麗國事)'로 표현되었다.

태조 이성계의 국서를 접수한 명 예부에서는 9월에 홍무제에게 보고하였는데, 홍무제는 고려의 일은 고려에서 알아서 하라고 응답하였다.[25] 이에 근거하여 명 예부에서 보낸 자문(咨文)이 11월 27일 조선에 도착하였는데, 다음과 같은 내용이었다.

계품사(計稟使)인 문하평리 조림이 중국 남경으로부터 돌아오니, 임금이 백관을 거느리고 서쪽 교외에 나가서 맞이하였다. 조림이 예부의 자문을 받들어 전달하였다. 그 자문은 이러하였다. "예부에서 고려의 권지국사에게

---

22 『태조실록』권1, 1년(1392) 7월 18일(정유).
23 『태조실록』권1, 1년(1392) 7월 18일(정유).
24 『태조실록』권1, 1년(1392) 8월 29일(무인).
25 "禮部侍郎張智奏其事 上曰我中國網常所在 列聖相傳守而不失 高麗限山隔海 僻處東夷 非我中國所治 且其間事有隱曲 豈可遽信 爾禮部移文論之 從其自爲 聲教果能順天道合人心 以妥東夷之民 不生邊釁 則使命往來 實彼國之福也",『명태조실록』권211, 홍무 25년(1392) 9월 경인.

자문을 보냅니다. 홍무 25년 10월 11일에 본 예부의 우시랑 장지 등의 관원이 서각문(西角門)에서 이른 아침에 온 서사(書辭)를 가져와서 주문(奏聞)하고 삼가 황제의 칙지를 받았습니다. 그 칙지에 이르기를, '고려에서는 그전에 사람을 보내어 본국의 실정과 사유를 아뢰었는데, 지금 온 서사를 보니 전일의 일에 지나지 않는다. 그러나 우리 중국은 강상(綱常)이 있어 역대의 천자가 서로 전하여 지키고 변경하지 않는다. 고려는 산이 경계를 이루고 바다가 가로막아 하늘이 동이를 만들었으므로, 우리 중국이 통치할 바는 아니다. 너희 예부에서는 회답하는 문서에 성교(聲敎)는 자유로이 할 것이며, 과연 하늘의 뜻에 따르고 사람의 마음에 합하여 동이의 백성을 편안하게 하고, 변방의 흔단(釁端)을 발생시키지 않는다면, 사절(使節)이 왕래할 것이니 실로 그 나라의 복일 것이다. 문서가 도착하는 날에 고려의 국호를 어떤 칭호로 고칠 것인가를 빨리 달려와서 보고할 것이다' 하였습니다. 삼가 본부에서는 지금 황제의 칙지를 받들어 사의(事意)를 갖추었습니다" 하였다.[26]

명의 홍무제는 태조 이성계의 국서를 보고 고려왕조가 멸망하였다는 사실을 알았던 것이다. 그런데 그 국서에는 태조 이성계가 권지고려국사로 표현되어 있었으므로, 고려를 멸망시킨 신왕조가 새로운 국호를 채용하였는지를 알 수 없었다. 당연히 홍무제는 신왕조의 국호가 무엇인지 궁금해하였다. 태조 이성계와 건국 주체세력의 기대대로 홍무제는 신왕조의 국호 문제를 먼저 제기하였다.

위의 예부 자문을 접수한 태조 이성계는 신하들에게 국호 문제를 논의하게 하였다. 그 결과 조선(朝鮮)과 화령(和寧) 두 가지가 추천되었다. 조선은 물

---

26 『태조실록』 권2, 1년(1392) 11월 27일(갑진).

론 '고조선'을 염두에 둔 국호였다. 이 외에 조선은 공민왕이 명과 조공·책봉관계를 맺을 때, 홍무제가 공민왕에게 보낸 국서에 언급된 국호이기도 하였다. 화령은 태조 이성계의 근거지인 화령을 염두에 둔 국호였다. 홍무제는 태조 이성계의 신왕조 국호를 조선으로 결정하였는데, 명의 자문이 조선에 도착한 때는 태조 2년(1393) 2월 15일이었다.[27]

태조 이성계의 신왕조 국호가 조선으로 결정됨으로써 이제 '고려국왕지인'이라 새겨진 전국새는 더 이상 필요가 없었다. 이에 태조 이성계는 동왕 2년 3월 9일에 정당문학 정염을 명에 보내 전국새를 반환하였다.[28] 이는 태조 이성계가 새로이 명으로부터 조선국왕으로 책봉되기 위한 사전 조치라 할 수 있다. 태조 이성계는 동왕 4년(1395) 11월 11일에 예문춘추관 태학사 정총을 명에 보내 고명과 인장을 요청하게 하였는데, 다음과 같은 내용이었다.

예문춘추관 태학사 정총을 보내어, 한량과 기로 그리고 대소 신료들이 예부에 올리는 신문(申文)을 가지고 명 서울에 나아가 고명과 인장을 요청하게 하였다. 그 신문은 이러하였다. "조선국 도평의사사 좌시중 조준 등이 그윽이 생각하건대, 소방(小邦)은 왕씨가 덕을 잃어서 조준 등은 일국의 신민과 함께 이(李)〈이름〉를 임금으로 추대하였습니다. 홍무 25년 7월 15일에 지밀직사사 조반을 보내어 황제께 주달하였고, 계속해서 문하평리 조림을 보내어 표문을 올려 아뢰게 하였습니다. 삼가 성지를 받자오니, 권지국사로 윤허하시고, 예부에서 온 자문을 받으니, 그 사연에, 나라의 이름을 무엇으로 고쳐야 하느냐? 빨리 와서 알리라 하기에 이에 의논하여 즉시 지밀직사사 한상질을 보내어 주본을 가지고 경사에 가서 삼가 성지를 받았

27 『태조실록』권3, 2년(1393) 2월 15일(경인).
28 "遣政堂文學李恬 送納高麗恭愍王時所降金印一顆", 『태조실록』권3, 2년(1393) 3월 9일(갑인).

습니다. 그 성지에 이르기를, 동이의 칭호는 오직 조선이 아름답고, 또 그 내력이 오래되니, 그 이름을 근본으로 삼아 본받을 만하다 하였기에 삼가 이에 따라 하기로 하였습니다. 그 밖에 홍무 26년 3월 초9일 문하평리 이 염을 보내어 전조 고려국왕의 금인을 부송(附送)했습니다. 또 그해 12월 초 8일에 좌군도독부의 자문을 받고 삼가 성지의 1절(節)을 보니, 그 사연에, 정명(正名)에 합치되게 지금 조선이라고 이름을 고쳤은즉, 표문에 이전 대로 권지국사라 함은 무슨 까닭인지 알지 못하겠다 하였습니다. 이 분 부를 받고 일국 신민들이 벌벌 떨면서 황송하게 여겼습니다. 모두 국왕 이라고 시행하라 하나 오늘날 비록 국왕이라 일컬을지라도 명칭이 끊어 져 내려 주신 고명과 조선국의 인장을 받지 못하여, 일국의 신민들이 밤 낮으로 앙망하고 감히 사연을 아룁니다. 엎드려 바라옵건대, 살펴시기를 청하며 번거롭게 아뢰니, 국왕의 고명과 조선의 인신을 주시어서 시행하 게 하소서."[29]

그런데 홍무제는 태조 이성계의 요청이 성심이 아니라고 하며 거절하였 다.[30] 당시 조선과 명은 요동의 주도권을 놓고 갈등을 빚고 있었는데, 홍무제 는 표전 문제를 빌미로 태조 이성계의 요청을 거절하였던 것이다.[31]

고명과 인장을 요청하는 외교문서는 당시의 실력자 정도전이 작성하였 다. 그런데 명 황제 홍무제는 이 문서 중에 쓰인 몇몇 표현을 무례하다고 하 면서 고명과 인장을 거절하였던 것이다. 그뿐 아니라 이 문서를 쓴 당사자 를 명으로 보내라고 강요하기까지 하였다. 이에 따라 조선과 명은 표전 문

---

29 『태조실록』 권8, 4년(1395) 11월 11일(신미).

30 "朝鮮國王李旦 遣其臣知門下府事鄭總 來請印誥 上弗許 謂禮部尚書門克新曰 古昔帝王列聖 相承建邦錫 土 撫安華夏 其四夷外蕃 風殊俗異 各有奠長自置 其民初不以中國之法令治之 此內外遠近之別也 今朝鮮 僻在東隅 遠隔山海 朕嘗敕其禮從本俗 使自爲聲敎 來則受之 去亦勿追 今來請印誥 實非誠心 固難與之 爾禮部其咨李旦 使知朕意", 『명태조실록』 권24, 홍무 29년(1396) 1월 을해.

31 김순자, 『한국 중세 한중관계사』, 혜안, 2007, 164-170쪽.

제를 놓고 몇 년간 격렬한 분쟁을 겪었는데, 그와 관련된 내용이 『태조실록』에 다음과 같이 실려 있다.

계품사 정총 일행이 북경에서 왔다. 예부의 자문을 전하였는데 다음과 같은 내용이었다. "본 예부상서 문극신 등 관원이 상주하기를, '조선국왕이 지문하부사 정총을 보내어 궐내에 나아가 인신과 고명을 청합니다' 하고, 성지(聖旨)를 받드오니, '예전 중국 제왕이 여러 대를 이어오면서 백성들을 애무한 사실은 문적에 밝게 드러나 있고 책에 갖추어 실려 있다. 그 군왕으로 봉한 나라는 만약에 명령이 한번 나오면 삼가 따라서 지키며, 약속한 법은 감히 어김이 있어서는 안 되는 것이 중화의 안으로 귀화하게 하며 나라를 봉한 제도이다. 그 사린(四隣)의 이적 풍속이 각각 달라 추장마다 모두 군왕으로 봉함을 받는 것이 아니며, 예로부터 화외지맹(化外之氓)이라 해서 일찍이 명령으로 지도하고 법제로써 징계하지 않았다. 선대의 제왕들은 안정에 힘써 언제나 탐욕하지 않고 백성들을 즐겁게 하였기 때문에 성인이 된 바이다. 천하에 덕을 펴고 벼슬을 9등으로 나누었으니, 안으로 편안하게 하고 외방을 안무해서, 제도로써 다스림을 드리우는 것이었다. 9등의 벼슬이란 무엇인가 하면, 〈동북 방향으로는〉 후(侯), 전(甸), 남(男), 채(采), 위(衛), 만(蠻), 이(夷), 진(鎭), 번(蕃)이요, 〈서남 방향으로는〉 빈(賓), 이(夷), 황(荒)이요, 〈서북 방향으로는〉 후(侯), 수(綏), 요(要), 황(荒) 등의 복(服)을 지칭하는 것이니 이들의 멀고 가까움을 헤아리고 가볍고 소중한 것을 나누어 안으로 귀화하게 하는 바이며, 그 왕을 끝내 왕으로 하는 것은 사이를 화목하게 하는 덕이니, 다시 무엇을 더하겠는가? 이제 조선이 왕국이 되었고, 천성이 서로 좋아서 오게 했는데, 왕이 간악하고 간사하며 교활하고 사특하니, 그 마음대로 보내온 관문(關文)에서 인신과 고명을 청한 것을, 경솔하게 허락해 줄 수 없다. 조선은 산에 가리고 바다로 막혀서 하늘이 만들고 땅이 베푼 동이의 나라이다. 풍속이 달라서 짐이 만약에 인신과 고명을 주게 되면 저들로 하여금 신첩과 귀신으로 보게 할 것인즉, 너무나 탐욕이 심하지 않겠는가? 상고의 성인에게 비추어 보더라도 약속 일체는 결코 할 수 없다. 짐이 수년 전에 일찍이 그들에게 계칙해서 제도는 본속을 따르고, 법은 옛 제도를 지키며, 명령을 마음대로 하게 하되, 소문과 교화가 좋거든 오게 하고 왕이 노하거든 가는 것을 끊게 하였으니, 역시 하는 대로 듣도록 하라. 너의 예부는 이모(李某)에게 이문(移文)하여 짐의 뜻을 알게 하라' 하였습니다."

또 자문의 내용은 다음과 같았다. "본 예부상서 문극신은 삼가 성지를 받드오니, 이르기를, '예전부터 지금에 이르기까지 소국이 대국을 섬기는 데 있어 지극히 공경하는 예의 가장 귀한 것은 사령(辭令)을 닦는 것이었다. 이러므로 예전 성왕들의 제도가 열국의 제후와 구이(九夷)와 팔만(八蠻)에게 조공하게 하고, 왕도 사령을 닦고 문자를 닦으며 의사를 닦게 한 것이니, 이로써 보게 되면 위에서 아래를 취하는 것과 아래에서 위를 섬기는 것이 다 사령을 닦는 데에 있는 것이었다. 예전에 여러 나라가 분쟁하기를 마지않는 것은 어찌 된 일이었던가? 모두 의사를 닦고 사령을 닦고 문자를 닦는 것이 함께 이치에 당하지 않아서 분쟁이 그치지 않은 것이었다. 오직 춘추시대 정나라의 어진 재상 자산이 있어 사명을 잘해서 공격과 정벌을 받지 않았으며, 무릇 왕래하고 교제할 때의 문사(文辭)는 비심이 초창하고, 세숙이 토론하며, 자우가 수식하고, 자산이 윤문하여 자세히 살피고 정밀하게 하였으므로, 제후들과 교제하는 일에 실패한 일이 적었다. 이제 조선이 명절을 당할 때마다 사람을 보내어 표전을 올려 하례하니, 예의가 있는 듯하나, 문사(文辭)에 있어 경박하고 멋대로 능멸하였다. 근자에 인신과 고명을 주청한 장계(狀啓) 안에 주(紂)의 일을 인용했으니 더욱 무례하였다. 혹 국왕의 본의인가? 혹 신하들의 희롱인가? 하물며 인신에 구속됨이 없으니 혹 사신이 받들어 가지고 오다가 중도에 바꿔치기한 것인가? 모두 알 수 없으므로 온 사신을 돌려보내지 않겠다. 만약에 글을 만들고 교정한 인원을 전원 다 보낸다면 사신들을 돌려보내겠다'고 하였습니다."[32]

결국 외교문서를 작성한 정도전을 보내라는 것이었는데, 태조 이성계가 정도전을 보내지 않고 도리어 요동정벌을 추진하자 두 나라 사이에 전운이 감돌기까지 하였다.[33] 당연히 이런 분위기 속에서 고명과 인장을 받을 수는 없었다.

이런 와중에 조선에서 제1차 왕자의 난이 일어나 정도전이 살해되고 정종이 즉위하였다. 명에서도 홍무제가 세상을 떠나고 건문제가 즉위하였다. 상황이 변하자 정종은 건문제에게 고명과 인장을 요청하는 사신을 보냈고, 건문제는 이를 수락하였다. 하지만 조선에서 제2차 왕자의 난이 발발하고 태종이 즉위하자 건문제는 이미 수락하였던 고명과 인장을 취소하였다. 결국에는 태종이 다시 고명과 인장을 요청하여 허락받았는데, 그 고명과 인장이 1401년(태종 1) 6월 12일에 도착하였다. 이때 받은 인장은 사각의 금인 (金印) 형태로 되어 있었으며, 전문(篆文)으로 '조선국왕지인(朝鮮國王之印)'이라는 여섯 자가 새겨져 있었다. 이 금인이 조선국왕을 상징하는 옥새였다.

그런데 명에서 영락제가 건문제를 축출하고 황제에 즉위하는 정변이 발생하였다. 태종은 곧바로 하륜을 보내 영락제의 즉위를 축하하였는데, 하륜은 영락제에게 또다시 고명과 인장을 요청하였다. 이에 영락제가 다시 고명과 인장을 보냈는데, 이것을 태종이 받은 때는 1403년(태종 3) 4월 8일이었

32 『태조실록』 권9, 5년(1396) 3월 29일(병술).
33 조선초기의 표전문제에 관해서는
   이상백, 「정도전론」, 『조선문화사연구논고』, 조선문화총서 제2집, 을유문화사, 1947,
   신석호, 「조선왕조 개국당시의 대명관계」, 『국사상의 제문제』 제1집, 국사편찬위원회, 1959,
   박원호, 「명초 文字獄과 朝鮮表箋問題」, 『사학연구』 25, 한국사학회, 1975 참조.

다. 그때 받은 인장에도 '조선국왕지인'이라는 여섯 자가 새겨져 있었다. 이전에 건문제가 보냈던 고명과 인장은 명으로 반환하였다. 따라서 조선 전기 왕권을 상징하던 옥새는 이때에 받은 금인으로서, 국왕의 인장 중에서 가장 중요한 것이 바로 명에서 받은 금인이었다.

고려 공민왕 대부터 태조 이성계의 조선 건국에 이르기까지 고려와 명 그리고 조선과 명 사이의 외교관계를 명 입장에서 정리한 것이 『대명회전』에 수록되어 있는데, 그것은 조훈(祖訓), 공도(貢道), 공물(貢物)의 세 항목으로 구성되었다. 이 중에서 조훈은 말 그대로 명의 홍무제가 후손들에게 태조 이성계와 조선에 대하여 남긴 유훈으로서 그 내용은 다음과 같았다.

조훈(祖訓)

조선국은 즉 고려이다. 이인인(李仁人)과 그의 아들 이성계〈지금 이름이 단(旦)이다〉가 홍무 6년(1373, 공민왕 22)부터 홍무 28년(1395, 조선 태조 4)까지 앞뒤로 고려의 국왕 4명을 시해하였기에 잠시 기다려 본다.

살펴보니 고려는 부여, 신라, 백제의 영토를 아울러 갖고 전국을 8도로 나누었다. 홍무 2년(1369, 공민왕 18)에 고려국왕(공민왕)이 사신을 보내 표문을 받들고 와서 즉위를 축하하면서 책봉을 요청하고 방물을 공헌했다. 조서를 내려 고려국왕에 책봉하고, 귀뉴(龜鈕)의 금인과 고명을 하사했다. 홍무 5년(1372, 공민왕 21)에 고려의 공사(貢使)가 번거롭기에 삼 년 또는 일 년에 한 번만 오도록 하유하였다. 홍무 25년(1392, 조선 태조 1)에 이성계가 왕씨를 대신하고 그 나라의 국호를 고쳐 줄 것을 요청하였다. 이에 조서를 내려 조선으로 국호를 고쳤다. 영락 초에 인신과 고명을 하사했다. 그 후로 매년 성절과 정월 초하루〈가정 10년(1531, 중종 26)에 외이(外夷)로서 정월 초하루에 조공하는 자는 모두 동지로 고쳤다〉, 황태자의 천추절에 모두 사신을 보내 표문을 바치고 조하하면서 방물을 공헌하는데, 그 외 경조사와 사은으로 오는 사신은 기한이 없다. 명에서도 큰일이 있으면 사신을 보내 조선국에 조서를 반포한다. 조선의 국왕이 책봉을 요청할 때는 역시 사신을 보내 의례를 거행한다. 조선에서 세시에 조공하는 것은 여러 나라에 비교해 가장 공손하며 신중하다. 가정 26년(1547, 명종 2)에 특별히 조선의 사신이 서장관 및 시종인 2-3명과 함께 교단(交壇)과 국자감(國子監)에서 유관(遊觀)하는 것을 허락하였다. 조선에서 명의 예부에 차자나 자문을 보내면, 통사 1명에게 위임하여 함께 행동하게 하고 관소에서는 발마(撥馬)하게 하며 무릇 방호(防護)하여 특별히 우대하는 뜻을 보인다.[34]

위에 의하면 홍무제의 조훈은 크게 왜곡되어 있다. 우선 태조 이성계를 이인인의 아들이라고 한 것부터가 왜곡이다. 또한 이인인과 태조 이성계가 홍무 6년(1373, 공민왕 22)부터 홍무 28년(1395, 조선 태조 4)까지 앞뒤로 고려의 국왕 4명을 시해하였다는 것도 크게 왜곡되었다. 홍무제의 조훈에 나타난 고려국왕 4명은 분명 공민왕, 우왕, 창왕, 공양왕 4명을 의미하는데, 이들이 모두 시해된 것도 아니었고, 그 4명의 왕을 이인인과 태조 이성계가 시해한 것은 더더욱 아니었다. 그럼에도 불구하고 홍무제의 조훈에 이런 내용이 들어간 이유는 바로 조선 건국 후 조선과 명이 표전 문제 등으로 크게 갈등을 겪었기 때문이라 할 수 있다.

『대명회전』의 조훈은 비록 크게 왜곡되어 있었지만, 그 외 공도와 공물의 내용은 객관적이었다. 이는 공도와 공물 자체에는 정치적, 외교적 갈등이 개

34 "祖訓 朝鮮國 卽高麗 其李仁人及子李成桂 今名旦者 自洪武六年 至洪武二十八年 首尾凡弑王氏四王 姑待之 案高麗幷有扶餘新羅百濟 其國分八道 洪武二年 國王王顒 遣使奉表賀卽位請封貢方物 詔封爲高麗國王 賜龜鈕金印誥命 五年 以高麗貢使煩數 諭令三歲或歲一來 二十五年 李成桂代王氏 請更其國號 詔更號朝鮮 永樂初 賜印誥 自後 每歲 聖節正旦〈嘉靖十年 外夷朝正旦者 其改冬至〉皇太子千秋節 皆遣使奉表朝賀貢方物 其餘慶慰謝恩 無常其 若朝廷有大事 則遣使頒詔於其國 國王請封 亦遣使行禮 其歲時朝貢 視諸國最爲恭愼 嘉靖二十六年 特許其使臣 同書狀官及從人二三名 於交壇及國子監 遊觀 禮部箚 委通事一員伴行撥館 夫防護以示優異云",『대명회전』권105, 예부(禮部) 63, 主客淸吏司; 조공(朝貢) 1, 東南夷上, 朝鮮國.

재될 필요가 없었기 때문이라 할 수 있는데, 그 내용은 다음과 같았다.

공도(貢道)

압록강을 경유하고 요양과 광녕을 거쳐 산해관에 들어와 북경에 도착하는 길을 이용한다. 또한 중국의 표류인이 조선에 표착하면, 의복과 식량을 공급해 주고 돌려보낸다. 이에 앞서 영락 1년(1403, 태종 3)에 조선의 국왕이 아뢰기를, '조선왕실의 세계는 이인인의 후손과 관계가 없다'고 하며 조훈에 실려 있는 시역의 일을 변명하였다. 이에 조서를 내려 개정할 것을 허락했다. 정덕, 가정 중에도 여러 차례 요청하였는데, 모두 칙서를 보내 장유하였다. 만력 3년(1575, 선조 8) 조선의 사신이 다시 이전의 요청을 아뢰었으므로, 사관에 붙여 편집하게 하였다. 지금 그것을 다음과 같이 기록한다. 이성계는 조선의 전주 출신이다. 먼 조상은 이한인데 그는 신라에 벼슬하여 사공이 되었다. 6대 후손 이극휴는 고려로 들어왔다. 13대 후손 이안사는 이행리를 낳았고, 이행리는 이춘을 낳았으며, 이춘은 이자춘을 낳았다. 이자춘은 이성계의 아버지이다. 이인인은 경산부사 이장경의 후예다. 처음에 고려의 공민왕에게 아들이 없자, 총신 신돈의 아들 신우(辛禑)를 길러 아들로 삼았다. 공민왕이 폐신(嬖臣) 홍륜 등에게 시해당하자 이인인이 나라를 맡아 홍륜 등을 주살하고 신우를 왕으로 세웠다. 신우가 왕위에 있은 지 16년에, 장수를 보내 요동을 침범하였다. 당시 이성계는 부장(副將)으로서 파견군 중에 있었다. 이성계는 압록강에 이르러 여러 장수들과 계책을 모아 회군하였다. 신우는 두려워 그 아들 신창(辛昌)에게 왕위를 전했다. 그때 공민왕의 왕비 안씨는 국인 때문에 신창을 축출하고 왕씨의 후손 정창군 왕요(王瑤)를 왕위에 세우고 신우와 신창을 주살했으며 이인인을 축출했다. 얼마 후, 왕요(王瑤)가 망령되이 살육하자 국인이 붙지 않고 이성계를 함께 추대하여 국사를 서리하게 하고 표문으로 알렸다. 고황제가 명하여 국왕으로 삼았다. 드디어 이성계의 이름을 단(旦)으로 고치고 왕요에게 넉넉하게 재물을 주어 별장에서 종신하게 했다.

공물(貢物)

금은기명(金銀器皿) 나전소함(螺鈿梳函) 백면주(白綿紬) 각색저포(各色苧布) 용문염석(龍文廉席) 각색세화석(各色細花席) 표피(豹皮) 달피(獺皮) 황모필(黃毛筆) 백선지(白綿紙) 인삼(人參) 종마 매 3년 50필(種馬 每 三年 五十四). 〈요사이 가공(加貢)이 있는데. 종마는 수에 들어 있지 않다.〉[35]

위에 의하면 크게 왜곡되었던 홍무제의 조훈은 조선의 끈질긴 요구에 의하여 1575년(선조 8) 정정되었다. 이는 조선이 건국된 1392년부터 근 200년 만으로서, 이때에 이르러 조선과 명의 외교관계가 명분과 실제는 물론 역사적 사실이라는 측면에서도 완벽하게 확립되었다고 할 수 있다.

[35] "貢道 由鴨綠江 歷遼陽廣寧 入山海關 達京師 又中國漂流人口至本國者 量給衣糧送回 先是 永樂元年 其國王 其世系不係李仁人之後 以辭明祖訓所載弑逆事 詔許改正 正德嘉靖中 屢以爲請 皆賜勑奬諭焉 萬曆三年 使臣復申前請 詔付史館編輯 今錄于後 成桂 系出本國全州 遠祖翰 仕新羅爲司空 六代孫兢休 入高麗 十三代孫安社 生行里 行里生椿 椿生子春 是爲成桂之父 李仁人者 京山府使長庚裔也 始王氏恭愍王顓無子 養龍臣辛旽子禑爲子 恭愍王爲嬖臣洪倫等所弑 李仁人當國 誅倫等立禑 禑嗣位十六年 遣將入犯遼東 成桂爲副將 在遣中至鴨綠江 與諸將合謀回兵 禑懼傳位于其子昌 時恭愍妃安氏 以國人黜昌 立王氏孫定昌君瑤 誅禑昌 逐仁人 已而瑤妄殺戮 國人不附 共推成桂署國事表聞 高皇帝命爲國王 遂更名旦 贍瑤別邸終其身 貢物 金銀器皿 螺鈿梳函 白綿紬 各色苧布 龍文廉席 各色細花席 豹皮 獺皮 黃毛筆 白綿紙 人參 種馬每三年五十四〈近有加貢 不在種馬之數〉",『대명회전』권105, 예부 63, 主客淸吏司; 조공 1, 東南夷 上, 朝鮮國.

2 명·청 대의 조공제도와 책봉제도

1) 명·청 대 책봉제도 및 책봉문서의 유래

　명·청 대의 조공·책봉제도는 말 그대로 조공과 책봉을 대상으로 한다. 조공은 책봉을 받은 주변국의 통치자가 명과 청의 황제에게 바치던 예물이고, 책봉은 명과 청의 황제가 주변국의 통치자를 책으로 임명, 봉작한다는 의미이다. 즉 조공의 주체는 명과 청으로부터 책봉을 받는 주변국의 통치자이고 책봉의 주체는 주변국의 통치자를 책으로 임명, 봉작하는 명과 청의 황제이다. 따라서 조공과 책봉은 동전의 앞면과 뒷면처럼 서로 직결되어 있으며, 이 중에서 명과 청에 직결된 것은 책봉제도이다. 명과 청의 책봉제도는 은·주 대의 조공과 책봉에 그 뿌리를 두고 있다.[36]

　은·주 대의 책봉은 '책명'과 '봉작'을 의미하였다. 책명은 '책으로 임명한다'는 뜻이었고, 봉작은 '봉토하고 수작한다'는 뜻이었다. 봉작에서의 '봉토'는 은·주 대에 시행되었던 봉건제도에서 제후의 토지를 분봉한다는 의미이고 '수작'은 제후의 등급에 맞는 작위를 수여한다는 의미였다. 따라서 은·주 대의 책봉의례는 분봉을 통해 제후를 봉건하고, 제후의 등급에 맞는 작위를 책으로 명(命)하는 과정에서 시행되었던 의례라는 의미를 함축하고 있다. 이와 같은 책봉제도의 원초적 모습을 『주례』에서 찾아볼 수 있다.

　『주례』 천관(天官)의 본문 중 "치관(治官) 소속에는 대재(大宰) 경(卿) 1명, 소재(小宰) 중대부(中大夫) 2명, 재부(宰夫) 하대부(下大夫) 4명, 상사(上士) 8명, 중

36　김한규, 『天下國家-전통 시대 동아시아 세계 질서-』, 소나무, 2005, 50-66쪽.

사(中士) 16명, 여(旅) 하사(下士) 32명, 부(府) 6명, 사(史) 12명, 서(胥) 12명, 도(徒) 120명이 있다[37]는 내용에 대하여 정현은 "대재부터 여 하사에 이르기까지는 거듭하여 배수가 되는데 모두 왕신(王臣)이다"[38]라는 주를 달았다.

가공언은 이를 보다 구체화하여 "왕신이라고 언급한 것은 사 이상은 왕간(王簡)을 얻어 책명하므로 왕신이 된다. 이는 사 아래의 부, 사, 서, 도는 왕명(王命)을 얻지 못하고 관장(官長)이 스스로 임명하므로 왕신이 아닌 것에 대비된다"[39]는 소(疏)를 달았다.

위의 내용은 주 때 사 이상의 신료는 왕의 이름으로 발급되는 임명장, 즉 왕간을 받았음을 알려 준다. 즉 주 당시에 왕은 신료들에 대한 인사권을 갖고 있었으며 그 인사권으로 신료들을 임명, 승진, 전보, 파면하는 행위를 명(命)[40]이라고 하였던 것이다. 왕의 명은 문서로 작성되었지만 아직 종이가 발명되기 이전이라 그 임명장은 간책(簡冊)의 형태일 수밖에 없었다.[41]

그런데 주 왕의 이름으로 발급되는 임명장 즉 왕간을 받는 대상자에는 제신(諸臣)과 제후(諸侯)가 있었다.[42] 제신은 주의 기내에서 왕을 보좌하는 신료들이었다. 반면 제후는 5등작위를 받고 기외 지역에 책봉되었다.

『주례』에 의하면 왕간을 받는 제신에는 1명(一命)의 하사(下士), 2명(二命)의 중사(中士), 3명(三命)의 상사(上士)[43] 그리고 4명(四命)의 대부(大夫), 6명(六命)의 경(卿), 8명(八命)의 공(公) 등 6종류가 있었다.[44] 반면 왕간을 받는 제후에

37　"治官之屬 大宰 卿一人 小宰 中大夫二人 宰夫 下大夫四人 上士八人中士十有六人 旅 下士三十有二人 府六人 史十有二人 胥十有二人 徒百有二十人",『周禮注疏』天官, 冢宰.

38　"自大宰至旅下士 轉相副貳 皆王臣也",『周禮注疏』天官 治官之屬, 大宰-鄭玄 注.

39　"言王臣者 自士以上 得王簡 策命之 則爲王臣也 對下經府史胥徒 不得王命 官長自辟除者 非王臣也",『周禮注疏』天官 治官之屬, 大宰-賈公彦 疏.

40　"命謂王遷秩群臣之書",『周禮注疏』春官 禮官之屬, 典命-鄭玄 注.

41　"命者皆得簡策之命",『周禮注疏』春官 禮官之屬, 典命-賈公彦 疏.

42　"典命掌諸侯之五儀 諸臣之五等之命",『周禮注疏』春官, 典命.

43　"王之上士三命 中士再命 下士一命",『周禮注疏』春官, 典命-鄭玄 注.

44　"王之三公八命 其卿六命 其大夫司命",『周禮注疏』春官, 典命.

는 5명(五命)의 남(男)과 자(子), 7명(七命)의 후(侯)와 백(伯) 그리고 9명(九命)의 상공(上公) 등 3종류가 있었다. 제신이 받는 왕간 즉 하사의 1명 왕간, 중사의 2명 왕간, 상사의 3명 왕간, 대부의 4명 왕간, 경의 6명 왕간 그리고 공의 8명 왕간이 당시의 임명장이었다.

작위를 받고 제후에 책봉되는 대상자는 제신 중에서 4명의 대부, 6명의 경, 8명의 공으로서 제후는 모두 대부 이상이었다. 제후에 책봉되는 대상자는 왕의 혈족 또는 국가의 공신으로서 제후로 책봉될 때에는 1명이 더해져서[45] 4명의 대부는 5명의 남과 자가 되고, 6명의 경은 7명의 후와 백이 되며, 8명의 공은 9명의 상공이 되었다.[46] 제후로 책봉할 때 1명을 더하는 이유는 그 덕을 포상하기 위해서였다.[47]

그런데 제신에 임명되든 제후에 임명되든 관계없이 임명장은 모두 왕간이었다는 점에서 같았다. 따라서 주의 제후 책봉제도에서는 왕간이 바로 제후의 책봉문이었던 것이다. 즉 남과 자의 책봉문은 5명 왕간이었고, 백과 후의 책봉문은 7명 왕간이었으며, 상공의 책봉문은 9명 왕간이었다. 주의 제후 책봉과 관련된 내용을 정리하면 다음의 표 1과 같다.

한편 은·주 대에 시작된 중국의 봉작제와 책봉제도는 한, 당, 송, 명을 거치면서 형식과 내용 및 기능 면에서 크게 변하였다. 진·한 대에 황제 체제가 확립되면서 사실상 은·주 대의 봉건제도가 점차 유명무실화되었기 때문이다. 그렇다고 해도 주 때의 봉작제와 책봉제도는 진, 한 이후에도 여전히 커다란 영향력을 행사했다.[48]

우선 기외제후를 대상으로 하던 주의 봉작 및 책봉 제도는 한 대에 중국 주변의 국가 통치자들을 대상으로 확대 시행되면서 중국을 중심으로 하는

---

45 "及其出封 皆加一等", 『周禮注疏』 春官, 典命.
46 "上公九命爲伯 (중략) 侯伯七命 (중략) 子男五命", 『周禮注疏』 春官, 典命.
47 "出封 出畿内封於八州之中 加一等 褒有德也", 『周禮注疏』 春官, 典命-鄭玄 注.
48 김한규, 『天下國家-전통 시대 동아시아 세계 질서-』, 소나무, 2005, 79-150쪽.

표1 주의 제신(諸臣)과 제후(諸侯) 책봉과 책봉문

명 (왕간)	제신 직명 (임명장)	제후 작명 (책봉문)
1명 (왕간)	하사 (1명 왕간)	
2명 (왕간)	중사 (2명 왕간)	
3명 (왕간)	상사 (3명 왕간)	
4명 (왕간)	대부 (4명 왕간) = 출봉 시 1등 추가	
5명 (왕간)		남과 자 (5명 왕간)
6명 (왕간)	경 (6명 왕간) = 출봉 시 1등 추가	
7명 (왕간)		백과 후 (7명 왕간)
8명 (왕간)	공 (8명 왕간) = 출봉 시 1등 추가	
9명 (왕간)		상공 (9명 왕간)

동아시아 국제질서로서의 조공·책봉 체제 형성에 큰 영향을 끼쳤다. 아울러 진·한 대에 비록 내부적으로 관료제가 발달하면서 봉작제가 약화되었지만 봉작제 자체가 완전히 사라지지는 않았다. 진, 한 이후로도 중국 내부의 황제 친족 및 공신들을 대상으로 하는 봉작 및 책봉은 여전히 시행되었으며, 그 원형은 주의 봉작 및 책봉이었다. 즉 주 때의 봉작 및 책봉 제도가 진나라 이후 한나라에 들어서면서 대외적 봉작 및 책봉 제도와 대내적 봉작 및 책봉 제도로 양분되어 시행되었던 것이다.

그런데 한과 그 이후의 당의 대외적 봉작 및 책봉 제도와 대내적 봉작 및 책봉 제도는 주의 봉작 및 책봉 제도를 모범으로 하였지만 구체적인 측면에서는 많이 달라졌다. 예컨대 책봉제도와 관련된 책봉문서의 변화도 그중의 하나였다.

앞에서 살펴본 것처럼 주 대의 기내제신 및 기외제후를 책봉하던 문서는 왕간이었다. 하지만 진·한 대에 접어들어 황제권력과 관료제가 발달하면서 황제의 인사행정, 특히 책봉과 관련된 문서는 종류도 다양해졌고 양식도 복잡해졌다. 이런 추세는 새인(璽印)과 종이의 발달에 의해 더욱더 가속화되었다. 주의 제후 책봉에 사용된 왕간이 한과 당 때 어떤 모습으로 바뀌었는지에 대하여 『대명집례』에는 다음과 같은 언급이 있다.

책의 제도를 살펴보니, 한은 주의 제도로 말미암아 죽간을 연이어 엮었다. 매 간은 길이가 3척이었다. 짧은 것은 절반이었다. 연이어 엮는 차례는 하나는 길고 그다음은 짧았다. 그래서 가운데에 2편(二編)의 형태가 있었다. 긴 죽간과 짧은 죽간을 엮은 편책(編策) 중에서 긴 죽간의 아래에 전서(篆書)를 붙였다. 당은 한의 제도로 말미암아 책서(策書)라고 하였다. 또한 칠(漆)을 사용하여 전자(篆字)로 썼다. 그러나 한과 당 때에는 황후를 책봉하는 데 쓰는 모습은 보이지 않았다. 송에 이르러 처음으로 황후를 책봉하였는데, 모두 고신(告身)을 필사하였고, 편지도금화용봉나지(遍地塗金花龍鳳羅紙)를 써서 금으로 발라 표대(縹袋)를 삼았다. 인종 때 황후를 책봉하면서 바야흐로 민옥(珉玉) 50간을 사용하였다.[49]

위에 의하면 주의 왕간은 한과 당 때 책서로 불렸다. 그 이유는 주의 왕간은 칼로 새겨진 형태였지만 책서[50]는 전서로 쓰였기 때문이었다. 하지만 한과 당 때의 책서는 여전히 주 때와 마찬가지로 죽간이었다. 그러다가 송 대에 이르러 처음에 종이가 사용되었고 후에 옥이 사용되기에 이르렀다. 즉 주의 왕간은 한·당 대에 들어서면서 전서로 쓰여 책서로 불렸고, 송 대에는 재질이 기왕의 대나무에서 종이와 옥으로 변화했던 것이다.

한 때의 책서는 제후왕이나 삼공을 임명할 때 사용되던 문서로서,[51] 황제

---

49 "按冊制 漢因周 以竹簡聯貫 每簡長三尺 短者半之 其次一長一短 中有二編之形 下附篆書 唐因漢制 謂之 策書 亦用漆書篆字 然皆不見爲冊后之用 至於宋初 冊后皆寫告身 用遍地塗金花龍鳳羅紙 以金塗爲縹袋 仁宗時冊后 方用珉玉五十簡", 『대명집례』 가례 3, 冊皇后, 冊.

50 策書는 冊書로도 쓰였다. 즉 策과 冊은 서로 혼용되었다.

51 "策書 (중략) 稱皇帝曰 以命諸侯王三公", 蔡邕 『獨斷』 上, 策書.

의 명령문서 네 가지 즉 책서(策書), 제서(制書), 조서(詔書), 계서(戒書) 중 하나
였다.[52] 한 때의 책서는 당의 책서(冊書)로 계승되었다. 즉 당의 책서는 황후
를 세우거나 적장자를 세울 때 또는 번병을 봉건할 때, 존현(尊賢)을 특별히
임명할 때 사용되던 문서로서,[53] 황제의 일곱 가지 명령문서 즉 책서(冊書),
제서(制書), 위로제서(慰勞制書), 발일칙(發日勅), 칙지(勅旨), 논사칙서(論事勅書),
칙첩(勅牒) 중의 하나였다.[54]

　　요컨대 한 그리고 당 때에는 대내적 책봉과 대외적 책봉에 책서가 사용되
었지만 관료 임명에는 다른 문서가 사용되었던 것이다. 예컨대 당 때의 제
서(制書)는 5품 이상의 대관(大官)을 임명할 때 사용되었고,[55] 발일칙(發日勅)은
6품 이하의 관료를 임명할 때[56] 사용되었다. 결과적으로 한과 당 때에는 주
때와는 달리 책봉문서와 관료 임명문서가 달랐으며, 책봉문서는 대외적 책
봉과 대내적 책봉에 관계없이 책서로서 같았던 것이다.

　　그런데 송 때에 이르러 관료 임명문서로서 기왕의 제서와 칙서 이외에 새
로이 고명(誥命)이 나타났다.[57] 즉 제서는 상서(尙書), 좌우복야(左右僕射), 개부
의동삼사(開府儀同三司), 절도사(節度使) 같은 고위 관료들 즉 선마(宣麻)의 대상
자들을 임명할 때 사용되었고,[58] 그 이하의 관료들 임명에는 고명이 사용되
었던 것이다.[59]

　　송 때에는 이 고명이 대외적 책봉에 사용되었다. 반면 기왕의 책서는 황

52　"其命令 一曰策書 二曰制書 三曰詔書 四曰戒書", 蔡邕『獨斷』上, 漢 天子.
53　"一曰冊書〈立后建嫡 封樹藩屏 寵命尊賢 臨軒備禮 則用之〉",『唐六典』中書省.
54　"凡王言之制有七 一曰冊書 二曰制書 三曰慰勞制書 四曰發勅 五曰勅旨 六曰論事勅書 七曰勅牒",『舊唐
　　書』志, 官職, 中書省.
55　"二曰制書〈行大賞罰 授大官爵 釐革舊政 敍有降虜 則用之〉",『唐六典』中書省.
56　"四曰發日勅〈謂御畫發日勅也 增減官員 廢置州縣 徵發兵馬 除免官爵 授六品以下官 處流已上罪 用庫物
　　五百段 錢二百千 倉糧五百石 奴婢二千人 馬五十疋 牛五十頭 羊五百口已上 則用之〉",『唐六典』中書省.
57　中村裕一,『唐代制勅研究』, 汲古書院, 1991, 981-982쪽.
58　김건곤,「고려시대의 制誥」,『정신문화연구』통권 42, 1991, 193쪽.
59　"曰制書 處分軍國大事 頒敎有德音 命尙書左右僕射開府儀同三司節度使 凡告廷除授 則用之 曰誥命 應文
　　武官遷改除職秩 內外命婦除授及封敍 贈典 應合命使 則用之",『宋史』志, 官職, 中書省.

후와 황자 등 황제의 친족을 책봉하거나 삼사(三師), 삼공(三公), 삼성장관(三省長官) 등 최고위 관료를 임명할 때에 사용되었다.[60] 즉 송에 이르러 대외적 책봉문서와 대내적 책봉문서가 달라졌던 것이다. 명과 청 때에도 송 때의 제도를 계승하여 대외적 책봉문서에는 고명이 사용된 반면 대내적 책봉문서에는 책서가 사용되었다.

한편 주 이후 제왕이 제후를 임명할 때는 대상자에게 사적으로 왕간 또는 책서를 전달하는 것이 아니라 조정 신료들을 모아 놓고 제후를 책봉한 사실을 선포한 후에 전달하였다. 이는 제왕이 임명한 제후가 합당한지를 조정 신료들에게 묻는 동시에 제후를 임명한 사실을 선포한다는 의미가 있었다.[61] 이처럼 조정 신료들을 모아 놓고 제후를 임명한다는 사실을 선포한 후 문제가 없으면 임명장인 왕간이나 책서를 해당자에게 전달하는 의식이 거행되었다. 바로 이런 의식이 후대의 조공·책봉제도에서 나타나는 책봉의 원초적 모습이었다.

그런데 주 대의 왕간이 진·한 대 이후의 시대에 따라 변화된 내용 중에는 황제의 도장 즉 새보(璽寶)의 사용 역시 포함되었다. 주 때 왕간을 받은 제후에게는 등급에 따라 신표(信標)가 수여되었는데, 신표에는 서옥(瑞玉)[62] 또는 새(璽) 등이 있었으며, 이 신표는[63] 외교, 통상 등에 두루 사용되었다.[64] 이 중

---

60 "曰冊書 立后妃 封親王皇子大長公主 拜三師三公三省長官 則用之",『宋史』, 志, 官職, 中書省.
61 "古之王者 封建諸侯 王坐使內史 讀策命之非特命諸侯 亦欲在庭詢其可否", 朱熹,『朱子五經語類』, 禮 7, 周禮 2, 內史.
62 "典瑞 掌玉瑞玉器之藏 辨其名物與其用事 設其服飾 王晉大圭 執鎭圭 繅藉五采五就 以朝日 公執桓圭 侯執信圭 伯執躬圭 繅皆三采三就 子執穀璧 男執蒲璧 繅皆二采再就 以朝覲宗遇會同于王 諸侯相見 亦如之 瑑圭璋璧琮 繅皆二采一就 以覜聘 四圭有邸 以祀天旅上帝 兩圭有邸 以祀地旅四望 祼圭有瓚 以肆先王 以祼賓客 圭璧 以祀日月星辰 璋邸射 以祀山川 以造贈賓客 土圭 以致四時日月 封國則以土地 珍圭以徵守 以恤兇荒 牙璋以起軍旅 以治兵守 璧羨以起度 駔圭 璋琮琥璜之渠眉 疏璧琮以斂尸 穀圭以和難 以聘女 琬圭以治德 以結好 琰圭以易行 以除慝 大祭祀大旅 凡賓客之事 共其玉器而奉之 大喪共飯玉含玉贈玉 凡玉器 出則共奉之",『周禮注疏』春官, 典瑞.
63 "節猶信也",『周禮注疏』地官 敎官之屬, 掌節-鄭玄 注.
64 "掌節 掌守邦節而辨其用 以輔王命 守邦國者用玉節 守都鄙者用角節 凡邦國之使節 山國用虎節 土國用人節 澤國用龍節 皆金也 以英蕩輔之 門關用符節 貨賄用璽節 道路用旌節 皆有期以反節 凡通達於天下者必

에서 새는 왕의 인장은 물론 제신, 제후의 인장을 통칭하는 신표였다.[65] 하지만 진시황이 황제의 인장을 '새'로 부르면서 황제의 인장만 새로 불리고 그 외는 인(印)으로 불렸다.[66] 이후 당 측천무후가 새를 보(寶)로 바꾸면서 새보는 황제의 인장을 상징하게 되었다.[67]

한 이후 대외적인 조공·책봉제도가 정착되면서 책봉문과 함께 인장, 즉 책봉인 역시 수여되었다. 진나라 이후 황제의 인장 명칭이 새가 되고 아울러 재질이 옥으로 되면서 대외적 책봉인의 명칭은 인이 되었으며, 재질 역시 옥 이외의 재질 예컨대 금·은 등이었다. 예컨대 우리나라의 경우, 삼국시대부터 조선시대까지 중국의 책봉을 받은 왕의 책봉인의 인문(印文)은 대체로 인(印)으로 끝났으며, 재질은 금이었다.[68]

그런데 주 대의 제후 임명장인 왕간에 왕의 새가 사용되었는지는 알 수 없다. 하지만 한·당 대의 대외적 책봉문 즉 책서에는 황제의 새보가 사용되었음을 확인할 수 있다. 즉 한 때에는 황제의 7새 즉 이른바 전국새(傳國璽)를 비롯하여[69] 황제행새(皇帝行璽), 황제지새(皇帝之璽), 황제신새(皇帝信璽), 천자행새(天子行璽), 천자지새(天子之璽), 천자신새(天子信璽)가 있었는데,[70] 이 중에서 대외적 책봉문에는 천자행새가 사용되었던 것이다. 그 이유는 우선 수나라 때 대외적 책봉문에 천자행보(天子行寶)가 사용된 사실,[71] 그리고 당 때

有節 以傳輔之 無節者 有幾則不達",『周禮注疏』地官, 掌節.

65 "璽者印也 印者信也 天子璽 以玉螭虎紐 古者尊卑共之",蔡邕『獨斷』上, 璽者.

66 "秦以來 天子獨以印稱璽 又獨以玉 群臣莫敢用也",蔡邕『獨斷』上, 璽者.

67 "皇朝因隋 置符璽郎四人 天后更名符寶郎 授命及神璽等八璽文 並琢爲寶字 神龍初 復爲符璽郎 開元初 又爲符寶郎 從璽文也",『唐六典』門下省, 符寶郎.

68 성인근,「조선시대 印章 연구」, 한국학중앙연구원 박사학위논문, 2007, 15-80쪽.

69 "二曰授命寶 所以修封禪禮神祇〈徐令謂 玉璽記曰 玉璽者 傳國璽也 秦始皇 取藍田玉 刻而爲之 其書李斯 所製 面文曰受命于天 旣壽永昌 璽上隱起爲盤龍文 文曰受天之命 皇帝壽昌 方四寸 紐五龍盤 秦滅傳漢〉",『唐六典』門下省, 符寶郎.

70 "衛宏漢舊儀曰 天子有六璽 皆白玉螭獸紐 文曰皇帝行璽 皇帝之璽 皇帝信璽 天子行璽 天子之璽 天子信璽",『唐六典』門下省, 符寶郎.

71 "〈隨令〉(중략) 天子行寶 命蕃國之君 則用之",仁井田陞,『唐令拾遺』,東京大學出版會, 公式令 21, 1931, 576쪽.

에도 대외적 책봉문서에 천자행보가 사용된 사실에서 찾을 수 있다.[72]

당 때에는 한 때의 7새에 신새(神璽)가 더하여[73] 8새, 즉 8보가 되었는데,[74] 명에 이르러 황제의 새보는 더욱 늘어났다. 『대명회전』에 의하면 명 황제의 새보는 24가지나 되는데, 그것은 황제봉천지보(皇帝奉天之寶), 황제지보(皇帝之寶), 황제행보(皇帝行寶), 황제신보(皇帝信寶), 천자지보(天子之寶), 천자행보(天子行寶), 천자신보(天子信寶), 제고지보(制誥之寶), 칙명지보(勅命之寶), 광운지보(廣運之寶), 어전지보(御前之寶), 황제존친지보(皇帝尊親之寶), 황제친친지보(皇帝親親之寶), 경천근민지보(敬天勤民之寶), 표장경사지보(表章經史之寶), 흠문지새(欽文之璽), 단부출험사방(丹符出驗四方), 봉천승운대명천자보(奉天承運大明天子寶), 대명수명지보(大明受命之寶), 순수천하지보(巡狩天下之寶), 수훈지보(垂訓之寶), 명덕지보(明德之寶), 토죄안민지보(討罪安民之寶), 칙정만민지보(勅正萬民之寶)였다.[75] 이 중에서 대외적 책봉문서로 쓰인 고명에 사용된 새보는 제고지보였다.[76] 청 역시 명과 마찬가지로 대외적 책봉문인 고명에 제고지보를 사용하였다.[77]

그런데 한·당 대의 책봉문 즉 책서에는 새보가 직접 찍히는 것이 아니라 새보를 넣은 함에 봉니(封泥)의 형태로 찍혔다. 왜냐하면 죽간 또는 옥간으로 제작된 책서에 직접 새보를 찍을 수는 없었기 때문이었다.[78] 이에 따라 책서를 함에 넣고 그 함을 닫은 후 함이 봉해지는 자리에 봉니압(封泥匣)을 만들고 그곳에 새보를 찍었을 것으로 생각된다.[79] 그러다가 당 후기에 책서를

---

72 "封拜外國及徵召 用天子行璽", 『唐六典』 門下省, 符寶郎.

73 "一曰神寶 所以承百王鎭萬國", 『唐六典』 門下省, 符寶郎.

74 "符寶郎掌天子之八璽及國之符節 辨其所用 有事 則請於內 旣事 則奉而藏之", 『唐六典』 門下省, 符寶郎.

75 『대명회전』 상보사(尙寶司).

76 "誥用制誥之寶 勅用勅命之寶", 『대명회전』 이부(吏部), 驗封淸吏司, 誥勅.

77 장을연, 「淸代 조선왕실 冊封誥命과 조선 敎命의 비교연구」, 『장서각』 24, 2010, 144-149쪽.

78 中村裕一, 『唐代制勅硏究』, 汲古書院, 1991, 846-847쪽.

79 한나라 때에 죽간을 서간(書簡)으로 보낼 때, 죽간 끝에 검(檢)을 붙었다. 검에는 수신자 주소 등을 쓰고 아울러 검에 봉니압을 만들었는데, 봉니압에는 죽간을 묶은 끈이 지나가는 홈을 만들고 그 위에

표 2 중국 역대의 대외적 책봉문서와 새보 및 책봉인

	책봉문 명칭	책봉문에 사용된 새보	새보의 안보 위치	피책봉인 명칭
주	왕간	미상	미상	새
한	책서	천자행보	책서 함 (봉니)	인
당	책서	천자행보	책서 함 (봉니)	인
송	고명	천자행보	고명 (날인)	인
명·청	고명	제고지보	고명 (날인)	인

넣은 함에 봉니 대신 자물쇠가 사용되면서 새보는 자물쇠 위에 찍히게 되었다.[80] 반면 송 이후에는 대외적 책봉문에 책서 대신 고명이 사용되었는데, 송대의 고명에는 이전과 마찬가지로 천자행보가 찍혔을 것으로 생각된다. 하지만 명 때에는 고명에 찍히는 제고지보가 제작되어 사용되었고 이것이 청에도 이어졌다. 대외적 책봉과 관련된 이상의 내용을 정리하면 표 2와 같다.

2) 명·청 대 조공제도의 유래

조공은 '조회(朝會)'와 '공헌(貢獻)'의 합성어이다. 조회는 제후가 천자를 알현하는 의식이고, 공헌은 조회 때 제후가 천자에게 드리는 예물이다.[81] 중국 역대의 조공제도 역시 책봉제도와 마찬가지로 그 원형이 『주례』에 실려 있다.

『주례』에 의하면 기외제후가 천자를 알현하는 조회에는 정기 조회와 부

봉니를 채운 후 인장을 찍었다. 따라서 서간을 열려면 봉니를 뜯어야 가능했다[도미야 이타루(富谷至) 지음, 임병덕 옮김, 『목간과 죽간으로 본 중국 고대 문화사』, 사계절, 2005, 112쪽]. 이런 사실에서 본다면 책서는 함에 넣고 봉하였으므로 함이 봉해지는 부분에 검을 붙이고 아울러 검에 봉니압을 만들어 새보를 찍었을 것으로 생각된다.

80 中村裕一, 『唐代制勅研究』, 汲古書院, 1991, 848-856쪽.
81 "因朝卽有貢物 此因朝而貢", 『주례』 하관(夏官), 大行人-賈公彦 疏.

정기 조회가 있었다. 정기 조회는 매년 춘하추동의 4차례 조회 그리고 12년마다 치르는 1차례 조회 등 5가지가 있었다. 구체적으로 봄의 조회는 조(朝), 여름의 조회는 종(宗), 가을의 조회는 근(覲), 겨울의 조회는 우(遇)였고 12년만에 하는 조회는 은동(殷同)이었다. 부정기 조회는 특별한 일이 있을 때 거행하는 시회(時會)였다.[82] 기외제후가 사신을 보내 천자를 알현하는 조회 역시 정기 조회와 부정기 조회로 나뉜다. 구체적으로 사신의 정기 조회는 시빙(時聘)이었고, 부정기 조회는 은조(殷覜)였다.[83]

제후 또는 제후 사신의 조회에 대하여 천자 역시 특별한 일이 있을 때 제후에게 사신을 보냈다. 『주례』에 의하면 천자가 제후에게 사신을 보내는 경우로는 간문(間問), 귀복(歸服), 하경(賀慶), 치회(致禬) 등이 있었다.[84]

제후 또는 제후 사신이 정기 또는 부정기 조회에 갈 때는 당연히 천자에게 드릴 예물을 가지고 갔다. 예물 즉 공물(貢物)은 각 지역에서 나는 특산물로서 금은 같은 귀금속은 물론 직물(織物), 식물(食物) 등 다양했다.[85]

한에서 성립된 중국의 대외적인 조공·책봉제도에서 송 이전의 조공은 주 때의 조공과 마찬가지로 제후 또는 제후 사신의 조회 및 공헌이 핵심이었다. 하지만 송 때에는 제후 즉 외국 통치자의 조회는 사라지고 사신에 의한 조회와 공헌만 있었고 이것이 명과 청 때까지 이어졌다. 다만 예외적으로 원 간섭기에 고려의 원종(元宗)부터 충정왕까지 고려왕들이 직접 원에 조회하였지만, 이는 고려가 원의 부마국이었다는 특수한 상황에서 나타난 현상이었다. 명 그리고 청이 조선과 맺었던 조공관계 역시 사신에 의한 조회

---

82 "大行人 掌大賓之禮及大客之儀 以親諸侯 春朝諸侯而圖天下之事 秋覲以比邦國之功 夏宗以陳天下之謨 冬遇以協諸侯之慮 時會以發四方之禁 殷同以施天下之政", 『주례』하관, 大行人.

83 "時聘以結諸侯之好 殷覜以除邦國之慝", 『주례』하관, 大行人.

84 "間問以諭諸侯之志 歸脤以交諸侯之福 賀慶以贊諸侯之喜 致禬以補諸侯之災", 『주례』하관, 大行人.

85 "邦畿方千里 其外方五百里謂之侯服 歲壹見 其貢祀物 又其外方五百里謂之甸服 二歲壹見 其貢嬪物 又其外方五百里謂之男服 三歲壹見 其貢器物 又其外方五百里謂之采服 四歲壹見 其貢服物 又其外方五百里謂之衛服 五歲壹見 其貢材物 又其外方五百里謂之要服 六歲壹見 其貢貨物", 『주례』하관, 大行人.

와 공헌이 핵심이었다. 이와 같은 내용을 『대명집례』에서는 다음과 같이 압축적으로 요약하였다.

선왕이 문덕을 닦아 원인(遠人)을 회유하여 이적(夷狄)이 조근(朝覲)한 것이 그 유래가 멀다. 은·탕 때에 저족(氐族), 강족(羌族) 같은 먼 곳의 오랑캐가 와서 공물을 바치고 왕으로 받들었다. 태무(太戊) 때에 여러 번 통역을 거쳐야 할 정도로 먼 곳에서 와서 조회한 자가 76국이었다. 주 무왕이 상을 이기고 제후와 사이(四夷)를 크게 모아 왕회(王會)를 만들었다. 『주례』추관의 상서씨(象胥氏)는 만이(蠻夷), 민맥(閩貊), 융적(戎狄)의 국사(國使)를 관장하여 깨우쳤다. 한은 전객(典客)과 역관(譯官)의 영(令)과 승(丞)을 설치하여 사이(四夷)의 조공을 관장하였다. 또 전속국(典屬國) 및 구역령(九譯令)을 설치하였다. 무제 원정(元鼎) 6년에 야랑(夜郞)이 입조하였다. 그 후로 외이의 조공이 끊이지 않았다. 감로(甘露) 원년에 호한사선우(呼韓邪單于)가 내조하였다. 3년에 호한사선우와 계거산(稽居㺲)이 내조하였는데 모두 감천궁(甘泉宮)에서 알현하였다. 하평(河平) 원년에 사이가 내조하는 것은 대홍로(大鴻臚)에서 관장하게 되었다. 4년에 흉노선우(匈奴單于)가 조회하였는데 정월에 백호전(白虎殿)에서 인견하였다. 원수(元壽) 2년 선우(單于)가 내조하였는데 상림원(上林苑) 포도궁(葡萄宮)에 집을 지어 주었다. 순제(順帝) 영화(永和) 원년 왜 노왕(奴王)이 내조하였는데 모두 연향과 사여의 제도가 있었다. 당은 주객(主客) 낭중(郞中)을 설치하여 제번의 내조를 관장하게 하였다. 그 접대의 일이 네 가지였는데 영로(迎勞), 계현(戒見), 번왕봉현(蕃王奉見), 연번국주(宴蕃國主)였다. 그 의례가 자세하다. 정관(貞觀) 3년에 동사추장(東謝酋長) 원심(元深)과 돌이가한(突利可汗) 두 나라가 내조하였다. 13년 토국(土國) 혼주(渾主)가 내조하였고, 14년 하원왕(河源王) 낙갈발(諾曷鉢)이 내조하였으며, 21년에 회흘(回紇)이 내조하였는데 모두 연향으로 즐겁게 하였다. 송에 조공을 바친 자는 40여 나라였는데, 모두 사신을 보내 입공하는 데 그쳤다. 비록 번왕이 직접 입조하여 알현하지는 않았지만 접견의 예로서 예서에 나타난 것은 당과 대략 같았다. 원 태조 5년에 외오아(畏吾兒) 국왕 혁도호(奕都護)가 내조하였다. 세조 지원(至元) 원년에 고려국왕 식(植)에게 칙명을 내려 세현(世見)의 예를 닦도록 하였다. 6월에 고려국왕 식이 상도(上都)에 내조하였다. 그 뒤로 번국에서 내조하는 것은 정단, 성절의 대조회 날을 기다려 예를 행하였다. 지금 명은 원의 전례를 따랐다.[86]

3) 명·청 대의 책봉제도와 고명·인장

앞에서 언급한 대로 명의 책봉제도는 대내적 책봉제도와 대외적 책봉제도로 구분되었다. 대내적 책봉제도는 황후, 황태자 등 황실 사람들을 책봉하던 제도였다. 반면 대외적 책봉제도는 명 주변국의 통치자들을 책봉하던 제도였다. 명의 대내적 책봉제도와 대외적 책봉제도는 그 전모가 『대명회전』, 『대명집례』 등에 구체적으로 실려 있다.

『대명회전』에 의하면 황실 사람들을 책봉하던 제도 즉 대내적 책봉제도는 홍무 초부터 시행되었다.[87] 『대명회전』에는 황실 사람들을 책봉하던 의례가 가례, 책배(冊拜) 조항에 실려 있는데 대상자는 황후, 황태자, 친왕, 공주,

---

86 "先王脩文德以柔遠人 而夷狄朝覲 其來尙矣 殷湯之時 氏族羌族遠夷 來享來王 太戊之時 重譯來朝者七十六國 周武王克商 大會諸侯及四夷 作王會 周禮秋官象胥氏 掌蠻夷閩貊戎狄之國使 而諭說焉 漢設典客及譯官令丞 以領四夷朝貢 又設典屬國及九譯令 武帝元鼎六年 夜郎入朝 後外夷朝貢不絶 甘露元年 呼韓邪單于來朝 三年 呼韓邪單于稽居珊來朝 並見于甘泉宮 河平元年 四夷來朝 領于大鴻臚 四年 匈奴單于朝 正月引見于白虎殿 元壽二年 單于來朝 舍之上林苑葡萄宮 順帝永和元年 倭奴王來朝 皆有宴饗賜予之制 唐設主客郎中 掌諸蕃來朝 其接待之事有四 曰迎勞 曰戒見 曰蕃王奉見 曰宴蕃國主 其 儀爲詳 貞觀三年 東謝酋長元深及突利可汗二國來朝 十三年 土國渾主來朝 十四年 河源王諾曷鉢來朝 二十一年 回紇來朝 皆宴饗以樂之 宋奉朝貢者四十餘國 皆以遣使入貢 雖蕃王未嘗親入朝見 而接見之禮 見於禮書者 與唐略同 元太祖五年 畏吾兒國王奕都護來朝 世祖至元元年 勅高麗國王植 令世見之例 六月 高麗國王植 來朝於上都 其後蕃國來朝 俟正旦聖節大朝會之日 而行禮焉 今擬", 『대명집례』 빈례 1, 蕃王朝貢. 總序.

87 "凡封爵典制 洪武初定", 『대명회전』 예부, 王國禮 1, 封爵.

내명부였다. 이들을 대상으로 하는 책봉이 명의 대내적 책봉제도의 핵심이었다. 아울러 책봉의례의 핵심은 책봉문과 인장 즉 책보를 수여하는 것이었다.

황후의 책봉문은 금책(金冊)으로 제작되었다. 금책은 2편이었으며 각 편은 주척으로 길이 1척 2촌, 넓이 5촌, 두께 2푼 5리였고 여기에 진서(眞書)로 글자를 새겨 넣었다.[88] 황후의 인장은 황금으로 만든 금보(金寶)로서 귀뉴(龜紐), 주수(朱綬)였고 인문은 '황후지보(皇后之寶)'였다.[89]

황태자의 책봉문은 황후와 마찬가지로 금책으로 제작되었다. 금책은 2편이었으며 각 편은 주척으로 길이 1척 2촌, 넓이 5촌, 두께 2푼 5리였고 여기에 진서로 글자를 새겨 넣었다.[90] 황태자의 인장은 황금으로 만든 금보로서 귀뉴, 주수였고 인문은 '황태자보(皇太子寶)'였다.[91]

친왕의 책봉문은 황태자와 마찬가지로 금책으로 제작되었다. 금책은 2편이었으며 각 편은 주척으로 길이 1척 2촌, 넓이 5촌, 두께 2푼 5리였고 여기에 진서로 글자를 새겨 넣었다.[92] 친왕의 인장은 황금으로 만든 금보로서 귀뉴, 주수였고 인문은 '모왕지보(某王之寶)'였다.[93]

공주의 책봉문은 친왕과는 달리 은책(銀冊)으로 제작되었다. 은책은 2편이었으며 각 편은 주척으로 길이 1척 2촌, 넓이 5촌, 두께 2푼 5리였고 여기에 글자를 새겨 넣었다.[94] 공주의 인장은 황금으로 만든 금인으로서 귀뉴, 주

---

88 "國朝 立皇后 用金冊 金字二片 每片依周尺 長一尺二寸 闊五寸 厚二分五釐 字則依數分行 鑴刻眞書", 『대명집례』 가례 3, 冊皇后, 冊.

89 "國朝 皇后金寶龜紐朱綬 文用篆書曰皇后之寶", 『대명집례』 가례 3, 冊皇后, 寶.

90 "國朝 立皇太子 用金冊二片 每片依周尺 長一尺二寸 闊五寸 厚二分五釐 字則依數分行 鑴刻眞書", 『대명집례』 가례 4, 冊皇太子, 冊.

91 "國朝 皇太子金寶龜紐朱綬 文用篆書曰皇太子寶", 『대명집례』 가례 4, 冊皇太子, 寶.

92 "國朝 冊親王 用金冊二片 上鑴眞書 每片依周尺 長一尺二寸 闊五寸 厚二分五釐 字則依數分行 鑴刻眞書", 『대명집례』 가례 5, 冊親王, 冊.

93 "國朝 親王金寶龜鈕 依周尺方五寸二分 厚一寸五分 其文曰某王之寶 綬用朱", 『대명집례』 가례 5, 冊親王, 寶.

94 "國朝 冊公主 用銀冊二片 鑴字鍍金 每片依周尺 長一尺二寸 闊五寸 厚二分五釐 字則依數分行書", 『대명

수였고 인문은 '모국공주지인(某國公主之印)'이었다.[95]

내명부의 책봉문 중에서 황비의 책봉문은 공주와 마찬가지로 은책으로 제작되었다. 은책은 2편이었으며 각 편은 주척으로 길이 1척 2촌, 넓이 5촌, 두께 2푼 5리였고 여기에 글자를 새겨 넣었다.[96] 황비의 인장은 황금으로 만든 금인으로서 귀뉴, 주수였고 인문은 '황비지인(皇妃之印)'이었다.[97] 이상의 내용을 정리하면 표 3과 같다.

표3 명의 대내적 책봉제도와 책보

대상자	책봉문	인장	인문	유	수
황태후	금책	금보	황후지보	귀뉴	주수
황태자	금책	금보	황태자보	귀뉴	주수
친왕	금책	금보	모왕지보	귀뉴	주수
공주	은책	금인	모국공주지인	귀뉴	주수
내명부(황비)	은책	금인	황비지인	귀뉴	주수

한편 명의 대외적 책봉제도는 『대명집례』의 빈례에 규정된 절차에 따라 시행되었다. 빈례가 명의 대외관계를 규정하는 예법이기 때문이었다. 『대명집례』의 빈례는 번왕조공(蕃王朝貢), 번사조공(蕃使朝貢), 견사(遣使)의 세 항목으로 구성되어 있으며, 각각의 항목은 의(儀), 주(注), 도(圖)의 3단계로 세분화되어 있다. 의는 빈례 항목을 좀 더 구체적으로 해설한 것이고, 주는 의를

집례』가례 6, 冊公主, 冊.

95 "國朝 公主用金印龜鈕 依周尺方五寸二分 厚一寸五分 其文曰某國公主之印 綬用朱", 『대명집례』가례 5, 冊公主, 印.

96 "國朝 冊皇妃 用銀冊二片 鏤字鍍金 每片依周尺 長一尺二寸 闊五寸 厚二分五釐 字則依數分行書", 『대명집례』가례 6, 冊內命婦, 冊.

97 "國朝 皇妃用金印龜鈕 依周尺方五寸二分 厚一寸五分 其文曰皇妃之印 綬用朱", 『대명집례』가례 6, 冊內命婦, 印.

표4 『대명집례』의 빈례

표4 『대명집례』의 빈례*

빈례 항목	의(儀)	주(注)	도(圖)
빈례 1 번왕조공	총서(總序) 영로(迎勞) 관복(冠服) 진설(陳設) 의장(儀仗) 반위(班位) 집사(執事) 악무(樂舞) 지헌(贄獻) 연회(宴會) 사여(賜予)	영로의주(迎勞儀注) 조현의주(朝見儀注) 견동궁의주(見東宮儀注) 견제왕의주(見諸王儀注) 견재보이하의주(見宰輔以下儀注) 연회의주(宴會儀注) 동궁사연의주(東宮賜宴儀注) 성부대연회의주(省府臺宴會儀注) 사폐의주(辭陛儀注) 사동궁의주(辭東宮儀注) 노송출경(勞送出境) 번국정단동지(蕃國正旦冬至) 번국진하(蕃國進賀)	번왕조현지도 (蕃王朝見之圖) 번왕현동궁도 (蕃王見東宮圖) 번왕현제왕도 (蕃王見諸王圖) 번왕여재보상견도 (蕃王與宰輔相見圖) 근신전석연도 (謹身殿錫宴圖) 동궁석연지도 (東宮錫宴之圖)
빈례 2 번사조공	총서(總序) 영로(迎勞) 진설(陳設) 의장(儀仗) 반위(班位) 집사(執事) 악무(樂舞) 공헌(貢獻) 석연(錫宴) 사여(賜予)	영로의주(迎勞儀注) 수번국내부견사진공의주 (受蕃國來附遣使進貢儀注) 수번사매세상조의주 (受蕃使每歲常朝儀注) 동궁수번국내부견사진공의주 (東宮受蕃國來附遣使進貢儀注) 번국견사내부참견성부대관의 (蕃國遣使來附參見省府臺官儀) 석연의주(錫宴儀注) 성부대로의주(省府臺宴勞儀注) 번사폐사의주(蕃使陛辭儀注) 번사사동궁의주(蕃使辭東宮儀注) 노송출경(勞送出境)	번사매세상조동궁지도 (蕃使每歲常朝東宮之圖) 번사견성관도 (蕃使見省官圖)
빈례 3 견사	총서(總序) 예번국개조(詣蕃國開詔) 사번국인수(賜蕃國印綬) 사토번국예물 (賜吐蕃國禮物) 영접(迎接) 서좌(序坐)	견사개조의주(遣使開詔儀注) 번국접조의주(蕃國接詔儀注) 견사사인수의주(遣使賜印綬儀注) 번국수인물의주(蕃國受印物儀注)	견사개조도 (遣使開詔圖) 번국접조도 (蕃國接詔圖)

* 『대명집례』 빈례 1, 蕃王朝貢; 『대명집례』 빈례 2, 蕃使朝貢.

좀 더 구체적으로 해설한 것이며, 도는 의와 주를 도설한 것이다. 『대명집례』
의 빈례 항목에 들어 있는 각각의 의, 주, 도를 모두 모아서 정리하면 표 4와
같다.

표 4의 빈례에서 견사는 명의 조공·책봉제도 중 책봉제도에 속한다. 반
면 번왕조공과 번사조공은 조공제도에 해당한다. 조공이란 외국에서 오는
사신을 맞이하는 외교 의례였고, 책봉이란 자국의 사신을 외국에 보내는 외
교 의례이기 때문이다.

그런데 명 때에는 외국의 통치자가 직접 명에 친조하지 않았으므로 명의
빈례 중에서 실제로 시행된 의례는 번사조공과 견사뿐이었다. 아울러 외국
의 통치자가 명에 친조하지 않음으로써 외국의 통치자를 대상으로 하는 대
외적 책봉의례는 외국으로 직접 사신을 보내서 책봉하는 의례, 즉 빈례의
견사에 포괄되었다.

『대명집례』 빈례의 견사는 총서(總序), 예번국개조(詣蕃國開詔)[부서(書附)],
사번국인수(賜蕃國印綬), 사토번국예물(賜吐蕃國禮物), 영접(迎接), 서좌(序坐)의
여섯 조항으로 구성되었다. 총서는 명의 빈례와 견사가 성립되기까지의 역
사적 연원을 해설하고 마지막에 명의 견사에 대하여 언급하였는데 다음과
같은 내용이다.

명은 천하에 사자를 나누어 보내 먼 곳의 사람들을 회유하였다. 고려, 안
남, 점성(占城) 등의 나라에 모두 조서를 반포하고 가서 하유하였다. 또한
칙사가 가서 인수를 주었고 향폐(香幣)를 주어 그 나라의 산천에 제사하였
다. 그래서 사이를 회유하고 위무하는 뜻이 갖추어졌다. 지금 조서를 반포
하고 인수를 주며 사여를 하사하는 의례를 자세히 저술하여 견사편을 지
었다. 번국상(蕃國喪)에 문상하고 번국산천(蕃國山川)에 제사하는 의례는 상

례, 산천 등의 편에 나타나므로 이곳에는 첨부하지 않았다.[98]

위에서 언급된 것처럼 명의 대외적 책봉의례는 칙사가 피책봉국에 파견되어 인수를 주는 의례로 대표되었다. 그것과 관련된 의례가 바로 견사의 예번국개조, 사번국인수, 사토번국예물, 영접, 서좌 등이었다. 이 중에서 예번국개조는 제목 그대로 번국에 가서 조서를 선포하는 의례였다. 사번국인수는 번국의 통치자를 책봉하고 그 징표로 인수를 주는 의례였다. 사토번국예물은 토번국에 예물을 수여하는 의식이었고, 영접과 서좌는 명 사신의 영접과 서좌에 관련된 의례였다. 따라서 명의 대외적 책봉의례에서 핵심적인 의례는 사신이 번국에 가서 조서를 선포하고 인수를 수여하는 의식, 즉 예번국개조와 사번국인수였다.

그런데 명의 사신이 번국에 가서 조서를 선포하고 인수를 수여하는 의식은 번국의 입장에서 본다면 조서와 인수를 받는 의례였다. 이에 따라 예번국개조는 견사개조의주(遣使開詔儀注)와 번국접조의주(蕃國接詔儀注)로 구체화되었고, 사번국인수는 견사사인수의주(遣使賜印綬儀注)와 번국수인물의주(蕃國受印物儀注)로 각각 구체화되었다.

견사개조의주, 번국접조의주, 견사사인수의주, 번국수인물의주는 대외적 책봉의례의 연속성에 따라 시행되었다. 견사개조의주는 번국을 책봉하는 데 필요한 책봉문과 인장 및 예물을 소지한 조사 또는 칙사의 파견에 관련된 의례이다. 『대명집례』에 규정된 견사개조의주는 행사 이전의 의례와 본행사 의례의 두 단계로 구성되어 있다. 행사 이전의 의례는 행사 거행에 앞서 필요한 시설 및 의장물을 배치하는 사전 의례 또는 준비 의례로서 그 내

---

98 "國朝 混一區宇 分遣使者 以柔遠人 其高麗安南占城等國 增頒詔往諭 復勅使往授印綬 又降香幣 以祀其 國之山川 其柔撫四夷之意 備至 今 詳著開詔錫印錫予之儀 作遣使篇 其弔蕃國喪 祀蕃國山川之禮 則見於 喪禮山川等篇 玆不贅其云", 『대명집례』 빈례 3, 遣使, 總序.

용은 다음과 같았다.

견사개조의주(遣使開詔儀注)

기한 전에, 한림원의 관료가 명령을 받아 조서를 초안해 보고한다. 끝나면, 하루 전에 예부가 백관에 고하여 황성에서 숙직하게 한다. 그날 종을 울린 후, 조복을 갖추고 반열에서 모신다. 내사감(內使監)은 어좌, 향안을 봉천전(奉天殿)에 설치한다. 상보경(尙寶卿)은 보안(寶案)을 어좌의 남쪽에 설치하는데, 보안을 조서안의 동쪽으로 설치한다. 시복사(侍儀司)는 조서안을 보안의 남쪽에 설치하고, 승제관위(承制官位)를 전상(殿上)의 동쪽과 단폐(丹陛)의 동남쪽에 설치하며, 사자의 배위를 단지(丹墀) 중도(中道)에 설치하는데 약간 서쪽에서 북향하게 한다. 전의(典儀) 2명은 단폐 위의 남쪽에서 동서로 마주한다. 지반(知班) 2명의 자리는 사자의 북쪽에서 동서로 마주한다. 찬례(贊禮) 2명의 자리는 지반 아래의 북쪽에서 동서로 마주한다. 문무백관의 시립위(侍立位)는 문무루(文武樓)의 북쪽이다. 문반은 동쪽이고 무반은 서쪽으로 동서로 마주 본다. 문무시종반(文武侍從班)은 전상(殿上)의 좌우에 설치한다. 문반과 무반을 인도할 사인(舍人) 4명의 자리는 문관과 무관의 북쪽에서 동서로 마주 보게 설치한다. 인사자(引使者) 2명의 자리는 사자의 북쪽에서 동향하게 설치한다. 공위사(拱衛司)와 광록시(光祿寺)의 관료들이 마주서는 자리는 봉천문의 좌우에 설치하는데 모두 동서로 마주한다. 장군 2명의 자리는 전상의 염전(簾前)에 동서로 마주하게 설치한다. 장군 6명은 봉천문의 좌우에서 동서로 마주한다. 또 장군 4명은 단폐의 서쪽 귀퉁이에서 동서로 마주한다. 또 장군 6명은 봉천전의 좌우에서 동서로 마주한다. 명편(鳴鞭) 4명은 단폐 위에서 북향한다.

위에 의하면 견사개조의는 봉천전에서 거행되었으며, 의례 거행에 필요

한 시설물에는 향안, 어좌, 보안, 조서안 등이 있었는데, 이 시설물은 황제의
권위를 상징하는 것이라 할 수 있다. 이 외에 행사 진행을 위한 사람들로서
승제관 1명, 전의 2명, 지반 2명, 찬례 2명, 사인 4명, 명편 4명, 그리고 인사
자 2명 등이 있었다. 그 외 행사에 참여하는 사람은 황제, 사자, 문무백관, 장
군, 공위사, 광록시, 문무시종 등이 있었다. 이상의 내용을 정리하면 표 5와
같다.

표5　견사개조의에 필요한 시설물과 참여자

시설물	참여자	
	행사 진행자	행사 참여자
향안-내사감 어좌-내사감 보안-상보경 조서안-시복사(侍僕寺), 조서는 한림원	승제관(承制官)-1명 전의(典儀) -2명 지반(知班) -2명 찬례(贊禮) -2명 사인(舍人) -4명 명편(鳴鞭) -4명 인사자(引使者)-2명	황제 사자 문무백관 장군 공위사(拱衛司) 광록시(光祿寺) 문무시종(文武侍從)

위와 같은 준비가 완료된 후, 본행사로서 견사개조의가 거행되었는데, 그
내용은 다음과 같았다.

이날 금오위(金吾衛)는 오문(午門) 밖에 갑사군장(甲士軍仗)을 동서에 마주 보
게 설치한다. 공위사(拱衛司)는 의장을 단폐와 단지의 동서에 설치하고, 차
조서황개(遮詔書黃蓋)를 봉천천의 문 앞에 설치한다. 화성랑(和聲郞)은 악을
단지 남쪽에 설치한다. 시위사(侍衛司)는 용정의장(龍亭儀仗)과 대악(大樂)을
오문 밖 중앙에 설치한다.
초엄이 울리면, 최반사인(催班舍人)이 문관과 무관을 재촉하여 조복을 갖추

게 한다. 도가관(導駕官)과 시종관(侍從官)은 들어가서 거가(車駕)를 맞이한다. 다음 엄이 울리면, 인반사인(引班舍人)은 문관과 무관을 인도하여 들어와 시립위(侍立位)로 나아간다. 인례(引禮)가 사자를 인도하여 조복을 갖추고 단지의 서쪽에 서서 삼엄을 기다린다.

시의(侍儀)가 외판(外辦)을 아뢰면, 황제는 통천관(通天冠)에 강사포(絳紗袍) 차림으로 근신전(謹身殿)에 나온다. 〈음악을 연주한다.〉 상보(尙寶)가 보(寶)를 받들고 앞에서 인도하고, 시종이 인도하는 것은 평상시의 의식과 같이 하여 봉천전의 어좌에 오른다. 〈음악을 연주한다.〉

상보는 보를 안에 두고 권렴(捲簾)한다. 명편이 시간을 보고하고 계창(鷄唱)한다. 끝나면 예부의 관리가 조서를 보안 앞에서 받들고, 상보는 보를 찍는다. 끝나면 중서성의 관리와 예부의 관리가 조서를 함께 받들고 어좌에 와서 아뢴다. 끝나면 예부의 관리가 황초금보(黃銷金襆)로 조서를 싸서 반중(盤中)에 넣어 안에 둔다.

인례는 사자를 인도하여 단지의 배위로 간다. 전의가 국궁, 배, 흥, 배, 흥, 배, 흥, 배, 흥, 평신을 창하면, 사자는 국궁〈음악을 연주한다〉, 배, 흥, 배, 흥, 배, 흥, 배, 흥, 평신〈음악을 그친다〉한다.

승제관(承制官)이 어좌 앞에 나아가 무릎을 꿇고 제(制)를 받든다. 끝나면 중문을 통해 나가 단폐 위의 선제위(宣制位)에 이른다. 승제관이 이르기를 "제가 있다" 하면 전의가 궤(跪)라고 창한다. 사자가 궤하면 승제관이 제를 선포하여 말하기를, "황제께서 명령하여 이(爾)[모(某)]로 하여금 조서를 받들고 (모)국에 사신으로 가게 하였으니, 마땅히 공경하게 짐의 명령을 받들라"라고 한다. 제를 선포하는 것이 끝나면 승제관은 서문을 통해 들어간다.

전의가 부복, 흥, 평신을 창하면 사자는 부복, 흥, 평신한다. 전의가 국궁, 배, 흥, 배, 흥, 배, 흥, 배, 흥, 평신을 창하면 사자는 국궁〈음악을 연주한다〉,

배, 흥, 배, 흥, 배, 흥, 배, 흥, 평신〈음악을 그친다〉한다. 예부의 관리가 안으로 가서 조서를 받들고 전중문(殿中門)을 통해 나간다. 공위사는 황개(黃蓋)를 들고 조서를 막아 보호하면서 중폐(中陛)를 통해 내려와 사자의 앞에 이르러 사자에게〈대악(大樂)을 진작한다〉 준다. 사자는 조서를 받들고 봉천문 중앙을 통해 나가 오문 밖에 이르러 조서를 용정(龍亭) 안에 둔다.

시의가 예필(禮畢)을 아뢰면 황제는 일어나〈음악을 연주한다〉 환궁한다. 〈음악을 그친다.〉 인례는 문관과 무관을 인도하여 차례로 나간다. 각 아문에서 정관 1명을 나누어 선발하여 조서를 받들어 보내게 한다. 국문 밖으로 나가면 사자가 조서를 받들고 간다.[99]

위에 의하면 견사개조의는 황제가 친림하기까지 초엄, 이엄, 삼엄의 세 가지 절차에 따라 거행되었으며, 황제 친림 후 견사개조의의 핵심은 사자가 승제관으로부터 "황제께서 명령하여 이(爾)[모(某)]로 하여금 조서를 받들고 (모)국에 사신으로 가게 하였으니, 마땅히 공경하게 짐의 명령을 받들라"는 명령을 받은 후 조서를 받는 의례였다. 이때 사자가 받는 조서가 바로 번국의 통치자를 책봉하기 위한 조서, 즉 책봉조서였다. 책봉조서는 피책봉국의 요청이 있을 때 작성되었다. 즉 피책봉국에서 표문을 보내 책봉을 요청하면 이를 근거로 책봉에 필요한 조서를 작성했던 것이다. 위에 나타난 대로 책봉조서는 한림원에서 작성하였다. 책봉문, 즉 고명 역시 한림원에서 작성하였다. 한림원에서 작성된 책봉조서와 고명은 중서성에서 접수하였고, 조서와 고명에 필요한 새보는 상보사에서 관장하였다.[100]

인장은 주인국(鑄印局)에서 주조하였는데,[101] 책봉국에 따라 다양한 형태를

---

99 『대명집례』 빈례 3, 遣使, 遣使開詔儀注.
100 "誥命 箚付翰林院 撰文具手本 送中書舍人 書寫 尙寶司用寶 完備 擇日具奏 頒降", 『대명회전』 이부, 驗封淸吏司, 功臣封爵.
101 "國初設鑄印局 專官鑄造內外諸司印信", 『대명회전』 예부, 印信.

가졌다. 예컨대 고려에 준 인장은 황금인에 귀뉴로서 사방 3촌 크기였고 인문은 '고려국왕지인(高麗國王之印)'이었다. 반면 안남에 준 인장은 도금은인에 타뉴(駝鈕)로서 사방 3촌 크기였고 인문은 '안남국왕지인(安南國王之印)'이었다. 또한 점성에 준 인장은 도금은인에 타뉴로서 사방 3촌 크기였고 인문은 '점성국왕지인(占城國王之印)'이었으며, 토번에 준 인장은 황금인에 타뉴로서 사방 5촌〈주척을 쓴다〉크기였고 인문은 '백난왕인(白蘭王印)'이었다.[102] 명에서 주변국에 수여한 인장을 정리하면 표 6과 같다.

표 6 명에서 피책봉국에 수여한 책봉인장

국명	인장 종류	인문	유	규격
고려	황금인	고려국왕지인	귀뉴	사방 3촌
안남	도금은인	안남국왕지인	타뉴	사방 3촌
점성	도금은인	점성국왕지인	타뉴	사방 3촌
토번	황금인	백란왕인	타뉴	사방 5촌

명의 책봉제도는 기본적으로 위의 절차 즉 책봉조서, 고명, 인장을 가지고 피책봉국에 도착한 사신이 조서를 반포하고 아울러 고명과 인장을 수여함으로써 완성되었다. 이 중에서 '견사개조의'는 제목 그대로 사자에게 책봉조서를 전달하는 의례였는데, 글로 표현될 때 복잡하게 보이는 '견사개조의'를 도설로 나타내면 그림 1과 같다.

한편 황제가 피책봉국의 통치자에게 줄 인장을 사자에게 수여하는 의례인 '견사사인수의주' 역시 '견사개조의주'와 마찬가지로 행사 이전의 의례와 본행사 의례의 두 단계로 구성되어 있었다. '견사사인수의주'의 사전 의

---

102 "國朝 賜高麗 黃金印 龜鈕 方三寸 文曰高麗國王之印 賜安南 鍍金銀印駝鈕 方三寸 文曰安南國王之印 賜占城 鍍金銀印駝鈕 方三寸 文曰占城國王之印 賜吐蕃 黃金印駝鈕 方五寸〈用周尺〉文曰白蘭王印", 『대명집례』 빈례 3, 遣使, 賜蕃國印綬.

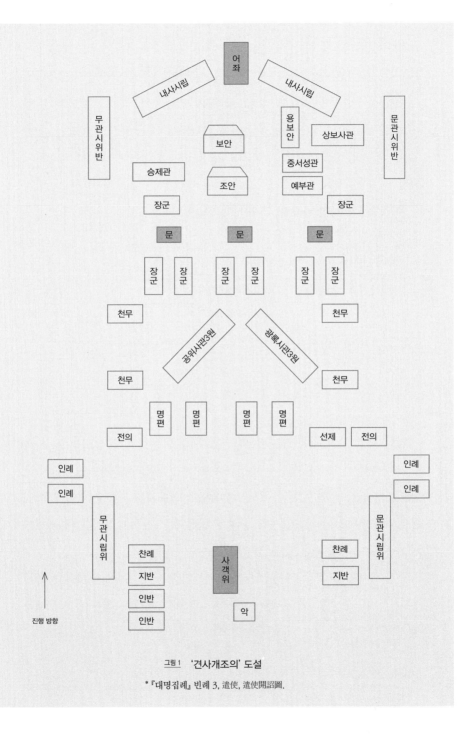

그림1 '견사개조의' 도설

*『대명집례』 빈례 3, 遣使, 遣使開詔圖.

자금성의 정전인 태화전의 정문, 태화문.
태화문 앞쪽의 다리는 내금수교(內金水橋).

례 또는 준비 의례의 내용은 다음과 같다.

견사사인수의주(遺使賜印綬儀注)

기한 전에 예부는 승지(承旨)하여 인문의 양식을 주문(奏聞)한다. 주인국에
부하(符下)하고 주인국에서 주조해 올리면 문주(聞奏)한다. 하루 전에 내사
감(內使監)은 어좌, 향안을 봉천전에 설치한다. 시의사는 사인안(賜印案)을
단폐 위의 동쪽에 설치하고, 승제관위를 전상의 동쪽에 설치하며 선제위
(宣制位)를 단폐의 동남쪽에 설치하고 사자의 배위를 단지 중도(中道)에 설
치하는데 약간 서쪽에서 북향한다. 또 문무관의 시립위를 문무루의 동쪽
에 설치하는데 문관은 동쪽이고 무관은 서쪽으로서 동쪽과 서쪽은 서로서

로 바라본다. 시종의 반위를 전상의 동쪽과 서쪽에 설치한다. 또 공위사와 광록사(光祿司)의 관위를 전문의 좌우에 설치하고 전의위(典儀位)를 단폐 위의 남쪽에 설치하는데 동쪽과 서쪽이 서로 바라본다. 지반(知班) 2명의 위를 사자의 북쪽에 설치하고, 찬례(贊禮) 2명의 위를 지반의 북쪽에 설치하는데 모두 동쪽과 서쪽이 서로 바라본다. 인사자(引使者) 2명의 위를 사자 배위의 북쪽에 설치하는데 서쪽에 서서 동향한다. 인문무관사인(引文武官舍人)의 위를 문무관의 북쪽에 설치하는데 약간 뒤쪽으로 하여 동쪽과 서쪽이 서로 바라본다. 장군 2명의 위를 전상 염전(簾前)에 설치하는데 동쪽과 서쪽이 서로 바라본다. 장군 4명의 위를 단폐 위의 사방 모퉁이에 설치하는데 동쪽과 서쪽이 서로 바라본다. 장군 6명의 위를 봉천전 문의 좌우에 설치하는데 동쪽과 서쪽이 서로 바라본다. 장군 6명의 위를 봉천문의 좌우에 설치하는데 동쪽과 서쪽이 서로 바라본다. 명편 4명의 위를 단폐 가운데에 설치하는데 북향한다.

위에 의하면 '견사사인수의'는 '견사개조의'와 마찬가지로 봉천전에서 거행되었다. 그러나 의례 거행에 필요한 시설물에는 약간의 차이가 있었는데, '견사개조의'에서는 향안, 어좌, 보안, 조서안 등이 있었지만 '견사사인수의'에서는 보안과 조서안 대신에 사인안이 들어갔고 향안과 어좌는 동일하였다. 이 외에 행사 진행을 위한 사람들로서 승제관 1명, 전의 2명, 지반 2명, 찬례 2명, 사인 2명, 명편 4명, 그리고 인사자 2명 등이 있었다. 그 외 행사에 참여하는 사람은 황제, 사자, 문무백관, 장군, 공위사, 광록시, 문무시종 등이 있었다. 이상의 내용을 정리하면 표 7과 같다.

표 7과 같은 준비가 완료된 후, '견사사인수의'가 거행되었는데, 그 내용은 다음과 같았다.

표7 '견사사인수의'에 필요한 시설물과 참여자

시설물	참여자	
	행사 진행자	행사 참여자
향안-내사감 어좌-내사감 사인안-시복사, 사인은 주인국(籌印局)	승제관-1명 전의 -2명 지반 -2명 찬례 -2명 사인 -2명 명편 -4명 인사자-2명	황제 사자 문무백관 장군 공위사 광록시 문무시종

이날 숙위는 오문 밖의 동쪽과 서쪽에 병장(兵仗)을 설치한다. 공위사는 의
장을 단폐와 단지의 동쪽과 서쪽에 설치한다. 화성랑(和聲郎)은 악위(樂位)
를 단지의 사자 배위의 남쪽에 설치한다. 예부는 용정, 의장, 대악(大樂)을
오문 밖에 설치한다.

초엄이 울리면, 최반사인이 백관을 재촉하여 조복을 갖추게 한다. 집사자
는 들어가 자리로 간다. 도가관(導駕官)과 시종관(侍從官)은 들어가서 거가를
맞이한다.

다음 엄이 울리면, 인반(引班)이 문무백관을 인도하여 들어와 시립위로 나
아간다. 인례가 사자를 인도하여 단지의 서쪽으로 들어와 서쪽에 서서 동
향한다. 예부관은 소사인(所賜印)을 단지 안상(案上)에 설치한다. 〈만약 예물
이 있으면 예물안을 설치한다.〉

삼엄이 울리면, 시의가 외판을 아뢴다. 황제는 근신전(謹身殿)에서 피변복
(皮弁服)을 입고 나온다. 〈음악을 연주한다.〉 시종이 인도하는 것은 평상시
의 의식과 같이 한다. 황제는 봉천전의 어좌에 오른다. 〈음악을 연주한다.〉
권렴(捲簾)하면 명편이 계창하고 시간을 보고한다.

끝나면 인례가 사자를 인도하여 배위로 가서 선다. 자리가 정리되면 찬례가 국궁, 배, 흥, 배, 흥, 배, 흥, 배, 흥, 평신을 창한다. 사자는 국궁〈음악을 연주한다〉, 배, 흥, 배, 흥, 배, 흥, 배, 흥, 평신〈음악을 그친다〉한다.

승제관(承制官)이 어좌 앞에 나아가 무릎을 꿇고 제(制)를 받든다. 끝나면 중문을 통해 나가 단폐 위의 선제위(宣制位)에 이른다. 승제관이 이르기를 "제가 있다" 하면 찬례가 궤라고 창한다. 사자가 궤하면 승제관이 제를 선포하여 말하기를, "황제께서 명령하여 이(爾)[모(某)]로 하여금 (모)국왕인(國王印)을 주게 하였으니, 이는 공경하게 짐의 명령을 받들라"라고 한다. 〈만약 하사하는 예물이 있으면 나아가 모물(某物)을 선사(宣賜)한다.〉

제를 선포하는 것이 끝나면 승제관은 전의 서문을 통해 들어간다. 찬례가 부복, 흥, 평신을 창하면 사자는 부복, 흥, 평신한다. 찬례가 국궁, 배, 흥, 배, 흥, 배, 흥, 배, 흥, 평신을 창하면 사자는 국궁〈음악을 연주한다〉, 배, 흥, 배, 흥, 배, 흥, 배, 흥, 평신〈음악을 그친다〉한다. 예부의 관리가 인을 받들고 중폐(中陛)로부터 내려와 사자에게 준다. 사자는 홀을 꽂고 인을 받들고 봉천전 중문을 통해 나간다. 〈만약 예물을 하사하면 예물을 받들고 나간다.〉

시의가 예필(禮畢)을 아뢰면 황제는 일어나〈음악을 연주한다〉입궁한다. 〈음악을 그친다.〉 사자는 인을 용정 중에 둔다. 인반은 백관을 인도하여 차례대로 나간다. 각 아문에서 정관 1명으로써 의장대악(儀仗大樂)을 설치하여 인을 보낸다. 국문 밖에 이르면 사자가 인을 받들고 간다.[103]

위에 의하면 '견사사인수의'는 '견사개조의'와 마찬가지로 황제가 친림하기까지 초엄, 이엄, 삼엄의 세 가지 절차에 따라 거행되었으며, 황제 친림 후 '견사사인수의'의 핵심은 사자가 승제관으로부터 "황제께서 명령하여 이

---

103 『대명집례』 빈례 3, 遣使, 遣使賜印綬儀注〈賜禮物儀同〉.

(璽)[모(某)]로 하여금 (모)국왕인(國王印)을 주게 하였으니, 이는 공경하게 짐의 명령을 받들라"는 명령을 받은 후 국왕인을 받는 의례였다. 이때 사자가 받는 국왕인이 바로 피책봉국의 통치자에게 전해 줄 인장이었다. 이렇게 책봉에 필요한 책봉조서와 국왕인을 준비하여 황제가 친림하여 사자에게 전해 주면, 그 사자가 책봉사로서 피책봉국에 파견되었던 것이다.

4) 명·청 대의 조공제도와 표문

앞에서 언급한 대로 명의 조공제도는 빈례의 번사조공에 구체적으로 규정되었다. 『대명집례』에 의하면 번사조공은 총서(總序), 영로(迎勞), 진설(陳設), 의장(儀仗), 반위(班位), 집사(執事), 악무(樂舞), 공헌(貢獻), 석연(錫宴), 사여(賜予)의 10항목으로 구성되었다. 총서는 주 대부터 명 대까지 번사조공의 유래에 대한 설명이고, 영로는 명의 수도에 도착한 번사를 맞이하여 위로하는 의례이다. 진설, 의장, 반위, 집사, 악무, 공헌, 석연, 사여는 번사가 가져온 표문과 방물을 접수하고 그에 대하여 답례하는 의례들이다.

그런데 총서의 내용 중 명 부분에는 "홍무 2년 점성국은 배신 호도만(虎都蠻)을 보내와서 조공하였고, 고려는 배신 예부상서 홍상재(洪尙載)를 보냈으며, 안남은 배신 동시민(同時敏) 등을 보냈는데, 모두 방물을 공헌하였다. 그들이 이르자 유사에서 주문(奏聞)하여 국문을 나가 영로하고, 날을 골라 봉천전에서 표, 폐, 방물을 바쳤다"[104]는 언급이 있다. 즉 명 대 조공제도의 핵심은 번국의 사신이 가져온 표문과 방물을 받는 것이었다.

표문은 한 대 이후로 군신이 천자에게 올리던 문서 중의 하나였다. 예컨대 한 때에는 군신이 천자에게 올리던 문서 중에 장(章), 주(奏), 표(表), 박의

---

104 "洪武二年 占城國 遣陪臣虎都蠻來貢 高麗遣陪臣禮部尙書洪尙載 安南遣陪臣同時敏等 皆貢方物 旣至 有司奏聞 出國門以迎勞 擇日進表幣方物於奉天殿", 『대명집례』 빈례 2, 蕃使朝貢, 總序.

(駁議) 등 네 종류가 있었다.[105] 당 때에도 표는 천자에게 올리는 문서였다.[106] 명 때 번국에서 황제에게 올리는 문서 역시 표문이었다. 즉 번국에서 명에 사신을 보내 방물을 바치려면 표문이 꼭 필요하였던 것이다.

번국의 사신이 가져온 표문과 방물을 받는 의례와 관련해서는 영로의주 (迎勞儀注), 수번국내부견사진공의주(受蕃國來附遣使進貢儀注), 수번사매세상조 의주(受蕃使每歲常朝儀注), 동궁수번국내부견사진공의주(東宮受蕃國來附遣使進貢 儀注), 번국견사내부참현성부대관의(蕃國遣使來附參見省府臺官儀), 석연의주(錫宴 儀注) 성부대연로의주(省府臺宴勞儀注), 번사폐사의주(蕃使陛辭儀注), 번사사동궁 의주(蕃使辭東宮儀注) 등의 의례가 있었다.

이 중에서 핵심적인 의례는 바로 황제가 친림하여 번국 사자(使者)로부터 직접 표문과 방물을 받는 '수번국내부견사진공의주'로서, 이 의주는 다른 의주와 마찬가지로 행사 이전의 의례와 본행사 의례의 두 단계로 구성되어 있다. 행사 이전의 의례는 행사 거행에 앞서 필요한 시설 및 의장물을 배치 하는 사전 의례 또는 준비 의례로서 그 내용은 다음과 같았다.

수번국내부견사진공의주(受蕃國來附遣使進貢儀注)

기일 전에 시의사(侍儀司)는 번사(蕃使)를 인도하여 천계사(天界寺)에서 3일 간 습의하고 조현(朝見)을 택일한다.

하루 전에 내사감(內使監)은 어좌, 향안을 봉천전 중에 설치한다. 상보경은 보안을 어좌의 앞에 설치한다. 시의사는 표안(表案)을 단지(丹墀) 중도(中道) 의 북쪽과 전상(殿上)의 정중앙에 설치하고, 방물위(方物位)를 표전안(表箋案) 의 남쪽 중도 동쪽과 서쪽에 설치한다. 또 거방물안집사위(擧方物案執事位)를 방물안의 좌우에서 설치한다. 사자위(使者位)를 중도의 좌우와 방물안의 남

---

105 "凡群臣上書於天子者 有四名 一曰章 二曰奏 三曰表 四曰駁議", 蔡邕『獨斷』上.
106 "凡下之所以達上 其制亦有六 曰表狀牋啓辭牒〈表上於天子〉",『唐六典』尙書省.

쪽에 북향으로 설치하고 통사위(通事位)를 사자위의 서쪽에 북향으로 설치한다.

문무관의 시립위를 단지의 북쪽에 설치하는데 동쪽과 서쪽에서 서로 바라본다. 수표겸선표관(受表兼宣表官)과 수방물겸선방물관위(受方物兼宣方物官位) 그리고 전표관(展表官)의 위를 표안(表案)의 서쪽에 동향으로 설치한다. 승제관위(承制官位)를 전내에 서향으로 사자의 북쪽에 설치한다. 전의 2명의 위를 단폐(丹陛) 위에 설치하는데 동쪽과 서쪽에서 서로 마주한다. 지반위(知班位)를 단지의 북쪽에 설치하는데 동쪽과 서쪽에서 서로 마주한다. 찬례위(贊禮位)를 지반의 북쪽에 설치하는데 동쪽과 서쪽에서 마주한다. 내찬(內贊) 2명의 위를 전상에 설치하는데 동쪽과 서쪽에서 서로 마주한다. 인사자(引使者) 사인(舍人) 3명은 사자 배위의 서쪽에서 동향한다. 인문무관(引文武官) 사인 4명은 문무반의 북쪽에서 약간 뒤인데 동쪽과 서쪽에서 서로 마주한다. 시종반, 기거주, 전중시어사, 상보경의 위를 전상에 서향으로 설치한다. 지휘사, 현도무관(懸刀武官)의 위를 전상에 동향으로 설치한다. 공위사관위(拱衛司官位)를 봉천문의 좌우에 설치하는데 동쪽과 서쪽에서 서로 마주한다. 전목소관위(典牧所官位)를 장마(仗馬)의 앞에 설치하는데 동쪽과 서쪽에서 서로 마주한다. 숙위진무위(宿衛鎭撫位)를 단폐의 동쪽과 서쪽 계단 아래에 설치하는데 동쪽과 서쪽에서 서로 마주한다. 호위백호(護衛百戶) 24명은 숙위진무의 남쪽인데 약간 뒤이며 동쪽과 서쪽에서 서로 마주한다. 호위천호 8명은 전의 동문과 서문의 좌우인데 동쪽과 서쪽에서 서로 마주한다. 장군 2명은 전상인데 동쪽과 서쪽에서 서로 마주한다. 천무장군(天武將軍) 4명은 단폐 위의 사방 모퉁이인데 동쪽과 서쪽에서 서로 마주한다. 장군 6명은 봉천전 문의 좌우인데 동쪽과 서쪽에서 서로 마주한다. 장군 6명은 봉천문의 좌우인데 동쪽과 서쪽에서 서로 마주한다.

위에 의하면 '수번국내부견사진공의'는 기타의 빈례와 마찬가지로 봉천전에서 거행되었으며, 의례 거행에 필요한 시설물 역시 향안, 어좌, 보안 등이었고 행사 진행을 위한 사람들 역시 승제관 1명, 전의 2명, 지반 2명, 찬례 2명, 사인 2명, 명편 4명, 그리고 인사자 3명 등으로 거의 유사하였다. 여기에 번국 사자를 인도하고, 번국 사자가 가져온 표문과 방물을 설치하기 위해 표안과 방물안 등이 추가적으로 설치되는 형태였다. 이와 같은 준비가 끝난 후, 본행사로서 '수번국내부견사진공의'가 거행되었는데, 그 내용은 다음과 같았다.

이날 금오위는 오문 밖의 동쪽과 서쪽에 갑사(甲士)를 배치하고, 봉천문 밖의 동쪽과 서쪽에 기장(旗仗)을 설치한다. 공위사는 의장을 단폐 위와 단지의 동쪽과 서쪽에 설치하고, 오로(五輅)를 단폐의 남쪽에 진설한다. 전목소(典牧所)는 장마를 문무루의 남쪽에 설치하는데 동쪽과 서쪽에서 서로 마주한다. 또 호표(虎豹)를 봉천문 밖에 진설한다. 화성랑은 악을 단지의 여러 번사 배위(蕃使拜位) 남쪽에 진설한다.

북을 쳐서 초엄이 울리면, 시의사인(侍儀舍人)은 들어가 배석(拜席)을 진설한다. 인반(引班)은 문무백관을 인도하는데 각각 조복을 갖춘다.

다음 엄이 울리면, 인반은 문무백관을 인도하여 오문 밖에서 반열을 가지런히 하는데 동쪽과 서쪽에서 서로 마주하며 북쪽을 위로 한다. 예부집사는 방물을 각각 안에 둔다. 각 집사는 모두 들어와 자리로 간다. 여러 시위관은 각각 그 기복(器服)을 갖춘다. 상보경, 시종관은 들어와 근신전(謹身殿)으로 간다. 봉영, 인반, 인사자는 조복을 입는다. 봉표집사자(奉表執事者)는 방물을 가지고 앞에서 가고, 사자는 조복으로 뒤를 따르는데, 오문을 통해 들어와 금수서교(金水西橋)로 가고 서액문(西掖門)을 들어가 단지 서쪽에 이르러 동향하는데 순서대로 선다.

북을 쳐서 삼엄이 울리면, 인반은 문무관을 인도하여 시립위로 간다. 시의가 외판을 판주(版奏)하면, 어용감(御用監)이 무릎을 꿇고 아뢴다. 황제는 피변(皮弁)을 입고 어여(御輿)로 나온다. 상보경이 보를 받드는 것 그리고 시의가 시위하며 도종(導從)하는 것은 평상시의 의식과 같이 한다. 황제가 장차 나가려 하면 의장이 움직이고〈음악을 연주한다〉어좌에 나간다.〈음악을 그친다.〉상보경은 보를 안에 둔다. 명편은 계창(鷄唱)하고 시간을 보고 한다.

끝나면 인례가 사자를 인도하여 표를 안에 두고 자리로 가서 북향하여 서게 한다. 집사자는 방물을 가지고 들어왔다가 물러나 좌우에 선다. 지반(知班)이 반열을 가지런히 하라고 창한다. 끝나면 찬례가 국궁, 배, 흥, 배, 흥, 배, 흥, 배, 흥, 평신을 창한다. 사자 및 중사자(衆使者)는 모두 국궁〈음악을 연주한다〉, 배, 흥, 배, 흥, 배, 흥, 배, 흥, 평신〈음악을 그친다〉한다. 찬례가 진표(進表)라고 창하면, 인례는 사자를 인도하여 표안 앞으로 간다. 찬례가 궤라고 창하면, 사자와 중사자는 모두 궤한다. 진표라고 창하면 사자는 무릎을 꿇고 표함(表函)을 취하여 수표관(受表官)에게 받들어 올린다. 수표관은 표를 받는다. 진방물장자(進方物狀者)는 무릎을 꿇고 방물장(方物狀)을 취하여 수방물장관(受方物狀官)에게 준다. 수방물장관은 방물장을 받아 수표관에게 준다. 전표관(展表官)은 서계를 통해 서문을 올라 전정에 들어와 표를 안에 둔다. 모두 물러나 서쪽에 선다. 내찬이 선표(宣表)라고 창한다. 선표관(宣表官)은 안으로 가서 표를 취하여 무릎을 꿇고 전서(殿西)에서 선(宣)한다. 전표관은 함께 무릎을 꿇는다. 전선(展宣)이 끝나면 부복, 흥한다. 선표관은 표를 안에 두고 물러나 전서(殿西)에 선다. 선방물장관(宣方物狀官)이 안으로 가서 방물장을 취하여 무릎을 꿇고 전서에서 선한다. 전방물장관(展方物狀官)이 함께 무릎을 꿇는다. 전선(展宣)이 끝나면 부복, 흥한다. 선방물장관은 방물장을 안에 두고 선표관, 전표관과 함께 전의 서문을 통해 나가 다시 자리로 간다. 찬례가 부복, 흥이라고 창하면, 사자와 중사자는 모두 부복, 흥, 평신한다. 찬례가 복위(復位)라고 창하면 인례가 사자를 인도하여 물러나 복위한다.

승제관이 승제(承制)하여 중문으로부터 나가 중계를 내려가 사자 앞으로 가서 유제(有制)라고 칭(稱)한다. 찬례가 궤라고 창하면 사자와 중사자는 모두 궤한다. 승제관이 선제(宣制)하여 말하기를, "황제께서 제문(制問)하시기를 사자가 올 때 생각건대 이(爾)[모(某)] 국군(國君)이 편안하였는가" 한다. 사자가 답하여 끝나면, 찬례가 부복, 흥, 배, 흥, 배, 흥, 평신을 창한다. 사자와 중사자는 모두 부복, 흥〈음악을 연주한다〉, 배, 흥, 배, 흥, 평신〈음악을 그친다〉한다.

승제관이 유후제(有後制)라고 칭하면, 찬례가 궤라고 창한다. 사자와 중사자는 모두 궤한다. 승제관이 선제(宣制)하여 말하기를, "황제께서 또 묻기를 이(爾) 사자(使者)가 멀리 오느라 근로하였는가" 한다. 사자가 답하여 끝나면, 찬례가 부복, 흥, 배, 흥, 배, 흥, 평신을 창한다. 사자와 중사자가 모두 부복, 흥〈음악을 연주한다〉, 배, 흥, 배, 흥, 평신〈음악을 그친다〉한다. 승제관이 서쪽 계단으로부터 서문으로 올라 들어가 회주(回奏)한다. 끝나면 시립위로 되돌아간다. 찬례가 국궁, 배, 흥, 배, 흥, 배, 흥, 배, 흥, 평신을 창한다. 사자 및 중사자는 모두 국궁〈음악을 연주한다〉, 배, 흥, 배, 흥, 배, 흥, 배, 흥, 평신〈음악을 그친다〉한다. 예부관이 표와 방물을 거둔다. 인사자가 나간다. 시의가 예필을 아뢴다. 상위(上位)는 가회(駕回)하여〈음악을 연주한다〉 환궁한다. 〈음악을 그친다.〉 인반이 문무백관 및 사자를 인도하여 차례로 나간다.

매년의 상조(常朝)는 중서성에서 표전, 방물을 접수한다. 이날 성문(省門) 앞에 집사자가 방물을 안에 둔다. 인례가 사자를 인도하여 표전을 받들고 중문을 통해 들어간다. 방물은 따라간다. 당상에 이르러 방물을 앞에 둔다.

승상이 일어나면 사자는 표전을 받들어 각각 승상 앞에 이른다. 승상은 표전을 받아 각각 집사에게 준다. 사자는 물러나 서쪽에 선다. 사호거배자(司壺擧杯者)가 나간다. 거배자(擧杯者)는 배를 먼저 승상에게 올린다. 승상은 배를 잡는다. 사자는 궤하고 술을 가지고 마신다. 끝나면 물러나 선다. 인례가 사자를 인도하여 서랑(西廊)을 통해 나간다. 호부(戶部)가 방물을 받아 보고한다. 시의사(侍儀司)는 습의차(習儀次)로 매일 각각 품종(品從)에 따라 공복을 갖추고 오배례(五拜禮)를 행한 후 오문을 나와 동궁에서 석복(釋服)하고 행례(行禮)한다.[107]

위에 의하면 '수번국내부견사진공의'는 기타의 빈례 의례와 마찬가지로 황제가 친림하기까지 초엄, 이엄, 삼엄의 세 가지 절차에 따라 거행되었으며, 황제 친림 후 '수번국내부견사진공의'의 핵심은 황제가 번국 사자로부터 표문과 방물을 받고 난 후, 승제관을 통해 "황제께서 제문(制問)하시기를 사자가 올 때 생각건대 이(爾)[모(某)] 국군(國君)이 편안하였는가"라는 위문 즉 번국 통치자의 문안을 묻는 의례 그리고 역시 승제관을 통해 "황제께서 또 묻기를 이(爾) 사자(使者)가 멀리 오느라 근로하였는가"라는 위문 즉 번국 사자의 문안을 묻는 의례였다. 다만 번국 사자가 온 이유가 매년의 상조(常朝)라면 위와 같은 의례 대신 중서성에서 승상이 황제를 대신하여 표문과 방물을 받는 의례가 거행되었다.

그런데 '수번국내부견사진공의'는 외국의 사신이 표문과 방물을 가지고 명 궁궐에 들어가 황제에게 전달하는 의례였으므로, 의례를 거행하는 공간이 궁궐의 정문인 오문부터 시작되어 정전인 봉천전까지 이어졌다. 이에 따라 오문 내외를 비롯하여 봉천전의 전정인 단지와 계단인 단폐 그리고 마지

---

107 『대명집례』 빈례 2, 蕃使朝貢, 受蕃國來附遣使進貢儀注.

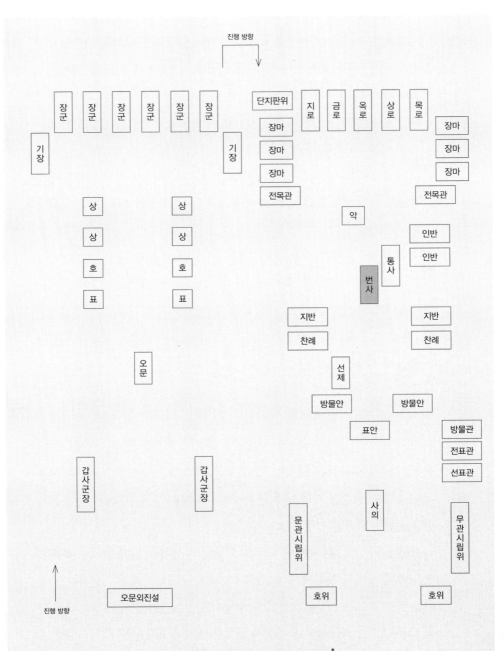

진행 방향

| 장군 | 장군 | 장군 | 장군 | 장군 | 장군 | | 단지판위 | 지로 | 금로 | 옥로 | 상로 | 목로 |

기장

기장

장마
장마
장마
전목관

장마
장마
장마
전목관

악

상 상 호 표

상 상 호 표

인반
인반

통사

번사

지반
찬례

지반
찬례

오문

선제

방물안

방물안

표안

방물관
전표관
선표관

갑사군장

갑사군장

문관시립위

사의

무관시립위

진행 방향

오문외진설

호위

호위

그림 2 오문과 단지(丹墀)의 진설도*

*『대명집례』 빈례 3, 遣使, 遣使進貢之圖, 午門外陳設·丹墀版位.

제2장 명·청 대 조공·책봉제도와 책봉의례

현재의 자금성 정문인 오문의 모습.

막으로 봉천전 전내에 각각 의례 거행에 필요한 시설과 인원이 진설되었다. 오문 내외, 단지, 단폐, 봉천전 전내의 공간에 진설된 시설물과 인원 등을 그림으로 표시하면 그림 2, 그림 3과 같았다.

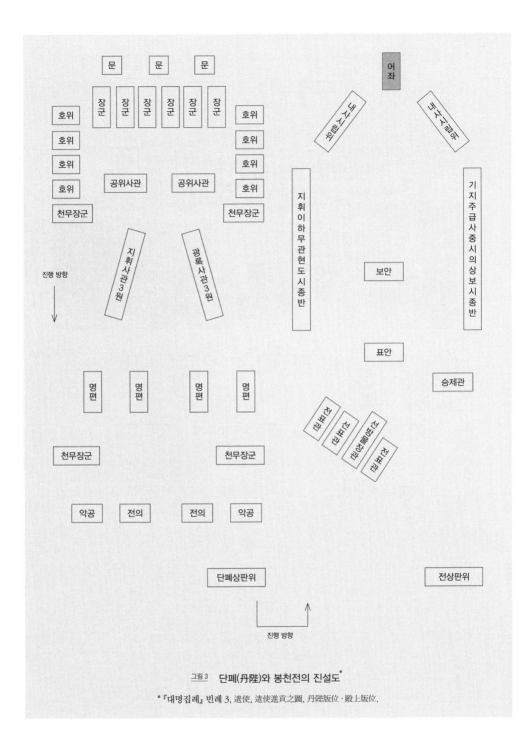

그림 3   단폐(丹陛)와 봉천전의 진설도*

*『대명집례』빈례 3, 遣使, 遣使進貢之圖, 丹陛版位·殿上版位.

제2장 명·청 대 조공·책봉제도와 책봉의례

현재의 자금성 정전인 중화전의 모습.

3 조선국왕·왕비·왕세자의 책봉절차와 의례

태종 대에 명으로부터 고명과 인장을 받은 이후 조선에서는 현왕이 세상을 떠나고 후계 왕이 즉위할 때마다 새로이 명으로부터 책봉을 받았다. 조선에서는 현왕이 세상을 떠났을 때, 현왕의 죽음을 알리고 동시에 후계 왕의 책봉을 요청하는 사신을 명에 보냈다. 이른바 '고부청시청승습사(告訃請諡請承襲使)'가 그것이었다. 이와 관련하여 『국조오례의』의 흉례 항목에는 '고부청시청승습'이 실려 있는데 다음과 같은 내용이었다.

고부청시청승습(告訃請諡請承襲)

기일 전에 부고(訃告)를 알리고 시호(諡號)를 요청하는 표문과 전문 및 의정부에서 왕위의 승습을 요청하는 신청서를 지어 올린다. 〈의정부에서 아뢰면, 후계 왕은 예문관과 승문원으로 하여금 짓고 서사(書寫)하게 한다.〉후계 왕의 즉위식이 끝나면, 종친과 문무백관은 백의, 오사모, 흑각대 차림으로써 근정전의 뜰에 들어가서, 고부시호표문(告訃諡號表文)에 절하고 아뢰는데 평상시의 의식과 같이 한다. 음악은 진설하기만 하고 연주하지는 않는다. 사자가 표문과 전문을 받들고 나가면, 종친과 백관들이 이를 전송하여 국문 밖에 이르렀다가 돌아와서 췌복(襄服)을 입는다.[108]

위에서 종친과 문무백관이 근정전 뜰에서 '고부시호표문'에 평상시의 의

---

108 『국조오례의』 권7, 흉례, 告訃請諡請承襲.

식과 같이 절하고 아뢴다는 것은 곧 『국조오례의』의 '배표의(拜表儀)'에 따른 다는 뜻이었다. 따라서 조선에서 명에 책봉을 요청하는 사신을 보내는 절차 는 먼저 전왕 승하 후, 후계 왕의 즉위를 요청하는 신청서 작성, 후계 왕의 즉위식 거행, 배표의의 순서로 진행되었다.[109] 이 중에서 조공·책봉제도와 관련해 가장 중요한 문서는 후계 왕의 즉위를 요청하는 신청서였다.

명에 고부청시청승습사가 도착하면, 명은 『대명집례』의 빈례 2 '번사조 공'에 규정된 절차대로 고부청시청승습사를 맞이하였다. 이후 명은 『대명집 례』의 빈례 3 '견사'에 규정된 절차대로 조사(詔使) 또는 칙사(勅使)를 보내 조 선국왕을 책봉하였다. 『대명회전』에 의하면, 조선의 국왕이 책봉을 요청할 때 명에서 사신을 보내 책봉의례를 거행한다고 하였는데,[110] 그 사신이 바로 조사 또는 칙사였던 것이다.

이런 사실은 조선과 명의 조공·책봉관계가 조선의 요청으로 시작하고, 이에 명이 반응하고, 또다시 조선이 반응하는 연속적인 과정이었음을 의미 한다. 즉 조선과 명의 조공·책봉제도라는 것은 조선에서 책봉을 요청하는 조공 사신의 파견, 그에 따라 명에서 조선국왕을 책봉하는 조사 또는 칙사 의 파견, 이후 조선에서 명의 조사 또는 칙사 파견에 대한 사은사의 파견 등 이 연속적으로 맞물려 있는 의례과정이었던 것이다.

그런데 명에서 조사 또는 칙사를 파견하여 조선국왕을 책봉하는 의례는 기본적으로 명에서 제정한 의례를 기준으로 거행되었다. 즉 명은 조사 또는 칙사를 파견할 뿐만 아니라 피책봉국에서 거행하여야 할 조사 또는 칙사의 영접의례 및 책봉의례까지 『대명집례』에 규정하였던 것이다.

앞에서 언급했던 『대명집례』 빈례의 '견사개조의주'와 '번국접조의주' 그

---

109 李善洪, 「朝鮮時代 對中國 外交文書研究」, 한국학중앙연구원 박사학위논문, 2005; 김경록, 「朝鮮時代 事大文書의 생산과 전달체계」, 『한국사연구』 134, 2006.
110 "國王請封 亦遣使行禮", 『대명회전』 권105, 예부 63, 主客淸吏司; 조공 1, 東南夷 上, 朝鮮國.

리고 '견사사인수의주'와 '번국수인물의주'가 그것이었다. 이 중에서 '번국 접조의주'와 '번국수인물의주'는 명에서 조사 또는 칙사를 파견하여 피책봉 국의 국왕을 책봉할 때 피책봉국에서 거행하여야 할 의례를 규정한 것이다.

조선이 건국된 직후 명의 조사 또는 칙사를 영접하는 의례 역시 『대명집 례』의 '번국접조의주'와 '번국수인물의주'에 근거하여 시행되었다. 그것은 정도전의 『조선경국전』에 나와 있는 다음의 내용 즉 "천자의 조칙이나 하사 품을 받을 때 행하는 의식은 모두 조정에서 반강한 의주에 따른다"[111]는 기 록에서 확인할 수 있다. 조선 태조 3년(1493)에 저술된 『조선경국전』에서 언 급한 "조정에서 반강한 의주"란 『대명집례』의 '번국접조의주'와 '번국수인물 의주'를 지칭하는 것이었다.

그런데 '번국접조의주'와 '번국수인물의주' 중에서 '번국접조의주'는 책 봉 이후 피책봉국의 통치자는 명분상 명 황제의 제후가 되므로 황제가 천하 에 반포하는 조서를 당연히 받아야 한다는 측면에서 제정된 것이었다. 반면 '번국수인물의주'는 피책봉국의 통치자를 책봉하는 데 필요한 고명 또는 인 장의 수여에 관련된 의례였다. 따라서 명의 대외적 책봉의례와 직결된 의례 는 '번국수인물의주'였다. 이 의주는 역시 다른 의주와 마찬가지로 행사 이 전의 의례와 본행사 의례의 두 단계로 구성되었다. 행사 이전의 의례는 행 사 거행에 앞서 필요한 시설 및 의장물을 진설하는 사전 의례 또는 준비 의 례로서 그 내용은 다음과 같았다.

번국수인물의주(藩國受印物儀注)[112]

사자는 번국의 경계에 들어가면 먼저 관인(關人)을 보내 들어가 보고한다.

번왕은 관료를 보내 원접(遠接)한다. 기한 전에 유사는 국문 밖 공관에 악

---

111 "接詔受賜之儀 一依朝廷頒降儀注爲之", 정도전, 『조선경국전』 예전, 朝會.
112 『대명집례』 빈례 3, 遣使, 藩國受印物儀注.

(握)을 설치하고 채붕(綵棚)을 엮는다. 용정(龍亭)을 관의 정중앙에 설치한다. 금고의장(金鼓儀仗)과 고악(鼓樂)을 관소에 준비하고 대기하다가 맞아들인다. 또한 국성 안의 가항에 채붕을 엮고, 또 왕궁에 궐정(闕庭)을 설치하는데 전상의 정중앙이다. 향안을 궐정 앞에 설치하고, 번왕수사여위(蕃王受賜予位)를 향안 앞에 설치한다. 번왕의 배위를 전정의 중앙에 북향으로 설치하고, 중관 배위(衆官拜位)를 왕 배위의 남쪽에 설치하는데 자리를 달리하여 겹줄로 하며 북향으로 한다. 악위(樂位)를 중관 배위의 남쪽에 북향으로 설치한다. 사찬 2명은 번왕 배위의 북쪽인데 동쪽과 서쪽에서 서로 마주한다. 인례 2명은 사찬의 남쪽인데 동쪽과 서쪽에서 서로 마주한다. 인반 4명은 중관 배위의 북쪽인데 동쪽과 서쪽에서 서로 마주한다. 의장을 전정의 동쪽과 서쪽에 진설한다. 원접관이 사자를 접견하여 관소에 맞이해와서 상사(上賜)로서 용정 중에 안전하게 모시고 사신을 보내 왕에게 치보한다.

위에 의하면 '번국수인물의'는 말 그대로 명의 사자가 번국의 통치자에게 인장과 물품을 주는 의례였으므로 의례를 거행하는 장소가 관소와 왕궁의 두 군데였다. 관소는 국문 밖, 즉 도성 밖에 위치하였는데, 번국의 통치자는 황제의 인장과 물품을 맞이하기 위해 이곳 관소까지 나가야 했다. 왕궁은 물론 번국의 통치자가 통치하는 곳으로서 왕궁의 전상(殿上) 즉 정전(正殿)에 궐정(闕亭)을 설치하였다. 궐정은 명 황제를 상징하는 궐패(闕牌)가 모셔진 곳으로서, 왕궁에 궐정이 설치되면 이 왕궁의 주인은 명분상 명 황제가 된다. 그래서 번국의 통치자는 황제의 제후로서, 즉 신하로서 전정에 자리하게 되는 것이다. 이에 따라 '번국수인물의'는 명분상 명 황제가 친림하여 번국의 통치자에게 인장과 물품을 주는 의례처럼 되었고, 그 결과 의례 거행에 필요한 시설물과 사람들 역시 명의 봉천전에서 거행하는 빈례와 유사하였다.

예컨대 봉천전에서는 빈례 거행에 필요한 시설물로 향안, 어좌, 보안 등이 진설되었는데, 번국의 왕궁에는 향안과 궐정이 진설되었다. 물론 궐정은 황제를 상징하는 궐패가 놓인 곳이므로 일종의 어좌라 할 수 있다. 이 외에 행사 진행을 위한 사람들 역시 사찬 2명, 인례 2명, 인반 4명 등으로서 명 빈례를 진행하는 데 동원된 전의 2명, 지반 2명, 찬례 2명, 사인 2명, 명편 4명, 그리고 인사자 3명 등과 유사하였다. 다만 명에서 빈례를 거행할 때에는 승제관 1명이 있었는데, 번국의 왕궁에서 승제관은 곧 조사 또는 칙사가 대행하였다. 이와 같은 준비가 끝난 후, '번국수인물의'가 거행되었는데, 그 내용은 다음과 같았다.

이날 번왕은 백관을 거느리고 국문 밖에 나와 맞이한다. 영접관은 상사를 맞이하여 관을 나와 국문에 이른다. 금고는 앞에 있고, 다음으로 중관이 상복으로 말을 타고 가고, 다음으로 왕이 말을 타고 간다. 다음으로 의장고락(儀仗鼓樂)이고 다음으로 상사용정(上賜龍亭)이다. 사자는 상복으로 말을 타고 용정의 뒤에서 간다.

맞이해 궁중에 이르면 금고가 정전 외문의 좌우로 분열한다. 중관은 전정의 동쪽과 서쪽에 나누어 선다. 용정을 전상의 정중앙에 둔다. 사자는 용정의 동쪽에 선다. 인례는 왕을 인도하고, 인반은 중관을 인도하여 각각 배위로 가서 선다. 사찬이 국궁, 배, 흥, 배, 흥, 배, 흥, 배, 흥, 평신을 창한다. 번왕과 중관은 모두 국궁〈음악을 연주한다〉, 배, 흥, 배, 흥, 배, 흥, 배, 흥, 평신〈음악을 그친다〉한다.

인례는 번왕을 인도하여 용정 앞으로 간다. 사자는 유제(有制)라고 칭한다. 인례가 궤라고 찬하면 사찬이 궤라고 창한다. 번왕과 중관은 모두 궤한다. 사자는 선제(宣制)하여 말하기를, "황제께서 모(某)에게 명령하여 인을 가지고 가서 이국왕모(爾國王某)에게 하사하게 하였으며 아울러 모물(某物)을 하사하셨다" 한다. 선제가 끝나면 사자는 하사한 인과 물을 받들어 서향하고 번왕에게 준다. 번왕은 무릎을 꿇고 받아 좌우에 준다. 끝나면 인례가 부복, 흥, 평신을 창하고, 사찬이 부복, 흥, 평신을 창한다. 번왕과 중번관은 모두 부복, 흥, 평신한다. 인례가 번왕을 인도하여 제자리로 돌아간다. 사찬이 국궁, 배, 흥, 배, 흥, 배, 흥, 배, 흥, 평신을 창하면 번왕 및 중관이 모두 국궁〈음악을 연주한다〉, 배, 흥, 배, 흥, 배, 흥, 배, 흥, 평신〈음악을 그친다〉한다.

사찬이 예필을 창한다. 인례가 번왕을 인도하여 전으로 들어가 서쪽에 서서 동향한다. 사자는 동쪽에 서서 서향한다. 인례가 국궁, 배, 흥, 배, 흥, 평신을 창한다. 사자와 번왕은 모두 국궁, 배, 흥, 배, 흥, 평신한다. 사자는 동쪽 계단을 통해 내려간다. 번왕은 서쪽 계단을 통해 내려간다. 관료를 보내 사자를 환송하면 사자는 관으로 돌아간다.

위에 의하면 '번국수인물의'는 번왕이 관소로 가서 명의 사자 즉 조사와 인장 및 물품을 영접하고, 왕궁으로 모시고 와서 인장과 물품을 전달받는데, 이때 사자를 통해 "황제께서 모(某)에게 명령하여 인을 가지고 가서 이국왕모(爾國王某)에게 하사하게 하였으며 아울러 모물(某物)을 하사하셨다"는 뜻을 듣는 의례였다.

위의 '번국수인물의주'는 『고려사』 지(志)에 '영대명사노사의(迎大明賜勞使儀)'라는 제목으로 바뀌어 실렸지만, 내용은 별로 다르지 않다.[113] 이 '번국수인물의주' 역시 조선 건국 직후에 거의 그대로 활용되었다.

한편 '번국수인물의주'는 의례라는 측면에서 보면 '번국접조의주'와 거의 유사하였다. '번국접조의'는 번국의 통치자가 명 황제의 인장과 물품 대

---

113 『고려사』 지, 예, 빈례, 迎大明賜勞使儀.

신 조서를 받는 의례이기 때문이었다. 『대명집례』에 '번국접조의'를 그림으로 해설한 '번국접조도(蕃國接詔圖)'(그림 4 참조)는 실려 있는 데 비해 '번국수인물도'는 실려 있지 않다. 그 이유는 물론 '번국수인물의'가 '번국접조의'와 유사하기 때문이었다.

그런데 명에서 제정한 '번국접조의주'와 '번국수인물의주'는 조선의 현실과 맞지 않는 부분이 있었다. 예컨대 '번국접조의주'에는 승도(僧道)가 참여하는 내용이 있는데, 이는 숭유억불을 지향하던 조선에서는 전혀 맞지 않는 의례였다. 또한 '번국수인물의주'에는 국문 밖 공관이 등장하는데, 그곳이 정확히 어디인지 명시되지 않아 혼란을 야기할 수 있었다. 아울러 '번국접조의주'와 '번국수인물의주'는 내용이 소략하여 실제 의례를 행할 때 수많은 문제점을 불러일으켰다.

예를 들어 '번국수인물의주'에는 사자만 나타나지만 실제로는 정사와 부사 등이 있었는데 부사의 위치와 역할 등이 '번국수인물의주'에는 명시되지 않았으며, 고명을 주는 의례도 명시되지 않았다. 또한 '번국접조의주'에는 조선국왕이 곤면(袞冕) 복장으로 고두례(叩頭禮)를 행하는 절차가 있었는데, 이는 조선국왕의 입장에서 너무나 불편한 절차였다. 아울러 '번국접조의주'와 '번국수인물의주'에는 조선국왕이 명 황제의 안부를 묻는 절차도 없었는데, 태조 이성계 이후 조선국왕이 명 사신을 접견할 때는 으레 황제의 안부를 묻곤 했다. 이에 따라 조선은 건국 직후부터 조서를 맞이할 때 많은 혼란을 겪었다.[114]

이런 문제점을 해결하기 위해 조선 건국 직후 최초로 명의 고명과 인신을 받았던 태종 당대부터 명의 의례를 참조하여 고명과 인신을 받을 때 필요한 의례를 조선 자체에서 제정하였다. 즉 태종 1년(1401)에 건문제가 보낸 고

---

114 『세종실록』 권67, 17년(1435) 3월 13일(을유).

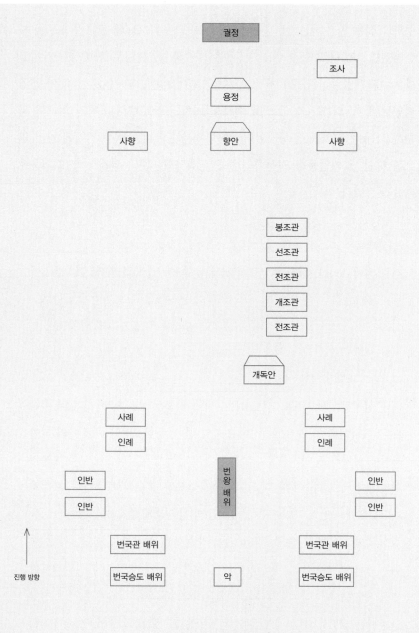

그림 4 **번국접조도(蕃國接詔圖)**[*]

[*] 『대녕심례』 빈례 3, 遣使, 蕃國接詔圖.

명과 인신을 받을 때 조선 자체에서 '영고명의(迎誥命儀)'에 필요한 의주를 마련하였던 것이다.[115] 물론 이 의주는 명의 '번국수인물의주'를 바탕으로 하였다. 이때의 '영고명의'를 바탕으로 세종 1년(1419)에 다시 '영고명의'가 제정되었는데, 이 의례는 명의 빈례 의주와 마찬가지로 행사 이전의 의례와 본행사 의례 두 단계로 구성되었다. 행사 이전의 의례는 행사 거행에 앞서 필요한 시설 및 의장물을 진설하는 사전 의례 또는 준비 의례로서 그 내용은 다음과 같았다.

영고명의(迎誥命儀)

기일 전에 유사는 장전(帳殿)을 서교에 남향으로 설치하고, 장전의 남쪽에 홍문을 세운다. 왕의 악차(幄次)를 홍문 밖 동쪽가로 북에 가깝게 남향으로 설치한다. 용정욕위(龍亭褥位)를 장전의 정중앙에 북에 가깝게 남향으로 설치하는데, 향정은 그 남쪽에 있다. 사향(司香) 2명의 위를 장전 밖에 설치한다. 왕의 배위를 홍문 안에 북향으로 설치한다. 백관의 배위를 왕의 배위 뒤에 설치하는데 서쪽을 위로 하고 정(正)과 종(從)의 구별이 없으며 반열(班列)은 합하되 자리를 달리하여 겹줄로 한다. 사찬 2명의 위를 왕의 배위 북쪽에 설치하고, 인례 2명의 위를 사찬의 남쪽에 설치하는데 모두 동쪽과 서쪽에서 서로 마주한다. 왕의 지영위(祗迎位)를 홍문 밖에 북향으로 설치한다. 또 왕궁 안 궐정(闕庭)을 전상(殿上)의 정중앙에 설치하고, 절안(節案)을 궐정 앞에 설치하며, 고안(誥案)을 절안의 동쪽에 설치하며, 인안(印案)을 절안의 서쪽에 설치하고, 향안(香案)을 절안의 남쪽에 설치한다. 사향 2명의 위를 향안의 좌우에 설치하고, 왕의 수사위(受賜位)를 향안의 앞에 설치한다. 개독안(開讀案)을 전계(殿階)의 동북쪽에 설치한다. 선독관위(宣讀官位)를

---

115 "禮曹啓 迎誥命儀 依建文三年六月十一日詳定儀注 從之",『세종실록』권3, 1년(1419) 1월 6일(신유).

개독안의 북쪽에 설치하고 전고관(展誥官) 2명의 위를 선독관의 북쪽에 설치하는데 모두 서향이다. 왕의 배위는 노대(露臺) 위이고, 배신의 위는 노대 아래인데 북면으로 자리를 달리하며, 평상시의 의식과 마찬가지로 겹줄로 한다. 사찬 2명의 위는 왕의 배위 북쪽이고 사례 2명의 위는 사찬의 남쪽인데 모두 동쪽과 서쪽에서 서로 마주한다. 인반(引班) 4명의 위는 중관 배위의 북쪽인데 동쪽과 서쪽에서 서로 마주한다. 의장을 전정의 동쪽과 서쪽에 진설하고, 악부(樂部)를 중관 배위의 남쪽에 북향으로 설치한다.[116]

위에 의하면 '영고명의'는 '번국수인물의주'를 바탕으로 하면서도 몇 가지 면에서 차이가 남을 알 수 있다. 우선 '번국수인물의주'에 나타난 국문 밖 공관이 서교(西郊) 장전(帳殿)으로 바뀐 것이 눈에 띈다. 이는 국문 밖 공관이라고 한 '번국수인물의주'의 장소가 서교로 고정되었음을 보여 준다. 그 외 행사 참여자들의 위치 등이 매우 구체화되었음을 알 수 있다. 이와 같은 준비가 끝난 후의 '영고명의'는 다음과 같았다.

그날 왕은 군신을 거느리고 의장을 갖추어 교외로 나간다. 왕은 편복이고, 중관은 예복이다. 왕이 악차로 들어간다. 사신이 장차 도착하려 하면 중관은 반열을 합하여, 왕의 지영위 뒤에 북면으로 빽빽하게 선다. 인례가 왕을 인도하여 악차를 나와 지영위로 간다.
사신은 장전 앞에 이르러 말에서 내려, 절(節)과 고(誥)와 인(印)을 용정 안에 둔다. 사례(司禮)가 왕을 인도하여 배위로 가고, 중관도 역시 배위로 간다. 사향 2명이 향정 앞에 가서 무릎을 꿇고 한 명은 향로를 받들고, 한 명은 향을 받들어 삼상향한 후 물러나 제자리로 돌아간다. 왕은 군신과 더불

---

116 『세종실록』 권3, 1년(1419) 1월 6일(신유).

어 5배, 3고두하고 마친다. 왕이 배하면 사례가 찬하고, 중관이 배하면 사찬이 창한다.

용정자가 나가면, 향정과 고취가 전도한다. 사향 2명이 향정의 양옆을 시종하여 계속 향을 올린다. 용정자가 길에 올라 동향하면 중관 중에서 문관은 왼쪽으로, 무관은 오른쪽으로 향정 앞에 나뉘어 서서 전도(前導)한다. 사신은 말을 타고 용정의 뒤를 따르고, 왕은 사신을 따라 동행하는데 동향으로 한다. 왕은 잠깐 멈추어서 중관의 말 타는 것을 기다렸다가 행차한다.

왕궁 문밖에 당도하면, 중관은 먼저 말에서 내려 좌우로 나뉘어 선다. 용정이 문에 당도하면, 정사는 절을 들고, 부사는 고와 인을 받들고 중문을 통해 들어와 정전에 이르러 각각 안에 둔다. 정사는 동쪽에서 서향하여 서고, 부사는 서쪽에서 동향하여 선다. 왕은 좌문(左門)을 통해 따라 들어와 노대 위에 이른다. 중관은 노대 아래에서 각각 배위에 간다. 사찬이 국궁, 사배, 평신이라고 창하면, 왕과 중관은 모두 국궁〈음악을 연주한다〉, 사배, 평신〈음악을 그친다〉한다. 선독관과 전고관은 동계를 통해 전에 오른다. 왕과 중관은 모두 무릎을 꿇는다. 사향이 삼상향한다. 마치면 부사는 고명을 선독관에게 준다. 선독관은 무릎을 꿇고 받는다. 전고관이 마주하여 편다. 선독이 끝나면 선독관은 고명을 받들어 다시 안에 둔다. 사찬과 인례가 부복, 흥, 평신을 찬창(贊唱)한다. 인례가 왕을 인도하여 서계를 통해 향안 앞으로 올라가 북면하고 서게 한다. 인례가 궤라고 찬하면 왕은 궤한다. 중관도 모두 궤한다. 부사가 고명을 받들어 왕에게 주면, 왕은 무릎을 꿇고 받아 좌우에 준다. 끝나면 인례와 사찬이 삼고두를 찬창한다. 왕과 중관은 모두 삼고두한다. 그 후 부사가 인을 받들어 왕에게 주면 왕은 무릎을 꿇고 받아 좌우에 준다. 마치면 인례와 사찬이 삼고두를 찬창한다. 왕과 중관은 모두 삼고두한다. 인례가 흥, 평신을 찬한다. 인례가 왕을 인도하여 제자리로 돌아오면 사배한다. 사찬이 창하면 중관은 모두 사배, 평신한다.〈음악

이 그친다.〉

예가 끝나면 인례가 왕을 인도하여 악차에 들어간다. 면복을 갖추고 나와
향궐배(向闕拜)를 거행하는데 대조회의와 같다.[117]

위에서 보듯이 세종 1년(1419)에 제정된 '영고명의'에는 궁궐에 도착한
후, 정사와 부사의 역할이 분명하게 명시되는 등 그 내용이 이전의 '번국수
인물의주'에 비해 구체화되었음을 알 수 있다. 그런데 이때의 '영고명의'는
『세종실록』 오례에도 실리지 않았고 『국조오례의』에도 실리지 않았다. 그 이
유는 '영고명의'가 단독으로 존재한 것이 아니라 조서 또는 칙서를 받는 '영
조서의(迎詔書儀)' 또는 '영칙서의(迎勅書儀)'와 관련되기 때문이었다.

명에서 조선국왕에게 고명 또는 인장을 보낼 때는 고명과 인장을 보낸다
는 조서나 칙서를 함께 보냈다. 다만 고명과 인장을 보낼 때는 조서보다는
칙서가 일반적이었다. 왜냐하면 명과 청 때의 조서는 일반적으로 황제가 천
하 사람들에게 공포하는 내용을 담았음에[118] 비해 칙서는 대체로 조선국왕
에게 신명(申明)하는 내용을 담았으므로,[119] 조선국왕을 책봉할 때에는 조선
국왕에게 신명하는 칙서가 더 어울렸기 때문이었다. 이는 조선국왕뿐만 아
니라 조선 왕비 또는 조선 왕세자의 고명을 전할 때도 마찬가지였다. 이와
관련하여 『통문관지』에는 다음과 같은 내용이 실려 있다.

　책봉의(冊封儀)[예물부(禮物附)], 교영의(郊迎儀), 선칙의(宣勅儀)는 모두 앞의
　교영의, 인정전접견의, 편전수칙의(便殿受勅儀)와 같다.
　대전책봉(大殿冊封)에는 전하께서 익선관에 무양흑단령(無揚黑團領), 청정(靑

117 『세종실록』 권3, 1년(1419) 1월 6일(신유).
118 "布告天下曰詔", 『대청회전』, 內閣.
119 "申明職守曰勅", 『대청회전』, 內閣.

輕), 소옥대(素玉帶)로 지영한다. 〈백관은 흉배와 품대(品帶)를 갖춘다.〉 칙서를 받고 고명(誥命)을 받는 예가 끝나면 백포로 바꾸어 다례를 행한다. 〈책봉과 조제(弔祭)를 아울러 행하면 책봉이 먼저이고 조제가 뒤이다.〉

내전책봉(內殿冊封)에는 전하가 고명을 받아 내시에게 주고〈사물(賜物) 또한 같다〉, 부복, 흥, 평신한다. 내시가 고명을 받들고 합문(閤門)에 이르러〈문에 휘장을 드리워 격한다〉 상궁에게 준다. 상궁이 받들어 안(案)에 둔다. 내시가 내전행례(內殿行禮)의 뜻으로 와서 전하면 사자는 일어나 그 자리에 선다. 여관이〈예조에서 계하여 의녀 중 성음이 청아한 자로 골라 정한다〉 여창(臚唱)하면 중궁 전하가 국궁, 사배, 흥, 평신, 궤한다. 여관집사가 삼상향하고 또 여관이 고명을 받들어 나가면, 중궁 전하가 그것을 받아 주고 여시(女侍)가 다시 안에 둔다. 〈사물 또한 그와 같다.〉 부복, 흥, 사배, 흥, 평신하라고 여관이 창한다. 예가 끝나면 내시가 나가 고하고 인례가 사자를 인도하여 전내로 가서 답례를 행한다.

왕세자책봉(王世子冊封)에는 전하가 칙서를 받은 후, 찬례가 전하를 인도하여 전계상(殿階上)에 이르러 동쪽에서 서향으로 서게 한다. 상례가 왕세자를 인도하여 동계를 통해 올라 전문외(殿門外)로 나가면 필선이 앞에서 인도하여 동협(東挾)을 통해 들어와 전내의 수고명위(受誥命位)로 가게 한다. 왕세자가 무릎을 꿇는다. 〈필선이 무릎을 꿇고 찬한다.〉 사자가 고명을 받들어 서향으로 서서 준다. 왕세자가 받들어 읽은 후 궁관에게 주면 다시 안에 둔다. 〈사물 또한 같다.〉 부복, 고두, 흥, 평신한다. 필선이 왕세자를 인도하여 전문 외에 이르면 상례가 앞에서 인도하여 다시 배위로 돌아간다. 그후 선칙(宣勅)은 위의 의례와 같다.[120]

---

120 『통문관지』 사대(事大) 하(下), 冊封儀.

위에서 보듯이 조선의 국왕, 왕비, 왕세자가 고명을 받는 의식 즉 책봉의식은 기본적으로 '영칙서의'의 일부분으로 이루어졌다. 조선시대 '영칙서의'는 세종 때에 마련되었다. 이 결과 세종 이후로는 명에서 조사 또는 칙사를 파견하여 조선국왕은 물론 왕비, 왕세자를 책봉하는 의례절차는 명에서 제정한 것과 조선 자체에서 제정한 것이 함께 사용되기에 이르렀다.

『세종실록』 오례에 수록된 '영칙서의'는 명의 빈례 의주와 마찬가지로 행사 이전의 의례와 행사 의례의 두 단계로 구성되었으며, 행사 이전의 의례는 행사 거행에 앞서 필요한 시설 및 의장물을 진설하는 사전 의례 또는 준비 의례로서 그 내용은 다음과 같았다.

영칙서의(迎勅書儀)[121]

기일 3일에 예조에서 내외 관료에게 선섭하여, 각기 그 직무를 다하게 한다. 기일 1일에 충호위에서 장전을 모화관의 서북쪽에 남향으로 설치하고 결채하며, 유사에서 홍문을 장전의 북쪽에 세우고 결채한다. 또 숭례문과 성내의 거리와 경복궁문에도 결채한다. 액정서에서 궐정(闕庭)을 근정전의 한복판에 남향으로 설치하고, 칙안(勅案)을 궐정 앞에 설치한다. 〈사물이 있으면 칙안은 왼쪽에 있고, 사물안은 오른쪽에 있다.〉 향안을 칙안의 남쪽에 설치하고, 사자의 자리를 향안의 동쪽에 서향으로 설치한다. 전하가 칙서를 받는 자리를 향안의 앞에 북향으로 설치한다. 〈임시하여 욕석(褥席)을 설치한다.〉 또 전하의 입위(立位)를 전정의 길 서쪽에 북쪽으로 가까이 북향으로 설치한다. 〈칙서가 전에 오르기를 기다려 배위를 중앙의 길에다 북향으로 설치한다.〉 충호위에서 소차(小次)를 입위의 서쪽에 설치하고, 또 악차를 전정의 서쪽에 설치하되, 모두 남향으로 한다. 왕세자의 막차를 근정

---

121 『세종실록』 오례, 가례, 迎勅書儀.

문 밖과 광화문 밖의 길 동쪽에 설치하되, 모두 북쪽으로 가까이 서향으로 한다. 아악서의 전악이 헌현(軒懸)을 전정의 남쪽에 가까이 북향으로 설치하고, 협률랑의 거휘위(擧麾位)를 서계 위에 설치하며. 전악의 자리를 중계(中階)에 설치하되, 모두 서쪽으로 가까이 동향으로 설치한다. 전의가 왕세자의 자리를 전정의 길 동쪽에 북향으로 설치하고, 문관 1품 이하의 자리를 왕세자의 자리 뒤에 동쪽으로 가까이 설치하고, 종친과 무관 1품 이하의 자리를 길 서쪽에 서쪽으로 가까이 설치하되, 모두 품등(品等)마다 자리를 달리하여 겹줄로 북향으로 하며 서로 상대하여 머리로 한다. 〈종친은 품등마다 반열의 머리에 별도로 자리를 설치하고, 대군은 특별히 자리를 정1품의 앞에 설치한다.〉 감찰의 자리 둘을 문반과 무반 뒤에 북향으로 설치한다. 계상의 전의 위를 중계에 동쪽으로 가까이 서향으로 설치하고, 계하의 전의 위를 동계 아래에 동쪽으로 가까이 서향으로 설치하는데, 통찬과 봉례랑은 남쪽에 있어 조금 뒤로 물러 있게 한다. 또 통찬과 봉례랑의 자리를 서계 아래에 서쪽으로 가까이 동향으로 설치하되, 모두 북쪽을 상으로 한다. 봉례랑이 왕세자의 시립위를 광화문 밖의 막차에 서향으로 설치하고, 종친과 문무백관의 자리를 왕세자의 자리 남쪽에 설치하되, 서로 마주 향하게 하고 북쪽을 상으로 한다. 〈문관의 자리는 동쪽에 있고, 종친과 무관의 자리는 서쪽에 있다.〉 충호위에서 전하의 악차를 모화관에 남향으로 설치하고, 왕세자의 막차를 동남쪽에 서향으로 설치한다. 병조정랑이 황옥용정(黃屋龍亭)을 장전의 한복판에 남향으로 설치하고, 향정은 그 남쪽에 설치한다. 액정서에서 전하의 지영위를 장전의 서쪽에 북쪽으로 가까이 동향으로 설치하고, 봉례랑이 왕세자의 자리를 장전의 동쪽에 남쪽으로 가까이 서향으로 설치하고, 종친과 백관들의 자리를 왕세자의 자리 남쪽에 설치하되, 서로 마주 향하게 하고 북쪽을 상으로 한다. 〈문관의 자리는 동쪽에 있고, 종친과 무관의 자리는 서쪽에 있다.〉

위에 의하면 세종 1년(1419)에 제정된 '영고명의'에서는 서교의 장전으로 되었던 부분이 모화관의 장전으로 바뀐 것이 눈에 띈다. 세종 즉위 후 국왕 책봉에 관련된 의례를 정비하면서 관련 시설도 정비한 결과라 할 수 있다.

한편 사전 의례 이후의 '영조서의'에서는 의례가 모화관과 왕궁 두 군데 서 거행되었기에 두 군데의 의례 모두 정밀하게 규정되었다. 먼저 모화관에 서 거행된 의례는 국왕이 왕궁을 떠나 모화관으로 행차하는 의례 그리고 모 화관에서 칙사와 칙서를 영접하는 의례로 구분되었는데, 모화관으로 행차 하는 의례는 다음과 같았다.

그날 병조정랑이 금고(金鼓)와 황의장(黃儀仗)을 갖추고, 전악서의 전악은 고악을 갖추고, 모두 장전 앞에 진열하고 맞이해 오기를 기다린다.

고엄의 북이 울리면, 병조에서 여러 위(衛)를 거느리고서 대가노부(大駕鹵簿) 와 군사를 진열하고, 판사복이 여(輿), 연(輦), 어마(御馬), 입장마(立仗馬)를 진 열하고는 모두 홍례문 밖에서 나누어 서기를 의식대로 한다. 앞뒤의 기병 대와 보병대가 각기 갑주를 갖추고는〈무릇 군사들도 이와 같이 한다. 창대 (槍隊)는 창을 쥐고, 검대(劍隊)는 장검을 쥐고, 사대(射隊)는 궁시를 가진다〉 차례대로 둔쳐 서서 부오(部伍)를 정숙하게 하고, 떠들고 지껄이지 못하게 한다. 종친과 백관들이 모두 조방(朝房)으로 집합한다.

중엄의 북이 울리면, 종친과 백관들은 평상시의 의복 차림으로 시립하는 자리에 나아가고, 왕세자는 평상시의 의복 차림으로 나오는데〈그 내엄(內 嚴)을 찬하고, 외비(外備)를 아뢰고, 시위하기를 모두 평상시와 같이 한다〉, 좌중호가 인도하여 광화문 밖의 막차에 나아가서 앉게 하고, 시위하기를 평상시와 같이 한다. 여러 위에서는 각기 그 소속 군사를 독려하여 근정전 의 뜰에 들어와서 진열하고, 시신은 계하에 나아가서 좌우로 나누어 서고, 여러 호위하는 관원〈도진무 1인, 내금위 절제사 2인, 충의위와 충순위 및 별시위의 절제사 각각 1인, 운검을 찬 중추 4인, 갑(甲)을 받든 상호군과 주(冑)를 받든 상호군 각각 1인, 궁시를 받든 상호군과 운검을 받든 대호군 그리고 책(策)을 가진 대호군 각각 2인, 궁시를 가진 호군 및 몸을 방비하는 호군 각각 8인, 사복관 6인이다)과 사금은 각각 무기와 제복을 갖추고, 상서관은 어보를 받들고, 모두 사정전의 합문 밖에 나아가 사후한다. 판통례가 합문 밖에 나아가서 부복하고 꿇어앉아 중엄을 계청하고, 판사복이 어마를 근정문 밖에 드린다.

삼엄의 북이 울리면, 좌중호가 왕세자를 인도하여 막차에서 나와 시립하는 자리로 나아가게 하고, 북소리가 그치면 안팎의 문을 연다. 판통례가 부복하고 꿇어앉아 외판을 아뢰면, 전하가 익선관을 쓰고, 곤룡포를 입고서 여를 타고 나오는데, 산과 선으로 시위하기를 평상시의 의식과 같이 한다. 상서관이 어보를 받들고 앞에서 인도하여〈전하가 연에 타기를 기다려 어보를 말에 싣는다〉근정문 밖에 이르면, 판통례가 부복하고 꿇어앉아 전하에게 강여(降輿)하고 승마(乘馬)할 것을 계청한다. 전하가 강여하고 승마하면 좌우의 시신들이 협시하기를 평상시와 같이 한다.

어가가 광화문 밖에 이르면, 왕세자가 국궁하고 어가가 지나가면 평신한다. 어가가 시신의 상마소(上馬所)에 이르러 조금 머물면, 시신들이 말을 탄다. 이를 마치면 어가가 출발하고, 고취를 진작한다. 종친과 백관이 국궁하였다가, 어가가 지나가면 평신하고, 왕세자와 종친·백관이 차례대로 시위한다.

위에 의하면 '영칙서의'는 명의 빈례와 마찬가지로 국왕이 모화관에 친림하기까지 초엄, 이엄, 삼엄의 세 가지 절차에 따라 거행되었음을 알 수 있다. 또한 국왕 스스로는 대가노부(大駕鹵簿)를 사용하지만, 칙사와 칙서를 맞이하기 위해서는 황의장(黃儀仗)을 사용하였음도 알 수 있는데, 물론 황의장은 황제의 의장이었다. 국왕이 모화관에 도착한 후 칙사와 칙서를 영접하는 의례는 다음과 같았다.

어가가 모화관에 이르면, 시신이 말에서 내려 나누어 서서 국궁하였다가, 어가가 지나가면 평신한다. 어가가 남문 밖에 이르러 말에서 내려 여를 타고 악차로 들어가는데, 산과 선으로 시위하기를 평상시의 의식과 같이 한다. 좌중호가 왕세자를 인도하여 막차로 나아가고, 종친과 백관도 모두 막차로 간다. 〈막차를 설치할 때 땅의 적당한 데에 따른다.〉

사자가 이르면, 부지통례는 왕세자를 인도하고, 봉례랑은 종친과 백관들을 나누어 인도하여 모두 지영위로 간다. 판통례가 부복하고 꿇어앉아 전하에게 출차(出次)를 계청하고, 전하를 인도하여 지영위로 간다. 〈판통례 2인이 좌우에 부복하고, 산과 선은 뒤에 진열한다.〉 칙서가 이르면, 판통례가 부복하고 꿇어앉아 전하에게 국궁을 계청한다. 전하가 국궁하여 칙서를 맞이하고, 왕세자와 종친 및 백관도 이와 같이 한다. 사자가 칙서를 받들고 용정 안에 두고 〈사물(賜物)이 있으면 사물을 운반하는 사람이 장전 앞에 선다〉, 판통례가 전하에게 평신을 계청한다. 전하가 평신하면 왕세자와 종친 및 백관도 이와 같이 한다. 용정이 나와서 길을 떠나면, 사향 2명이 〈내직별감(內直別監)이 평상시의 의복을 입는다〉 향정을 좌우에서 모시고 잇따라 상향한다. 용정이 남향으로 조금 머무는데, 금고는 앞에 있고, 다음에 기병대가 있고, 다음에 종친과 백관이 말을 타고 가며, 다음에 왕세자가 말을 타고 가며, 다음에 대가노부가 가며, 다음에 전하가 말을 타고 가며, 다음에 황의장과 고악이 가며, 다음에 향정이 가며, 다음에 칙서를 넣은 용정이 가며 〈사물이 있으면 사물이 그다음에 간다〉, 다음에 사자가 말을 타고 간다.

국왕은 모화관에서 칙사와 칙서를 영접한 후, 곧바로 왕궁 즉 경복궁으로 모시고 와서 칙서를 받는 의례를 거행하였는데, 그 내용은 다음과 같았다.

칙서를 맞이하여 경복궁에 이르러 모두 말에서 내린다. 봉례랑은 종친과 백관을 나누어 인도하여 동편문과 서편문을 통해 들어오고, 부지통례는 왕세자를 인도하여 동편문을 통해 들어와〈만약 광화문이면 왕세자와 종친 및 백관은 모두 서문을 통해 들어온다〉 모두 자리로 나아가는데, 군사들이 들어와서 진열하기를 평상시와 같이 한다. 판통례가 전하를 인도하여 동문을 통해 들어와서 입위에〈여, 연, 마, 노부는 근정문 밖에서 정지한다〉 진열하고, 황의장은 들어와서 궐정 앞에 진열한다. 〈산은 중앙에 있고, 선은 좌우로 나누어 있고, 나머지는 모두 전계 상의 동쪽, 서쪽과 정계의 왼쪽, 오른쪽에 있다.〉 칙서를 넣은 용정이 정문을 지나서 들어오면, 사자가 따라 들어온다. 〈사물이 있으면, 사물도 또한 정문을 통해 들어온다.〉 협률랑이 꿇어앉아 부복하였다가 휘(麾)를 들고 일어나고, 공인(工人)이 축(柷)을 두드리어, 음악을 연주한다. 판통례가 부복하고 꿇어앉아 전하에게 국궁을 계청하면, 전하가 동향으로 국궁한다. 용정이 지나가면 전하에게 평신을 계청하면 전하가 평신하고 북향으로 선다. 왕세자와 종친 및 백관도 이와 같이 한다. 〈다만 왕세자와 문관만이 서향으로 국궁하는 것이 다르다.〉 용정이 전에 오르면, 판통례가 전하를 인도하여 소차로 들어가고, 사자가 칙서를 받들어 안에 둔다. 〈사물이 있으면 또한 안에 둔다.〉 협률랑이 꿇어앉아 휘를 눕히고서 부복하였다가 일어나고, 공인이 어(敔)를 긁어서, 음악을 그친다. 인례가 사자를 인도하여 자리로 나아가고, 판통례가 부복하고 꿇어앉아 전하에게 소차에서 나오기를 계청하고, 전하를 인도하여 배위로 간다. 〈산과 선은 소차의 앞에서 정지한다.〉 전의가 사배를 말하면 판통례가 부복하고 꿇어앉아 전하에게 국궁, 사배, 흥, 평신을 계청한다. 전하가 국궁하면 음악을 연주한다. 사배, 흥, 평신하면 음악을 그친다. 왕세자와 종친 및 백관도 이와 같이 한다. 〈통찬이 또한 창한다. 무릇 통찬이 찬하고 창할 때에는 모두 전의의 말을 받아서 한다.〉 판통례가 전하에게 궤를 계청하면 전하가 궤한다. 왕세자와 종친 및 백관도 이와 같이 한다. 〈통찬이 또한 창한다.〉 사향 2명이〈내직별감이 상복을 입는다〉 향안 앞에 가서 꿇어앉아 삼상향한 후 부복, 흥하고 물러난다. 판통례가 전하에게 부복, 흥, 평신을 계청하면, 전하가 부복, 흥, 평신한다. 왕세자와 종친 및 백관도 이와 같이 한다. 〈통찬이 또한 창한다.〉

판통례가 전하를 인도하여 서계를 통해 수칙위(受勅位)로 간다. 사자가 유제라고 칭한다. 판통례가 부복하고 꿇어앉아 전하에게 궤를 계청하면 전하가 궤한다. 왕세자와 종친 및 백관들도 이와 같이 한다. 〈통찬이 또한 창한다.〉 사자가 칙서를 받들어 서향하고 전하에게 주면, 전하가 칙서를 받아 읽는다. 마치면, 근시에게 주어서 안에 도로 가져다 두게 하고는, 부복하였다가 일어나서 뒤로 물러난다. 판통례가 전하에게 부복, 고두, 흥, 평신을 계청하면, 전하가 부복, 고두, 흥, 평신한다. 왕세자와 종친 및 백관들도 이와 같이 한다. 〈통찬이 또한 창한다.〉 판통례가 전하를 인도하여 내려와서 그전 자리로 돌아간다. 판통례가 부복하고 꿇어앉아 전하에게 국궁, 사배, 흥, 평신을 계청한다. 전하가 국궁하면 음악을 연주한다. 사배, 흥, 평신하면 음악을 그친다. 왕세자와 종친 및 백관들도 이와 같이 한다. 〈통찬이 또한 창한다.〉 판통례가 예를 끝마쳤음을 아뢴다. 〈통찬이 또한 창한다.〉 판통례가 전하를 인도하여 악차로 간다. 인례는 사자를 인도하여 나와서 이방(耳房)으로 나아가고, 부지통례는 왕세자를 인도하여 동편문을 통해 나가 막차로 간다. 봉례랑은 종친과 문무백관을 인도하여 동편문과 서편문을 통해 나온다. 액정서에서 궐정과 칙안을 걷어치우고〈사물이 있으면, 집사자가 사물을 취하여 함에 담아서 들어온다〉 사자의 자리를 동쪽에 설치하고, 전하의 자리를 서쪽에 설치한다. 인례가 사자를 인도하여 동쪽 정문을 지나 전에 올라와서 배위로 가서〈액정서에서 임시하여 욕석(褥席)을 설치한다〉서향으로 서게 한다. 판통례가 전하를 인도하여 서쪽 정문을 지나 전에 올라 배위로 가서〈액정서에서 임시하여 욕석을 설치한다〉동향으로 서게 한다. 판통례가 부복하고 꿇어앉아 전하에게 국궁, 재배, 흥, 평신을 계청하면, 전하가 사자와 더불어 국궁, 재배, 흥, 평신하고, 자리에 가서〈욕석을 걷어치운다〉다례를 행한다. 마치면 인례는 사자를 인도하여 동계를 통해 내려와 나가고, 판통례는 전하를 인도하여 서계를 통해 내려온다. 전하가 사자를 전송하여 근정문에까지 이른다.

전하가 여를 타고 내전으로 돌아가는데, 산과 선으로 시위하기를 평상시의 의식과 같이 한다.〈본조에 경사가 있으면, 백관들이 들어와서 하례하기를 평상시의 의식과 같이 한다.〉사자가 태평관으로 가면, 왕세자가 뒤따라 태평관에 이르러 사자와 더불어 돈수재배례를 행하고 나가며, 종친과 문무백관들은 분사(分司)하여 차례대로 돈수재배례를 행한다. 처음에 사자가 이미 나가면, 병조에서 여러 위를 거느리고 의장의 시위를 진설하기를 처음과 같이 하고, 전하가 출궁하면, 종친과 문무백관이 시위하기를 평상시의 의식과 같이 한다. 태평관에 이르면 연회를 베풀고, 연회를 마치면 환궁하는데, 시위하기를 올 때의 의식과 같이 한다. 판통례가 부복하고 꿇어앉아 해엄(解嚴)을 계청하고, 병조에서 승교(承敎)하여 의장을 해산시킨다.

위의『세종실록』오례의 '영칙서의'를 거시사적인 측면에서 보면, 이 의례는 공민왕 19년(1370) 5월에 공민왕이 명 홍무제에 의해 고려국왕으로 책봉되면서 고명과 인장을 받을 때 거행되었던 명 빈례의 '번국접조의주'와 '번국수인물의주'가 수십 년간의 개정과 정비를 거쳐 조선의 가례 '영칙서의'

로 변화, 정착된 것이라 할 수 있다. 왜냐하면 명 홍무제가 공민왕을 책봉할 때, 당시의 상황으로 보아 명 빈례 중 '번국접조의주'와 '번국수인물의주'를 사용했다고 이해되기 때문이다. 실제로『고려사』지의 '영대명조사의(迎大明 詔使儀)'는 '번국접조의주'를 거의 그대로 전재하였다.[122]

하지만 조선 건국 이후 '영조대명조사의'는 구체적인 측면 그리고 숭유억 불적인 측면에서 문제를 노출하였다. 이에 조선에서는 자체적인 개정과 정 비를 시도했고, 그 결과 태종 1년(1401)에 건문제가 보낸 고명과 인신을 받 을 때 조선 자체에서 영고명의를 마련했고, 이때의 '영고명의'를 바탕으로 세종 1년(1419)에 다시 '영고명의'가 제정되었다. 그리고 이 '영고명의'를 개 정하여 완성한 최후의 의례가 바로『세종실록』오례의 '영칙서의'였던 것이 다. 따라서『세종실록』오례의 '영칙서의'는 조선 건국 후 추진된 대명사대 외교 및 숭유억불 정책이 국왕 책봉, 왕비 책봉, 세자 책봉 등의 책봉의례에 서 조선 현실에 맞게 변화, 정착된 것이라 할 수 있다.

---

122 『고려사』지, 예, 빈례, 迎大明詔使儀.

4 봉호·책보·상징물의 종류와 기능에 대한 비교

조선국왕이 명에서 받은 책봉 호칭 즉 봉호는 조선국왕이었다. 조선국왕 중에서 조선은 국명이고 국왕은 대외적 봉작 명칭이었다. 즉 조선시대 국왕 의 봉호는 국명과 대외적 봉작명의 두 가지로 구성되었던 것이다. 반면 왕 비와 왕세자의 경우에는 국명 없이 단지 왕비와 왕세자의 봉호만 받았다. 이는 청 때에도 큰 변화가 없었다.

조선의 왕이 책봉될 때 받는 최고의 상징물은 물론 고명과 책봉인이었다. 이 외에도 조선국왕을 상징하는 의복을 비롯하여 책력 등 다양한 상징물들 을 받았다. 이렇게 많은 상징물 중에서 가장 중요한 것은 '조선국왕지인'이 라 새겨진 책봉인이었다.

조선시대 책봉인의 쓰임새는 대내적인 측면에서는 물론 대외적인 측면 에서도 매우 중요하였다. 예컨대 대내적인 측면에서는 후계 왕이 즉위할 때 후계 왕은 선왕의 찬궁(欑宮) 앞에서 유언장과 함께 대보(大寶) 즉 책봉인을 받아야 후계 왕으로서 공인될 수 있었다.[123] 대외적인 측면에서는 사대문서 에 대보가 사용되었다.[124] 이 외에 조선시대 책봉인은 왕의 통치의례에 반드 시 수반되는 상징물로 사용되기도 하였다.

그런데 조선시대 책봉인은 어보제도(御寶制度)가 정착되는 세종 이전에 그 용도가 훨씬 다양하였다. 예컨대 태조 때에는 국왕의 교서와 임명장에도 책

---

123 "都承旨陳遺敎函于欑宮 南近東 尙瑞院官陳大寶于其南",『국조오례의』흉례, 嗣位.
124 "御寶有大寶〈用於事大文書〉",『대전통편』예전, 璽寶.

봉인이 사용되었으며,[125] 태종 때에는 태종이 세종에게 전위할 때 책봉인을 넘겨준 것을 비롯하여,[126] 공신교서(功臣敎書)에도 '조선국왕지인'이라는 책봉인이 사용되었다.[127]

또한 태종 이전의 왕지(王旨)에는 조선왕보(朝鮮王寶)가 사용되고 세종 11년부터 17년 사이의 왕지에는 국왕행보(國王行寶)가 사용된 데 비하여 태종 대와 세종 10년 이전의 왕지에는 대부분 책봉인이 사용되었다.[128] 그뿐만 아니라 세종 때에는 홍패와 백패에도 책봉인이 사용되었다.[129] 이처럼 조선 초기에 책봉인의 용도가 다양했던 이유는 당시까지 어보제도가 정비되지 않았던 사실과 함께 태조 때에 명으로부터 책봉인을 받지 못했기 때문이기도 하였다.

조선을 건국한 태조 이성계가 공양왕을 뒤이어 왕이 되었을 때는 공식적으로 감록국사의 자격이었다. 또한 아직 신왕조의 국명이 정해지지 않은 상태였기에 공식적인 국가 명칭은 여전히 고려였다. 따라서 태조 이성계가 즉위한 1392년 7월 17일부터 조선이라는 국호가 확정된 1393년 2월 15일까지 태조 이성계의 신왕조는 여전히 고려였다. 이에 따라 태조 이성계는 명에 보내는 외교문서에 자신을 권서국사로 자칭하였으며 당시의 외교문서에는 당연히 '고려국왕지인'이 찍혔다고 볼 수 있다. 즉 태조 이성계가 즉위한 후 조선이라는 국호가 확정되기까지 대략 7개월 동안 태조 이성계를 상징하는 인장은 대외적으로는 고려국왕지인이었고 대내적으로는 권서국사를 상징하는 권서국사지보(權署國事之寶)였다. 물론 당시의 고려국왕지인은 공민왕 때 명에서 받은 책봉인이었다. 권서국사지보는 태조 이성계가 감록국사

---

125 "都評議使司啓 朝廷印章未降間 凡頒行敎旨 差除等事 用國王信寶 允之", 『태조실록』 권3, 2년(1393) 4월 2일(병자).

126 『태종실록』 권36, 18년(1418) 8월 8일(을유).

127 노인환, 「조선시대 功臣敎書 연구」, 『고문서연구』 39, 2011, 17-18쪽.

128 박성호, 「현재 전하고 있는 왕지(王旨)의 진위(眞僞) 고찰」, 『정신문화연구』 120, 2010, 176-177쪽.

129 『세종실록』 권80, 20년(1438) 3월 13일(정유).

에 임명된 1392년 7월 13일 직후에 만들어졌을 것으로 생각되는데 이 권서국사지보는 세종 즉위년(1418)에 녹여질 때까지 존속하였다.[130]

그런데 즉위 직후의 태조 이성계를 상징하던 두 인장 중에서 고려국왕지인은 태조 2년(1393) 3월 9일 자로 명에 반환되었다. 명에 반환되기 이전에 태조 이성계는 고려국왕지인을 공신교서와 왕지 등에 사용하였다. 예컨대 이지란에게 발급된 왕지와 이제에게 발급된 개국공신교서에는 고려국왕지인이 사용되었다.[131] 이는 태조 이성계가 신왕조를 창업한 이후에도 고려국왕지인이 고려시대의 전통을 그대로 이어서 외교문서, 임명문서에 계속해서 사용된 결과라 할 수 있다. 즉 조선이 창업된 직후부터 고려국왕지인이 명에 반환될 때까지 태조 이성계의 왕권을 상징하던 최고의 상징물은 바로 고려국왕지인이었던 것이다.

그러나 고려국왕지인이 명에 반환되면서 상황이 크게 변하였다. 태조 이성계는 자신의 왕권을 상징하던 고려국왕지인 대신에 조선국왕지인을 받아야 했지만 그러지 못하였다. 이에 태조 이성계는 대명 외교관계는 물론 국내 행정에서도 큰 곤란을 겪었을 것이었다. 즉 책봉인이 없으므로 사대문서의 작성은 물론 관료 임명, 후계 왕 즉위 등등에도 난점이 생길 수밖에 없었던 것이다. 이런 난점을 해결하기 위해 태조 이성계는 고려왕조에서부터 전해오던 어보를 활용하는 한편 새로 어보를 제작하였다.

먼저 태조 이성계가 활용한 고려 이래의 어보는 국왕신보(國王信寶)와 국왕행보(國王行寶)였다. 태조 이성계가 명에 고려국왕지인을 반환한 1393년 2월 15일로부터 한 달 보름쯤 후인 4월 2일에 도평의사사는 명에서 새로운 책봉인을 내려 줄 때까지는 국왕교서와 관료 임명에 국왕신보를 사용하자

---

130 "以進獻金少 下權署國事之寶于工曹 令銷用之", 『세종실록』 권2, 즉위년(1418) 12월 14일.
131 박성호, 「현재 전하고 있는 왕지(王旨)의 진위(眞僞) 고찰」, 『정신문화연구』 120, 2010, 181쪽.

고 요청하였는데, 이 사실로부터 다음과 같은 사실을 추론할 수 있다.[132]

우선 당시의 국왕신보는 제작에 관련된 기록이 전혀 없는 사실로 미루어 볼 때 고려 이래의 어보였다고 생각할 수 있다. 또한 태종 9년(1409)에 "직문추우기(織紋騶虞旗)를 완성하고 행보(行寶)와 신보(信寶)를 사용해 지(誌)를 하였다"[133]는 실록의 기록으로 볼 때, 국왕행보는 태조 이성계 당시부터 국왕신보와 함께 활용되었을 것으로 생각된다. 태조 이성계가 활용한 고려 이래의 국왕신보와 국왕행보는 중국의 신보와 행보 제도를 본떠 제작되었다.

국왕신보는 태조 이성계 때 국왕교서와 관료 임명 등에 사용되었을 뿐만 아니라 전국보로서 후계 왕의 즉위 때에도 사용되었다.[134] 반면 국왕행보는 여진족 추장을 임명할 때 사용되었다.[135] 이런 사실로 볼 때 국왕신보는 중국의 황제삼보(皇帝三寶) 중 황제신보(皇帝信寶)를 모방하였고 국왕행보는 천자삼보(天子三寶) 중 천자행보(天子行寶)를 모방하여 제작했던 것으로 보인다. 이런 까닭에 태조 이성계 당시에 국왕신보와 국왕행보를 활용하는 것은 부득이한 측면이 있었음에도 불구하고 명분상 비판의 소지가 컸을 듯하다. 왜냐하면 당시 조선은 명과 외교적으로 분쟁상태였고 또한 국내적으로는 제후국 체제에 입각하여 통치 체제를 정비하는 상황에서 고려 이래의 국왕신보와 국왕행보를 계속 사용하는 것이 명분이나 현실에 잘 맞지 않았기 때문이었다. 이런 상황에서 태조 이성계는 조선왕보(朝鮮王寶)를 제작하여 관료 임명 등에 사용하였다.[136]

---

132 "都評議使司啓 朝廷印章未降間 凡頒行敎旨 差除等事 用國王信寶 允之", 『태조실록』 권3, 2년(1393) 4월 2일(병자).

133 "織紋騶虞旗成 中軍朱雀 左軍靑龍 右軍白虎 上御便殿 用行信寶爲誌 賜宣召烏梅牌于孝寧君忠寧君 以天地兩字左半 上謂近臣曰 國家設新法 初則喧沸 其終未有成效 今所定騶虞織紋旗之法 宜令中外通知", 『태종실록』 권18, 9년(1409) 11월 28일(병신).

134 "舊有傳國寶 文曰國王信寶", 『세종실록』 권59, 15년(1433) 3월 2일(을묘).

135 "傳旨咸吉道都節制使金宗瑞曰 前者於童倉 童者音波 金波乙大 童所老加茂 童河下水 劉仇難等除拜官敎 印以行寶", 『세종실록』 권85, 21년(1439) 4월 14일(신묘).

136 성인근, 「조선시대 印章연구」, 한국학중앙연구원 박사학위논문, 2007, 73-75쪽.

명으로부터 책봉인을 받지 못해 겪던 곤란은 태종 1년(1401)에 고명과 책봉인을 받음으로써 해소되었다. 하지만 당시에도 아직 어보제도가 정비되지 않아 책봉인은 다양한 용도로 사용되었다. 특히 태종은 조선 건국 이후 자신이 최초로 조선국왕지인을 받은 사실을 강조하기 위해 사대문서, 책봉, 제수, 교유(敎諭) 등에 책봉인을 광범위하게 사용하였다.

하지만 세종 대에 어보제도가 정비되면서 책봉인은 사대문서 및 후계 왕의 즉위 그리고 통치의례 등에 사용되는 것으로 한정되었다.[137] 이에 따라 세종 14년(1432) 이후부터는 사신(事神), 공거(貢擧), 교유 등에 국왕신보가, 그리고 책봉, 제수 등에 국왕행보가 사용되기 시작하였다가 다시 세종 25년(1443)에 국왕신보를 소신지보(昭信之寶)로 바꾸어 사신, 발병(發兵), 사물(賜物) 등에 사용하였고 국왕행보를 시명지보(施命之寶)로 바꾸어 책봉, 제수, 상행교서(常行敎書) 등에 사용함으로써[138] 조선시대의 어보제도가 일단 정비되었다. 요컨대 조선 건국 이후 세종 대에 어보제도가 정비될 때까지 조선국왕을 상징하던 인장은 고려국왕지인, 조선왕보, 조선국왕지인으로 바뀌었지만 조선왕보는 태조와 정종 대에 책봉인이 없던 예외적인 상황에서 사용되었다는 점에서 조선시대 왕권을 상징하던 최고의 상징물은 책봉인이었다고 할 수 있다.

세종 이후 책봉인은 사대문서뿐만 아니라 후계 왕의 즉위식에서 사용된 것은 물론 통치의례 전반에서 광범위하게 사용되었다. 즉 국왕이 궁궐 밖에 행차하거나, 궁궐 안에 좌정할 때 책봉인은 반드시 국왕 거가의 앞이나[139] 국왕 어좌의 앞쪽에[140] 배치되었다. 이처럼 조선국왕은 왕권의 정통성을 대내외적으로 드러내는 데 책봉인을 적극적으로 활용하였다.

---

137 『세종실록』 권85, 14년(1432) 10월 16일(정유).
138 『세종실록』 권101, 25년(1443) 10월 2일(계미).
139 "尙瑞院官 捧寶前行", 『국조오례의서례』 길례, 車駕出宮.
140 "掖庭署設御座於勤政殿 北壁南向 設寶案於座前 近東", 『국조오례의서례』 가례, 正至王世子百官朝賀儀.

병자호란 이후 조선은 청으로부터 고명과 책봉인을 받았다. 병자호란 당시 청 태종은 인조에게서 항복을 받기 전에 몇 가지 요구조건을 제시했다. 그중에는 명과 단교할 것, 왕의 큰아들과 둘째 아들 그리고 대신들의 아들들을 인질로 보낼 것, 청이 명을 공격할 때 군대를 파견해 도울 것, 성첩을 수리하지 말 것, 명에 사대하던 예법으로 청에 사대할 것 등이 포함되어 있었다. 패전국 조선은 이런 조건들을 무조건 수용할 수밖에 없었다. 인조는 항복 직후 항복조건에 따라 명과의 외교관계를 단절했는데, 그 증거로 명에서 받은 고명과 책봉인 등을 청에 바쳐야 했다. 그런데 인조는 그중 하나를 몰래 남겨 두었다.

한편 청은 인조가 바친 명의 고명과 책봉인을 모두 없애고 새로 고명과 책봉인을 만들었다(그림 5 참조). 청은 인조 15년(1637) 겨울에 조선에 사신을 파견해 청에서 새로 만든 고명과 옥새를 주었다. 이 옥새에는 명 대의 책봉인과 마찬가지로 '조선국왕지인'이라고 새겨져 있었다. 다만 청에서 받은 책봉인에는 한문과 함께 여진문자가 새겨졌다는 점이 달랐다. 청에서 받은 책봉인 역시 청에 보내는 외교문서는 물론 후계 왕이 즉위할 때 즉위식에서 사용되기도 하였다.

한편 한국학중앙연구원 장서각에는 18세기에 청으로부터 받은 3건의 고명이 소장되어 있다(그림 6 참조). 바로 1722년(경종 2)에 성조황제가 이금(李昑, 후일의 영조)을 왕세제로 임명하는 고명, 1725년(영조 1)에 세종황제가 왕세제 이금을 조선국왕으로 임명하는 고명 그리고 1725년(영조 1)에 세종황제가 이재(李緯, 추존 진종)를 조선국 왕세자로 임명하는 고명이다. 이들 고명에는 명 때와 마찬가지로 제고지보(制誥之寶)가 날인되어 있다.[141]

141 장을연, 「淸代 조선왕실 冊封誥命과 조선 敎命의 비교연구」, 『장서각』 24, 2010, 144-148쪽.

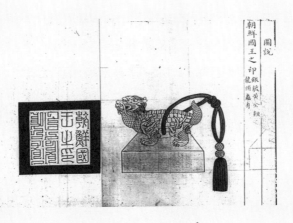

그림 5   조선 후기의 국왕 책봉인*

*『보인소의궤(寶印所儀軌)』도설, 朝鮮國王之印.

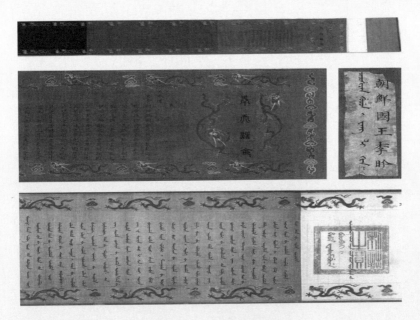

그림 6   영조의 국왕책봉 고명*

*『영조대왕』, 한국학중앙연구원, 2011, 55쪽.

5 책봉에 따른 권리와 의무

명 또는 청의 황제로부터 책봉을 받은 조선국왕은 이를 근거로 국내에서 왕권의 정통성을 주장할 수 있었다. 아울러 명과 청에 대한 독점적인 외교권과 통상권을 장악할 수 있었다. 반면 조선국왕은 명분상 명 또는 청의 제후왕이 되었으므로 명 황제나 청 황제가 천하에 공포하는 조서 또는 조선국왕을 신칙하기 위해 보내는 칙서를 받을 의무가 있었다. 아울러 명 황제 또는 청 황제의 생일이나 정월 초하루 등의 경조사에 조공해야 했는데, 이때 표문과 공물을 보내야 하는 의무도 있었다.

조서와 칙서를 받는 의례는 명이나 청 입장에서는 사신을 파견해 조서 또는 칙서를 반포하는 것이지만, 피책봉국의 입장에서는 조서 또는 칙서를 받는 것이었다. 특히 명에서 사신을 파견해 조서를 반포하는 데 필요한 의례는 앞에서 언급한 대로 빈례의 '번국접조의주'에 규정되어 있었다.

이 번국접조의주는 공민왕 이래 고려에서 명의 조사를 맞이하던 의식으로 활용되었다. 예컨대 『고려사』 지의 '영대명조사의(迎大明詔使儀)'는 바로 번국접조의주를 거의 그대로 전재한 내용이었다.[142] 이 번국접조의주는 조선 건국 직후에도 거의 그대로 활용되었다.

그런데 앞에서 언급한 대로 번국접조의주에는 조선의 현실에 맞지 않은 내용은 물론 소략한 부분도 있어 행례과정에서 많은 혼란을 초래하였다. 이를 극복하기 위해 세종 대에 조서를 맞이하는 의례를 자체적으로 제정하고

---

142 『고려사』 지, 예, 빈례, 迎大明詔使儀.

이를 명 사신에게 물어 결정하였는데,[143] 이때의 의례가 『세종실록』 오례의 '영조서의' 및 '영조칙의'로 되었다.

이에 따라 세종 이후로 조선에서 명의 조서를 맞이하는 의례절차는 명의 의례절차보다는 조선 자체에서 규정한 의례절차를 따랐다. 조선시대에 명의 조서를 맞이하는 의례는 『세종실록』 오례의 가례와 빈례에 기본 골격이 나타나고, 이어서 『국조오례의』의 가례와 빈례에 완성된 모습이 나타난다. 예컨대 『국조오례의』 가례 항목의 '영조서의' 및 빈례 항목의 '연조정사의(宴朝廷使儀)' '왕세자연조정사의(王世子宴朝廷使儀)' 등에 명의 조서를 맞이하는 의례절차가 세밀하게 규정되어 있다.

『국조오례의』 빈례는 조선시대 사대교린 체제에서 외국 사신들을 접대하는 국가의례였다. 따라서 『국조오례의』 빈례를 뒷받침한 기본적인 제도는 사대교린 체제였다. 조선시대의 사대교린 체제에서 명의 조사 또는 칙사를 위한 접대는 『경국대전』 예전의 '대사객(待使客)'에 규정되었다. 이에 의하면 명의 조사 또는 칙사의 경우 원접사를 의주에 파견하였고, 선위사를 의주, 안주, 평양, 황주, 개성의 5곳에 파견하여 영송하고 연위(宴慰)하였다.[144] 명의 조사 또는 칙사가 한양에 도착하면 하마연, 익일연을 베풀고 돌아갈 때는 전연(餞宴)을 베풀었다.[145] 그러므로 조선시대 명의 조사 또는 칙사를 맞이하기 위한 의례절차는 『경국대전』, 『국조오례의』 등에 규정되어 있다고 할 수 있다.

그런데 명의 조사 또는 칙사를 위한 '대사객' 조항이 『경국대전』의 예전에 실린 이유는 조선시대 외국사신과 관련된 업무를 관장한 곳이 예조였기 때문이다. 구체적으로 예조의 '전객사(典客司)'에서는 사신의 영접 등을 맡았

---

143 "遣禮曹正郎安自立 齎迎詔儀注 往黃州問禮於使臣", 『세종실록』 권127, 32년(1450) 1월 12일(정유).

144 "朝廷使臣 則遣遠接使于義州 宣慰使于五處 迎送宴尉", 『경국대전』 예전, 對使客.

145 "到京設下馬宴翌日宴 及還設餞宴", 『경국대전』 예전, 對使客.

으며, '전향사(典享司)'에서는 사신을 위한 연향 등을 맡았고, '계제사(稽制司)'에서는 의식과 제도 등을 맡았다. 따라서 명의 조사나 칙사가 올 때면 예조의 전객사, 전향사, 계제사에서 관련 업무를 관장하였다. 예조의 속사인 '전향사'나 '계제사'에서는 명의 조사 또는 칙사와 관련된 업무를 수행하면서 수많은 '등록' 등을 많이 남겨 놓았다. 따라서 『전향사등록(典享司謄錄)』이나 『계제사등록(稽制司謄錄)』 등에는 명의 조사나 칙사가 왔을 때, 예조에서 수행한 각종 업무가 구체적으로 드러나 있다.

그런데 조선시대에는 국가에 큰일이 발생할 경우에 도감을 설치하여 관련 업무를 관장하곤 했다. 명의 조사나 칙사가 올 때도 '영접도감' 또는 '접대도감', '접대소(接對所)'라는 임시기구를 만들어 접대하곤 했다. 도감은 관련 업무를 효율적으로 수행하기 위해 몇몇 부서로 나뉘어 업무를 분장했는데, 영접도감의 경우 도청(都廳), 연향색(宴享色), 미면색(米麵色), 변물색(雜物色), 반선색(盤膳色), 응변색(應辯色), 군색(軍色), 사제청(賜祭廳) 등을 두었다. 도청은 도감의 업무를 총괄하는 곳이었으며, 연향색은 사신들을 위한 연향에 관한 업무를 관장했다. 미면색은 사신들이 한양에 머무는 동안 쓸 차, 술, 약 등을 담당했으며, 잡물색은 사신의 일상 음식을 관장했다. 반선색은 사신을 수행하고 온 사람들의 일상 음식을 맡아 보았다. 응변색은 사신 일행에게 줄 예단과 물선을 관장했고, 군색은 사신 접대에 필요한 각종 인력 동원을 맡았다. 사제청은 명의 조사나 칙사가 조선에서 제사를 드려야 할 경우 제사와 관련된 업무를 맡아 보았다. 이런 자료들을 활용하면 조선시대에 명의 조사나 칙사를 맞이하기 위한 의례절차들을 보다 구체적으로 확인할 수 있다. 이처럼 의례절차가 자세하게 정비된 이유는 근본적으로 조사나 칙사를 맞이하는 것이 명의 책봉을 받은 조선국왕의 권리이자 의무였기 때문이었다.

한편 명의 책봉을 받은 조선국왕은 명 황제에게 경축이 있을 때 이를 축하하는 조하의식을 직접 거행해야 했다. 그뿐만 아니라 명 황제에게 사신을 보내 표문과 함께 공물을 올려야 했다. 이와 관련된 의례가 바로 정지급성절망궐행례의(正至及聖節望闕行禮儀)와 배표의(拜表儀)였다.

정지급성절망궐행례의는 정월 초하루, 동지 그리고 황제 생일에 조선국왕이 한양 궁궐에서 명의 황제가 거주하는 방향을 바라보며 경축행사를 치르는 의식절차였다. 이 정지급성절망궐행례의는 고려 공민왕 때부터 시작되었다. 공민왕은 동왕 19년(1370) 5월에 명으로부터 고명과 책봉인을 받았는데 그보다 9개월 전인 공민왕 18년(1369) 8월에 사신을 보내 명의 조하의주(朝賀儀注)를 요청하였다.[146]

공민왕 18년 당시 명은 건국된 지 겨우 1년밖에 되지 않은 상황이었다. 이에 따라 명은 역대의 왕조에서 거행하던 조하의례를 거의 그대로 거행하고 있을 뿐이었다.[147] 명에서 조하의례가 대거 정비된 때는 홍무 26년인 1393년(조선 태조 2년)이었다. 예컨대 정단동지백관조하의(正旦冬至百官朝賀儀),[148] 만수성절백관조하의(萬壽聖節百官朝賀儀),[149] 중궁정단동지명부조하의(中宮正旦冬至命婦朝賀儀),[150] 중궁천추절명부조하의(中宮千秋節命婦朝賀儀),[151] 동궁정단동지백관조하의(東宮正旦冬至百官朝賀儀),[152] 동궁천추절백관조하의(東宮千秋節百官朝賀儀)[153] 등이 있었다. 이 중에서 공민왕과 직결된 조하의례는 정단동지백관조하의, 만수성절백관조하의, 동궁정단동지백관조하의, 동궁천추절백관조하의 등이었다.

146 "遣摠部尙書成准得如京師賀聖節 大將軍金甲雨 賀皇太子千秋節 工部尙書張子溫 賀正 仍請賜本國朝賀儀注", 『고려사』 세가, 공민왕 18년(1369) 8월 무진.
147 "朝賀. 國初朝賀等儀 多仍前代之舊", 『대명회전』 예부, 朝賀.
148 "正旦冬至百官朝賀儀 洪武二十六年定", 『대명회전』 예부, 正旦冬至百官朝賀儀.
149 "萬壽聖節百官朝賀儀 洪武二十六年定", 『대명회전』 예부, 萬壽聖節百官朝賀儀.
150 "中宮正旦冬至命婦朝賀儀 洪武二十六年定", 『대명회전』 예부, 中宮正旦冬至命婦朝賀儀.
151 "中宮千秋節命婦朝賀儀 洪武二十六年定", 『대명회전』 예부, 中宮千秋節命婦朝賀儀.
152 "東宮正旦冬至百官朝賀儀 洪武二十六年定", 『대명회전』 예부, 東宮正旦冬至百官朝賀儀.
153 "東宮千秋節百官朝賀儀 洪武二十六年定", 『대명회전』 예부, 東宮千秋節百官朝賀儀.

공민왕은 자신이 요청한 조하의주를 동왕 19년(1370) 6월 갑술에 받을 수 있었다.[154] 명으로부터 고명과 책봉인을 받은 지 한 달 후였다. 명은 공민왕을 고려국왕에 공식적으로 책봉한 후에 조하의주를 보냈던 것인데, 이는 명 황제의 책봉을 받은 공민왕에게 조하의례가 마땅히 이행해야 할 의무이자 권리로 간주되었기 때문이었다. 당시 공민왕이 받은 조하의주에 어떤 내용이 들어 있는지는 구체적으로 확인할 수 없다. 하지만 최소한 정단동지백관조하의, 만수성절백관조하의, 동궁정단동지백관조하의, 동궁천추절백관조하의 등이 수록되었을 것은 확실하다. 공민왕이 정단과 동지 그리고 황제와 황태자의 생일을 축하하는 사신을 보냈기 때문이었다. 이들 사신을 파견하면서 공민왕은 궐내에서 조하를 거행할 필요에서 명의 조하의주를 요청했다고 할 수 있다.

조선이 건국된 이후에도 명과 관련된 조하의례는 공민왕 때의 조하의주를 근거로 했다. 그러다가 세종 때에 이르러 조선 자체에서 명과 관련된 조하의례를 세밀하게 제정하였다. 『세종실록』 오례의 가례에 실린 정지급성절망궐행례의(正至及聖節望闕行禮儀)와 황태자천추절망궁행례의(皇太子千秋節望宮行禮儀)가 그것이었다.

---

154 "張子溫還自京師 帝賜本國朝賀儀注一冊及金龍紵絲紅熟裏絹各二匹", 『고려사』 세가, 공민왕 19년 (1370) 6월 갑술.

제 3 장

조선시대 왕실 봉작제와 책봉의례

봉작제는 중국 고대로부터 왕족과 공신 등 왕조의 핵심 세력들을 포섭, 예우하여 왕조를 안정시키는 제도로 활용되었다. 중국에서 봉작제는 공덕이 뛰어난 사람에게 포상한다는 명분으로 정당화되었는데, 역사의 추이에 따라 그 주된 기능도 변화하였다. 예컨대 중국 주 때의 작제로 알려진 5등작제는 성읍국가시대에 연맹의 중심성읍이 주변성읍을 지배하기 위해 출현한 제도적 장치였던 데 비하여 진 대의 20등작제는 영토국가시대에 군주가 백성을 개별적, 직접적으로 지배하기 위해 발전한 제도였다.[1]

중국의 봉작제는 토지의 분봉 및 신분의 세습과 밀접한 관련을 맺고 있었다. 주 대의 5등작제에서 공, 후, 백, 자, 남의 작을 받은 사람들은 그 등급에 따라 차등적으로 토지를 분봉받았으며 그들의 신분과 분봉지에 대한 지배권은 대대로 세습되었다. 이는 중국의 은·주 대에 왕권으로 대표되는 중앙권력이 미약하여 분권적인 제후들의 신분과 기득권을 봉작제를 통하여 포섭하였기 때문이다.

그러나 중국에서는 진·한 대를 거치면서 군현제와 관료제를 통하여 왕권으로 대표되는 중앙권력이 강화되었다. 이에 따라서 작위를 받고 분봉된

---

1   金翰奎, 「古代韓國 位制의 爵制的 性格에 대하여」, 全海宗 編, 『東亞史의 比較研究』, 일조각, 1987, 222-226쪽.
     중국 은·주 및 진·한 대의 작제에 대하여는 西嶋定生, 『中國古代國家と東アジア世界』, 東京大學出版會, 1983에 집중적으로 연구되어 있다. 金翰奎는 西嶋의 연구를 원용하여 고대 한국의 작제를 비교, 분석하고 있는데 이 책에서는 金翰奎의 연구를 주로 하고 西嶋의 연구는 간접적으로 인용하였다.

지역에서 배타적인 지배권을 행사하던 제후들의 지위는 급격히 약화되었다. 진 대의 20등작제에서는 극소수를 제외하면 대부분의 작위자들은 토지를 분봉받지 못하였으며 세습도 불가능했다. 봉작에 따른 토지 분봉 대신에 상금이나 형사상의 사면 등 다른 특권을 받았다. 한 때에는 봉건제와 군현제를 가미한 군국제가 시행되었던바, 5등작제적인 성격의 제후(왕)와 20등작제적 성격인 열후(列侯)로 나뉘었다.[2] 한 대에는 왕족만이 제후왕에 봉해지고 그 외 공신은 열후에 봉해지는 것이 원칙이었다.

그러나 봉작에 따른 토지의 분봉은 당 대에 들어서면서 폐지되었다. 대신 봉호(封戶)의 수여 즉 식읍제(食邑制)가 시행되었다.[3] 당 대의 봉작제는 송에 계승되었지만 명 대에 이르러서는 당 때의 봉호 수여도 폐지되고 대신에 세록(歲祿)이 수여되는 것으로 대체되었다.[4]

하지만 중국에서 봉작제의 형식과 기능이 어떻게 변화되었든지 상관없이 봉작의 대상자는 왕족과 공신에게 한정되었으며 봉작에 수반되는 경제적, 형사적 특권은 세습되는 것이 원칙이었다. 이는 봉작제가 왕족과 공신 등 왕조의 핵심 세력들을 포섭하고 봉작에 따른 기득권을 인정해 줌으로써 왕조에 대한 충성과 헌신을 이끌어 내기 위한 제도로 이용되었음을 시사하는 것이라 할 수 있다.

한국사의 흐름에서 봉작제는 대부분의 중국 제도와 마찬가지로 고대부터 수용되어 적용되었다. 다만 토지의 분봉이 시행된 적이 없던 한국사에서는 당·송·명 대의 봉작제가 주로 이용되었으며 봉작의 주 대상자는 중국과 마찬가지로 왕족과 공신이었다.

한국에서 봉작제의 시행이 언제부터인지 분명하지는 않지만, 늦어도 삼

---

2 金翰奎, 「古代韓國 位制의 爵制의 性格에 대하여」, 全海宗 編, 『東亞史의 比較硏究』, 일조각, 1987, 223쪽.
3 仁井田陞, 『支那身分法史』, 東方文化學院, 1942, 506-535쪽.
4 布目潮渢, 「明朝의 諸王政策과 その影響」, 『隋唐史硏究』, 東朋社, 1979.

국시대 중엽에 당의 봉작제를 모방한 봉작과 식읍의 시행이 있었던 것은 분명하다.[5] 고려의 봉작제도 당의 제도를 본받았지만, 작위의 승습이 허락되지 않았으며,[6] 작을 받은 사람들에게 수여된 식읍도 명예적인 것에 불과하였다.[7]

조선 건국과 함께 봉작제는 중국의 당·송·명의 제도를 참조하여 정밀하게 정비되었다. 특히 종친, 부마, 외척, 공주, 왕과 종친의 배우자 등 왕실을 대상으로 하는 봉작제가 치밀하게 만들어졌다. 특히 봉작명의 경우에 고려 말의 봉작명이 이용된 점이 특징이었다.

조선 건국 직후인 태조 대에는 고려 이래의 봉군제(封君制)가 시행되었다.[8] 즉 종친과 부마 및 공신들에게 수여되는 봉작의 명칭으로 군(君)이 이용된 것이었다. 이 같은 봉군제에서는 봉작 명칭으로만 본다면 왕실 봉작과 공신 봉군에 아무런 차이가 나지 않는다. 이에는 왕족과 일반 공신 간의 명분을 흐리게 한다는 비판의 소지가 있었다. 이에 태조 7년 9월 계유에 왕족을 대상으로 하는 왕실 봉작과 일반 공신들을 대상으로 하는 공신 봉군 사이에 봉작의 명칭을 달리하게 되었다.

태조 7년 9월의 봉작제에서는 왕의 친왕자는 공(公)으로, 제 종친은 후(侯)로, 그리고 1품 관료는 백(伯)으로 하여 차별을 두었다. 이는 정종 대에 들어서서 보다 세분화되었다. 즉 왕의 친왕자와 친형제는 공의 명칭을 사용하고, 종친 및 부마는 후의 명칭을 사용하며, 일반 공신들은 백의 명칭을 사용하도록 하였다.[9] 이는 정종이 태조 7년의 봉작제를 이어받아 왕족과 부마 및 일반 공신 간의 봉작명을 구분함으로써 상호 간의 명분 및 존비를 구분하도

---

5   金斗憲, 『韓國家族制度研究』, 서울대학교출판부, 1980, 250-251쪽.
6   金基德, 「高麗朝의 王室封爵制」, 『한국사연구』52, 1986.
7   河炫綱, 「高麗食邑考」, 『역사학보』26, 1965.
8   "封王子諸君", 『태조실록』권1, 1년(1392) 8월 병진; "及開國後 宗親駙馬功臣 皆封君", 『세종실록』권103, 26년(1444) 2월 신축.
9   "恭靖王時 親子親兄弟封公 宗親駙馬封侯 功臣封伯", 『세종실록』권103, 26년(1444) 2월 신축.

록 한 것이었다. 특히 왕족 중에서도 왕의 친왕자와 친형제는 공에 봉하고 이에서 벗어나는 종친과 부마는 후에 봉함으로써 왕족 간에도 친소에 따라 봉작의 차등을 둔 것이 특징이었다.

정종 대에 봉작의 명칭으로 이용되던 공·후·백은 태종 1년 2월에 다시 군으로 바뀌었다. 태종이 봉작의 명칭을 군으로 바꾼 직접적인 이유는 공·후·백이 중국의 황제 체제에서 사용되는 봉작명이므로 제후국인 조선에서 이를 사용할 수 없다는 명분상의 문제가 제기되었기 때문이었다.[10] 태종은 종친과 일반 공신은 물론 부마, 외척들까지도 모두 군의 봉작명을 이용하도록 하였다.[11] 다만 태종 1년 2월의 봉작명인 군은 왕족과 일반 공신 간에 부원대군(府院大君), 대군(大君), 부원군(府院君)의 명칭이 이용됨으로써 서로 구별되었다. 즉 정종 대에 왕의 친왕자와 친형제의 봉작명으로 사용되던 공은 부원대군으로, 종친과 부마의 봉작명이었던 후는 군으로, 그리고 일반 공신들의 봉작명으로 이용되던 백은 부원군으로 바뀐 것이다. 이에 따라 태조, 정종, 태종의 친형제들로서 공에 봉작되었던 의안공(義安公) 이화는 의안부원대군으로, 익안공(益安公) 방의는 익안부원대군으로, 회안공(懷安公) 방간은 회안부원대군으로 바뀌게 되었다.

또한 태조, 정종, 태종의 종친 또는 부마로서 후에 봉작되었던 봉녕후(奉寧侯) 이복근은 봉녕군으로, 영안후(寧安侯) 이양우는 영안군으로, 완산후(完山侯) 이천우는 완산군으로, 상당후(上黨侯) 이저는 상당군으로, 청원후(靑原侯) 심종은 청원군으로 개봉되었다.

이와 더불어 태조, 정종, 태종 대의 공신으로 백에 봉작되었던 평양백(平壤伯) 조준은 평양부원군에, 상락백(上洛伯) 김사형은 상락부원군에, 예천백(醴泉伯) 권중화는 예천부원군에, 창녕백(昌寧伯) 성석린은 창녕부원군에, 여흥

---

10 "革公侯伯之號 以不可僭擬中國故也",『세종실록』권1, 1년(1419) 2월 을유.
11 "太宗時 宗親功臣駙馬皆封君 中宮之父及兄弟與夫婿媵之父亦封君",『세종실록』권103, 26년 2월 신축.

백(驪興伯) 민제는 여흥부원군에, 서원백(西原伯) 이거이는 서원부원군에, 진산백(晉山伯) 하륜은 진산부원군에 봉작되었다.[12]

그런데 태종이 황제 체제의 봉작명을 참칭할 수 없기 때문에 공·후·백 대신에 군의 호칭을 사용한다고 하였지만, 군이란 호칭 자체도 왕이란 의미로서 일종의 왕작(王爵)으로 간주되었다.[13] 즉 제후왕인 조선왕이 제후왕에 해당하는 군을 봉작한다는 것으로서, 제후국인 조선이 황제 체제의 호칭을 참용한다는 혐의에서 벗어날 수 없었다.

실제로 조선이 봉작명으로 군을 사용함으로써 중국 측이 이를 문제 삼고, 조선 조정 내부에서도 이 문제를 가지고 논란을 벌이기도 하였다. 태종조에 세자였던 양녕대군이 명에 들어가자 당시 명의 예부상서는 조선의 봉작명인 군이 참월하다고 하며 이의 혁파를 요구하였다. 그러나 태종은 이를 무시하고 계속 군의 봉작명을 사용하였다. 태종 이후 세종도 군이란 칭호를 사용하는 것에 대하여 이의를 갖지 않았으며,[14] 세조 대에도 군이란 칭호 사용에 대하여 태종의 입장을 지지하였다.[15] 게다가 중국 측에서도 이를 가지고 더 이상 문제 삼지 않은 것으로 보인다.[16] 이로써 태종조 이후 왕실 및 공신의 봉작명은 기본적으로 군이 이용될 수 있었다.

그러나 이 문제를 놓고 태종조 이후에 조선 조정 내부에서는 몇 차례의 논란을 겪었다. 성종 7년 2월에 명의 사신이 들어오자 성종은 신료들과 함께 봉군된 사람들의 호칭을 무엇으로 할지에 대하여 의논을 하였는데,[17] 이는 군이란 봉작명이 제후의 예에서 벗어난다는 문제를 야기할까 우려하였

---

12 『태종실록』권1, 1년(1401) 2월 을유.
13 "我國封君 如中國之王爵也", 『세종실록』권103, 28년(1446) 2월 신축.
14 "我國封君之法 不宜革也", 『세종실록』권103, 26년(1444) 2월 신축.
15 "世祖朝嘗議此以爲 稱君不妨", 『성종실록』권64, 7년(1476) 2월 경인.
16 "讓寧之入朝也 禮部趙尙書曰 安南無道 陪臣皆稱公侯伯子男 汝國封君之法 宜革 (중략) 趙尙書之言如彼 宗親駙馬及庶姓功臣 以封君入朝者多矣 而無有非之者 嬴蟲錄亦曰 朝鮮宗親皆稱君 以此觀之 我國封君之法 不宜革也", 『세종실록』권103, 26년(1444) 2월 신축.
17 "傳曰 宗宰封君者 對天使何以稱號 其議諸院相", 『성종실록』권64, 7년(1476) 2월 경인.

기 때문이다.

이에 대하여 정인지와 김질은 군이란 칭호는 무방하지만 부원군이란 칭호는 전고에 없으므로 모두 군이라고만 하자는 의견을 제시하였다. 이때 정인지와 김질이 이 같은 의견을 내게 된 이유는 이미 세조조에 그렇게 하였기 때문이었다.[18] 이는 이미 세조조에도 동일한 문제로 말미암아 조정에서 논란이 있었다는 것을 의미한다. 정창손과 한명회 및 조석문은 조선의 관제는 꼭 중국과 같을 필요가 없으므로 부원군이란 칭호를 사용해도 무방하다는 의견을 제시하였다. 이에 비해 윤자운, 윤사흔, 김국광은 군이란 호칭을 사용하지 말고 임시로 영중추, 판중추, 지중추를 사용하자는 의견을 내놓았다.[19] 성종 7년 2월의 기사는 태종 이후 성종에 이를 때까지 조선이 봉작명으로 군을 계속 사용하기는 하였지만 명에서 언제 문제를 제기할지 몰라 계속 우려하고 있었음을 의미한다.

그런데 태종이 종친, 부마, 외척, 일반 공신의 봉작명을 부원대군, 군, 부원군으로 하여 차이를 두었지만, 모두 군이라는 면에서 같게 하였기 때문에 양자 사이의 명분이 분명하지 않다는 문제점을 갖고 있었다. 이 점에 대해 문제를 제기한 왕은 세종이었다.[20]

세종은 종친, 부마, 외척, 일반 공신 모두가 군의 봉작명을 갖는 것은 중국의 전례(典例)에 비교할 때 사리에 맞지 않는다는 이의를 제기했다. 즉 중국은 왕족의 경우에는 왕작(王爵)을 수여하지만 일반 공신의 경우에는 열후(列侯)를 제수하여 상호 간에 차별을 두므로 조선도 왕족과 일반 공신의 봉작

---

18 "鄭麟趾金礩議 世祖朝嘗議此以爲 稱君不妨 但稱府院無古制 只稱某君 請依此例",『성종실록』권64, 7년 (1476) 2월 경인.

19 "尹子雲尹昕金國光議 權稱爲領中樞判中樞知中樞爲便",『성종실록』권64, 7년(1476) 2월 경인.

20 "(전략) 高麗封君 爰自宗室以至庶姓 及其濫也 下逮宦官 並得封君 貽笑當也 開國之初 始除其弊 至太宗朝盡革之 獨駙馬功臣中宮父親封君之制 尙仍其舊 因循至今",『세종실록』권105, 26년(1444) 7월 무신.

명을 모두 군으로 이용하면 안 된다는 의견을 제시하였다.[21] 세종은 그 대안으로 부마의 경우에는 송의 제도와 같이 부마도위(駙馬都尉)나 도위(都尉)에 제수하든가 아니면 윤(尹)에 봉하자고 하고,[22] 종친은 군으로 봉작하지만 일반 공신과 국구(왕비의 부친)는 군으로 봉작하지 말자는 안을 제시하였다.[23]

세종의 제안에 대하여 이조에서는 부마의 봉군을 폐지하고 대신 1품에서 2품에 이르는 산관(散官)만을 제수하자는 보고서를 올렸다.[24] 이를 세종이 허락함으로써 부마의 봉군은 사라지고 부마에게는 위(尉)라는 봉작명이 이용되었다.[25] 세조 대에는 부마의 봉작명으로 빈(賓)이 사용되었다.[26] 성종 15년 3월에 품계에 따라 부마의 칭호를 2품 이상의 위, 당상관 이상의 부위(副尉), 4품 이상의 첨위(僉尉)로 정하였는데,[27] 이 규정이 그대로 『경국대전』에 수록되었다.[28]

그런데 세종 당시 이조의 보고에서는 공신과 국구에 대한 봉작명에 대하여는 언급이 되어 있지 않다. 이는 아마도 공신과 국구의 봉작명은 그대로 군을 사용하도록 결론이 났기 때문인 듯하다. 그것은 『경국대전』에도 공신과 국구의 봉작명이 종친과 마찬가지로 군으로 나타나기 때문인데, 군으로 봉작되는 대상자는 2품 이상의 종친, 공신 및 국구이다.[29] 요컨대 조선 초기의 봉작제는 왕실 봉작이나 공신 봉군이나 모두 군을 사용하였으며 부마만

---

21 "中國旣有王爵 以侯封庶姓可也 我國以君封宗親 又以君封庶姓 不可也", 『세종실록』 권103, 26년 (1444) 2월 신축.

22 같은 곳.

23 같은 곳.

24 "駙馬不許封君 別立散官", 『세종실록』 권105, 26년(1444) 7월 무신.

25 "勘校廳啓曰 (중략) 世宗末年至大典詳定以前 稱尉", 『성종실록』 권163, 15년(1484) 2월 경진.

26 "時更定官制 (중략) 駙馬府稱儀賓府 置儀賓秩正從一品 承賓正從二品 副賓正三品 僉賓正從三品", 『세조실록』 권38, 12년(1466) 1월 무오.

27 "勘校廳啓 儀賓二品以上稱尉 三品堂上稱副尉 堂下官以至四品稱僉尉 從之", 『성종실록』 권164, 15년 (1484) 3월 무신.

28 『경국대전』 이전, 儀賓府.

29 "封君 「妃父及二品以上宗親功臣功臣承襲者封君」", 『경국대전』 이전, 京官職.

위를 사용하여 구별하였다고 하겠다.

조선시대의 왕실 봉작은 왕의 유복친(有服親) 이내의 종친, 부마, 국구 및 이들의 배우자 그리고 왕의 배우자들을 대상으로 하고 있다. 이 중에서 여성들을 제외한 종친, 부마, 국구는 왕의 가까운 친족이라는 점과 함께 왕권에 직접 도전할 수 있는 입장에 있었다는 점이 중요하다. 따라서 조선 초기의 왕실 봉작제는 이들을 봉작함으로써 이들에게 최고의 명예와 부를 허락하는 대신에 사환과 정치활동은 철저하게 금하여 왕권을 안정화하고자 하는 정치적 목적을 위해 정비되었다고 하겠다.

1 왕비와 후궁의 책봉의례

『세종실록』 오례에는 조선 건국 이후 세종 대까지 국가 차원에서 정비된 유교적 국가의례와 왕실의례가 망라되어 있다. 조선왕실의 책봉의례는 『세종실록』 오례 중 가례에 규정되어 있다. 이와 관련하여 『세종실록』 오례의 서문에는 다음과 같은 언급이 있다.

국초는 초창기라 일이 많아 예문을 갖추지 못했다. 태종 대에 이르러 왕이 허조에게 명하여 길례의 서례(序例)와 의식을 찬술하게 했으나, 다른 것은 미처 찬술하지 못했다. 그래서 매번 큰일을 만날 때마다 곧 예관들이 재량으로 결정한 것을 취하여 처리하곤 했다. 세종께서 이 때문에 정척, 변효문에게 명하여 가례, 빈례, 군례, 흉례 등의 예를 찬정하게 하였다. 이들은 본조에서 이미 시행한 전례와 고사를 취하고, 아울러 당, 송의 옛날 제도와 명의 제도를 취하였는데, 버리고 취함과 줄이고 보탠 것은 모두 임금의 결단을 받았다. 하지만 마침내 완성하지 못했고 또 관례도 강구하였으나 성취하지 못하였다. 따라서 이미 완성된 가례, 빈례, 군례, 흉례와 허조가 찬술한 길례만 아울러서 실록의 끝부분에 부록한다.[30]

위에 의하면 조선 건국 후 태종 때 길례가 정비되었고, 세종 때 가례, 빈례, 군례, 흉례가 확립되었다. 특히 왕실의 책봉의례와 관련된 가례는 세종

---

30 『세종실록』 오례, 序文.

때 정비되었는데, 이 가례는 『세종실록』 오례의 서문에 언급된 대로 정척, 변효문이 주도하여 정비하였다. 또한 이 가례가 정비될 때에는 주로 본조에서 이미 시행한 전례와 고사 및 당, 송의 옛날 제도와 명의 제도가 참고되었다.

세종 이전에는 가례를 비롯하여 빈례, 군례, 흉례와 관련하여 정비된 예제가 따로 있지 않았으므로 필요할 때마다 예관들이 관련 예제를 마련하곤 했다. 따라서 세종 이전에는 왕실의 책봉의례가 거행될 때 역시 예관들이 마련한 예제에 입각하여 의례를 거행하였다고 판단할 수 있다.

조선이 건국된 후 최초로 거행된 왕실 책봉은 태조 이성계의 4대 조상을 왕과 왕비로 추숭한 것이었다. 태조 이성계는 1392년 7월 17일에 즉위하였는데, 그로부터 11일 후인 7월 28일에 4대 조상을 왕과 왕비로 추숭하였다. 구체적으로 고조와 고조비는 목왕과 효비, 증조와 증조비는 익왕과 정비, 조와 조비는 도왕과 경비, 고와 고비는 환왕과 의비로 추봉하였다.[31] 뒤이어 8월 7일에는 강씨를 현비(顯妃)로 책립(冊立) 즉 왕비로 책봉하였으며 여러 왕자와 부마 및 종친을 군에 책봉하였다.[32]

당시 태조 이성계 4대 조상의 추봉의식과 왕비 및 왕자의 책봉의식이 어떤 모습이었는지는 확인되지 않는다. 다만 『세종실록』 오례의 서문에 의거한다면 추봉의식과 책봉의식 역시 예관들이 마련한 예제에 입각하여 거행되었을 것이다. 물론 그 예제를 마련하는 데는 고려시대의 전례와 고사 및 당, 송의 옛날 제도와 명의 제도가 참고되었을 것이다. 이런 사례들이 축적되어 세종 때 가례가 정비되면서 책봉의례 역시 정비되었다고 할 수 있다.

---

31 『태조실록』 권1, 1년(1392) 7월 28일(정미).
32 "立康氏爲顯妃 封王子諸君 芳雨曰鎭安君 上王舊諱曰永安君 爲義興親軍衛節制使 芳毅曰益安君 芳幹曰懷安君 今上諱曰靖安君 庶子芳蕃曰撫安君 爲義興親軍衛節制使 駙馬李濟曰興安君 爲義興親軍衛節制使 庶兄元桂子良祐曰寧安君", 『태조실록』 권1, 1년(1392) 8월 7일(병진).

1) 왕비의 책봉의례

조선 건국 이후 최초로 책봉된 현비의 책립에 대하여 실록에는 구체적인 의례의 모습은 전하지 않고 단지 '입강씨위현비(立康氏爲顯妃)'라고만 하여 책립했다는 사실만 전한다. 하지만 이런 사실에서 최소한 강씨가 왕비로 책봉될 때, 현비라는 휘호(徽號)를 받았음을 알 수 있으며, 여기에서 나아가 책립과 관련하여 증표나 의례가 있었음을 추정할 수 있다. 이와 관련하여서 정종의 왕비 김씨와 태종의 왕비 민씨의 책봉의례가 참조될 수 있다.

1398년(태조 7) 8월 26일에 제1차 왕자의 난이 일어나고 10여 일 후인 9월 5일에 정종은 태조 이성계의 선위를 받고 왕이 되었다. 같은 날 정종의 부인 김씨는 덕비에 책봉되었다.[33] 하지만 덕비의 공식적인 책봉의식은 11월 18일에야 거행되었다. 실록에 의하면 덕비의 책봉의식은 다음과 같았다.

임금이 면류관과 예복 차림으로 근정전에 앉아 덕비에게 책(冊)과 보(寶)를 주었는데, 좌정승 조준을 봉책사(奉冊使)로 삼고, 참찬문하부사 이거이를 부사로 삼았다. 그 책문은 다음과 같았다.

『역경』에서는 함괘(咸卦)와 항괘(恒卦)를 나타내어 인륜을 바로잡았으며, 『예기』에서는 명분을 엄하게 하여 배필을 소중히 여기었다. 항상 지켜야 할 전례를 상고하여 이에 아름다운 칭호를 세우게 한다. 오직 김씨는 단일성장(端一誠莊)하고 유한정정(幽閑貞靜)하였다. 일찍이 규문의 도리를 세워 그 가인(家人)에게 화합하였으며, 장성해서는 총부(冢婦)의 예의를 닦아 우리 종사(宗事)를 받들었다. 서자(庶子)가 난리를 선동할 때를 당하여, 내조를 다해서 위태함을 구제하였다. 이미 곤의(壺儀)에도 싫어함이 없으니 풍화에

---

33 "封德嬪爲王德妃", 『태조실록』 권15, 7년(1398) 9월 5일(정축).

도움이 있을 것이다. 이에 명하여 왕의 덕비로 삼고 보와 책을 준다. 아아! 위예(潙汭)에 시집감이 순제(舜帝)의 일어난 근본이 되었고, 읍강(邑姜)을 신하로 삼음이 무왕의 정치를 보좌하는 일이 되었다. 과거의 행위를 힘써 따라서 후손에게 유족한 도리를 전할 것이다.[34]

위에 의하면 덕비의 책봉의식은 책과 보를 수여하는 의식이 핵심이었음을 알 수 있다. 책과 보는 왕이 정전에서 봉책사와 부사에게 주어 전하게 하였으며, 왕비는 자신의 처소에서 책과 보를 받았다. 비록 실록에서는 확인되지 않지만 덕비의 책봉의식은 태조의 왕비인 현비의 책봉의식을 모범으로 하여 거행되었을 것이다. 한편 덕비의 책봉절차보다 구체적인 내용은 태종의 왕비인 민씨의 책봉의식에서 찾아볼 수 있다.

1400년(정종 2) 2월의 제2차 왕자의 난으로 왕세자가 된 태종은 1400년(정종 2) 11월 11일에 정종의 양위를 받아 국왕이 되었다. 이에 따라 왕세자 빈이던 민씨 역시 왕비가 되었는데, 공식적인 책봉의례는 1401년(태종 1) 1월 10일에 거행되었다. 『태종실록』에 의하면 민씨의 왕비 책봉의례는 다음과 같았다.

정빈 민씨를 책봉하여 정비(靜妃)로 삼았다. 임금이 관포(冠袍)를 입고 정전에 납시어 태위 참찬문하부사 권근에게 명하여 책과 보를 정비에게 하사하게 하였는데, 책문은 다음과 같았다.
왕화의 토대는 반드시 규문의 바름에서 시작되며, 종사(宗祀)의 계통은 진실로 배필의 존귀에 관계된다. 이에 이장(彝章)을 거행하여 현책(顯冊)에 칭양(稱揚)한다. 생각건대, 너 정빈 민씨는 유한정정(幽閑貞靜)하고 성일단장(誠

34 『태조실록』권15, 7년(1398) 11월 18일(경인).

一端莊)하여, 결발(結髮)하여 동뢰(同牢)한 때로부터 의가(宜家)의 덕을 일찍이 드러냈고, 능히 계책을 결단하여 갑옷을 끌어서 종사의 공을 도와 이루었다. 이에 비도(丕圖)를 잇게 된 것이 또한 내조에 많이 힘입었다. 조강(糟糠)의 옛정을 잊지 못하여 유적(褕翟)의 의식으로 높이는도다. 아아, 실가만년(室家萬年)에 승평의 복을 넓히고, 본지백세(本支百世)에 길이 넉넉함을 물려줄 모유(謨猷)를 전하라.

비께서 책과 보를 받고, 권근 등에게 표리(表裏) 각각 1벌씩을 주었고, 임금이 또한 권근에게 말 1필을 주고, 종친과 더불어 양청(涼廳)에서 잔치하여 매우 즐기었다. 비께서도 또한 종실의 명부(命婦)들과 더불어 중궁에서 잔치하였다.[35]

위에 의하면 정비의 책봉의식은 덕비의 책봉의식과 마찬가지로 책과 보를 수여하는 의식이 핵심이었음을 알 수 있다. 또한 책과 보를 수여하는 의식이 끝나면 이를 경축하여 잔치가 벌어졌음을 알 수 있다. 이처럼 조선 건국 직후의 왕비 책봉의식은 고려시대의 전례 및 중국의 의례를 참조하여 마련된 것이었다. 구체적으로 말한다면 고려시대의 전례란 『고려사』 예지의 '책왕비의(冊王妃儀)'에 규정된 전례를 지칭하는 것이고, 중국의 의례란 중국 역대의 황후 책봉의례를 지칭하는 것이라 할 수 있다.

(1) 『대당개원례』의 '임헌책명황후'와 『고려사』의 '책왕비의'

『대명집례』 가례의 '책황후(冊皇后)' 총서(總序)에 의하면 처음에 중국에서는 천자의 배필을 단지 비라고만 불렀고 후라는 칭호는 없었다고 한다.[36] 그러다가 『주례』에 처음 왕후라는 칭호가 등장하였고 진시황이 황제를 칭하

---

35 『태종실록』 권1, 1년(1401) 1월 10일(경오).
36 "古者 天子之配曰妃 未有后之稱也", 『대명집례』 가례 3, 冊皇后, 總序.

면서 황후라는 칭호가 등장하였다고 한다.[37] 한편 총서에 의하면, 중국에서 황후를 책봉하는 의례는 한 영제(靈帝) 때 처음으로 생겼다고 한다. 그 이전 까지는, 비록 진시황 때부터 황후를 세우기는 하였지만, 책봉의례는 없었던 것이다.

그런데 영제는 송 미인(美人)을 황후로 세우면서 자신이 직접 장덕전에 나아가 태위에게 명하여 절(節), 새(璽), 수(綬), 책(冊)을 황후에게 주게 하였고, 황후는 북면하여 신첩이라 자칭하면서 무릎을 꿇고 책과 새를 받았는데, 이 것이 바로 최초의 황후 책봉의례였다.[38] 즉 최초의 황후 책봉의례는 황제가 보는 자리에서 황후에게 책과 새를 수여한 것으로서 이는 관료 임명과 유사 한 의례라 할 수 있다. 이후 황후 책봉의례는 진(晉) 무제(武帝) 때 황제가 임 헌(臨軒)하여 사신을 황후의 궁으로 보내 책봉하는 방식으로 변했다.[39] 이어 당에 이르러, 황후를 책봉할 때 천지와 종묘에 주고(奏告)하는 의례와 음악 을 갖추는 의례 및 책봉 후 종묘에 참알(參謁)하는 의례와 백관의 축하를 받 는 의례 등이 추가되면서 황후 책봉의례가 자세하게 정비되기에 이르렀다.[40] 당 이후 송, 원, 명의 황후 책봉의례는 당의 책봉의례를 약간 가감하는 수준 이었다. 따라서 중국의 황후 책봉의례는 당의 의례가 기준이 되었다고 할 수 있다.

그뿐만 아니라 당의 황후 책봉의례는 고려의 왕비 책봉의례에도 결정적 인 영향을 끼쳤다. 당의 황후 책봉의례는 『대당개원례』의 '임헌책명황후'에 잘 정리되어 있는데, '임헌책명황후'는 복일(卜日), 고환구(告圜丘), 고방택(告方

37　"周禮始曰王后 未有皇后之號也 秦稱皇帝 而其后曰皇后",『대명집례』가례 3, 冊皇后, 總序.

38　"漢高祖 以漢王卽皇帝位 立呂氏爲皇后 然冊命之儀 猶未備也 至靈帝 立宋美人爲皇后 乃御章德殿 命太 尉 持節奉璽綬讀冊 皇后北面稱臣妾 跪受冊璽 此皇后親受命於天子之始也",『대명집례』가례 3, 冊皇后, 總序.

39　"晉武帝 臨軒發冊 遣太尉 冊皇后楊氏 百僚上禮 此天子臨軒遣使冊拜皇后於其宮之始也",『대명집례』가 례 3, 冊皇后, 總序.

40　"若夫唐制 範遣使冊皇后 則先有奏告天地宗廟之儀 其行冊禮 則備音樂儀仗之用 其禮畢 則有謁廟受賀宴 會之節",『대명집례』가례 3, 冊皇后, 總序.

澤), 고태묘(告太廟), 임헌명사(臨軒命使), 황후수책(皇后受冊), 황후수군신하(皇后受群臣賀), 황후표사(皇后表謝), 조황태후(朝皇太后), 황제회군신(皇帝會群臣), 군신상례(群臣上禮), 황후회외명부(皇后會外命婦), 황후묘현(皇后廟見)으로 구성되어 있다.[41]

이 같은 『대당개원례』의 '임헌책명황후'를 『고려사』 예지의 '책왕비의'와 비교하면 유사함을 알 수 있다. 우선 양자의 구성요소가 유사하다는 점을 들 수 있다. 예컨대 『고려사』 예지의 책왕비의는 고태묘의(告太廟儀), 고별묘의(告別廟儀), 고경령전의(告景靈殿儀) 등을 비롯하여 대관전 진설(大觀殿 陳設), 임헌발책(臨軒發冊), 궁정진설(宮庭陳設), 궁정수책(宮庭受冊), 회빈(會賓), 부표(附表), 백관조하(百官朝賀) 등으로 구성되었는데,[42] '책왕비의' 중에서 고태묘의, 고별묘의, 고경령전의는 '임헌책명황후'의 복일, 고환구, 고방택, 고태묘 등에 해당한다고 할 수 있다. 또한 '책왕비의' 중에서 대관전 진설, 임헌발책, 궁정진설, 궁정수책은 '임헌책명황후'의 임헌명사와 황후수책에 해당한다고 할 수 있다. 마지막으로 '책왕비의' 중에서 회빈, 부표, 백관조하는 '임헌책명황후'의 황후수군신하, 황후표사, 조황태후, 황제회군신, 군신상례, 황후회외명부, 황후묘현에 해당한다고 할 수 있다.

한편 책봉의례라는 관점에서 보면 『대당개원례』의 '임헌책명황후'와 『고려사』 '책왕비의'는 모두 책봉의례를 기준으로 책봉 이전의 사전 의례와 책봉 이후의 사후 의례로 3구분됨을 알 수 있다. 즉 '책왕비의' 중에서 고태묘의, 고별묘의, 고경령전의와 '임헌책명황후'의 복일, 고환구, 고방택, 고태묘는 책봉 이전의 사전 의례에 해당한다. 반면 '책왕비의' 중에서 대관전 진설, 임헌발책, 궁정진설, 궁정수책과 '임헌책명황후'의 임헌명사와 황후수책은 책봉의례 자체에 해당한다. 물론 '책왕비의' 중에서 회빈, 부표, 백관조하와

---

41 『대당개원례』 가례, 臨軒冊命皇后.
42 『고려사』 예지 7, 가례 1, 冊王妃儀.

'임헌책명황후'의 황후수군신하, 황후표사, 조황태후, 황제회군신, 군신상례, 황후회외명부, 황후묘현은 책봉 이후의 사후 의례에 해당한다. 이를 정리하면 표 1과 같다.

표1 『대당개원례』의 '임헌책명황후'와 『고려사』의 '책왕비의' 구성 비교

	책봉 이전의 사전 의례	책봉의례	책봉 이후의 사후 의례
『대당개원례』의 임헌책명황후	복일 고환구 고방택 고태묘	임헌명사 황후수책	황후수군신하 황후표사 조황태후 황제회군신 군신상례 황후회외명부 황후묘현
『고려사』의 책왕비의	고태묘의 고별묘의 고경령전의	대관전 진설 임헌발책 궁정진설 궁정수책	회빈 부표 백관조하

그런데 『고려사』의 책왕비의는 구성요소의 유사함뿐만 아니라 책봉의례 자체도 『대당개원례』의 임헌책명황후와 유사하다. 표 1에 의하면 『대당개원례』의 '임헌책명황후' 중에서 책봉의례 자체에 해당하는 요소는 '임헌명사'와 '황후수책' 두 가지이다. 반면 『고려사』의 '책왕비의' 중에서 책봉의례 자체에 해당하는 요소는 대관전 진설, 임헌발책, 궁정진설, 궁정수책 네 가지이다. 이렇게만 보면 『고려사』의 '책왕비의'에 규정된 책봉의례가 『대당개원례』의 '임헌책명황후'에 규정된 책봉의례보다 수도 많고 내용도 자세할 것 같지만 사실은 수도 같고 내용도 거의 유사하다. 왜냐하면 『고려사』 '책왕비의'의 대관전 진설과 임헌발책은 궁극적으로 고려의 왕이 임헌하여 왕비 책봉문서를 사신에게 주어 왕비의 궁으로 파견하는 의식으로서 이는 『대당

개원례』 '임헌책명황후'의 임헌명사와 같기 때문이다. 마찬가지로 『고려사』 '책왕비의'의 궁정진설과 궁정수책은 왕비가 중궁에서 책봉문서를 받는 의식으로서 이는 『대당개원례』 '임헌책명황후'의 황후수책과 같다. 이 같은 사실을 확인하기 위해 『대당개원례』 '임헌책명황후'의 임헌명사와 황후수책을 살펴보면 다음과 같다.

임헌명사(臨軒命使)

책례를 거행하게 되면 소사(所司)에서 태위를 사로, 사도(司徒)를 부로 삼을 것을 주청한다. 하루 전에 상사봉어(尙舍奉御)가 어악(御幄)을 태극전 북쪽 벽 아래에 남향으로 설치하고 어좌를 평상시의 의식대로 설치한다. 수궁(守宮)이 군신(群官)의 차(次)를 동서의 조당(朝堂)에 설치한다. 태악령이 궁현(宮懸)을 전정(殿庭)에 펴고 거휘위(擧麾位)를 전상(殿上)의 서쪽 계단 위 서쪽에 동향으로 설치하고, 일위(一位)를 악현(樂懸)의 동남쪽에서 서향으로 설치한다. 고취령(鼓吹令)이 12안(十二案)을 건고(建鼓)의 밖에 설치한다. 승황령(乘黃令)이 거로(車輅)를 진설하고, 상연봉어(尙輦奉御)가 여연(輿輦)을 평상시의 의식대로 진설한다. 전의(典儀)가 군관판위(群官版位)를 설치하는데, 문관 1품 이하에서 5품 이상은 악현의 동쪽이고, 6품 이하는 횡가(橫街)의 남쪽인데 모두 겹줄이며 서향이고 북쪽이 상위(上位)이다. 무관 1품 이하에서 5품 이상은 악현의 서쪽이고, 6품 이하는 횡가의 남쪽으로서 문관의 자리에 해당하며 모두 동면이고 북쪽이 상위이다. 제친(諸親)은 5품 이상의 남쪽이다. 〈황종친(皇宗親)은 동쪽이고 이성친(異姓親)은 서쪽이다.〉 번객(蕃客)은 6품 이하의 남쪽에서 분방(分方)하는데 모두 북쪽을 상위로 하여 평상시의 의식대로 한다. 〈만약 조집사(朝集使)가 있다면 문무관의 해당 품계 아래에서 분방하고 제주사인(諸州使人)은 조집사와 9품의 뒤에서 분방한다.〉 전의위(典儀位)를 악현의 동북에 설치한다. 찬자(贊者) 2명이 남쪽에 있는데 모두 약간 물러나 서향한다. 책사주부(冊使主副)의 수명위(受命位)를 대횡가(大橫街) 남쪽의 길 동쪽에 설치하는데 모두 북면이고 서쪽이 상위이다. 봉례(奉禮)가 문외위(門外位)를 설치하는데 모두 원일(元日)의 의식과 같이 한다.

그날 제위(諸衛)는 관할 부서를 신칙하여 황휘대장(黃麾大仗)을 평상시의 의식대로 설치한다. 군신(群臣) 등은 시각에 의지하여 조당에 모인다. 이어서 함께 차로 가서 각각 조복을 입는다. 통사사인(通事舍人)이 각각 인도하여 조당 앞의 위로 간다. 시중(侍中)이 시각을 헤아려 판(版)으로 중엄(中嚴)을 주청한다. 삽극근장(鈒戟近仗)이 들어와 전정에 늘어선다. 태악령과 고취령 등이 공인을 거느리고 들어와 자리로 간다. 협률랑이 들어와 거휘위로 간다. 전의가 찬자를 거느리고 먼저 들어와 자리로 간다. 여러 시위의 관료들은 각각 그 기물과 복장을 갖춘다. 부보랑(符寶郞)은 보(寶)를 받들고 함께 합(閤)으로 가서 봉영(奉迎)한다. 통사사인이 군관(群官)을 인도하여 들어와 자리로 간다. 또 책사를 인도하여 들어와 태극문 밖 길 동쪽에 서면으로 선다. 황문시랑(黃門侍郞)과 주절(主節)이 절(節)을 받들어 왼쪽 연명문(延明門) 안의 길 북쪽에 선다. 중서시랑이 영사(令史)를 거느리고 책안(冊案)을 받들어 절의 남쪽에 서는데 모두 서면이다. 〈매 안에 영사 2명인데 강공복(絳公服)으로 대거(對擧)하고 이어서 파(帕)로 덮는다.〉

시중이 외판(外辦)을 판주(版奏)하면, 황제가 면복 복장으로 여를 타고 나온다. 곡직화개(曲直華盖)와 경필시위(警蹕侍衛)는 평상시의 의식대로 한다. 황제가 장차 나가려 하면 의장이 움직인다. 태악령이 황종지종(黃鐘之鐘)을 치게 하면 오른쪽의 5개 종이 모두 응한다. 협률랑이 궤면(跪俛)하였다가 거휘(擧麾)한다. 〈무릇 악은 모두 협률랑이 거휘하고 공이 축(柷)을 친 다음 연주하며 언휘(偃麾)하고 어(敔)를 두드린 다음에 그친다.〉 고축(鼓柷)이 태화지악(太和之樂)을 연주하면 고취, 진작한다.

황제가 나가 서방으로부터 어좌로 가서 남향하고 앉는다. 부보랑이 보를 받들어 어좌에 놓기를 평상시처럼 한다. 음악이 그친다. 통사사인이 책사 주부를 인도하여 들어와 자리로 가는데, 태위가 처음 문에 들어오면 서화(舒和)의 음악을 연주하고, 자리에 이르면 음악을 그친다. 입정(立定)하면 전의가 '재배'라고 말한다. 찬자가 이어서 전달하면 자리에 있는 군신들은 모두 재배한다.

시중이 앞으로 가서 승제하고 계단을 내려가 사자의 동북으로 가 서면하고 '유제'라고 칭한다. 책사는 모두 재배한다. 시중이 선제하여 이르기를, "모씨를 칙하여 황후로 삼노라. 공 등에게 명하노니 절을 가지고 예를 펴라" 한다. 선제가 끝나면 또 함께 재배한다. 시중이 돌아와 시위한다. 황문시랑이 주절(主節)을 인도하여 책사소(冊使所)로 간다. 주절이 절을 황문시랑에게 주면 황문시랑이 절을 잡아 서면하고 태위에게 준다. 태위가 받아서 절을 부탁하고 사후(使後)에 선다. 황문시랑이 물러간다. 중서시랑이 책안(冊案)과 종새수안(琮璽綬案)을 인도하여 책사의 동북쪽에 서면으로 선다. 중서시랑이〈지안자(持案者)가 물러나 사후로부터 태위의 왼쪽에 선다〉취하여 서면하고 태위에게 준다. 태위는 책을 받아 안(案)에 두고 물러나 사후에 선다. 중서시랑이 또 종새수(琮璽綬)를 취하여 태위에게 준다. 태위는 받아서 안에 두는데 모두 책을 받는 의식과 같다. 중서시랑이 물러난다. 전의가 '재배'라고 말하면, 찬자가 이어서 전한다. 군신으로 자리에 있는 자들은 모두 재배한다.

통사사인이 책사를·인도하여 나간다. 지절자(持節者)가 전도(前導)하고, 지안자가 다음이다. 태위가 처음 출발하면 음악을 연주하고 문을 나가면 음악을 그친다. 시중이 앞으로 가 무릎을 꿇고, "시중 신 모(某)는 예가 끝났음을 알립니다"라고 주칭(奏稱)한 후 몸을 구부렸다가 일어나 되돌아가 시위한다. 황제가 일어난다. 태악령이 유빈지종(蕤賓之鐘)을 치게 하면 왼쪽의 5개 종이 모두 응한다. 고축이 태화지악(太和之樂)을 연주한다. 황제가 어좌에서 내려온다. 시위경필(侍衛警蹕)을 올 때의 의식과 같이 하여 동방(東房)으로부터 들어간다. 음악이 그친다. 통사사인이 군신으로서 자리에 있는 자들을 인도하여 차례로 나간다. 〈번객(蕃客)이 먼저 나간다.〉[43]

위에 의하면 『대당개원례』의 '임헌명사'는 전반부의 진설 부분과 후반부의 행례 부분으로 구성되어 있음을 알 수 있다. 즉 '임헌명사' 전반부의 진설 부분은 『고려사』 '책왕비의' 중의 대관전 진설에 해당하고, 후반부의 행례 부분은 『고려사』 '책왕비의' 중의 임헌발책에 해당하는 것이다.

그런데 위의 '임헌명사'에 의하면 황후를 책봉할 때 이용되는 상징물은 크게 황제의 상징물과 황후의 상징물로 구분됨을 알 수 있는데, 황제의 상징물은 보와 절이고 황후의 상징물은 책과 종새수이다. 물론 보는 황제를 상징하는 인장이고 절 역시 황제를 상징하는 의장물이다. 『대명집례』에 의하면 당에서 황후를 책봉할 때 이용한 절은 대나무 장대 위에 화목반(畵木盤) 3개를 드리웠는데 서로 거리가 수촌(數寸)이고 장대의 끝 귀퉁이에 적마동룡(赤麻銅龍) 1수(首)를 드리웠다고 한다.[44]

한편 황후의 상징물인 책은 황후에 책봉한다는 책봉문으로서 당 때의 황후 책봉문은 한 때의 제도를 이어 죽간(竹簡)으로 제작하였고 명칭은 책서(策書)라고 했는데 칠을 하여 전자(篆字)로 썼다고 한다.[45] 또한 종새수의 종새(琮璽)는 황후의 인장으로서 보라고도 하였고, 수는 인장의 끈이었다.[46] 당 황후의 인장을 종새라고 한 이유는 종(琮)이 땅을 상징하는 예물이었기에 종새란 곧 황후의 인장이란 의미를 함축하였기 때문이었다. 요컨대 당 황후의

---

43 『대당개원례』 가례, 臨軒冊命皇后, 臨軒命使.
44 "漢以竹爲之 柄長八尺 以旄牛尾爲耗三重 唐制節 垂畵木盤三 相去數寸 隅垂赤麻銅龍一首", 『대명집례』 가례 3, 冊皇后, 節.
45 "按冊制 漢因周 以竹簡聯 (중략) 唐因漢制 謂之策書 亦用漆書篆字", 『대명집례』 가례 3, 冊皇后, 冊.
46 "皇后寶璽 前漢用金璽 螭虎鈕 後漢用赤紋玉璽 唐用金 更命寶", 『대명집례』 가례 3, 冊皇后, 寶.

상징물은 종새라 불리는 보와 함께 책, 이렇게 두 가지였던 것이다. 따라서 당의 황후 책봉의례는 궁극적으로 황제가 황제를 상징하는 절과 함께 황후를 상징하는 책과 보 두 가지 상징물을 정사와 부사에게 주어 중궁으로 가서 황후에게 책과 보를 전달하는 의식이라 할 수 있다. 이 같은 황후 책봉의 근거는 물론 "모씨를 칭하여 황후로 삼노라. 공 등에게 명하노니 절을 가지고 예를 펴라"고 하는 황제의 명령, 즉 제였다. 이 같은 내용을 정리하면 표 2와 같다.

표2 『대당개원례』 임헌명사의 황제와 황후 상징물

황제 상징물	황후 상징물	책봉사
보 절 제(승제, 선제)	책(죽책) 종새(보) 수	정사-태위, 부사-사도 * 정사와 부사가 황제의 절을 가지고 황후의 처소로 가서 죽책과 종새, 수 전달

앞서 언급한 것처럼 『대당개원례』 '임헌책명황후'의 임헌명사는 황제의 명령 즉 제에 따라 황후를 상징하는 책, 보 두 가지 증표를 황후의 처소로 가져가 전달하는 의례다. 반면 『대당개원례』 '임헌책명황후'의 황후수책은 황후가 정사와 부사에게서 책과 보를 받는 의식이라 할 수 있다. 물론 황후의 수책 근거 역시 "모씨를 칭하여 황후로 삼노라. 공 등에게 명하노니 절을 가지고 예를 펴라"고 하는 황제의 명령, 즉 제였다.

이 같은 내용을 핵심으로 하는 당의 황후 책봉의례는 내용과 형식 양쪽에서 고려의 왕비 책봉의례에 결정적인 영향을 끼쳤다. 예컨대 『대당개원례』 '임헌책명황후'의 임헌명사에 해당하는 『고려사』 '책왕비의'의 대관전 진설과 임헌발책을 살펴보면 다음과 같다.

대관전 진설(大觀殿 陳設)

하루 전에 상사국(尙舍局)에서 왕좌를 대관전에 평상시의 의식대로 설치한다. 서안(書案)을 왕좌의 앞 두 기둥 사이에 약간 남쪽으로 설치한다. 새수안(璽綬案)을 왕좌의 왼쪽에 동쪽 가까이로 설치한다. 문하시중위(門下侍中位), 문하시랑위(門下侍郎位), 중서시랑위(中書侍郎位)를 왕좌의 동남쪽에 서향으로 설치하는데 북쪽이 상위이다. 추밀위를 왕좌의 서남쪽에 동향으로 설치하는데 북쪽이 상위이다. 또 전제위(傳制位)를 전정 중앙의 왼쪽에 서향으로 설치한다. 수제위(受制位)를 전정 중앙에 북향으로 설치하는데 동쪽이 상위이다. 책사부(冊使副) 및 재신추밀배위(宰臣樞密拜位)를 수제위의 남쪽에 설치한다. 독책관(讀冊官) 이하 행사관위(行事官位)를 책사부배위(冊使副拜位)의 남쪽에 설치하는데 매 등에 자리를 달리하고 겹줄로 하는데 북향이며 동쪽이 상위이다. 전의가 재신추밀문사위를 배위의 동쪽에 서향으로 설치하는데 북쪽이 상위이다. 좌우 시신위(侍臣位)는 전정의 동서에 평상시 의식대로 설치한다. 전의위는 독책배위(讀冊拜位)의 동쪽이다. 찬자 2명은 남쪽에 있는데 약간 물러나며 모두 서향이다. 문무백관문사위(文武百官聞辭位)는 전정의 동서에 있는데 모두 마주 향하며 북쪽이 상위이다. 문무관배위(文武官拜位)를 전정의 남쪽에 설치하는데 양반의 상대가 수(首)가 되는 것은 평상시의 의식과 같다. 태악령위(太樂令位)는 백관의 남쪽에서 북향한다. 협률랑위(協律郎位)는 서계(西階)의 서쪽에서 동향한다.

임헌발책(臨軒發冊)

장차 책례를 거행하려 하면, 담당 관청에서 태위를 사로, 사도를 부로 삼을 것을 주청한다. 책일(冊日)에 유사(有司)는 평상시의 의식대로 장위(仗衛)를 전정 내외에 설치한다. 시각을 헤아려, 추밀 이하 문무백관, 책사(冊使), 부(副) 및 마땅히 거행해야 할 예관은 각각 조복을 입고 모두 대관전 문외위(門外位)로 가서 기다린다. 근신이 조서를 받들어 먼저 왕좌의 앞 서안 위에 둔다. 유사는 책함(冊函)과 새수(璽綬)를 왕좌의 왼쪽에 둔다. 〈책은 북쪽에 있고 새수는 남쪽에 있다.〉 지절자는 새안(璽案)의 남쪽에 서향으로 서는데 북쪽이 위이다. 마치면 전의와 찬자가 먼저 들어와 전정위로 간다. 좌우의 시신도 모두 자리로 가서 선다. 합문(閤門)이 각각 재신, 추밀, 문무백관들을 인도하여 들어와 문사위(聞辭位)에 선다. 태악령은 공인을 거느리고 들어와 자리로 간다. 협률랑은 들어와 거휘위로 간다.

섭시중(攝侍中)이 선인문(宣仁殿) 문외(門外)로 가서 '외판(外辦)'이라고 판주(版奏)한다. 왕은 황포(黃袍)를 입고 전에 이른다. 명편(鳴鞭)과 금위(禁衛)가 '산호(山呼), 재배(再拜)'를 아뢴다. 협률랑이 거휘하고 음악을 연주한다. 왕이 어좌로 가면 협률랑이 언휘(偃麾)하고 음악을 그친다. 합문이 각각 재신, 추밀, 문무백관을 인도하여 배위로 가서 선다. 전의가 '재배'라고 말하면 재신 이하 좌우 시신, 군신이 모두 재배한다. 마치면 합문이 재신, 추밀을 나누어 인도하여 동서의 측계(側階)로부터 전에 올라가 선다. 통사사인이 책사부 이하 행례관(行禮官)을 인도하는데, 처음 문을 들어올 때 음악을 연주한다. 들어와 배위로 가서 북향하고 서면 음악을 그친다. 전의가 '재배'라고 하면 사부(使副) 이하는 모두 재배한다. 시중이 조안(詔案)의 남쪽으로 가서 북향하고 면복(俛伏)하고 궤(跪)한다. 근신이 조안의 동쪽으로 가서 조함(詔函)을 받들어 시중에게 준다. 시중은 지함자(持函者)에게 전해 주고 면복하였다가 일어나 조서를 인도하여 동쪽 계단으로부터 내려온다. 지조함자(持詔函者)가 뒤를 따른다. 시중이 전제위로 가서 서향하고 선다. 지조자(持詔者)는 시중의 오른쪽에 서는데 조금 물러난다. 통사사인이 책사부를 인도하여 수제위로 가서 북향하는데 동쪽을 상위로 하여 선다.

시중이 '유제'라고 칭하면 전의가 '재배'라고 말한다. 책사부는 재배한다. 시중이 선제하여 말하기를, "모씨를 책하여 왕비로 삼노라. 경 등에게 명하노니 절을 가지고 예를 펴라" 한다. 선제가 끝나면 조함을 취하여 책사에게 준다. 책사는 무릎을 꿇고 받아 부사에게 준다. 부사는 무릎을 꿇고 받아 지함자에게 준다. 지함자는 무릎을 꿇고 받는다. 책사와 부사는 면복하였다가 일어난다. 전의가 '재배'라고 하면 사부는 재배하고 일어난다. 지함자는 물러나 책사부의 남쪽에 선다. 시중이 올라가 원래 자리로 되돌아간다. 문하시랑이 장절(掌節) 2명을 거느리고 절의(節衣)를 벗긴 후 내려와 전제위로 가 서향하고 서서 절을 취해 책사에게 준다. 책사는 무릎을 꿇고 받아 부사에게 준다. 부사는 무릎을 꿇고 받아 지절자에게 준다. 지절자는 무릎을 꿇고 받아 물러나 조함의 남쪽에 서서 좌우로 갈라선다. 문하시랑이 올라가 원래 자리로 되돌아간다. 중서시랑이 책함과 새수를 인도하고 내려와 전제위로 간다. 지책함안자(持冊函案者)와 지새수자(持璽綬者)가 뒤를 따른다. 중서시랑이 서향하고 책함을 들어 사부에게 준다. 사부는 무릎을 꿇고 받아 지책자(持冊者)에게 준다. 지책(持冊) 2명은 무릎을 꿇고 받아 마주 들고 물러나 조함의 북쪽에 선다. 그 책안은 전상의 지안자가 책함의 뒤를 따라 행례의 지안자에게 전한다. 중서시랑이 새수를 취하여 책사에게 준다. 책사는 무릎을 꿇고 받아 부사에게 준다. 부사는 무릎을 꿇고 받아 지새수자에게 준다. 지새수자는 무릎을 꿇고 받아 물러나 책함의 북쪽에 선다. 중서시랑이 올라가 원래 자리로 되돌아간다. 통사사인이 책사부를 인도하여 배위로 돌아간다. 전의가 '재배'라고 하면 책사부 이하 문무백관으로 무릇 자리에 있는 자들은 모두 재배한다.

통사사인이 책사부 이하를 인도하여 나간다. 협률랑이 거휘하면 음악을 연주한다. 지절자가 전도하고, 지조책새수자(持詔冊璽綬者)가 차례로 중도(中道)를 거쳐 문을 나간다. 지절자가 절의를 더한다. 사부는 모두 정문을 통해 나간다. 언휘하면 음악을 그친다. 독책관(讀冊官) 이하가 서편문(西偏門)을 통해 나간다. 통사사인은 문 안에 멈춘다. 섭시중(攝侍中)이 '예필(禮畢)'

제3장 조선시대 왕실 봉작제와 책봉의례

이라 판주하면 왕은 어좌에서 내려온다. 명편(鳴鞭)하면 협률랑이 거휘(擧麾)하고 음악을 연주한다. 합(閤)에 들어가면 멈춘다. 책사부는 의위와 악부(樂部)를 갖추고 남궁(南宮)으로 간다. 처음 음악이 그치면 합문이 '읍(揖)'이라고 찬(贊)한다. 재신, 추밀 이하 시신, 문무백관이 읍하고 물러나 남궁으로 가서 각각 자리로 가는 것은 평상시의 의식과 같다.[47]

위에 의하면 고려시대 왕비를 책봉할 때 이용되는 상징물 역시 당의 황후 책봉 때와 마찬가지로 크게 국왕의 상징물과 왕비의 상징물로 구분됨을 알 수 있으며, 국왕의 상징물은 당과 마찬가지로 보와 절이고 왕비의 상징물 역시 당과 마찬가지로 책과 새수였다. 또한 책봉사인 정사와 부사 역시 당과 마찬가지로 태위와 사도가 담당하였다. 아울러 고려시대 왕비 책봉의 근거 역시 당 때와 마찬가지로 "모씨를 책하여 왕비로 삼노라. 경 등에게 명하노니 절을 가지고 예를 펴라"고 하는 국왕의 명령이었는데, 고려에서는 국왕의 명령을 당과 마찬가지로 '제'라고 하였다. 심지어 책봉의례에 참여하는 관료들의 명칭 역시 상당 부분이 동일하다. 예컨대 정사와 부사가 되는 태위와 사도를 비롯하여 태악령, 협률랑, 전의, 통사사인, 시중, 중서시랑, 전의, 찬자는 용어가 동일할 뿐만 아니라 역할 역시 유사하다. 이는 고려의 왕비 책봉의례가 내용과 형식에서 당의 황후 책봉의례를 크게 차용했기에 나타난 결과라 할 수 있다.

물론 고려의 왕비 책봉의례와 당의 황후 책봉의례 사이에는 유사점 못지않게 차이점도 많다. 우선 당의 황후 책봉의례에서 사용된 책은 죽책이었음에 비해 고려의 왕비 책봉의례에 사용된 책은 옥책이었다. 고려의 왕비 책봉의례에서 옥책이 사용되었다는 증거는 고려시대 태후의 책봉의식에서 옥

47 『고려사』 예지 7, 가례 1, 冊王妃儀.

책이 사용된 사실과,[48] 조선 건국 직후 왕비 책봉에서 옥책이 사용된 사실[49]
이다. 조선 건국 직후 왕비 책봉에서 옥책이 사용된 이유는 그것이 고려시
대 이래의 관행이었기 때문이다. 또한 조선 건국 직후 왕비 책봉에서 금인
이 사용된 사실에서 고려시대의 왕비 책봉 때도 금인이 사용되었음을 추정
할 수 있다.

중국의 경우 당 때까지는 황후의 책으로 죽책이 사용되었지만 송 때부터
옥책이 사용되기 시작하여[50] 원 때까지 옥책이 사용되다가,[51] 명 때부터 금책
이 사용되기 시작하였다.[52] 또한 보의 경우 전한에서는 금새(金璽)를 사용하
다가 후한 때 옥새를 사용하였는데 당과 송에서는 금보를 사용하였다.[53] 따
라서 고려에서 왕비 책봉 때 옥책과 금인을 이용한 것은 송 때의 의례를 이
용한 것이다. 즉 고려의 왕비 책봉의례는 당의 황후 책봉의례를 기본으로
송의 의례를 참조하였던 것이라 할 수 있다.

그런데 고려의 왕비 책봉의례와 당의 황후 책봉의례에서 가장 차이가 나
는 부분은 제의 형태와 전달방식이라 할 수 있다. 예컨대 당의 황후 책봉의
례에서 황제의 명령인 제의 형태와 전달방식은 다음과 같다.

통사사인이 책사주부를 인도하여 들어와 자리로 가는데, 태위가 처음 문
에 들어오면 서화(舒和)의 음악을 연주하고, 자리에 이르면 음악을 그친다.
입정하면 전의가 '재배'라고 말한다. 찬자가 이어서 전달하면 자리에 있는
군신들은 모두 재배한다. 시중이 앞으로 가서 승제하고 계단을 내려가 사

---

48 "玉冊印璽",『고려사』예지 7, 가례 1, 冊太后儀.

49 "以玉冊金印 冊中宮沈氏爲恭妃",『세종실록』권2, 즉위년(1418) 11월 10일(병진).

50 "宋 (중략) 仁宗時 冊后方用珉玉",『대명집례』가례 3, 冊皇后, 冊.

51 "元 冊后 亦以玉爲冊",『대명집례』가례 3, 冊皇后, 冊.

52 "國朝 立皇后用金冊",『대명집례』가례 3, 冊皇后, 冊.

53 "皇后寶璽 前漢用金璽 螭虎鈕 後漢用赤紋玉璽 唐用金 更命寶 宋亦以金爲之",『대명집례』가례 3, 冊皇后, 寶.

자의 동북으로 가 서면하고 '유제'라고 칭한다. 책사는 모두 재배한다. 시중이 선제하여 이르기를, "모씨를 칙하여 황후로 삼노라. 공 등에게 명하노니 절을 가지고 예를 펴라" 한다. 선제가 끝나면 또 함께 재배한다. 시중이 돌아와 시위한다.

위에서 나타나듯이 당의 황후 책봉에서는 시중이 승제한 후 태위에게 선제하는 것이 전부이다. 즉 제를 특별한 형태로 제작하여 전달하지는 않았던 것이다. 이에 비해 고려에서는 국왕의 제를 조서로 제작하였고 이에 따라 조서를 전달하는 특별한 의식이 첨가되었다. 그 내용은 위에서 나타나듯이 다음과 같았다.

통사사인이 책사부 이하 행례관을 인도하는데, 처음 문을 들어올 때 음악을 연주한다. 들어와 배위로 가서 북향하고 서면 음악을 그친다. 전의가 '재배'라고 하면 사부 이하는 모두 재배한다. 시중이 조안의 남쪽으로 가서 북향하고 면복하고 궤한다. 근신이 조안의 동쪽으로 가서 조함을 받들어 시중에게 준다. 시중은 지함자에게 전해 주고 면복하였다가 일어나 조서를 인도하여 동쪽 계단으로부터 내려온다. 지조함자가 뒤를 따른다. 시중이 전제위로 가서 서향하고 선다. 지조자는 시중의 오른쪽에 서는데 조금 물러난다. 통사사인이 책사부를 인도하여 수제위로 가서 북향하는데 동쪽을 상위로 하여 선다. 시중이 '유제'라고 칭하면 전의가 '재배'라고 말한다. 책사부는 재배한다. 시중이 선제하여 말하기를, "모씨를 책하여 왕비로 삼노라. 경 등에게 명하노니 절을 가지고 예를 펴라" 한다. 선제가 끝나면 조함을 취하여 책사에게 준다. 책사는 무릎을 꿇고 받아 부사에게 준다. 부사는 무릎을 꿇고 받아 지함자에게 준다. 지함자는 무릎을 꿇고 받는다. 책사와 부사는 면복하였다가 일어난다. 전의가 '재배'라고 하면 사부는 재배

표3 고려의 왕비 책봉의례와 당의 황후 책봉의례의 상징물 비교

국명	상징물	
고려 ＊정사는 태위, 부사는 사도	국왕의 상징물	보 절 조서(승제, 선제, 조함)
	왕비의 상징물	책(옥책) 보(금인) 수
당 ＊정사는 태위, 부사는 사도	황제의 상징물	보 절 제(승제, 선제)
	황후의 상징물	책(죽책)-송은 옥책, 명은 금책 종새(금보)-전한은 금새, 후한은 옥새

하고 일어난다. 지함자는 물러나 책사부의 남쪽에 선다. 시중이 올라가 원래 자리로 되돌아간다.

위에서 보듯이 고려의 왕비 책봉의례에서는 시중이 조서를 받는 것이 바로 시중의 승제였다. 이에 따라 시중은 선제 즉 조서를 선포한 후에 또 조서를 전달하는 의식을 거행해야 했다. 이처럼 선제 이후에 조서를 전달하는 의례는 당이나 송의 황후 책봉의례에서는 나타나지 않고[54] 오직 고려의 왕비 책봉의례에서만 나타난다. 그 이유는 통일신라 시대부터 고려 전기까지 국왕이 중국으로부터 책봉될 때 책봉문서와 인장은 물론, 당 황제로부터는 논사칙서(論事勅書)를 받았고 송 황제로부터는 조서를 받았던 관행[55] 때문으로 생각된다. 이런 점에서 고려의 왕비 책봉의례는 당의 황후 책봉의례를

---

54 송의 '冊皇后儀'는 奏告, 陳設, 臨軒發冊, 皇后受冊, 皇后表謝, 皇后受內外命婦賀, 皇后會外命婦, 皇帝受群臣賀, 群臣上禮, 皇帝會群臣, 皇后朝謁景靈宮으로 구성되어 있으며 전체적인 내용은 『대당개원례』의 '冊皇后儀'와 대동소이다(『政和五禮新儀』嘉禮, 冊皇后儀).

55 심영환, 「高麗時代 獎諭敎書 樣式」, 『장서각』 18, 한국학중앙연구원출판부, 2007, 165-177쪽.

기본으로 하여 송의 황후 책봉의례를 참조하면서 고려 자체의 책봉의례를 만든 것이라 할 수 있다. 이상의 내용을 정리하면 표 3과 같다.

(2) 『대명집례』의 '책황후'와 『세종실록』의 '책왕비의'

조선 건국 전후로 왕비 책봉의례를 마련할 때 참조한 중국 역대의 황후 책봉의례는 『대명집례』의 가례 '책배(冊拜)' 조항에 종합되어 있는데, '책배' 조항에는 '책황후', '책황태자', '책친왕', '책공주', '책내명부'가 포함되어 있다. 이 중에서 조선 건국 직후의 왕비 책봉의례에 결정적인 영향을 준 것은 물론 '책황후' 의례였다.

『대명집례』의 '책황후'는 크게 세 부분으로 구성되어 있다. 첫 번째 부분은 '책황후'를 구성하는 세부 항목이고 두 번째는 세부 항목을 해설하는 의주(儀注)이며 세 번째는 세부 항목을 그림으로 해설하는 도(圖)이다.

'책황후'를 구성하는 세부 항목은 총서(總序), 관복(冠服), 거로(車輅), 책(冊), 책문(冊文), 보(寶), 절(節), 악(樂), 의장(儀仗), 집사(執事), 진설(陳設), 반위(班位), 주고(奏告), 하례(賀禮), 회례(會禮), 알묘(謁廟)이다. 총서는 책황후에 관련된 중국 역대 왕조의 사례를 수록하고 있다. 총서 이후의 관복과 거로는 황후 책봉 때 이용되는 복장과 수레에 관한 내용이고 책, 책문, 보, 절, 악, 의장 역시 황후 책봉 때 이용되는 것에 관한 내용이다. 또한 집사는 책봉의례 진행자들에 관한 내용이고 진설은 책봉의례의 의장을 설치하는 내용이며 반위는 책봉의례에 참여하는 사람들의 위치에 관한 내용이다. 물론 주고는 황후를 책봉할 때 천지와 종묘에 아뢰는 의례이고 하례, 회례, 알묘는 황후 책봉 후 종묘에 참알하는 의례와 백관의 축하를 받는 의례이다.

한편 '책황후'의 세부 항목인 총서, 관복, 거로, 책, 책문, 보, 절, 악, 의장, 집사, 진설, 반위, 주고, 하례, 회례, 알묘 중에서 구체적인 해설이 필요한 항목에는 의주가 첨가되었는데, 그것은 주고환구의주(奏告圜丘儀注), 주고방구의주(奏告方丘儀注), 주고종묘의주(奏告宗廟儀注), 책배황후의주(冊拜皇后儀注), 백관칭하상표전의주(百官稱賀上表箋儀注), 황제회군신의주(皇帝會群臣儀注), 황후회내외명부의주(皇后會內外命婦儀注), 알묘의주(謁廟儀注)이다. 이 중에서 책배황후의주는 발책(發冊)과 수책(受冊)의 두 부분으로 나뉘어 있다. 이는 책황후의 세부 항목과 관련된 의주 중에서도 책배황후의주가 특별히 중요하기 때문이다. 즉 '책황후'의 핵심 의례는 바로 발책과 수책이라 할 수 있는데, 그 구체적인 내용은 다음과 같다.

발책(發冊)

하루 전에 내사감(內使監)은 어좌를 봉천전에 평상시의 의식과 같이 설치한다. 사보경(尙寶卿)은 어보안(御寶案)을 어좌 앞에 설치한다. 시의사(侍儀司)는 책보안(冊寶案)을 보안(寶案)의 남쪽에 설치하고〈책안은 동쪽이고 보안은 서쪽이다〉, 봉절관위(奉節官位)를 책안의 동쪽에 설치하며, 장절자위(掌節者位)를 봉절관의 왼쪽에 조금 물려서 설치하는데 봉절관위와 장절자위는 모두 서향으로 한다. 또한 시의사는 승제관위(承制官位)를 봉절관의 남쪽에 서향으로 설치하고, 봉책관위와 봉보관위를 책보안의 서쪽과 동쪽에 설치한다. 또 사부수제위(使副受制位)를 횡가(橫街)의 남쪽에 북향으로 설치하는데 동쪽이 상위이다. 또 승제관위와 선제관위(宣制官位)를 사부수제위의 북쪽에 서향으로 설치한다. 봉절관위, 봉책관위, 봉보관위를 사부의 동북쪽에 서향으로 설치하고, 또 사부수책보욕위(使副受冊寶褥位)를 수제위(受制位)의 북쪽에 북향으로 설치한다. 전의 2명의 위는 단폐 위의 남쪽에서 동서로 마주 향한다. 찬례 2명의 위는 사부수제위의 북쪽에서 동서로 마주 향한다. 지반(知班) 2명의 위는 찬례의 남쪽에서 동서로 마주 향한다. 문무백관시립위(文武百官侍立位)를 문무루(文武樓)의 북쪽에 동서로 마주 향하게 설치한다. 문무시종반위(文武侍從班位)는 전상의 좌우이다. 인문무반사인(引文

武班舍人) 4명의 위는 문무관의 북쪽에서 조금 뒤인데 동서로 마주 향한다. 인례(引禮) 2명의 위는 사부의 북쪽에서 동서로 마주 향한다. 공위사(拱衛司)와 광록시(光祿寺) 관원의 대립위(對立位)는 봉천전 문의 좌우에서 동서로 마주 향한다. 장군 2명의 위는 전상의 염전(簾前)에서 동서로 마주 향한다. 장군 6명의 위는 봉천문의 좌우에서 동서로 마주 향한다. 또 장군 4명의 위는 단폐 위의 서쪽 귀퉁이에서 동서로 마주 향한다. 또 장군 6명의 위는 봉천전 문의 좌우에서 동서로 마주 향한다. 명편 4명의 위는 단폐 위에서 북향한다. 이날 금오위(金吾衛)는 갑사 의장을 오문 밖의 동서에 설치한다. 공위사는 의장을 단폐와 단지(丹墀)의 동서에 설치한다. 화성랑(和聲郎)은 악위(樂位)를 단지의 남쪽에 설치한다. 예부는 용정 의장(龍亭 儀仗)과 대악(大樂)을 봉천문 밖 정중앙에 설치하고 기다렸다가 책보(冊寶)를 영송(迎送)하여 중궁에 이른다.

질명(質明)에 북을 쳐서 초엄을 알리면, 최반사인(催班舍人)은 백관을 재촉하여 조복을 갖추게 한다. 도가관(導駕官)과 시종관(侍從官)은 들어가서 거가(車駕)를 맞이한다.

차엄(次嚴)을 알리면, 인반사인(引班舍人)은 문무백관을 인도하여 들어와 시립위로 간다. 인례는 사부를 인도하여 조복을 갖추고 단지의 수제위로 간다. 제집사자(諸執事者)는 각각 자리로 간다.

삼엄(三嚴)을 알리면, 시위(侍儀)가 외판(外辦)을 아뢴다. 어용감(御用監)이 주청하면 황제는 곤면을 입고 여를 타고 나온다. 상보경(尙寶卿)은 전도(前導)하고 시종은 경필(警蹕)하기를 평상시의 의식과 같이 한다. 상위(上位)가 장차 나가려 하면 의장이 움직이고 대악(大樂)으로 고취진작하여 봉천전에 이르러 어좌에 오르면 악을 그친다. 상보(尙寶)는 보로서 안에 두고 주렴을 걷는다. 명편이 시간을 아뢰고 계명(鷄唱)이 그치면 예부관이 책과 보를 받들어 각각 안에 둔다. 봉절관, 승제관, 봉책관, 봉보관 및 장절자는 각각 전상(殿上)의 자리로 가서 서향하고 선다. 거책보안(舉冊寶案) 4명은 들어와서 봉책관과 봉보관의 뒤에 선다. 전의가 '국궁, 배, 흥, 배, 흥, 배, 흥, 배, 흥, 평신'을 창한다. 정사와 부사는 국궁〈음악을 연주한다〉, 배, 흥, 배, 흥, 배, 흥, 배, 흥, 평신〈음악을 그친다〉한다. 승제관이 어좌 앞으로 가서 무릎을 꿇고 황후의 책과 보를 출발시킬 것을 주청한다.

승제가 끝나면 중문을 거쳐 나가 중폐(中陛)를 내려가 선제위에 이르러 '유제'라고 칭한다. 전의가 '궤'를 창하면 사부는 궤한다. 승제관이 선제하여 이르기를 "모씨를 책하여 황후로 삼노라. 공 등에게 명하노니 절을 가지고 예를 펴라" 한다. 선제가 끝나면 승제관은 전의 서문을 통해 들어와 원래 자리로 간다. 찬례가 '부복, 흥'을 창하면 사부는 부복, 흥한다. 봉책관과 봉보관은 집사자를 거느리고 책안과 보안을 들고 중문을 거쳐 나가 중폐를 내려간다. 봉절관은 장절자를 거느리고 전도하여 사부의 수책보욕위(受冊寶褥位)에 이르러 욕위의 북쪽 안에 절을 둔다. 〈책이 동쪽이고 보가 서쪽이다.〉 장절자는 절의를 벗기고 절을 봉절관에게 준다. 봉절관은 홀을 꽂고 절을 받아 책사에게 준다. 책사는 홀을 꽂고 무릎을 꿇은 채 받아 장절자에게 준다. 장절자는 무릎을 꿇고 받은 후 일어나 책사의 왼쪽에 선다. 봉절관은 홀을 빼고 물러간다. 인례가 책사를 인도하여 수책욕위(受冊褥位)로 가서 선다. 봉책관이 홀을 꽂고 안으로 가서 책을 취하여 책사에게 준다. 책사는 무릎을 꿇고 책을 받아 다시 안에 둔다. 봉책관과 책사는 모두 홀을 빼고 물러나 원래 자리로 간다. 인례가 사부를 인도하여 수보욕위(受寶褥位)에 이른다. 봉보관이 홀을 꽂고 안으로 가서 보를 취하여 사부에게 준다. 사부는 홀을 꽂고 무릎을 꿇은 채 보를 받은 후 일어나 다시 안에 둔다. 사부 및 봉보관은 모두 홀을 빼고 물러나 원래 자리로 간다. 전의가 '국궁, 배, 흥, 배, 흥, 배, 흥, 배, 흥, 평신'을 창한다. 정사와 부사는 모두 국궁〈음악을 연주한다〉, 배, 흥, 배, 흥, 배, 흥, 배, 흥, 평신〈음악을 그친다〉한다.

인례가 책사를 인도하며 책을 관리하고, 정사와 부사는 보를 관리한다. 장절자가 전도하고, 거안자(擧案者)가 다음이다. 초항(初行)〈음악을 연주한다〉이 봉천문을 나가면〈음악을 연주한다〉 장절자가 절의를 더한다. 봉책관과 봉보관은 모두 홀을 꽂고 안으로 가서 책과 보를 취하여 용정(龍亭) 중에 안치한다. 봉책관과 봉보관이 물러나면 집사자가 안을 들고 물러난다. 의장과 대악이 용정을 맞아 행진한다. 집절자(執節者)가 용정의 앞에서 행진하고, 사부는 용정의 뒤에서 행진하여 영송하여 중궁의 문밖에 이른다. 처음에 책과 보가 장차 문을 나가려 할 때, 시의가 무릎을 꿇고 예가 끝났음을 아뢰면 황제가 일어나〈음악을 연주한다〉 환궁한다. 〈음악을 그친다.〉 인반이 문무관을 인도하여 차례로 나간다.[56]

책배황후의주의 발책에 의하면 황후를 책봉할 때 이용되는 상징물은 궁극적으로 책과 보 두 가지임을 알 수 있다. 즉 책, 보 두 가지가 황후를 상징하는 증표였던 것이다. 따라서 책배황후의주의 발책이란 궁극적으로 황제가 정사와 부사에게 황후를 상징하는 책, 보 두 가지 증표를 주어 중궁으로 파견하는 의식이라 할 수 있다. 이 같은 발책의 근거는 물론 "모씨를 책하여 황후로 삼노라. 공 등에게 명하노니 절을 가지고 예를 펴라"고 하는 황제의 명령, 즉 제였다.

반면 책배황후의주의 수책은 황제의 명령 즉 제에 따라 황후를 상징하는 책, 보 두 가지 증표를 중궁으로 가지고 온 정사와 부사에게서 황후가 책, 보를 받는 의식이라 할 수 있다. 물론 수책의 근거 역시 "모씨를 책하여 황후로 삼노라. 공 등에게 명하노니 절을 가지고 예를 펴라"고 하는 황제의 명령, 즉 제였다. 『대명집례』에 의하면 수책의 구체적인 내용은 다음과 같다.

---

56 『대명집례』 가례 3, 冊皇后, 冊拜皇后儀注, 發冊.

수책(受冊)

하루 전에 내사감관(內使監官)은 황후의 어좌를 중궁 전상에 평상시와 같이 설치하고, 향안을 전정의 정중앙에 설치하며, 임시로 책과 보를 둘 안을 향안 앞에 설치한다. 〈책은 동쪽이고 보는 서쪽이다.〉 황후수책보위(皇后受冊寶位)를 책보안(冊寶案) 앞에 북향으로 설치한다. 사언(司言)과 사보(司寶) 2명의 위(位)를 황후위의 북쪽에 동서로 마주 향하게 설치한다. 봉책보내관위(奉冊寶內官位)를 책보안의 남쪽에 동서로 마주 향하게 설치한다. 독책보내관위(讀冊寶內官位)를 봉책보내관의 남쪽에 동서로 마주 향하게 설치한다. 내외명부위(內外命婦位)를 정하(庭下) 좌우에 동서로 마주 향하게 설치한다. 또 내외명부하위(內外命婦賀位)를 전중에 북향으로 설치한다. 상의(尙儀) 2명의 위는 황후배위(皇后拜位)의 북쪽에서 동서로 마주 향한다. 사찬(司贊) 내관(內官) 2명의 위는 내외명부입위(內外命婦立位)의 북쪽에서 동서로 마주 향한다. 또 임시로 책과 보를 둘 안을 중궁 문밖에 설치한다. 내사감령위(內使監令位)를 안의 동쪽에 서향으로 설치한다. 봉책봉보내관위(奉冊奉寶內官位)를 내사감령의 좌우에서 조금 물러나게 설치하는데 모두 서향이다. 사부의 위는 안의 남쪽에서 북향한다. 인례 2명의 위는 사부의 앞에서 동서로 마주 향한다. 장절자의 위는 책사의 뒤이다.

그날 담당 관서는 의장을 전정의 동서에 설치하고, 경집(擎執)을 전상의 좌우에 설치한다. 악공은 악을 전정의 남쪽에 진설한다. 책보가 장차 중궁의 문에 도착하려 하면, 상의가 주청한다. 황후는 수식(首飾)과 위의(褘衣) 복장으로 출합한다. 〈음악을 연주한다.〉 전상에 이르러 남향하고 서면〈음악을 그친다〉 사언과 사찬이 뒤에 선다.

책보가 궁문에 도착하면 사부는 용정 중에서 책보를 취하여 임시로 문밖에 설치된 안 위에 둔다. 인례가 사부 및 내사감령을 인도하여 함께 자리로 가서 선다. 다음에 책사를 내사감령 앞으로 인도하면 책사는 '책례사신

(冊禮使臣) 모(某)와 사부신(使副臣) 모(某)가 제를 받들어 황후의 책보를 전달하고자 합니다'라 칭하고 물러나 원래 자리로 돌아간다. 내사감령이 황후 전으로 들어가서 직접 말하고 끝나면 나와서 원래 자리로 돌아간다. 인례가 내외명부를 인도하여 함께 들어와 자리로 간다. 독책보내관(讀冊寶內官)과 사찬내관(司贊內官)이 함께 자리로 간다. 인례가 책사를 인도하면, 책사는 책을 취하여 내사감령에게 준다. 내사감령은 무릎을 꿇고 받아 봉책내관(奉冊內官)에게 준다. 책사는 물러나 원래 자리로 돌아간다. 인례가 또 사부를 인도하면, 사부가 보를 취하여 내사감령에게 준다. 내사감령은 무릎을 꿇고 받아 봉보내관(奉寶內官)에게 준다. 사부는 물러나 원래 자리로 돌아가 궁주의 행례를 기다린다. 내사감령이 봉책봉보관(奉冊奉寶官)을 거느리면, 봉책봉보관은 각각 책보를 받들고 차례로 들어와 황후수책위의 앞으로 가서 책보를 각각 안에 둔다.〈책은 동쪽이고 보는 서쪽이다.〉상의가 황후를 인도하여 내려와 정중(庭中)의 수책위로 가서 선다. 시종은 평상시의 의식과 같다. 사언과 사찬이 각각 자리로 간다. 내사감령이 봉책봉보내관(奉冊奉寶內官)을 거느리고 가서, 책보를 취하게 하고 차례대로 황후의 동쪽에 서향으로 선다.

내사감령이 유제라고 칭한다. 상의가 '배, 홍, 배, 홍, 배, 홍, 배, 홍'을 주(奏)한다. 황후가 배〈음악을 연주한다〉, 홍, 배, 홍, 배, 홍, 배, 홍〈음악을 그친다〉한다. 내사감령이 선제하고 마치면 봉책내관이 안으로 가서 책을 취하여 독책내관(讀冊內官)에게 준다. 독책이 끝나면 무릎을 꿇고 내사감에게 준다. 내사감이 무릎을 꿇고 책을 황후에게 준다. 황후는 무릎을 꿇고 받고 끝나면 사언에게 준다. 봉보내관(奉寶內官)이 안으로 가서 보를 취하여 독보내관(讀寶內官)에게 준다. 독보가 끝나면 무릎을 꿇고 내사감령에게 준다. 내사감령이 무릎을 꿇고 보를 황후에게 준다. 황후는 무릎을 꿇고 받고 끝나면 사보에게 준다. 상의가 '배, 홍, 배, 홍, 배, 홍, 배, 홍'을 주한다. 황후가 배〈음악을 연주한다〉, 흥, 배, 흥, 배, 흥, 배, 흥〈음악을 그친다〉 한다. 내사 감령이 나가 사부 앞으로 가서 '황후수책례필(皇后受冊禮畢)'을 칭한다. 사부는 물러나 봉천전의 횡가(橫街) 남쪽으로 가서 북면하는데 서쪽을 상위로 하여 선다. 급사중(給事中)이 책사의 동북쪽에 서서 서향한다. 사부는 재배하고 복명하여 이르기를, "제를 받들어 황후를 책명하는 예가 끝났습니다"라고 한다. 또 재배하고 평신한다. 급사중이 주문(奏聞)하면 물러난다.

처음 황후가 책보를 받는 것이 끝나면 상의가 황후를 인도하여 어좌에 오르게 한다. 인례가 내명부의 반수(班首) 1명을 인도하여 전중하위(殿中賀位)로 가게 한다. 초항(初行)에 음악을 연주하고 자리에 이르면 음악을 그친다. 사찬이 '배, 흥, 배, 흥'을 창하면 반수가 배〈음악을 연주한다〉, 흥, 배, 흥〈음악을 그친다〉 하고 무릎을 꿇고 치사(致詞)하여 이르기를, "지금 황후전하께서 책보를 받고 중궁에 정위가 되시니 첩 등은 기쁨을 이기지 못해 삼가 축하를 올립니다"라고 한다. 사찬이 '배, 흥, 배, 흥'을 창하면 반수가 배〈음악을 연주한다〉, 흥, 배, 흥〈음악을 그친다〉 한다. 인례가 반수를 인도하여 물러나 원래 자리로 돌아간다. 인례가 또 외명부 반수 1명을 인도하여 들어와 전상하위로 가게 한다. 그 예를 행하는 것은 위의 내명부 하의와 같다. 사창(司唱)이 '예필'을 창하면 인례가 내외명부를 인도하여 나간다. 초항에 음악을 연주하고 문을 나가면 음악을 그친다. 상의가 '예필'을 주하고 황후를 인도하여 어좌에서 내려와〈음악을 연주한다〉 환합(還閤)한다. 〈음악을 그친다.〉[57]

책배황후의주의 발책과 수책에서 이용되는 책은 금책으로 제작되었다. 금책은 2편이었으며 각 편은 주척으로 길이 1척 2촌, 넓이 5촌, 두께 2푼

---

[57] 『대명집례』 가례 3, 冊皇后, 冊拜皇后儀注, 受冊.

5리였고 여기에 진서(眞書)로 글자를 새겨 넣었다.[58] 황후의 인장은 황금으로 만든 금보로서 귀뉴, 주수였고 인문은 '황후지보(皇后之寶)'였다.[59] 요컨대 『대명집례』의 책황후 의례는 황제가 금책으로 제작된 책과 황후지보라 새겨진 보로써 황후를 책봉하는 의례라 할 수 있다.

한편 '책황후'의 세부 항목인 총서, 관복, 거로, 책, 책문, 보, 절, 악, 의장, 집사, 진설, 반위, 주고, 하례, 회례, 알묘 중에서 그림으로 해설할 필요가 있는 항목에는 도를 첨가하였는데, 그것은 견사책배단지판위도(遣使冊拜丹墀版位圖), 단지급전상판위도(丹墀及殿上版位圖), 중궁수책판위도(中宮受冊版位圖)이다. '책황후'의 세부 항목, 의주 및 도를 정리하면 표 4와 같다.

표 4 『대명집례』 책황후의 구성요소

가례	책황후의 세부 항목	의주	도
책황후	총서 관복 거로 책 책문 보 절 악 의장 집사 진설 반위 주고 하례 회례 알묘	주고환구의주 주고방구의주 주고종묘의주 책배황후의주 (발책, 수책) 백관칭하상표전의주 황제회군신의주 황후회내외명부의주 알묘의주	견사책배단지판위도 단지급전상판위도 중궁수책판위도

<hr>

58 "國朝 立皇后 用金冊 金字二片 每片依周尺 長一尺二寸 闊五寸 厚二分五釐 字則依數分行 鐫刻眞書", 『대명집례』 가례 3, 冊皇后, 冊.
59 "國朝 皇后金寶龜紐朱綬 文用篆書曰皇后之寶", 『대명집례』 가례 3, 冊皇后, 寶.

표 4의 내용 중에서 황후 책봉의례의 핵심이라 할 수 있는 '책배황후의주(冊拜皇后儀注)'는 『국조오례의』의 '책비의(冊妃儀)'와 거의 유사하다. 우선 '책배황후의주'가 발책과 수책의 두 부분으로 구성된 것과 마찬가지로 '책비의' 역시 사실상의 발책과 수책으로 구성되어 있다. 물론 『국조오례의』의 '책비의'는 명시적으로 발책과 수책으로 구분되지는 않고 단지 비수책(妃受冊)이라는 하위 항목으로만 구분되어 있을 뿐이다. 하지만 『국조오례의』의 비수책은 『대명집례』의 수책에 해당하고, 『국조오례의』 비수책의 이전 내용은 사실상 『대명집례』의 발책에 해당한다는 점에서 『국조오례의』 '책비의' 역시 발책과 수책으로 구분되어 있다고 할 수 있다. 아울러 '책비의'라는 의식 명칭에서, 조선의 왕비 책봉의례에서 가장 중요한 증표는 중국과 마찬가지로 바로 책과 보라는 사실을 알 수 있다. 또한 발책과 수책이라는 제목에서 조선에서의 왕비 책봉의례는 책과 보의 전달과 접수가 핵심임을 알 수 있다.

아울러 『대명집례』에서는 황후 책봉의례가 가례 중의 '책황후'에 나타날 뿐만 아니라 가례 '천자납후(天子納后)' 중 '봉영(奉迎)', '임헌견사책후급봉영의주(臨軒遣使冊后及奉迎儀注)', '수책의주(受冊儀注)'에도 나타나는데, 『국조오례의』 역시 왕비 책봉의례가 가례 중의 '책비의'에 나타날 뿐만 아니라 가례 '납비의(納妃儀)' 중 '책비(冊妃)', '비수책'에도 나타나는 것에서 양자는 거의 같음을 알 수 있다.

『대명집례』와 『국조오례의』에서 황후와 왕비의 책봉의례가 두 군데에서 나타나는 이유는 책봉되는 경우가 크게 두 가지이기 때문이다. 첫째는 황제와 혼인하면서 황후에 책봉되는 경우이고, 둘째는 황태자비로 있다가 황태자가 황제가 될 경우 혼인절차 없이 황후에 책봉되는 경우가 그것이었다. 황제와 혼인하면서 황후에 책봉되는 경우에 필요한 책봉의례가 『대명집례』 가례 '천자납후' 중 '봉영', '임헌견사책후급봉영의주', '수책의주'였고, 혼인

절차 없이 황후에 책봉되는 경우에 필요한 책봉의례가 『대명집례』 가례 중의 '책황후'였다. 마찬가지로 조선에서 왕과 혼인하면서 왕비에 책봉되는 경우에 필요한 책봉의례가 『국조오례의』 가례 중의 '책비의'였고, 혼인절차 없이 왕비에 책봉되는 경우에 필요한 책봉의례가 『국조오례의』 가례 '납비의(納妃儀)' 중 '책비', '비수책'이었다.

이처럼 조선의 왕비 책봉의례는 여러 측면에서 『대명집례』의 영향을 강하게 받아 양자가 매우 유사하였다. 하지만 다른 점도 적지 않았다. 우선 왕비 책봉의례에 사용되는 증표의 종류에서 차이가 났으며 나아가 의례 자체에서 차이가 나기도 했다. 이런 차이는 고려의 왕비 책봉의례의 영향 및 신생왕조 조선의 현실에서 나타난 현상이라고 할 수 있다. 그 같은 사실을 확인하기 위해 먼저 『국조오례의』의 '책비의' 중에서 발책에 해당하는 부분을 살펴보면 다음과 같다.

납비의(納妃儀)

기한 전에 길일을 택하고 사직과 종묘에 고하는 의식 및 희생과 예폐(禮幣)를 이용해 예를 행하는 것은 평상시 의식과 같다. 축문은 때에 임하여 찬진한다. 2일 전에 예조는 내외를 선섭(宣攝)하여 각각 그 직분을 거행하게 한다. 하루 전에 액정서는 어좌를 근정전 북벽에 남향으로 설치한다. 또한 보안을 어좌 앞에서 동쪽 가까이로 설치하고, 향안 2개를 전외의 좌우에 설치한다. 또 교명안(教命案)과 책안 및 보안 각각 1개를 보안의 남쪽에 설치한다. 〈교명안은 북쪽에 있고 책안은 다음이고 보안은 다음이다.〉 또 명복안(命服案)을 전정의 길 동쪽에 북쪽 가까이 설치한다. 아악서의 전악이 헌현(軒懸)을 전정에 설치하는데 남쪽 가까이에서 북향으로 한다. 협률랑의 거휘위를 서쪽 계단 위에 설치하고 전악의 위를 중계에 설치하는데 모두 서쪽 가까이에서 동향으로 한다.

그날 판사복(判司僕)이 여와 연을 전정의 중도에 설치한다. 〈소여(小輿)는 북쪽에 있고 대연(大輦)은 그다음이다.〉 어마(御馬)를 중도의 좌우에 설치한다. 〈각 1필이고 마주 향한다.〉 장마(仗馬)를 문무루의 남쪽에 설치한다. 〈6필이 융문루 남쪽에 있고 6필이 융무루 남쪽에 있는데 서로 마주 향한다.〉 전의가 문관 1품 이하의 위를 전정의 길 동쪽에 설치하는데 동쪽 가까이에서 서향으로 하고, 종친과 무관 1품 이하의 위를 전정의 길 서쪽에 설치하는데 서쪽 가까이에서 동향으로 한다. 모두 매 등에 자리를 달리하여 겹줄로 하는데 북쪽을 상위로 한다. 〈종친의 매품 반두(班頭)는 별도로 위를 설치한다. 대군은 특별히 정1품의 앞에 위를 설치한다.〉 감찰 2명의 위를 문무반의 뒤에 설치하는데 서로 마주하게 한다. 계상(階上)의 전의위를 동쪽 계단 위에 설치하는데 동쪽 가까이 서향으로 한다. 판통례의 계하(階下) 전의위를 동쪽 계단 아래 설치하는데 동쪽 가까이 서향으로 한다. 통찬과 봉례랑(奉禮郞)은 남쪽에 있는데 조금 물러난다. 또 통찬위와 봉례랑위(奉禮郞位)를 서쪽 계단 아래에 설치하는데 서쪽 가까이 동향으로 한다. 모두 북쪽이 상위이다. 사자〈정사는 정1품이고 부사는 정2품이다〉의 수명위를 전정의 길 동쪽에 설치하는데 겹줄이고 북향이다. 거안자〈참외(參外)이다〉의 위를 사자의 뒤에 설치하는데 동쪽이 상위이다. 봉례랑이 문외위를 설치하는데 문관 2품 이상은 영제교 북쪽의 길 동쪽이고, 3품 이하는 영제교 남쪽이다. 종친과 무관 2품 이상은 영제교 북쪽의 길 서쪽이고, 3품 이하는 영제교 남쪽이다. 모두 매 등에 자리를 달리하고 겹줄로 하며 마주 향하는데 북쪽이 상위이다. 〈종친은 마치 전정위와 같이 위를 설치한다.〉 사자 이하의 위를 근정문 밖 길 동쪽에 설치하는데 겹줄이며 서향이고 북쪽이 상위이다.

북을 쳐서 초엄을 알리면 병조에서 제위(諸衛)를 신칙하여 노부반장(鹵簿半仗)을 정계(正階)와 전정 동서에 진설한다. 근정문 안팎에 군사를 나열하는 것은 모두 의식과 같다. 〈서례(序例)에 보인다.〉 사복시 정이 여연(輿輦)을 전정의 중도에 설치하고〈소여는 북쪽에 있고 대연은 다음이다〉, 어마를 중도의 좌우에 설치하며〈각각 1필이 서로 마주한다〉, 장마(仗馬)를 문무루 남쪽에 설치한다. 〈6필은 융문루 남쪽에 있고 6필은 융무루 남쪽에 있다.〉 예조 정랑이 채여(綵輿) 4대를 근정문 밖에 설치한다. 병조에서 비련(妃輦)과 의장(儀仗)을 채여의 북쪽에 설치한다. 전악이 고취를 진설하고, 병조에서 세장(細仗)을 채여의 남쪽에 설치한다. 〈세장은 앞에 있고 고취는 다음이다.〉 종친과 문무백관 및 사자 이하는 모두 조당(朝堂)에 모여 각각 조복을 갖춘다.

북을 쳐서 이엄을 알리면 종친과 문무백관 및 사자 이하는 모두 자리로 간다. 예조 정랑이 교명함(敎命函)과 책함, 보수(寶綬) 및 명복함(命服函)을 각각 안에 둔다. 여러 호위의 관원과 사금(司禁)은 각각 기복을 갖춘다. 상서원 관이 보를 받들어 함께 사정전 합외로 가서 사후한다. 좌통례가 합외로 가서 무릎을 꿇고 중엄을 계청(啓請)한다. 전하가 면복을 갖추고 사정전으로 간다. 산선시위는 평상시 의식과 같다. 근시 및 집사관이 먼저 사배례를 평상시처럼 행한다. 전악이 공인을 거느리고 들어와 자리로 간다. 협률랑이 들어와 거휘위로 간다.

북을 쳐서 삼엄을 알리면 집사관이 먼저 자리로 간다. 인의가 종친과 문무백관을 나누어 인도하여 동서 편문(偏門)을 통해 들어와 자리로 간다. 종소리가 그치면 내외의 문을 벽(闢)한다. 좌통례가 무릎을 꿇고 외판을 아뢴다. 전하가 여를 타고 나간다. 산선시위는 평상시 의식과 같다. 전하가 장차 나가려 하면 의장이 움직이고 고취진작한다. 장차 전문에 들어가려 하면 협률랑이 무릎을 꿇고 부복하여 거휘하고 흥한다. 공인이 축(柷)을 치면 헌가(軒架)에서 음악을 연주한다. 고취가 그친다. 전하가 어좌에 오르면 향로에서 연기를 피워 올린다. 상서원 관이 보를 받들어 안에 둔다. 산선시위는 평상시 의식과 같다. 협률랑이 무릎을 꿇고 언휘하고 부복하였다가 일어난다. 공인이 어(敔)를 치면 음악이 그친다. 여러 호위관이 어좌의 뒤 및 전내의 동서에 들어와 늘어선다. 다음에 승지가 전내의 동서로 나뉘어 들어와 부복한다. 사관이 뒤에 있다. 다음에 사금이 전계(殿階) 위에 나뉘어 선다. 전의가 '사배'라고 하면 찬의가 '국궁, 사배, 흥, 평신'을 창한다. 〈무릇 찬의(贊儀)가 찬창(贊唱)하는 것은 모두 전의의 말을 잇는다.〉 종친과 문무백관이 국궁〈음악을 연주한다〉, 사배, 흥, 평신한다. 〈음악을 그친다.〉 회반(回班)하여 마주 향하고 서는데 북쪽이 상위이다. 인의가 사자 이하를 인도하여 동편문(東偏門)을 통해 들어와 자리로 간다. 찬의가 '국궁, 사배, 흥, 평신'을 창한다. 사자 이하는 국궁〈음악을 연주한다〉, 사배, 흥, 평신한다. 〈음악을 연주한다.〉 전교관(傳敎官)이 어좌 앞으로 가서 부복하였다가 무릎을 꿇고 '전교'를 계(啓)하고 부복하였다가 일어나 동문을 통해 나간다. 집사자(執事者)가〈공복(公服)이다〉 교명안, 책안, 보안을 마주 들고 따른다. 〈매 안에 2명이다.〉 전교관이 내려와 사자의 동북쪽으로 가서 서향하고 선다. 집사자가 안을 들어 전교관의 남쪽에 서는데 약간 물러나고 모두 서향이다.

전교관이 '유교(有敎)'라고 칭한다. 찬의가 '궤'라고 창한다. 사자 이하는 궤한다. 전교관이 선교(宣敎)하기를, "모씨를 책하여 왕비로 삼노라. 경 등에게 명하노니 예를 펴라" 한다. 선교가 끝나면 찬의가 '부복, 흥, 사배, 흥, 평신'을 창한다. 사자 이하는 부복, 흥〈음악을 연주한다〉, 사배, 흥, 평신〈음악을 그친다〉한다. 집사자가 교명안을 전교관 앞에 올린다. 전교관이 교명함을 받아서〈집사자는 안을 거안자에게 주고 물러난다〉 정사에게 준다. 정사는 앞으로 나가 북향하고 무릎을 꿇고 받는다. 거안자가 대거(對擧)하고 정사의 왼쪽으로 가서 무릎을 꿇는다. 정사가 교명함을 안에 둔다. 거안자가 대거하고 물러나 사자의 뒤에 선다. 전교관이 책함과 보수를 받아

정사에게 주는데 모두 교명을 주는 의식과 같다. 마치면 돌아가 시위한다. (하략)[60]

우선 위에 의하면 조선의 왕비 책봉의례가 고려의 왕비 책봉의례와 비교하여 크게 달라졌음을 알 수 있다. 예컨대 고려시대에 왕비의 책봉의례를 거행할 때 왕은 "모씨를 책하여 왕비로 삼노라. 경 등에게 명하노니 절을 가지고 예를 펴라"는 명령을 내렸는데, 조선시대에는 "모씨를 책하여 왕비로 삼노라. 경 등에게 명하노니 예를 펴라"는 명령을 내렸다. 고려시대에 비해 조선시대에는 "절을 가지고"라는 언급이 생략된 것이다. 이는 조선시대의 왕비 책봉의례에서는 국왕을 상징하는 절이 이용되지 않은 결과이다. 아울러 고려시대에는 왕명을 제라고 하였고 그것을 문서화한 것을 조서라고 하였지만, 조선시대에는 왕명을 교(敎)라고 하였고 그것을 문서화한 것을 교명(敎命)이라고 하였다. 즉 고려시대의 조서가 조선시대에 교명이 된 것이다. 이 같은 변화는 조선의 왕실의례가 고려에 비해 제후국 체제에 보다 충실한 결과라 할 수 있다.

한편 조선의 왕비 책봉의례에서는 고려의 왕비 책봉의례에서 사용되지 않던 명복(命服)이 추가로 사용되었다. 이에 따라 조선시대 왕비 책봉의례에서 왕비의 상징물은 기왕의 책, 보에 더하여 명복이 추가되었다. 왕비의 명복은 근본적으로 명에서 받은 것이므로 이를 책봉의례에 사용한 것 역시 조선의 왕실의례가 제후국 체제에 보다 충실한 결과라 할 수 있다.

이 외에 조선시대의 왕비 책봉의례는 형식적인 면에서 명의 황후 책봉의례를 차용한 부분도 있다. 예컨대 사자가 왕명을 받을 때 사배를 하는데, 이는 명의 의례였다. 하지만 이 같은 점들을 제외한 나머지 의례는 당의 황후

---

60 『국조오례의』 가례, 冊妃儀.

책봉의례 및 고려의 왕비 책봉의례와 유사하였다. 이런 점에서 조선시대 왕비 책봉의례는 당, 송 그리고 명의 황후 책봉의례 및 고려의 왕비 책봉의례를 두루 참조하면서 보다 제후국 체제에 충실한 의례를 제정하고자 한 결과 성립된 것이라 할 수 있다. 이상의 내용을 정리하면 표 5와 같다.

표5　조선과 고려의 왕·왕비 책봉의례와 명의 황제·황후 책봉의례의 상징물 비교

	조선	고려	명
국왕(황제) 상징물	보 교(전교, 선교) 교명(교명함)	보 절 제(승제, 선제) 조서(조함)	보 절 제(승제, 선제)
왕비(황후) 상징물	책(옥책) 보(금인) 수 명복(명복함)	책(옥책) 보(금인) 수	책(금책) 보(금보) 수

2) 후궁의 책봉의례

조선 건국을 전후한 시기에 신진사대부들 사이에서 일부일처제가 강조되면서 왕의 경우에도 왕비는 1명으로 한정되고 나머지 배우자들은 후궁으로 차별되었다. 조선시대의 후궁제도는 세종 대에 이르러서야 제도적으로 정비되었으며 그것이 『경국대전』의 내명부 조항에 법제화되었다.[61] 세종 이전에는 일정한 제도에 의한 후궁 봉작이라기보다는 다분히 고려시대의 관행을 따르고 있었다.

61　조선시대 내명부의 정비과정에 대하여는
　　김선곤, 「李朝初期 妃嬪考」, 『역사학보』 96, 1982,
　　이영숙, 「朝鮮初期 內命婦에 대하여」, 『역사학보』 96, 1982,
　　박경, 「조선초기 왕실 가족 질서 정비의 특징」, 『여성과 역사』 창간호, 2004 참조.

예컨대 태조는 신덕왕후 강씨가 세상을 떠난 후, 김원호의 딸[62]은 물론 유준의 딸[63]과 원상의 딸[64] 그리고 관기 칠점생[65] 등을 후궁으로 들였다. 이들에 대한 후궁 봉작명은 옹주였다. 즉 유준의 딸은 정경옹주(貞慶翁主), 관기 칠점생은 화의옹주(和義翁主)[66] 등에 봉해졌던 것이다. 정경옹주에 봉해졌던 유준의 딸은 태종 6년(1406) 5月에 정경궁주(貞慶宮主)로 되었다.[67] 이로써 조선 건국 직후 왕의 후궁은 옹주 또는 궁주 등에 봉작되었음을 알 수 있다.[68] 하지만 왕의 후궁 중에는 봉작되지 않은 후궁도 있었다. 이는 당시에 후궁제도가 정비되지 않았기에 나타난 결과였다.

조선 건국 직후 후궁제도가 정비되지 않은 상태에서 왕들이 후궁을 뽑아 들이게 되자 양반관료들은 후궁제도를 정비하고자 노력하였다. 그런 노력은 바로 태조 당대부터 있었다. 즉 태조 6년(1397) 3월 5일에 태조가 김원호의 딸을 후궁으로 뽑아 들이자, 그로부터 10일 후에 조준, 정도전 등은 상소문을 올려 내관의 칭호를 세울 것을 요청하였던 것이다.[69] 당시 조준과 정도전이 제안한 내관의 칭호에는 정1품의 현의(賢儀)에서부터 종9품의 사식(司飾)까지 9종류가 있었다. 하지만 이때의 내관 칭호가 곧바로 후궁들에게 적용되지는 않았다. 따라서 당시 조준과 정도전의 건의는 후궁제도를 정비하려는 최초의 노력으로서 의미가 있었다.

62 『태조실록』 권11, 6년(1397), 3월 무오.
63 『태조실록』 권13, 7년(1398), 1월 을묘.
64 『태조실록』 권13, 7년(1398), 2월 병오.
65 『태조실록』 권13, 7년(1398), 1월 을묘.
66 『태조실록』 권13, 7년(1398), 1월 을묘.
67 『태종실록』 권11, 6년(1406), 5월 신묘.
68 세종 10년 이전 후궁의 봉작 사례는 박경, 「조선초기 왕실 가족 질서 정비의 특징」, 『여성과 역사』 창간호, 2004, 50~51쪽 참조.
69 『태조실록』 권11, 6년(1397), 3월 무진.

(1) 조선 건국 직후의 내명부 정비

태종은 조준과 정도전의 노력을 뒤이어 후궁제도를 정비하고자 했다. 계기는 왕비 원경왕후 민씨와의 갈등이었다. 태종은 왕위에 오른 후 원경왕후 민씨의 본방내인이었던 김씨 여성을 가까이하다가 원경왕후에게 발각되었다. 실록에 의하면 "임금이 궁인을 가까이하므로 원경왕후 민씨가 분개하고 노하여 가까이한 궁인을 힐문하니 임금이 노하여 내쳤다"[70]고 한다. 이때 내쳐졌던 궁인이 다시 입궁하여 효빈에 봉작되었다. 그 당시 태종은 후궁제도를 공식화함으로써 원경왕후 민씨와의 갈등을 극복하려 하였다. 이와 관련하여 실록에는 이런 내용이 있다.

예조와 영춘추관사 하륜, 지춘추관사 권근 등에게 명령하여 삼대 이하 역대 임금의 비빈 수와 전조(前朝) 역대의 비빈, 시녀의 수를 상고하여 아뢰게 하였다. 예조에서 아뢰기를, "신 등이 삼가 『혼의(昏義)』를 상고하건대, 제후는 한 번 장가드는 데 9녀를 얻고, 한 나라에 장가들면 다른 두 나라에서 잉첩(媵妾)을 보내 모두 조카나 동생으로 따라가게 하며, 경대부는 1처 2첩이며, 사(士)는 1처 1첩이니, 이것은 후계의 자손을 넓히고 음란함을 막기 위한 까닭이라고 하였습니다. 전조의 제도에는 혼례가 밝지 못하여 처첩의 제한이 없었으므로 많을 때에는 정원 수보다 많아 참람함에 이르렀고 적을 때에는 정원 수보다 부족해 후사가 끊기는 지경에 이르렀습니다. 이와 같이 선왕의 법을 따르지 않음으로써 커다란 인륜을 어지럽게 하는 것은 작은 연고가 아닙니다. 우리나라는 모든 일을 시행함에 반드시 성헌을 따라서 합니다. 그럼에도 혼인의 예절은 아직도 예전 폐단을 따르니 처음을 올바르게 하는 것이 아닙니다. 전하께서는 한결같이 선왕의 제도에

---

70 『태종실록』 권1, 1년(1401) 6월 을해.

제3장 조선시대 왕실 봉작제와 책봉의례

의거하여 궁위(宮闈)의 법을 갖추시고, 경대부 그리고 사에 이르러서도 또한 선왕의 법에 따라 제도를 정하시어 후손이 끊어지지 않게 하시되, 정원을 넘지 못하게 하여 인륜의 근본을 바르게 하소서. 만약 이를 어기는 자가 있으면 헌사(憲司)로 하여금 규찰하게 하소서" 하니, 이를 윤허하였다. 이때임금이 즉위한 지 얼마 되지 않아 빈첩이 아직 미비하여 평시의 시녀만이 있을 뿐이었다. 원경왕후 민씨는 천성이 투기가 심해 사랑이 아래로 이르지 못하여 임금이 빈첩을 갖추고자 하였다.[71]

이런 상황에서 태종은 공개적으로 후궁을 들이기 시작하였다. 아울러 관련된 제도도 정비하였다. 태종 대에 후궁과 관련된 여관(女官)제도는 태종 5년(1405) 1월 15일에 처음 나타나는데, 그것에 의하면 여관에는 현의(賢儀) 1명, 숙의(淑儀) 1명, 찬덕(贊德) 1명, 순덕(順德) 1명, 사의(司儀) 1명, 사침(司寢) 1명, 봉의(奉衣) 1명, 봉선(奉膳) 1명 등이 있었다. 이때의 여관제도에 보이는 8가지는 후궁과 궁녀를 망라한 것으로 보이지만 이때까지만 해도 후궁과 궁녀를 명확하게 구분하지는 않았다. 후궁과 궁녀를 명확하게 구분한 것은 세종 10년(1428) 3월 8일에 이르러서였다. 이때의 제도에서는 후궁을 내관이라 하였고 궁녀는 궁관(宮官)이라고 하였다. 내관제도는 다음과 같았다.

이조에서 아뢰기를, '건국 초기에 옛날의 제도를 모방하여 비로소 내관을 두었으나, 그 제도가 미진하였습니다. 태종 때에 이르러 훈척의 후손을 골라 뽑아 삼세부(三世婦), 오처(五妻)의 수효를 갖추었으나, 호칭은 아직 갖추지 못했습니다. 궁주는 왕녀의 호칭이 아닌데도 왕녀를 일컬어 궁녀라고 하고, 옹주는 궁인의 호칭이 아닌데도 옹주라 일컬으니, 이것은 실로 고려

71 『태종실록』 권3, 2년(1402) 1월 신묘.

조의 관행을 그대로 따라 개혁하지 못했던 것입니다. 또 궁관이 없어 궁녀의 직책에 통솔이 없는 듯합니다. 역대 내관과 궁관의 제도를 상고해 보니, 오직 당이 가장 자세하므로, 삼가 당의 제도에 의거하고 아울러 역대의 연혁을 참고해서 상정하여 아룁니다.

내관은 다음과 같습니다. 빈(嬪)과 귀인(貴人)은 정1품으로서 비의 보좌를 맡고 부례(婦禮)를 논합니다. 소의(昭儀)와 숙의(淑儀)는 각각 1인이고 정2품으로서 비례(妃禮)의 찬도(贊導)를 맡습니다. 소용(昭容)과 숙용(淑容)은 각각 1인이고 정3품으로서 제사와 빈객의 일을 맡습니다. 소원(昭媛)과 숙원(淑媛)은 각각 1인이고 정4품으로서 연침(燕寢)을 베풀고 사시(絲枲)를 다스려서 해마다 헌공(獻功)하게 합니다.[72]

위의 내용을 살펴보면, 내관으로 호칭된 왕의 후궁은 정원이 명시된 후궁과 그렇지 않은 후궁으로 구분되었음을 알 수 있다. 즉 빈과 귀인은 다만 정1품으로서 왕비의 보좌를 맡고 부례를 논한다는 규정만 있고 정원은 밝혀져 있지 않다. 이에 비해 소의로부터 숙원까지는 정원이 명시되어 있다. 이는 빈과 귀인의 수를 정하지 않음으로써 후궁 중에서 왕의 아들과 딸을 낳을 경우 신축적으로 빈이나 귀인에 책봉될 여지를 남겨 놓은 것이라 생각된다. 궁관제도는 다음과 같이 정비되었다.

궁관은 다음과 같습니다. 상궁인은 정5품으로서 중궁의 인도를 맡으며 사기(司記)와 전언(典言)을 통솔합니다. 사기는 1인이고 정6품으로서 궁내의 문부와 출입을 맡습니다. 전언은 1인이고 정7품으로서 선전(宣傳)과 계품(啓稟)을 맡습니다. 상의(尙儀)는 1인이고 정5품으로서 예의(禮儀)와 기거

---

72 『세종실록』 권39, 10년(1428) 3월 경인.

(起居)를 맡으며 사빈(司賓)과 전찬(典贊)을 통솔합니다. 사빈은 1인이고 정
6품으로서 빈객(賓客)·조현(朝見)·연회(宴會)·상사(賞賜)를 맡습니다. 전찬
은 1인이고 정7품으로서 빈객·조현·연식(宴食)·찬상(贊相)·도전(導前)을
맡습니다. 상복(尙服)은 1인이고 정5품으로서 복용(服用)·채장(采章)의 수량
의 공급을 맡으며 사의(司衣)와 전식(典飾)을 통솔합니다. 사의는 1인이고
정6품으로서 의복과 수식(首飾)을 맡습니다. 전식(典飾)은 1인이고 정7품으
로서 고목(膏沐)과 건즐(巾櫛)을 맡습니다. 상식(尙食)은 1인이고 정5품으로
서 선수(膳羞)와 품제(品齊)의 공급을 맡으며 사선(司膳)과 전약(典藥)을 통솔
합니다. 사선은 1인이고 정6품으로서 제팽(制烹)과 전화(煎和)를 맡습니다.
전약은 1인이고 정7품으로서 방약(方藥)을 맡습니다. 상침(尙寢)은 1인이고
정5품으로서 연현(燕見)과 진어(進御)의 차서를 맡으며 사설(司設)과 전등(典
燈)을 통솔합니다. 사설은 1인이고 정6품으로서 위장(幃帳)·인석(茵席)·쇄
소(灑掃)·장설(張設)을 맡습니다. 전등은 1인이고 정7품으로서 등촉을 맡습
니다. 상공(尙功)은 1인이고 정5품으로서 여공(女功)의 과정(課程)을 맡으며
사제(司製)와 전채(典綵)를 통솔합니다. 사제는 1인이고 정6품으로서 의복
과 재봉을 맡습니다. 전채는 1인이고 정7품으로서 겸백(縑帛)과 사시(絲枲)
를 맡습니다. 궁정(宮正)은 1인이고 정5품이며 전정(典正)은 1인이고 정7품
으로서 궁정은 계령(戒令)·규금(糾禁)·적벌(謫罰)의 일을 맡고, 전정은 이를
보좌합니다' 하였다.[73]

위와 같은 제도 정비에 의해 조선 건국 이후 후궁과 궁녀가 구분되지 않던
상황은 완전하게 극복되었다. 세종 때 정해진 위의 제도가 거의 그대로 『경
국대전』 내명부에 실림으로써 조선시대 후궁제도와 궁녀제도의 기본 골격이

---

[73] 『세종실록』 권39, 10년(1428) 3월 경인.

표 6 　세종 대의 내관과 궁관 제도

구분	명칭	품계	정원	직무
내관	빈	정1품		좌비 논부례(佐妃 論婦禮)
	귀인	정1품		좌비 논부례
	소의	정2품	1인	찬도비례(贊導妃禮)
	숙의	정2품	1인	찬도비례
	소용	정3품	1인	수제사빈객지사(修祭祀賓客之事)
	숙용	정3품	1인	수제사빈객지사
	소원	정4품	1인	서연침이사시(敍燕寢理絲枲)
	숙원	정4품	1인	서연침이사시
궁관	상궁	정5품	1인	도인중궁 총사기전언(導引中宮 總司記典言)
	상의	정5품	1인	예의기거 총사빈전찬(禮儀起居 摠司賓典贊)
	상복	정5품	1인	공복용채장지수 총사의전식(供服用采章之數 摠司衣典飾)
	상식	정5품	1인	공선수품제 총사전약(供膳産品齊 摠司膳典藥)
	상침	정5품	1인	연현진어지차서 총사설전등(燕見進御之次序 摠司設典燈)
	상공	정5품	1인	여공지정과 총사제전채(女功之程課 摠司製典綵)
	궁정	정5품	1인	계령규금전벌지사(戒令糾禁譎罰之事)
	사기	정6품	1인	궁내문부출입(宮內文簿出入)
	사빈	정6품	1인	빈객조현연회상사(賓客朝見宴會賞賜)
	사의	정6품	1인	의복수식(衣服首飾)
	사선	정6품	1인	제팽전화(制烹煎和)
	사설	정6품	1인	위장인석쇄소장설(幃帳茵席灑掃張設)
	사제	정6품	1인	의복재봉(衣服裁縫)
	전언	정7품	1인	선전계품(宣傳啓稟)
	전찬	정7품	1인	빈객조현연식찬상도전(賓客朝見宴食贊相導前)
	전식	정7품	1인	고목건즐(膏沐巾櫛)
	전약	정7품	1인	방약(方藥)
	전등	정7품	1인	등촉(燈燭)
	전채	정7품	1인	겸백사시(縑帛絲枲)
	전정	정7품	1인	좌궁정(佐宮正)

　되었다. 위의 내용을 이해하기 편하게 표로 정리해 보면 표 6과 같았다.

　　성종 대에 반포된 『경국대전』의 내명부 조항은 위의 내용을 기초로 하고
있다. 예컨대 후궁제도의 경우, 명칭이 동일하다. 다만 품계와 정원에서 약
간의 변화를 보일 뿐이었다. 즉 『경국대전』 내명부 조항에서는 빈 정1품, 귀

인 종1품, 소의 정2품, 숙의 종2품, 소용 정3품, 숙용 종3품, 소원 정4품, 숙원 종4품으로 바뀌어[74] 후궁이 정품과 종품으로 차별화되었다. 아울러 『경국대전』에서는 후궁의 정원을 고정하지 않았고 직무도 명시하지 않았다. 이는 왕의 첩인 후궁에 관계된 것은 왕의 가정생활에 속하는 것으로서 이 부분을 법으로 규정하기 곤란했기 때문이었다.

(2) 승은후궁과 간택후궁

『경국대전』 내명부 조항에서는 왕의 후궁이 품계에 따라 빈, 귀인, 소의, 숙의, 소용, 숙용, 소원, 숙원으로 다양하게 구분되어 있지만 실제로는 품계가 아니라 신분이 무엇인가와 후궁이 되는 방법에 따라 크게 두 가지로 구분되었다. 궁녀나 기녀 중에서 사사로이 왕의 승은을 입음으로써 후궁이 된 경우와 사대부 출신의 여성으로서 공식적인 간택절차를 거쳐 후궁이 된 경우로 양분되었던 것이다. 사적인 승은을 입은 후궁 즉 승은후궁과 공적인 가례색을 통한 후궁 즉 간택후궁은 비록 같은 후궁이라고 해도 출신과 선발과정에서 큰 차이를 보였고, 그 차이는 궁중에서의 예우와 역할에서의 차이로 연결되었다.[75]

조선 건국 이후 태조 이성계의 첫 번째 궁인, 즉 후궁이 된 여성은 전 판서 김원호의 딸이었다. 실록의 기록만 가지고는 전 판서 김원호의 딸이 어떤 과정을 거쳐 태조 이성계의 후궁이 되었는지 알 수 없다. 다만 김원호가 전 판서였다는 점에서 그 딸이 고위 양반관료의 딸로서 특정한 절차를 거쳐 후궁이 되었을 것으로 이해된다.

---

74 『경국대전』 이전, 內命婦.
75 조선시대 후궁의 종류에 대하여는
  이욱, 「조선후기 後宮 嘉禮의 절차와 변천-慶嬪 金氏 嘉禮를 중심으로-」, 『장서각』 19, 2008,
  이미선, 「조선초기의 後宮-태조~성종조 後宮의 신분적 지위를 중심으로-」, 『사학연구』 93, 2009,
  임민혁, 「조선후기 후궁의 嘉禮와 禮制」, 『역사와 현실』 64, 2012 참조.

이에 비해 태종이 왕위에 오른 후 첫 번째 후궁이 되었던 효빈 김씨는 왕의 사사로운 승은을 입음으로써 후궁에 책봉된 경우였다. 이런 경우에는 후궁으로 간택되는 공식적인 절차도 없었고 또한 입궁절차도 따로 없었다. 태종의 사사로운 승은으로 효빈 김씨가 임신하고 출산까지 한 후, 태종은 왕비 원경왕후 민씨와 격심한 부부갈등을 빚었다. 태종은 공식적으로 후궁을 들임으로써 이런 갈등을 수습하려 하였다. 이런 상황에서 공식적으로 첫 번째로 태종의 후궁이 된 여성은 성균 악정 권홍의 딸이었다.

실록에 의하면 태종은 권홍의 딸이 현행(賢行)이 있다 하여 예를 갖추어 맞아들이려 하였다고 한다. 그 결과 가례색이라고 하는 임시기구까지 설치하였다. 실록에 의하면 태종 2년(1402) 1월 17일에 하륜, 김사형, 이무 등이 가례색 제조에 임명되었다. 그리고 이로부터 2개월 후인 3월 7일에 권홍의 딸이 후궁으로 선발되어 별궁에 들어왔다.

그런데 권홍의 딸이 후궁으로 입궁할 때에는 원경왕후 민씨의 반발과 주변 사람들의 만류로 결국에는 가례색을 폐지하고 간략한 의식만 치르며 권씨를 맞아들이게 되었다. 실록에 의하면 가례색 제조가 임명된 지 1개월쯤 후인 2월 11일에 당시의 상왕인 정종이 가례색을 폐지할 것을 요구하고 또 이숙번 등의 측근도 같은 요구를 하자[76] 태종이 가례색을 폐지한 것으로 나타난다. 가례색이 존속하던 1개월 사이에 후궁으로 간택된 여성이 권홍의 딸이었다. 태종은 가례색이 폐지된 상태에서 환관과 시녀 각각 몇 사람을 시켜 권씨를 별궁으로 맞아들였다.[77] 만약 원경왕후 민씨와 주변 사람들의 반발이 없었다면 가례색에서 공식적인 절차를 거쳐 권씨를 후궁으로 맞아들였을 것으로 추정된다.

태종 2년에 권홍의 딸을 후궁(별궁)으로 맞이할 때는 가례색이 중간에 폐

---

76 『태종실록』 권3, 2년(1402) 2월 갑자.
77 『태종실록』 권3, 2년(1402) 3월 경인.

지되었지만, 태종 11년(1411)에 김구덕의 딸, 노귀산의 딸 그리고 김점의 딸을 후궁으로 맞이할 때는 공식적으로 가례색을 설치하고 아울러 널리 간택과정을 거쳐 선발하였다. 공식적으로 가례색이 설치된 때는 태종 11년(1411) 9월 6일이었는데, "충신과 의사의 가문에서 내사(內事)를 잘 보살필 수 있는 자를 선택하여 아뢰라"[78]라는 태종의 명령으로 설치되었다. 가례색에는 영의정 하륜, 좌정승 성석린, 우정승 조영무가 맡은 도제조가 있었고 그 외에도 제조와 별감 등이 배속되었다. 가례색이 설치되면서 한양에는 금혼령이 공포되기도 하였다. 가례색에서는 한양은 물론 개성, 충청도 등지에서 처녀들을 선발하였다.

당시 얼마나 많은 처녀들이 선발되었고 또 몇 차례의 간택절차가 있었는지는 확인되지 않는다. 그렇지만, 최종적으로 10월 27일에 판통례문사 김구덕의 딸이 빈으로 선발되고 전 제학 노귀산의 딸과 전 지성주사 김점의 딸은 잉첩(媵妾)으로 선발되었다는 사실에서,[79] 그 당시 상당한 수의 처녀들이 후궁으로 선발되었고 그 처녀들을 대상으로 몇 차례의 간택과정을 거쳐 최종 3명의 처녀가 결정되었음을 알 수 있다. 이를 통해 당시의 후궁 선발이 왕비 선발에 준했음을 알 수 있다.

이처럼 태종 대 후궁은 왕의 사적인 승은을 받은 승은후궁과 공적인 가례색을 통한 간택후궁의 두 가지로 구별되었다. 승은후궁은 가비(家婢) 즉 노비 출신이었음에 비해 간택후궁은 양반관료의 딸들이었다. 승은후궁은 철저하게 왕의 사생활에 속하였고 그 역할도 주로 왕의 성생활과 관련되었다.

반면, 간택후궁은 비록 상대적이기는 하지만 입궁과정이나 공식적인 역할도 왕의 공적 생활, 즉 후사를 넓힌다는 측면에 관련하였다. 이에 따라 승은후궁과 간택후궁은 출신성분, 선발과정, 역할은 물론 예우에서도 큰 차별

---

78 『태종실록』 권22, 11년(1411) 9월 갑자.
79 『태종실록』 권22, 11년(1411) 10월 을묘.

을 받았다. 정조에 의하면 조선시대에 승은후궁과 간택후궁 사이에 존재하는 차별이란 다음과 같은 것이었다.

고례에 궁녀를 후궁으로 삼을 경우, 출산한 자식이 비록 동궁이 되어 작위가 올라 빈이 되더라도 사대부 출신 빈의 의장과 호위를 사용할 수 없게 하였으며, 또한 사대부 출신 숙의의 의장과 호위를 사용할 수 없게 하였다. 이것이 우리나라의 법이다. 내가 염려하는 것은 궁녀에서 후궁이 되었다가 빈이 된 자가 출산한 자식을 배경으로 망령되이 요행을 바라는 마음을 갖지 않을까 하는 점이다. 비록 빈의 의장과 호위를 함부로 사용하지 않더라도, 숙의의 의장과 호위는 그것이 간편하다는 이유로 함부로 사용하는 폐단이 없지 않았다. 이와 같이 하면 명분이 문란해지고 예제도 무너질 것이다. 사대부 출신 빈의 의장과 호위는 이 수교(受敎)가 있으므로 예조나 병조에서 함부로 사용할 우려가 없지만, 사대부 출신 숙의의 의장과 호위는 오늘날 그릇된 관행을 답습하여 통용하는 일이 있다. 국법에 사대부 출신 숙의, 대군의 부인 및 공주가 아니면 교군(轎軍)으로 사복시의 군인을 쓸 수가 없고, 전도(傳導)로 충의위 부장 등의 명색을 쓸 수 없도록 되어 있다. 그런데 최근에 비록 사대부 출신 숙의나 공주가 아닌데도, 대례(大禮)를 당하기만 하면 모두 이러한 의장과 호위를 사용하니, 법의 뜻에 매우 어긋난다. 이것을 해당 관서에 분부하여 수교에 싣도록 하고, 또 해당 관서로 하여금 알게 하라.[80]

위에서 보듯이 조선시대 왕의 후궁 중에서 정치적, 사회적으로 물의를 일으키는 후궁들은 대체로 승은후궁들이었다. 이 후궁들은 대체로 노비나 기

---

80 『일성록』, 정조 2년(1778) 5월 22일(신사).

생 또는 궁녀 출신이었다. 이렇게 미천한 출신의 후궁이 왕의 총애를 독점
하거나 아들을 낳을 경우, 간택후궁들의 의장과 호위를 침범하는 것은 물론
이고 심지어 왕비의 지위를 위협할 수도 있었다. 이럴 경우는 단순하게 왕
의 처첩 간의 갈등 또는 궁중 예절의 문란만으로 끝나는 것이 아니라 신분
제 자체 또는 정치판 전체를 동요시킬 수도 있었기 때문에 정치적, 사회적
파장이 크게 마련이었다. 예컨대 연산군 대의 장녹수, 광해군 대의 김개시,
숙종 대의 장희빈과 숙빈 최씨 등등이 그런 경우였다.

이에 비해 간택후궁들은 상대적으로 정치적, 사회적 물의를 크게 일으키
지 않았다. 공적인 가례색을 통한 후궁들은 주로 왕비에게 아들이 없을 경
우에 선발되었다. 대상도 양반관료에 한정되었다. 따라서 공적인 가례색을
통해 선발된 후궁은 공적인 만큼 왕의 총애를 받는 일이 적었고 또 역할도
아들을 낳는 일에 제한되었기에 정치적, 사회적 물의를 일으킬 일도 많지
않았다.

조선시대의 공식적인 후궁은 단순히 왕의 승은을 입었다고 해서 되는 것
은 아니었다. 공식적으로 내명부의 작호를 받아야 했다. 즉 후궁에 책봉되어
야 했다. 그런데 후궁에 책봉되는 방식은 승은후궁과 간택후궁이 달랐다. 승
은후궁은 승은 후에, 적당한 내명부의 작호를 받음으로써 공식적으로 후궁
에 책봉되었다. 그렇지만 승은후궁은 공식적인 간택이나 가례 없이 단순히
승은을 입었다는 사실만으로 내명부의 작호를 받았기에 공식적인 책봉절차
는 없었고, 책이나 인장 역시 없었다. 승은후궁에게 내명부의 작호를 책봉하
는 것은 단지 교서가 전부였다.

반면 간택후궁 중에서 빈으로 간택되어 책봉될 때에 간택과 가례 절차를
거쳤을 뿐만 아니라 공식적인 책봉절차도 있었다. 다만 책봉 때 받는 상징
물은 책이나 인장은 없었고 단지 교명뿐이었다. 간택빈의 이 같은 책봉절차
및 상징물은 조선과 명의 예법을 두루 참조하여 성립되었다.

(3) 『대명집례』 '책내명부'의 황비 책봉의례와 조선 후기의 간택빈 책봉
    의례

중국 역사에서 황제의 후궁은 주 때부터 존재했다고 한다.[81] 하지만 주의
후궁들에게 책봉의례가 있었는지는 확실하지 않다. 공식적으로 후궁들에게
책봉의례를 행하기 시작한 때는 당 때부터였다.

당 때의 후궁에는 정1품의 귀비(貴妃), 숙비(淑妃), 덕비(德妃), 현비(賢妃)와
정2품의 소의(昭儀), 소용(昭容), 소원(昭媛), 수의(修儀), 수용(修容), 수원(修媛),
충의(充儀), 충용(充容), 충원(充媛) 및 정3품의 첩여(婕妤)가 있었는데, 이들을
책봉할 때는 모두 황제가 사신을 보내 책봉하였다.[82] 그러나 송 때에는 오직
정1품의 후궁을 책봉할 때에만 사신을 보내 책봉하는 의례가 있었고 나머
지는 없었다. 원 때에는 후궁을 책봉할 때 사신을 보내 책봉하는 의례 자체
가 없어졌는데,[83] 명이 건국된 이후 황비(皇妃)를 대상으로 하는 후궁의 책봉
의례가 부활하였다.

『대명집례』에 의하면 후궁의 책봉의례는 가례 중의 '책내명부(冊內命婦)'에
규정되어 있다. '책내명부'는 서(序), 관복(冠服), 거로(車路), 책(冊), 책문(冊文),
인(印), 절(節), 집사(執事), 진설(陳設), 반위(班位)로 구성되어 있고 마지막으로
'책내명부의주(冊內命婦儀注)'가 첨부되어 있다.

이 같은 구성에서 알 수 있듯이 『대명집례』의 후궁 책봉의례 역시 황후와
마찬가지로 황제가 사신을 후궁의 거처로 파견해 책과 인을 주는 것이 핵심
의례였다. 명에서 책봉 대상이 되는 후궁은 황비였고, 황비에게는 은책(銀冊)
과 금인(金印)이 사용되었는데, 은책은 2편으로 되었고 글자를 새겨 도금하

---

81 "周制有三夫人九嬪二十七世婦八十一御妻", 『대명집례』 가례 6, 冊內命婦, 序.
82 "唐有貴妃淑妃德妃賢妃爲夫人 正一品 昭儀昭容昭媛修儀修容修媛充儀充容充媛爲九嬪 正二品 婕妤九人
    正三品 皆遣使冊命", 『대명집례』 가례 6, 冊內命婦, 序.
83 『대명집례』 가례 6, 冊內命婦, 序.

였으며,[84] 금인은 귀뉴, 주수였으며 인문(印文)은 '황비지인(皇妃之印)'이었다.[85] 황제가 사신을 황비의 거처로 파견해 책과 인을 주는 의례가 바로 '책내명부의주'인데 다음과 같은 내용이었다.

책내명부의주(冊內命婦儀注)

하루 전에 예부 관이 책과 인을 받들고 들어와 호신전(護身殿) 중의 어좌 보안 앞에 두는데, 책은 동쪽이고 인은 서쪽이다. 시의사는 책례사의 수제위를 봉천전 횡가의 남쪽에 설치하는데 조금 동쪽으로 한다. 정사와 부사의 위는 그 서쪽인데 모두 북향이다. 승제관, 봉절관, 봉책관, 봉인관의 위를 정사와 부사의 동북쪽에 서향으로 설치하는데 북쪽이 상위이다. 정사와 부사의 수책수인욕위(受冊受印褥位)를 수제위의 북쪽에 남향으로 설치하여 책사가 책을 받는 것과 정사와 부사가 인을 받는 것을 기다린다. 전의 2명의 위를 단지(丹墀)의 양쪽 옆에 설치하는데, 문관은 동쪽이고 무관은 서쪽이다. 인반(引班) 4명의 위를 문무관의 북쪽에 동서로 마주 보게 설치한다. 찬례 2명의 위를 책사위(冊使位)의 북쪽에 동서로 마주 보게 설치한다. 소사는 용정을 봉천문 밖 정중앙에 설치하며 위의와 고취를 갖추고 책인을 기다렸다가 맞이하여 가게 한다.

내사감령은 또 정사와 부사의 위를 내궁문(內宮門)의 밖에 북향으로 설치하는데 동쪽이 상위이다. 내사감령의 위는 책사의 동북쪽에 서향으로 설치한다. 찬자 2명의 위를 책사의 북쪽에 동서로 마주 보게 설치한다. 책인안(冊印案)은 찬자의 북쪽에 설치하는데, 책이 동쪽이고 인이 서쪽이다. 내사(內使)는 비수책위(妃受冊位)를 본위(本位) 정중(庭中)에 북향으로 설치한다. 책

---

84 "國朝 冊皇妃 用銀冊 二片 鏤字鍍金", 『대명집례』 가례 6, 冊內命婦, 冊.
85 "國朝 皇妃用金印龜鈕 依周尺方五寸二分 厚一寸五分 其文曰皇妃之印 綬用朱", 『대명집례』 가례 6, 冊內命婦, 印.

인안은 비수책인위(妃受冊印位)의 북쪽에 설치하는데, 책이 동쪽이고 인이 서쪽이다. 내명부 제친(諸親)의 하위(賀位)를 정계(庭階)의 남쪽에 북향으로 설치한다. 또 비수하위(妃受賀位)를 그 궁의 가운데에 남향으로 설치한다. 내찬(內贊) 2명의 위를 비수책위의 북쪽에 동서로 마주 보게 설치한다. 인례 2명의 위를 내찬의 남쪽에 동서로 마주 보게 설치한다.

그날 질명(質明)에, 문무백관은 모두 조복을 갖춘다. 인반은 나누어 인도하여 봉천전 단지의 양쪽에 차례로 서게 하는데, 동서로 마주한다. 찬인(贊引)이 정사와 부사를 인도하는데, 정사와 부사는 공복(公服) 차림으로 들어와 횡가의 남위(南位)로 가서 북면하고 선다. 승제관, 봉절관, 봉책관, 봉인관 및 장절자는 모두 들어와 밖으로 가서 북향하고 서서 내신(內臣)의 전지(傳旨)를 기다린다. 마치면, 장절자, 지절관, 봉책관, 봉인관이 여러 집사를 거느리고 책인안을 들고 간다. 봉절관은 장절자를 거느리고 전도(傳導)한다. 다음으로 책안과 봉책관이 뒤를 따른다. 다음으로 인안과 봉인관이 뒤를 따른다. 승제관은 그 뒤를 감독한다. 횡가 남쪽에 이르러 안을 정사와 부사의 수책욕위 북쪽에 두는데, 책이 동쪽이고 인이 서쪽이다. 승제관, 봉절관, 봉책관, 봉인관은 각각 자리로 가서 서향하고 선다. 장절자는 절을 가지고 봉절관의 좌측에 서는데 약간 물러난다.

전의가 '배'를 창하면 전찬이 '국궁, 배, 흥, 배, 흥, 평신'을 창한다. 정사와 부사는 모두 국궁, 배, 흥, 배, 흥, 평신한다. 승제관이 정사와 부사 앞으로 가서 '유제'라고 칭한다. 전의가 '궤'라고 창한다. 정사와 부사가 궤한다. 승제관이 선제하여 말하기를, "모비(某妃) 모(某)를 특별히 모비(某妃)에 봉하고자⟨혹 이미 봉이 있으면 "진봉(進封)"이라고 말한다⟩ 공 등에게 명령하노니, 절을 가지고 예를 펴라" 한다. 선제가 끝나면, 자리로 돌아간다. 전의가 '취(就), 배, 흥, 평신'을 창하면 정사와 부사는 취, 배, 흥, 평신한다. 봉절관이 장절자를 거느리고 지절하여 책사 앞으로 간다. 장절자는 절의를 벗기고 절을 봉절관에게 준다. 봉절관은 절을 서향하여 책사에게 준다. 책사는 무릎을 꿇고 절을 받아 장절자에게 준다. 장절자는 절을 받고 책사의 왼쪽에 선다. 봉절관은 자리로 되돌아간다. 찬례가 책사를 인도하여 수책 욕위로 가서 선다. 봉책관이 책안 위에서 책을 취하여 책사에게 준다. 책사는 무릎을 꿇고 책을 받은 후 일어나 안에 둔다. 봉책관과 책사는 각각 자리로 되돌아간다. 찬례가 정사와 부사를 인도하여 욕위로 가서 북향으로 선다. 봉인관이 인안 위에서 인을 취하여 서향하고 정사와 부사에게 준다. 정사와 부사는 무릎을 꿇고 인을 받는다. 마치면, 일어나 안에 둔다. 봉인관과 정사, 부사는 모두 제자리로 되돌아간다. 마치면, 전의가 '배'라고 창한다. 전찬이 '국궁, 배, 흥, 배, 흥, 평신'을 창한다. 정사와 부사는 모두 국궁, 배, 흥, 배, 흥, 평신한다. 전의가 '예필'을 창한다. 집사자는 책인안을 들고 봉천문 밖으로 나간다. 봉책관, 봉인관은 책인을 취하여 용정 중에 둔다. 봉책관, 봉인관은 물러난다. 찬례가 책사, 압책사(押冊使), 부압인(副押印)을 인도한다. 지절자가 전도한다. 의위, 고취가 차례로 나간다. 인반이 문무백관을 인도하여 물러간다.

책인이 장차 내궁문 밖에 도착하려 하면, 내사가 비에게 화차(花釵), 적의(翟衣)를 입을 것을 요청하고 인도하여 출합하여 본위 궁중(宮中)에 이르러 남향하고 선다. 책인이 도착하면, 정사와 부사는 용정 중에서 책인을 취하여 문밖에 설치한 안 위에 임시로 둔다. 마치면, 인례와 내사가 정사와 부사 및 내사감령을 인도하여 함께 자리로 가서 선다. 다음에 책사를 인도하여 내사감령 앞에 가서 "책사 성(姓) 아무개와 부사 성(姓) 아무개가 제를 받들어 모비에게 책인을 주고자 합니다"라고 칭하고 제자리로 되돌아간다. 내사감령이 들어가 비(妃) 본위 정(庭)에 가서 직접 말한다. 마치면, 나와서 제자리로 되돌아간다. 인례가 명부(命婦)의 제친(諸親)을 인도하여 함께 들어와 자리로 간다. 인례가 책사를 인도하여 내사감령 앞으로 간다. 책사가 책을 취하여 내사감령에게 준다. 내사감령이 무릎을 꿇고 책을 받는다. 마치면, 내집사(內執事)에게 준다. 인례가 또 부사를 인도하면, 인을 취해 내사감령에게 준다. 내사감령은 무릎을 꿇고 인을 받아 내집사에게 준다. 내사감령이 집사자를 거느리고 책인을 받들어 차례로 들어가 비수책위 앞으로 가서 각각 안에 두는데, 책이 동쪽이고 인이 서쪽이다. 인례가 비를 인도하여 내려와 정중의 수책위로 가서 선다. 시종은 평상시의 의식과 같다. 내사감령이 내집사를 거느리고 책인을 취하여 차례로 비의 동쪽에 서향으로 선다. 내사감령이 '유제'라고 칭한다. 내찬이 '배, 흥, 배, 흥'을 창한다. 비는 배, 흥, 배, 흥한다. 내사감령이 선제한다. 마치면, 집사자가 책을 취하여 내사감령에게 준다. 내사감령이 무릎을 꿇고 책을 읽는다. 마치면, 책을 비에게 준다. 비가 무릎을 꿇고 책을 받은 다음에 내집사에게 준다. 집사자가 인을 취하여 무릎을 꿇고 비에게 준다. 비가 무릎을 꿇고 인을 받아 내집사에게 준다. 내찬이 '배, 흥, 배, 흥'을 창한다. 비는 배, 흥, 배, 흥한다. 마치면, 내사감령이 나가 정사와 부사 앞으로 가서 "비수책인례필(妃受冊印禮畢)"이라고 직접 말한다. 정사와 부사는 돌아가 복명한다.

인례가 비를 인도하여 계단을 올라가 자리로 가서 남향하고 앉는다. 인례가 내명부의 제친을 인도하여 차례로 축하하는데 평상시의 의식과 같다. 찬례가 '예필'을 창한다. 인례가 내명부를 인도하여 물러간다. 내사감령이 비를 인도하여 황제와 황후에게 사례(謝禮)하는 것은 궁중의 의식과 같다.[86]

위에서 나타나듯이 명의 황비 책봉의례는 형식적인 면에서 황후 책봉의례와 큰 차이는 보이지 않는다. 다만 책봉에 쓰이는 상징물이 황후의 경우에는 금책과 금보였음에 비해 황비는 은책과 금인이라는 점이 가장 큰 차이

---

86 『대명집례』 가례, 冊內命婦.

였다. 물론 이 같은 차이는 황후와 황비의 신분적 차이를 반영하는 것이라할 수 있다. 즉 명의 황후와 황비 책봉의례에서 나타나는 가장 큰 차이는 책봉의례 자체보다는 책봉의례에 사용된 상징물의 차이였던 것이다. 이 같은사실은 조선 후기의 간택빈을 책봉할 때에도 유사하게 발견된다.

조선시대 승은후궁들은 후궁이 될 때 특별한 절차 없이 교지를 받고 후궁이 되었다. 간택후궁의 경우 숙의 역시 특별한 책봉절차 없이 교지만 받았다. 하지만 간택빈의 경우는 달랐다. 그것은 국왕의 후궁 중에서 최고 자리인 빈의 위치 때문에 나타난 현상이었다.

빈은 신분으로 보면 분명 국왕의 후궁이었다. 하지만 명칭으로 볼 때 세자빈과 같은 빈이었고, 위치로도 국왕의 후궁 중에서 최고였다. 신분이 미천한 승은후궁이 차차로 승진하여 빈이 될 경우이든 아니면 양반 출신의 간택후궁 중에서 빈이 될 경우이든, 빈의 신분에 맞는 책봉의례가 있을 필요가있었다.

그런데 세자빈의 경우에도 책봉의례가 있었고, 명에서도 '책내명부' 의례가 있었음에 비해, 조선 건국 이후 오래도록 빈에 관련된 책봉의례가 마련되지 않았다. 간택후궁의 경우, 영조 대의 『국혼정례』에 '숙의 가례'가 첨가됨으로써 간택절차는 공식화되었다. 하지만 '숙의 가례'에도 책봉에 관련된 내용은 없는데, 이는 숙의를 간택할 때 책봉의례가 필요하지 않았기 때문이다.

간택빈의 책봉의례가 정비된 때는 헌종 13년(1847)에 경빈 김씨를 간택할 때였다. 이와 관련된 자료가 한국학중앙연구원 장서각 소장의 『경빈가례등록(慶嬪嘉禮謄錄)』과 『경빈가례시가례청등록(慶嬪嘉禮時嘉禮廳謄錄)』이다.[87]

『경빈가례등록』에 의하면 경빈 간택 때의 의주(儀注)에는 빈예별궁의(嬪詣別宮儀), 납채의(納采儀), 빈씨가수납채의(嬪氏家受納采儀), 교명예궐내입의(教命

---

87 노혜경, 「慶嬪嘉禮謄錄」, 『藏書閣所藏謄錄解題』, 한국정신문화연구원, 2002.

詣闕內入儀), 교명내출의(敎命內出儀), 선교명의(宣敎命儀), 빈씨수교명의(嬪氏受敎命儀), 빈예궐의(嬪詣闕儀), 조현대전의(朝見大殿儀), 동뢰의(同牢儀), 가례익일빈조현대왕대비전의(嘉禮翌日嬪朝見大王大妃殿儀), 가례익일빈조현왕대비전의(嘉禮翌日嬪朝見王大妃殿儀), 가례익일빈조현중궁전의(嘉禮翌日嬪朝見中宮殿儀), 외선온의(外宣醞儀)가 있었다. 이 중에서 책봉의례와 관련된 것은 교명예궐내입의, 교명내출의, 선교명의, 빈씨수교명의이다.

이 같은 의례에서 알 수 있듯이 간택빈의 책봉의례에서 핵심은 왕이 빈에게 사신을 보내 교명으로써 임명하는 것이었다. 왕은 사신을 보낼 때, "모씨를 명하여 빈으로 삼노라. 경에게 명하노니 예를 펴라"[88]는 명령을 내렸다. 이처럼 사신을 보내 책봉하는 의례는 기본적으로 왕비의 경우에도 같았다. 즉 왕비를 책봉할 때에는 "모씨를 책하여 왕비로 삼노라. 경 등에게 명하노니 예를 펴라"는 명령을 내렸던 것이다.

그런데 빈을 책봉할 때의 의례와 왕비를 책봉할 때의 의례가 사신을 보내 책봉한다는 면에서는 같았지만 구체적인 면에서는 매우 달랐다. 우선 사신을 보낼 때 왕비의 경우는 "모씨를 책하여 왕비로 삼노라. 경 등에게 명하노니 예를 펴라"고 했지만, 빈의 경우는 "모씨를 명하여 빈으로 삼노라. 경에게 명하노니 예를 펴라"고 했는데, 이는 왕비는 명실상부하게 책으로 봉하기에 "책하여 왕비로 삼노라"고 했지만 간택빈은 책이 아닌 교명으로 임명하는 것이기에 "명하여 빈으로 삼노라" 했던 것이다. 아울러 왕비를 책봉할 때 파견되는 사신은 정사와 부사로서 복수였지만, 빈을 책봉할 때 파견되는 사신은 한 명뿐이었다. 즉 왕비와 빈을 책봉할 때 파견되는 사신의 수가 달랐다.

또한 책봉 때의 상징물 역시 달랐다. 왕비를 책봉할 때는 교명 이외에도

---

88 "宣敎曰 命某氏爲嬪 命卿展禮",『慶嬪嘉禮謄錄』, 儀注秩, 宣敎命儀, 장서각 도서분류 2-2614.

책과 보, 명복이 있었다. 하지만 간택빈을 임명할 때는 책과 보, 명복이 없었다. 이처럼 왕비와 빈의 책봉의례가 다른 이유는 물론 왕비는 정비이고 빈은 후궁이기에 양자 사이의 구별을 분명히 하기 위해서였다.

빈에게는 비록 왕비에 비해 격하된 임명의례를 거행하였지만 다른 후궁들에 비해서는 임명의례를 행했다는 사실 자체가 커다란 특권이었다. 빈 이하의 후궁들은 임명의례 자체가 아예 없었기 때문이었다. 아울러 빈이 임명의례를 통해 교명을 받았다는 것 역시 커다란 특권이었다. 물론 빈 이하의 후궁들은 교명을 받지 못했기 때문이었다. 결론적으로 조선시대 간택빈의 임명의례는 왕비 바로 아래 위치이자 후궁 중 최고 위치인 빈의 위치를 분명하게 드러낸 의례라 할 수 있다.

2 왕세자와 왕세자빈의 책봉의례

조선 건국 이후 최초로 왕세자에 책봉된 주인공은 태조 이성계의 막내아들인 소도군(昭悼君) 이방석이었다. 그런데 소도군의 왕세자 책립에 대하여 실록에서는 구체적인 의례의 모습을 전하지 않는다. 단지 "입유얼방석위왕세자(立幼孼芳碩爲王世子)"[89]라고 하여 책립했다는 사실만 전하고 있다. 하지만 이런 사실에서 최소한 소도군이 왕세자로 책봉될 때, 책립과 관련하여 증표나 의례가 있었음을 추정할 수 있다.

그런데 왕세자의 책립 사실은 전하면서도 구체적인 책립의례는 전하지 않은 것은 정종이 세자로 책봉되었을 때나, 태종이 세자로 책봉되었을 때도 마찬가지였다. 소도군을 비롯하여 정종, 태종은 조선왕조 건국 직후의 정치적 혼란기에 왕세자에 책봉되었기에 특별한 책봉의례를 거행하지 않았을 가능성도 없지 않다. 그러나 왕세자 책봉은 차기 왕을 결정하는 중요한 정치의례이므로 책봉의례 자체가 없었다고 단정하기는 어렵다. 실록에 소도군, 정종, 태종의 왕세자 책봉의례가 빠진 것은 당시가 혼란기라서 기록이 누락되었기 때문이었을 가능성 또는 아직 왕세자의 책봉의례가 정비되지 않았기 때문이었을 가능성이 모두 있다.

조선 건국 후 왕세자의 책봉의례가 구체적으로 나타나는 때는 문종이 왕세자에 책봉될 때였다. 문종은 세종 3년(1421) 10월 27일에 왕세자에 책봉되었다.[90] 그보다 하루 앞선 26일에 예조에서는 왕세자 책봉의식을 마련해

---

89 『태조실록』 권1, 1년(1392) 8월 20일(기사).
90 『세종실록』 권13, 3년(1421) 10월 27일(병진).

제3장 조선시대 왕실 봉작제와 책봉의례

세종에게 보고했는데, 그 내용은 다음과 같았다.

　하루 전에 유사(有司)가 전하의 어좌를 근정전 한가운데에 남향으로 설치
하고, 왕세자의 악차(幄次)를 근정전 문밖에 서향으로 설치한다. 교안을 전
하의 어좌 앞 두 기둥 사이에 조금 남쪽으로 설치하고, 책안과 인안 각 하
나씩을 전하의 어좌 왼편에 동으로 가깝게 설치한다. 독교위(讀教位)를 월
대위에 동편으로 가까이 설치하고, 왕세자의 판위(版位)를 전정 길 동북면
에 설치한다. 의정이 전책(傳冊)하는 자리를 왕세자 판위의 동북쪽에 서면
으로 설치하고, 독책관(讀冊官) 자리를 그 뒤에 서면으로 설치한다. 좌우 시
신의 자리를 동계와 서계의 남쪽에 설치한다. 전의와 통찬의 자리를 동계
의 동남쪽에 설치하고, 종실 이하 문무 여러 관원의 자리를 전정의 동서로
설치하는데 모두 평상시 의식과 같다. 전악(典樂)의 자리를 백관의 남쪽에
북면으로 설치하고, 협률랑(協律郎)의 자리를 전의 서계 위에 동면으로 자
리하게 한다.

　그날이 되면, 제위(諸衛)는 자기의 소속인 의장을 전계(殿階)의 위아래로 진
열하기를 보통 때 의식과 같이 한다. 시각에 따라, 왕세자는 악차(幄次)에
가서 조복(朝服)을 갖추고, 문무 여러 관원들도 각기 조복을 차리고 모두 문
밖의 제자리에 나아가 기다린다. 근신이 교서를 받들어 먼저 안 위에다 둔
다. 유사가 책함과 인수를 받들고 안 위에 늘어놓는다. 〈책은 북쪽에 있고,
인은 남쪽에 있다.〉 전악은 공인(工人)을 거느리고 들어와 제자리에 나아가
고, 협률랑은 들어와 휘를 드는 자리에 나아간다. 판통례가 꿇어앉아 외판
(外辦)을 아뢰면, 전하는 보평전(報平殿)에 나아가 면복을 입는다. 근시 및 여
러 집사자가 예를 거행하는데, 통찬이 사배, 흥, 평신을 창하면 집사는 각
각 그 일을 함께 한다. 〈집사는 판통례, 독교관, 전의, 통찬 등을 말한다.〉
전의와 통찬이 먼저 들어와 제자리에 나아가고, 좌우 시신들도 모두 제자

리에 나간다. 통례문이 종실 이하 문무 여러 관원을 나누어 인도하여 들어와 제자리에 서게 한다. 통찬이 '반제(班齊)'를 창하면, 중금(中禁)이 엄(嚴)을 전한다. 노(爐)에서 연기가 피어오른다. 판통례가 꿇어앉아 전에 오르기를 계청한다. 대언(代言)은 전하를 근정전으로 인도한다. 전하가 나오면, 상호군이 계하기를, '협률랑의 휘 드는 것을 보아서 하시라' 하고, 주악이 시작된다. 전하가 어좌에 앉으면, 상서관(尙瑞官)은 보를 받들어 전하의 자리 앞에 놓는 것을 평상시와 같이 한다. 협률랑이 휘를 눕히면, 주악은 그친다. 지통례가 왕세자를 인도하여 동문으로 들어온다. 〈좌우 문학도 따라 들어온다.〉 왕세자가 처음 문에 들어올 때에, 주악이 시작하고, 판위 앞에 이르면, 주악이 그친다. 전의가 '사배'를 말하면 주악이 시작되고, 통찬이 전갈(傳喝)한다. 〈무릇 전의가 말하면 통찬이 모두 전갈한다.〉 왕세자가 사배한다. 전의가 '사배'를 말하면, 여러 관원들과 자리에 있는 자는 다 사배하고, 주악이 그친다. 봉례랑이 의정을 인도하여, 동계로부터 전에 오른다. 〈봉례랑은 섬돌 위에서 그친다.〉 또 봉례랑은 독책관을 인도하여 전책위(傳冊位)에 나간다. 의정이 들어와서 전하의 어좌 앞에 나가 꿇어앉으면, 승지와 근시가 책함을 가지고 봉책관에게 준다. 또 근시가 인수를 가지고 봉인관에게 준다. 마치면, 의정 이하가 중계로부터 내려온다. 〈책과 인이 먼저 가고, 다음에 안을 가진 자가 가고 그 다음에 의정이 간다.〉 의정은 전책위에 나아가 서향으로 서서 전지(傳旨)가 있다고 말한다. 왕세자가 두 번 절하면 주악이 시작한다. 절하기를 끝마치면, 주악이 그친다. 왕세자가 꿇어앉으면, 독책관이 서향으로 서서 함을 열고 읽는다. 마치면, 왕세자가 면, 복, 흥한다. 주악이 시작된다. 절이 끝나면, 주악이 그친다. 봉책관이 책을 가지고 의정에게 주면, 왕세자가 나아가 꿇어앉아 책을 받고 일어나 물러서서 좌문학에게 준다. 봉인관이 인수를 가지고 의정에게 주면, 왕세자가 또 나아가 꿇어앉아 인수를 받고, 일어나 물러서서 우문학에게 준다. 의정 이하가 제자리에 돌아와 선다. 전의가 '사배'를 말하면, 주악이 시작한다. 왕세자가 사배한다. 전의가 '사배'를 말하면 자리에 있던 여러 관원은 모두 사배하고 주악이 그친다. 지통례가 왕세자를 인도하여 나가는데, 처음 나갈 때에 주악이 시작하고, 문에 나서게 되면, 주악이 그친다.

악차에 돌아와서 판통례는 교서를 가지고 전교관에게 준다. 전교관 두사람이 교서를 펴 든다. 전의가 '궤'라고 말하면 여러 관원은 모두 궤한다. 독교관은 면(俛), 복(伏), 흥하고 서향으로 서서 교서를 읽어 끝마친다. 전의가 '면, 복, 흥, 사배'라고 말하면 주악이 시작된다. 자리에 있던 사람들이 모두 면, 복, 흥, 사배하면 주악이 그친다.

기한 전에 궁료(宮僚)들이 사전(謝箋)을 준비하였다가, 이날에 이르러 왕세자의 전(箋)에 인(印) 찍기를 마치면, 좌문학은 전을 받들고, 봉례랑은 좌문학을 인도하여 동문에서 들어온다. 주악이 시작된다. 지통례가 왕세자를 인도하여 들어와 판위에 나아가면, 주악이 그친다. 전의가 '사배'를 말하면, 주악이 시작된다. 왕세자가 사배하면, 주악이 그친다. 좌문학이 전을 가지고 동향으로 꿇어앉아 올리면, 왕세자가 꿇어앉아서 전을 가지고 판통례에게 주고 면, 복, 흥한다.

판통례는 전을 받들고 동계에서 올라와 전하의 자리 앞에 이르러 꿇어앉아 올린다. 근시가 전을 받고서 계하여 아뢰기를 마친다. 전의가 '사배'를 말하면, 주악이 시작한다. 왕세자가 사배하면, 주악이 그친다. 판통례가 꿇어앉아 예가 끝났다고 계하면, 전하는 어좌에서 내려온다. 주악이 시작된다. 내전으로 들어가면, 주악이 그친다. 지통례가 왕세자를 인도하여 나와 악차로 돌아오고, 통례문은 문무 여러 신하를 나누어 인도하여 차례로 나간다.[91]

---

91 『세종실록』 권13, 3년(1421) 10월 26일(을묘).

위에 의하면 왕세자의 책봉의례는 경복궁의 정전인 근정전 한곳에서 거행되는 것으로 되어 있다. 이는 고려시대의 왕태자 책봉의례가 정전과 동궁에서 이루어지던 것과 차이를 보인다. 고려시대의 왕태자 책봉의례에 전정진설(殿庭陳設), 임헌발책(臨軒發冊), 궁정진설(宮庭陳設), 궁정수책(宮庭受冊)[92] 등의 항목이 있던 이유는 바로 왕태자 책봉의례가 정전과 동궁에서 이루어졌고, 그중에서도 실제로 책봉이 이루어진 곳은 동궁이었기 때문이었다. 이런 사실에서 세종 대에 정비된 왕세자 책봉의례는 고려시대의 왕태자 책봉의례를 전범으로 하지 않았음을 알 수 있다.

중국에서 황태자 책봉의례가 시작된 것은 한 명제(明帝) 때부터였다. 당시의 책봉의례는 황태자가 황제의 어좌 앞에서 책새(冊璽)를 받고 재배(再拜), 삼계수(三稽首)하는 것이었다.[93] 이후 황태자의 책봉의례는 당 때 더욱 정비되었는데, 당 때에는 황태자 책봉의례가 정전에서 거행되는 경우와 동궁에서 거행되는 경우의 두 가지였다. 정전에서 거행되는 경우는 황태자의 나이가 어느 정도 들어 예를 거행할 수 있을 경우였고, 동궁에서 거행되는 경우는 황태자의 나이가 어려 예를 거행할 수 없을 경우였다.[94] 이 같은 당의 황태자 책봉의례 중에서 중국 역대 왕조는 하나만 선택하게 되었다. 예컨대 송의 황태자 책봉의례는 정전에서 거행되는 것만 있었고, 반대로 원에서는 동궁에서 거행되는 것만 있었으며 다시 명에서는 정전에서 거행되는 것만 있었다.

이 중에서 고려의 왕태자 책봉의례는 원의 영향을 받아 동궁에서 거행되었다. 반면 조선 건국 후 조선은 다시 명의 영향을 받아 정전에서 왕세자 책봉의례를 거행하는 것으로 바뀌었다고 하겠다. 세종 대에 정비된 조

---

92 『고려사』 지, 가례, 冊王太子儀.
93 "至明帝時 禮文始著于史 其制 則皇帝臨軒 百官會位 皇太子當御座 受冊璽 再拜三稽首 此皇太子親受冊于天子之始也", 『대명집례』 가례 4, 冊皇太子, 總序.
94 "唐旣有臨軒冊授之典 而兼有遣使內冊之儀", 『대명집례』 가례 4, 冊皇太子, 總序.

선의 왕세자 책봉의례는 더욱 구체화되어 『국조오례의』의 왕세자 책봉의
례에 수록되었다. 조선시대의 왕세자빈 책봉의례 역시 명의 영향을 받아
정비되었다.

1) 『대명집례』의 '책황태자'와 『국조오례의』의 '책왕세자의'

『대명집례』의 '책황태자'는 총서, 관복, 거로, 책, 책문, 보, 절, 악, 의장, 집
사, 진설, 반위, 주고, 사황제(謝皇帝), 조중궁(朝中宮), 알태묘(謁太廟), 하례, 회
례, 주고환구의주(奏告圜丘儀注), 주고방구의주(奏告方丘儀注), 주고종묘의주(奏
告宗廟儀注), 책배황태자의주(冊拜皇太子儀注), 사중궁의주(謝中宮儀注), 제왕하동
궁의주(諸王賀東宮儀注), 제왕하중궁의주(諸王賀中宮儀注), 백관칭하진표전의주
(百官稱賀進表箋儀注), 백관진전하동궁의주(百官進箋賀東宮儀注), 내외명부하중궁
의주(內外命婦賀中宮儀注) 및 도설(圖說)의 항목으로 구성되어 있다.

반면 『국조오례의』의 '책왕세자의'는 택길(擇吉), 고사직종묘(告社稷宗廟),
책왕세자의(冊王世子儀), 조왕비(朝王妃), 백관조하(百官朝賀), 백관하왕세자(百官
賀王世子), 알종묘(謁宗廟), 전하회백관(殿下會百官), 왕비회명부(王妃會命婦)의 항
목으로 구성되어 있다. 이 중에서 책봉의례 자체와 관련된 것은 『대명집례』
의 '책배황태자의주'이고 『국조오례의』의 '책왕세자의'라 할 수 있다.

『대명집례』의 '책배황태자의주'와 『국조오례의』의 '책왕세자의'는 근본적
으로 궁궐의 정전에서 거행된다는 점에서 동일하다. 즉 『대명집례』의 '책배
황태자의주'에서는 책봉의례의 거행 장소가 자금성의 정전인 봉천전이고,
『국조오례의』의 '책왕세자의'에서는 책봉의례의 거행 장소가 경복궁의 정전
인 근정전이다. 책봉의례의 절차 및 형식 역시 유사하다.

다만 책봉의례에서 사용되는 황태자와 왕세자의 상징물은 크게 다르다.
예컨대 황태자의 책봉의례에서는 금책과 금보가 사용되었다. 금책은 2편의

금책으로서 길이 1척 2촌, 넓이 5촌, 두께 2푼 5리였고,[95] 금보는 귀뉴, 주수로서 인문은 '황태자보(皇太子寶)'였다.[96] 이에 비해 왕세자의 책봉의례에서는 교명문, 죽책, 은인이 사용되었다. 『국조오례의』의 '책왕세자의'에 의하면 교명문, 죽책, 은인은 다음과 같은 책봉의례를 거쳐 왕세자에게 전해졌다.

하루 전에 액정서가 어좌를 근정전 북벽에 남향으로 설치한다. 보안을 어좌 앞에 동쪽 가까이 설치하고, 향안 2개를 근정전 밖의 좌우에 설치한다. 교명안, 책안, 인안 각각 하나를 보안 남쪽에 설치한다. 〈교명안이 북쪽에 있고, 책안이 다음이고, 인안이 또 다음이다.〉 장악원이 헌현을 전정에 펴는데, 남쪽 가까이 북향으로 한다. 협률랑 거휘위를 서쪽 계단 위에 서쪽 가까이 동향으로 설치한다. 전설사가 왕세자의 차(次)를 근정문 밖의 길 동쪽에 북쪽 가까이 서향으로 설치한다.

그날, 전의(典儀)가 왕세자의 위를 전정의 길 동쪽에 북향으로 설치한다. 문관 1품 이하의 위를 왕세자의 뒤에 동쪽 가까이 설치하고, 종친과 무관 1품 이하의 위를 길 서쪽에 문관과 대응하게 설치하는데, 모두 각 등급마다 자리를 달리하여 중항(重行)으로 하고 상대가 수위(首位)가 된다. 감찰의 위를 문무 매 품의 반말(班末)에 설치하는데, 동서로 마주하게 한다. 계상 전의의 위를 동계 위에 동쪽 가까이 서향으로 설치한다. 좌우 통례와 계하 전의의 위를 동계 아래에 동쪽 가까이 서향으로 설치한다. 찬의와 인의는 남쪽에 약간 물러서 있다. 또 찬의와 인의의 위를 서계 아래에 서쪽 가까이 동향으로 설치하는데, 모두 북쪽이 상위이다. 인의가 문외위를 설치하는데, 문관 2품 이상은 영제교 북쪽의 길 동쪽이고, 3품 이하는 영제교 남쪽이다. 종친과 무관 2품 이상은 영제교 북쪽의 길 서쪽이고, 3품 이하는 영

---

95 "國朝立皇太子 用金冊二片 依周尺 長一尺二寸 濶五寸 厚二分五釐", 『대명집례』 가례 4, 冊皇太子, 冊.
96 "國朝皇太子 金寶 龜鈕朱綬 文用篆書曰皇太子寶", 『대명집례』 가례 4, 冊皇太子, 冊.

제교 남쪽인데, 모두 등급마다 자리를 달리하고 중항으로 마주 보며 북쪽이 상위이다. 궁관은 시각에 의거하여 모이는데, 각각 그 복장을 한다. 세자익위사는 휘하를 지휘하여 장위(仗衛)를 평상시처럼 진설한다.

초엄이 울리면, 병조는 제위(諸衛)를 지휘하여 노부반장(鹵簿半仗)을 정계(正階)와 전정의 동서에 진설한다. 근정문 내외에 군사를 정렬하는 것은 평상시와 같다. 사복시 정이 여연(輿輦)을 전정의 중도에 진설하고〈소여(小輿)는 북쪽이고 대연(大輦)은 다음이다〉, 어마(御馬)를 중도의 좌우에 진설하며〈각 1필이고 마주 본다〉, 장마(仗馬)를 문무루 남쪽에 진설한다. 〈6필은 융문루 남쪽에 있고 6필은 융무루 남쪽에 있다.〉 종친과 문무백관이 모두 조당에 모여 각각 조복을 갖춘다. 궁관이 궁문 밖에 가서 좌우로 나뉘어 중항으로 마주 보는데, 북쪽이 상위이다. 시종관이 합외로 가서 봉영한다. 필선이 무릎을 꿇고 내엄을 찬청(贊請)한다.

이엄이 울리면, 종친과 문무백관은 모두 문외위로 간다. 필선이 무릎을 꿇고 외비(外備)를 백(白)하면, 왕세자는 면복(冕服)을 갖추고 나온다. 시위는 평상시와 같다. 필선이 인도하여 근정문 밖의 차로 간다. 시위는 평상시와 같다. 예조 정랑이 교명, 책함, 인수를 받들어 각각 안에 둔다. 여러 호위관 및 사금(司禁)은 각각 기복(器服)을 갖춘다. 상서원의 관원이 보를 받들어 함께 사정전 합외로 가서 사후(伺候)한다. 좌통례가 합외로 가서 부복하였다가 무릎을 꿇고 중엄을 계청한다. 전하는 면복을 갖추고 사정전으로 나온다. 산선(繖扇)과 시위는 평상시와 같다. 근시와 집사관이 먼저 사배례를 평상시와 같이 행한다. 전악이 공인을 거느리고 자리로 들어간다. 협률랑이 거휘위로 들어간다.

삼엄이 울리면, 집사관이 먼저 자리로 간다. 인의(引儀)가 종친과 문무백관을 나누어 인도하여 동서 편문을 통해 자리로 들어간다. 봉례가 왕세자를 인도하여 차를 나와 서향하고 선다. 종소리가 그치면, 내외의 문을 벽제(闢

除)한다. 좌통례가 부복하였다가 무릎을 꿇고 외판을 아뢴다. 전하가 여를 타고 나온다. 산선과 시위는 평상시와 같다. 전하가 장차 나가려 하면, 의장이 움직이고 고취가 진작하고, 장차 전문에 들어가려 하면, 협률랑이 무릎을 꿇었다가 부복한 후, 거휘하고 일어난다. 악공이 축을 두드리고, 헌가에서 음악을 연주하면 고취가 그친다. 전하가 어좌에 오르면 향로에서 연기가 오른다. 상서원의 관원이 보를 받들어 안에 둔다. 산선과 시위는 평상시와 같다. 협률랑이 무릎을 꿇고 언휘하였다가 부복, 흥하면 악공이 어를 치고 음악이 그친다. 여러 호위관이 들어와 어좌의 뒤와 전내의 동서에 늘어선다. 다음에 승지가 나뉘어 전내로 들어와 동서에 부복한다. 사관이 그 뒤에 있다. 다음에 사금이 전계상에 나누어 선다. 전의가 '사배'라고 말하면, 찬의가 '국궁, 사배, 흥, 평신'을 창한다. 종친과 문무백관은 국궁, 사배, 흥, 평신한다. 음악이 그치면 회반, 상향하고 서는데 북쪽이 상위이다. 봉례가 왕세자를 인도하여 동문을 통해 들어와 자리로 간다. 찬의가 '국궁, 사배, 흥, 평신'을 창하면, 왕세자는 국궁한다. 음악이 시작된다. 사배, 흥, 평신한다. 음악이 그친다. 전책관(傳冊官)이 어좌 앞으로 가서 부복하였다가 무릎을 꿇고 전교를 계하고 부복하였다가 일어나 동문을 통해 나간다. 집사자가 교명안, 책안, 인안을 마주 들고 따른다. 전책관이 내려가 왕세자의 동북으로 가서 서향하고 선다. 집사자가 안을 마주 들고 전책관의 남쪽에 서는데, 약간 물러서 모두 서향으로 한다.

전책관이 '유교'라고 칭한다. 찬의가 '궤'라고 창한다. 왕세자가 궤한다. 전책관이 함을 열고 책을 취해 선포한다. 마치면, 찬의가 '부복, 흥, 사배, 흥, 평신'을 창한다. 왕세자가 부복, 흥하면 음악이 시작되고 사배, 흥, 평신하면 음악이 그친다. 전책관이 책을 다시 함에 둔다. 집사자가 교명안, 책안, 인안을 들고 차례로 전책관 앞으로 간다. 전책관이 교명함을 받들어 왕세자에게 준다. 왕세자가 나가서 북향하고 무릎을 꿇고 받아 보덕에게 준다.

전책관이 또 책함을 받들어 왕세자에게 주면, 왕세자가 받아서 필선에게 준다. 전책관이 또 인수를 왕세자에게 주면 왕세자는 받아서 익찬에게 준다. 보덕, 필선, 익찬은 각각 교명함, 책함, 인수를 받들고 왕세자의 뒤에 선다. 전책관이 제자리로 되돌아간다. 집사자가 각각 안을 익위사 관원에게 주고 물러난다. 익위사 관원은 각각 안을 소지하고 보덕, 필선, 익찬의 뒤에 선다. 찬의가 '부복, 흥, 사배, 흥, 평신'을 창한다. 왕세자가 부복, 흥하면 음악이 시작되고 사배, 흥, 평신하면 음악이 그친다.

봉례가 왕세자를 인도하여 동문을 통해 나간다. 교명과 책인을 든 자들은 앞에서 간다. 왕세자가 차에 들어가면 종친과 문무백관은 모두 배위로 돌아간다. 찬의가 '국궁, 사배, 흥, 평신'을 창한다. 종친과 문무백관이 국궁하면 음악이 시작되고 사배, 흥, 평신하면 음악이 그친다. 좌통례가 서쪽의 편계(偏階)를 통해 올라가 어좌 앞에 이르러 부복하였다가 무릎을 꿇고 '예필'을 아뢰고 부복하였다가 일어나 내려와 제자리로 간다. 협률랑이 무릎을 꿇고 부복하였다가 거휘하고 일어난다. 악공이 축을 치고 음악이 시작된다. 전하가 어좌에서 내려와 여를 탄다. 산선과 시위는 평상시와 같다. 전문을 나가려 하면, 고취가 진작된다. 협률랑이 무릎을 꿇고 언휘하였다가 부복하고 일어난다. 악공이 어를 치고 음악이 그친다. 전하가 사정전으로 돌아가면 고취가 그친다. 인의가 종친과 문무백관을 나누어 인도하여 나간다. 좌통례가 부복하였다가 무릎을 꿇고 '해엄'을 아뢴다. 병조가 교지를 받들어 방장(放仗)한다.[97]

97 『국조오례의』 가례, 冊王世子儀.

『대명집례』의 황태자비 책봉의례는 별도로 규정되어 있지 않고 황태자의 가례 중 일부로 즉 '황태자납비(皇太子納妃)' 중 일부로 규정되어 있다. 이에 비해 『국조오례의』의 왕세자빈 책봉의례는 '책왕세자빈(冊王世子嬪)'으로 별도로 규정된 것과 함께 왕세자의 가례 중 일부로 즉 '왕세자납빈의(王世子納嬪儀)' 중 일부로 규정되어 있기도 하다. 별도로 규정된 것과 왕세자의 가례 중 일부로 규정된 것은 내용상 큰 차이는 없다. 둘 다 본질적으로는 왕세자빈을 책봉하는 의례이기 때문이다. 그럼에도 불구하고 『국조오례의』에서 별도로 규정된 것과 왕세자의 가례 중 일부로 규정된 것 두 가지를 수록한 이유는 각각의 경우에 시행하는 의례를 보다 구체화하기 위한 필요에서였다.

『대명집례』의 '황태자납비'는 총서, 관복, 거로, 책보, 예물(禮物), 악(樂), 제고(祭告), 문명(問名), 납길(納吉), 납징(納徵), 청기(請期), 주고, 수책, 초계(醮戒), 친영(親迎), 합근(合卺), 비조현(妃朝見), 관궤(盥饋), 회군신(會群臣)의 항목으로 구성되었고, 이 중에서 구체적인 해설이 필요한 항목에는 의주가 첨가되었는데, 그것은 견사의주(遣使儀注), 납채의주(納采儀注), 문명의주(問名儀注), 고길의주(告吉儀注), 납징의주(納徵儀注), 청기의주(請期儀注), 제고의주(祭告儀注), 견사봉책의주(遣使奉冊儀注), 비수책의주(妃受冊儀注), 초계의주(醮戒儀注), 친영의주(親迎儀注), 동뢰의주(同牢儀注), 비조현의(妃朝見儀), 관궤의주(盥饋儀注)이다. 이 중에서 황태자비의 책봉의례에 관련된 것은 제목에 나타난 그대로 견사봉책의주와 비수책의주가 핵심이라 할 수 있다.

한편 『국조오례의』의 '왕세자납빈의'는 납채(納采), 빈씨가수납채(嬪氏家受納采), 납징, 빈씨가수납징(嬪氏家受納徵), 고기(告期), 빈씨가수고기(嬪氏家受告期), 고종묘(告宗廟), 책빈(冊嬪), 빈수책(嬪受冊), 임헌초계(臨軒醮戒), 친영, 동뢰(同牢), 빈조현(嬪朝見), 전하회백관(殿下會百官)의 항목으로 구성되었다. 이들

항목은『대명집례』 '황태자납비'의 의주와 유사하다.

예컨대『국조오례의』의 납채는『대명집례』의 견사의주와 유사하고 빈씨가수납채는 납채의주와 유사하며 납징, 빈씨가수납징은 납징의주와 유사하고 고기, 빈씨가수고기는 청기의주와 유사하다. 또한『국조오례의』의 고종묘는『대명집례』의 제고의주와 유사하고 책빈은 견사봉책의주와 유사하며 빈수책은 비수책의주와 유사하다. 아울러 임헌초계는 초계의주와 유사하고 친영은 친영의주와 유사하며 동뢰는 동뢰의주와 유사하다. 마지막으로『국조오례의』의 빈조현과 전하회백관은『대명집례』의 비조현의와 관궤의주와 유사하다.

『국조오례의』의 '왕세자납빈의'와『대명집례』 '황태자납비'의 의주에서 차이가 나는 점은『대명집례』에 있는 문명의주, 고길의주의 두 가지 의례가『국조오례의』에는 완전히 빠졌다는 사실이다. 그 이유는『대명집례』의 문명의주와 고길의주가 조선의 '왕세자납빈' 때 거행되지 않았기 때문이었다.

본래 문명의주와 고길의주는 납채의주와 관련된 의주였다. '납채'의 뜻은 처음에 말로써 채택 여부를 묻는다는 것이었다.[98] 즉 미리 혼인 대상자를 예정해 놓고 납채하는 것이 아니라 혼인할지의 여부를 묻는 절차가 납채였던 것이다. 따라서 남자 쪽에서 먼저 여자 쪽에 납채를 통해 의사를 묻고, 여자 쪽이 승낙하면 혼인할 여성의 이름을 묻는 것이 문명이었다.[99] 이어서 문명을 통해 획득한 혼인할 여성의 이름을 가지고 점을 치는데, 점을 쳐서 길(吉)이 나오면 그것을 여자 쪽에 알리는 절차가 바로 고길 또는 납길이었다.[100]

그런데 조선에서는 왕세자빈은 물론 왕비의 경우에도 간택을 통해 미리 결정하였다. 따라서 납채는 가부를 묻는 것이 아닌 형식적인 절차가 되었다.

---

98 "納采者 謂始以言語採擇可否也",『대명집례』 가례 9, 天子納后, 納采.
99 "問名者 謂問后名目 將卜之也",『대명집례』 가례 9, 天子納后, 問名.
100 "納吉者 謂卜已得吉 往告之也",『대명집례』 가례 9, 天子納后, 問名.

표7 『국조오례의』의 '왕세자납빈의'와 『대명집례』 '황태자납비'의 의주

『국조오례의』 '왕세자납빈의'	『대명집례』 '황태자납비'의 의주
납채	견사의주
빈씨가수납채	납채의주
(문명 의례 없음)	문명의주
(고길 의례 없음)	고길의주
납징	납징의주 (비씨가수납징 포함)
빈씨가수납징	
고기	청기의주 (비씨가수기 포함)
빈씨가수고기	
고종묘	제고의주
책빈	견사봉책의주
빈수책	비수책의주
임헌초계	초계의주
친영	친영의주
동뢰	동뢰의주
빈조현	비조현의
전하회백관	관궤의주

나아가 문명과 고길은 필요 없는 절차가 되었다. 그 결과 조선의 '납비(納妃)'는 물론 '왕세자납빈(王世子納嬪)' 때에도 문명과 고길은 거행되지 않았으며 규정되지도 않았다. 『국조오례의』의 '왕세자납빈의'와 『대명집례』 '황태자납비'의 의주와 관련된 내용을 표로 정리하면 표 7과 같다.

표에서 보듯이 『국조오례의』의 '왕세자납빈의'는 『대명집례』 '황태자납비'의 의주와 아주 유사하다. 의례의 절차나 내용 역시 매우 유사하다.

그러나 차이점도 없지 않다. 예컨대 명의 황태자비를 책봉할 때는 황태자와 마찬가지로 금책과 금보가 사용되었다. 반면 조선의 왕세자빈을 책봉할 때는 왕세자와 마찬가지로 죽책과 은인이 사용되었다. 이 외에 명의 황태자비와는 달리 조선의 왕세자빈은 책봉할 때 교명과 명복을 함께 받았다.

이 같은 왕세자빈의 책봉의례는 『국조오례의』의 책빈과 빈수책에 자세하

게 규정되었다. 이 중에서도 왕세자빈의 책봉의례로서 중요한 의례는 책빈이었다. 왜냐하면 왕세자빈 책봉의례 중에서 왕이 참여하는 의례가 바로 책빈이었기 때문이다. 『국조오례의』에는 왕세자빈의 책빈의례가 다음과 같이 규정되었다.

책빈(冊嬪)

하루 전에 액정서는 어좌를 근정전 북벽에 남향으로 설치한다. 또한 보안을 어좌 앞에서 동쪽 가까이로 설치하고, 향안 2개를 전외의 좌우에 설치한다. 또 교명안과 책안 및 인안 각각 1개를 보안의 남쪽에 설치한다. 〈교명안은 북쪽에 있고 책안은 다음이고 보안은 다음이다.〉또 명복안을 전정의 길 동쪽에 북쪽 가까이 설치한다. 장악원이 헌현을 전정에 설치하고, 거휘위를 설치한다.

그날 전의가 종친과 문무백관 및 사자 이하의 내외위(內外位)를 설치한다.

북을 쳐 초엄을 알리면, 병조에서 제위를 신칙하여 노부반장 군사들을 진열시키고, 여연과 마(馬)를 진열하며, 채여와 고취세장(鼓吹細仗)을 납채의와 같이 진열한다. 병조에서 또 빈연(嬪輦)과 의장을 채여의 북쪽에 진열한다. 종친과 문무백관 및 사자 이하는 모두 조당에 모여 각각 조복을 갖춘다.

북을 쳐 이엄을 알리면, 종친과 문무백관 및 사자 이하는 모두 문외위로 간다. 예조 정랑이 교명함과 책함, 인수 및 명복함을 받들어 각각 안에 둔다. 여러 호위의 관원과 사금은 각각 기복을 갖춘다. 상서원 관이 보를 받들어 함께 사정전 합외로 가서 사후한다. 좌통례가 합외로 가서 부복하였다가 무릎을 꿇고 중엄을 계청한다. 전하가 원유관(遠遊冠)에 강사포(絳紗袍)를 갖추고 사정전으로 간다. 산선시위(繖扇侍衛)는 평상시 의식과 같다. 근시 및 집사관이 먼저 사배례(四禮禮)를 평상시처럼 행한다. 전악이 공인(工人)을 거느리고 들어와 자리로 간다. 협률랑이 들어와 거휘위로 간다.

북을 쳐 삼엄을 알리면, 집사관이 먼저 자리로 간다. 인의가 종친과 문무백관을 나누어 인도하여 동서편문을 통해 들어와 자리로 간다. 종소리가 그치면 내외의 문을 벽한다. 좌통례가 부복하였다가 무릎을 꿇고 외판을 아뢴다. 전하가 여를 타고 나간다. 산선시위는 평상시 의식과 같다. 전하가 어좌에 오르면 향로에서 연기를 피워 올린다. 상서원 관이 보를 받들어 안에 둔다. 산선의 진열 및 호위관과 시위가 전내 입시 그리고 사금이 전계 위에 나누어 서는 것은 모두 평상시의 의식과 같다. 전의가 '사배'라고 하면 찬의가 '국궁, 사배, 흥, 평신'을 창한다. 종친과 문무백관이 국궁, 사배, 흥, 평신한다. 회반하여 마주 향하고 서는데 북쪽이 상위이다. 인의가 사자 이하를 인도하여 동편문을 통해 들어와 자리로 간다. 찬의가 '국궁, 사배, 흥, 평신'을 창한다. 사자 이하는 국궁, 사배, 흥, 평신한다. 전교관이 어좌 앞으로 가서 부복하였다가 무릎을 꿇고 '전교'를 계하고 부복하였다가 일어나 동문을 통해 나간다. 집사자가〈공복이다〉 교명안, 책안, 인안을 마주 들고 따른다. 〈매 안에 2명이다.〉 전교관이 내려와 사자의 동북쪽으로 가서 서향하고 선다. 집사자가 안을 들어 전교관의 남쪽에 서는데 약간 물러나고 모두 서향이다.

전교관이 '유교'라고 칭한다. 찬의가 '궤'라고 창한다. 사자 이하는 궤한다. 전교관이 선교하기를, "모씨를 책하여 왕세자빈으로 삼노라. 경 등에게 명하노니 예를 펴라" 한다. 선교가 끝나면 찬의가 '부복, 흥, 사배, 흥, 평신'을 창한다. 사자 이하는 부복, 흥, 사배, 흥, 평신한다. 집사자가 교명안을 전교관 앞에 올린다. 전교관이 교명함을 취하여 정사에게 준다. 정사는 앞으로 나가 북향하고 무릎을 꿇고 받는다. 거안자가 대거(對擧)하고 정사의 왼쪽으로 가서 무릎을 꿇는다. 정사가 교명함을 안에 둔다. 거안자가 대거하고 물러나 사자의 뒤에 선다. 전교관이 책함과 인수를 취하여 정사에게 주는데 모두 교명을 주는 의식과 같다. 마치면 돌아가 시위한다. 찬의가 '부복, 흥, 사배, 흥, 평신'을 창한다. 사자는 부복, 흥, 사배, 흥, 평신한다.

인의가 사자를 인도하여 동문을 통해 나간다. 교명안, 책안, 인안, 명복안을 든 자들이 앞에서 간다. 사자는 교명함, 책함, 인수, 명복함을 각각 채여(綵輿)에 둔다. 세장고취(細仗鼓吹)가 전도(前導)한다. 다음에 교명여(教命輿)이고, 다음에 책여(冊輿)이며, 다음에 보여(寶輿)이고, 다음에 명복여(命服輿)이고, 다음에 연(輦)이고, 다음에 의장이며, 다음에 사자 이하가 수행한다. 인의가 종친과 문무백관을 나누어 인도하여 함께 다시 배위로 간다. 찬의가 '국궁, 사배, 흥, 평신'을 창한다. 종친과 문무백관은 국궁, 사배, 흥, 평신한다. 좌통례가 서편계를 통해 올라가 어좌 앞으로 가서 부복하였다가 무릎을 꿇고 '예필'을 계한 후 부복하였다가 일어나 제자리로 간다. 전하가 어좌에서 내려와 여를 타고 안으로 돌아간다. 산선과 시위는 모두 올 때의 의식과 같다. 인의가 종친과 문무백관을 나누어 인도하여 나간다. 해엄하고 방장하는 것은 평상시의 의식과 같다. 사자 이하는 광화문을 나가 말을 타고 〈세자빈의 거처로〉 간다. 종자(從者)는 말을 타고 수행한다.[101]

위에 의하면 왕세자빈의 책봉은 "모씨를 책하여 왕세자빈으로 삼노라. 경 등에게 명하노니 예를 펴라"고 하는 왕의 명령 즉 교로 시행되었다. 한편 왕비의 책봉은 "모씨를 책하여 왕비로 삼노라. 경 등에게 명하노니 예를 펴라"고 하는 왕의 명령 즉 교로 시행되었는데, 왕비와 왕세자빈만 제외하면 명령의 내용은 동일함을 알 수 있다.

반면 명의 황태자비 책봉은 "모씨를 책하여 황태자비로 삼노라. 황제께서 너 모(某)에게 제명(制命)하노니 절을 가지고 책보를 받들어 책례를 행

---

101 『국조오례의』 가례, 王世子納嬪儀.

표 8 조선의 왕비, 왕세자빈 책봉의례와 명의 황태자비 책봉의례의 상징물 비교

	조선 왕비	조선 왕세자빈	명 황태자비
상징물	책(옥책) 보(금인) 수 명복(명복함)	책(죽책) 인(은인) 수 명복(명복함)	책(금책) 보(금보) 수

하라"고 하는 황제의 명령 즉 제로 시행되었다.[102] 이를 조선의 왕세자빈 책
봉과 비교하면 "모씨를 책하여 황태자비로 삼노라" 하는 부분은 "모씨를
책하여 왕세자빈으로 삼노라"고 하는 부분과 황태자비와 왕세자빈이라고
하는 표현만 제외하면 명령의 내용과 형식이 동일함을 알 수 있다.

반면 "경 등에게 명하노니"라고 하는 부분은 "황제께서 너 모에게 제명
하노니"라고 하는 부분과 내용과 형식이 약간 다른 면을 보여 준다. 이는 명
나라 황제의 명령은 제라고 하였지만 조선국왕의 명령은 교라고 하였기에
'제명(制命)'이라는 용어를 '명(命)'으로 바꾼 것이라 할 수 있다.

또한 "예를 펴라"고 하는 부분과 "절을 가지고 책보를 받들어 책례를 행
하라"고 하는 부분은 내용과 형식이 상당히 다른 면을 보여 준다. 즉 명의
황태자비 책봉에서는 "절을 가지고 책보를 받들어"라고 하는 표현이 있는
데, 이 표현이 조선의 왕세자빈 책봉에서는 완전히 생략되어 있는 것이다.
이유인즉 절은 황제의 의장이기에 조선국왕이 사용할 수 없었으므로 이 표
현을 쓰지 않았다. 아울러 명 황태자비의 책봉에서는 실제 책보가 사용되었
지만 조선의 왕세자빈 책봉에서는 책과 인이 사용되었으므로 "책보를 받들
어"라는 표현을 쓰지 않았다. 이처럼 조선의 왕세자빈 책봉의례와 명의 황

---

102 "宣制曰 冊某氏爲皇太子妃 皇帝制命爾某 持節奉冊寶行冊禮",『대명집례』 가례 10, 皇太子納妃, 遣使奉
冊儀注.

태자비 책봉의례가 유사하면서도 차이가 나는 이유는 근본적으로 조선의 왕세자빈 책봉의례가 제후국 체제에 충실하게 변형되었고 아울러 왕비의 책봉의례와 격을 달리했기에 나타난 결과라 할 수 있다. 이 내용을 정리하면 표 8과 같다.

3 왕자와 왕녀의 봉작과 봉작의례

조선 건국 이후 왕자와 왕녀를 비롯한 종친의 봉작 대상자를 유교의 친족 조직에 근거하여 유복친(有服親) 이내로 확정한 왕은 세종이었다. 세종은 오복(五服)을 기준으로 하고 여기에 적서(嫡庶)를 고려하여 종친의 봉작명 및 품계를 자세하게 정하였다. 세종은 중국의 열후제(列侯制)를 참조하여 종친의 봉작명을 정하였는데, 2품 이상은 윤(尹), 3품은 정(正), 4품은 영(令), 5품은 감(監), 6품은 장(長)으로 하였다.[103]

세조는 세종이 정비한 종친 봉작을 보다 정밀하게 세분화하여 세종 대에 1품계에 1자급(資級)만을 두었던 종친품계를 1품계에 2자급이 있도록 하였다. 1품계에 2자급으로 됨에 따라 새로운 봉작명이 제정되었는데, 정3품은 정(正), 종3품은 부정(副正), 정4품은 영(令), 종4품은 부령(副令), 정5품은 감(監), 종5품은 부감(副監), 정6품은 장(長)이 그것이었다. 세종과 세조 대에 정비된 종친 봉작제는 원칙과 명칭에서 약간의 변화를 거쳐 『경국대전』에 수록되었다.

『경국대전』에 의하면 조선시대의 종친 봉작은 다음과 같이 운영되었다. 왕의 본부인인 왕비가 출산한 아들들은 대군이 되었다. 대군을 봉작하는 연한은 따로 없었고 적당한 시기에 봉작하도록 하였다. 이에 비해 왕의 후궁들이 출산한 아들들은 군이 되었는데, 이들은 7살이 되면 봉작되었다. 대군과 군은 무품계로서 정1품의 위에 해당하였다. 이는 왕의 아들들은 신료들

---

103 『세종실록』 권102, 25년(1443) 12월 9일.

보다도 상위의 존재라는 명분상의 문제에서 나타난 결과였다. 이 외에 왕의 손자나 증손자 또는 현손자는 대수와 적서 관계에 따라 종친부의 작호를 받고 차차로 승진하도록 하였다. 『경국대전』에 규정된 종친의 봉작명 및 품계를 고려하여 종친들이 초수(初授)되는 봉작을 정리하면 표 9와 같다.

표 9 『경국대전』의 종친 봉작제와 초수 봉작명

대 상 자	봉 작 명	품 계
왕의 적자	대군	무품계
왕의 서자	군	무품계
	군	정1품
대군 승습적장자	군	종1품
세자 중자, 대군 승습적장손	군	정2품
왕자군 승습적장자		
왕자 중손, 대군 중자, 승습적장증손	군	종2품
왕자군 승습적장손		
	도정(都正)	정3품
세자 중증손, 대군 중손, 왕자군 중자	정	정3품
대군 중증손, 왕자군 중손	부정	종3품
왕자군 중증손	수	정4품
왕자군의 중손형제(衆孫兄弟) 중 양첩소생(良妾所生)		
왕자군의 중증손형제(衆曾孫兄弟) 중 양첩소생	부수	종4품
왕자군의 중손형제 중 천첩소생(賤妾所生)		
왕자군의 중증손형제 중 천첩소생	영	정5품
왕자군의 서중손(庶衆孫)의 양첩소생 자(子)	부령	종5품
왕자군의 천첩소생 자	감	정6품

부마의 경우 앞에서 살펴본 것처럼 조선 개국 직후에는 군에 봉군되었다. 그러다가 정종 대에 부마는 군 대신에 후로 봉작되었는데 태종 대에 다시 군으로 봉작되는 변화를 겪었다.

종친 봉작과 마찬가지로 부마의 봉작명을 정한 왕 역시 세종이었다. 세종 대에 부마의 봉작명으로 위가 사용되기 시작하였고, 이 명칭이 성종 대에 보다 구체적으로 세분되기에 이르렀다. 즉 2품 이상을 위로, 당상관 이상을 부위로, 4품 이상을 첨위로 하였는데, 이 규정이 거의 그대로 『경국대전』에 수록되었다.

부마의 초수 봉작은 부마와 혼인하는 왕의 딸의 신분에 따라 구별되었다. 즉 왕의 본부인이 출산한 공주와 혼인한 부마는 종1품의 위에 봉작되었고 왕의 후궁이 출산한 옹주와 결혼하는 부마는 종2품의 위에 봉작되었다. 이 외에 세자의 본부인이 출산한 군주(郡主)와 혼인하는 사람은 정3품 당상계의 부위에 봉작되고, 세자의 첩이 출산한 현주(縣主)와 혼인한 사람은 종3품 첨위에 봉작되었다. 이상의 내용을 『경국대전』을 참조하여 정리하면 표 10과 같다.

외척의 경우 개국 직후에는 왕비의 부친인 국구를 비롯하여 왕비의 남자 형제들도 군에 봉해졌다. 심지어 왕의 후궁들의 부친들까지 군에 봉해지기도 하였다. 그러나 외척 중에 국구를 제외한 다른 사람들의 봉군은 태종 대에 모두 혁파되기에 이르렀다. 태종 대에 성립된 '국구만을 봉군한다'는 원칙은 그대로 『경국대전』에 수록되기에 이르렀다. 『경국대전』에는 국구가 정1품의 부원군에 봉해지는 것으로 규정되었다. 유복친 이내의 종친, 국구와 함께 조선 초 왕실 봉작의 주요 대상자가 되었던 사람들은 이들의 배우자 및 왕의 배우자들이었다.

조선 초기 종친의 처에 대한 봉작이 정비되기 시작한 것은 태종 대에 이르러서였다. 태종 17년 9월에 종친 봉작법이 정해짐에 따라 10일 후 종친의 처에 대한 봉작법이 정비되었다. 종친의 처에 대한 봉작명은 정1품 대군의 처는 삼한국대부인(三韓國大夫人), 정1품 부원군의 처는 모한국대부인(某韓國大夫人), 종1품 군의 처는 모한국부인(某韓國夫人), 정2품 군과 종2품 군의

표 10 부마의 혼인 대상과 초수 봉작명

	위	정1품
상공주자(尙公主者)	위	종1품
	위	정2품
상옹주자(尙翁主者)	위	종2품
상군주자(尙郡主者)	부위	정3품(당상)
	첨위	정3품(당하)
상현주자(尙縣主者)	첨위	종3품

처는 이자호 택주(二字號 宅主), 정3품 원윤(元尹)과 종3품 정윤(正尹)의 처는 신인(愼人), 정4품 부원윤(副元尹)과 종4품 부정윤(副正尹)의 처는 혜인(惠人)이었다.[104] 종친의 처를 대상으로 한 봉작법에서는 봉작명으로 '삼한국' 또는 '모한국'과 같은 국명이 이용된 것이 특징이었다. 이 외에 종친의 처 중에서는 오직 적처만이 봉작의 대상자가 되었는데, 태조 5년 5월에 이미 부인들의 봉작은 정처에게만 한정한다는 원칙이 천명되었으며, 태종 13년 3월에 이 원칙이 다시 재확인되었으므로 이에 대한 논란은 없었다.

태종 대에 정해진 종친부인의 봉작명 중에 삼한국과 같은 국명이 이용된 봉작명은 세종 14년 1월에 들어 개정되었다. 그것은 국명이 봉작명으로 사용되는 것은 신하의 명분에 맞지 않는다는 비판이 제기되었기 때문이다. 동시에 '삼한국' 등의 국명은 한정되어 있는 데 비하여 봉작을 받을 대상자는 무수하기 때문에 여러 사람이 같은 국명을 갖게 되어 혼란이 발생할 수 있다는 문제점이 있기 때문이었다. 이에 세종은 상정소(詳定所)에 명하여 종친부인들의 봉작명을 새로 정하여 올리도록 하였다. 상정소에서는 정1품의

104 『태종실록』 권34, 17년(1417) 9월 12일.

표11 『경국대전』의 종친부인의 봉작명과 품계

대 상 자	봉 작 명	품 계
대군의 처	부부인	정1품
이하 해당 품계의 종친임	군부인	정1품
	군부인	종1품
	현부인	정2품
	현부인	종2품
	신부인(愼夫人-당상관)	정3품
	신인	정3품
	신인	종3품
	혜인	정4품
	혜인	종4품
	온인(溫人)	정5품
	온인(溫人)	종5품
	순인(順人)	정6품

처는 모부부인(某府夫人), 종1품의 처는 모군부인(某郡夫人), 정2품과 종2품의 처는 모현부인(某縣夫人)으로 하고 3품과 4품의 처는 이전의 신인(愼人)과 혜인(惠人)을 그대로 사용하자는 의견을 제시하였고 세종은 이를 수락하였다. 이는 이전의 정1품의 처의 봉작명인 삼한국대부인이 모부부인으로, 종1품의 처의 봉작명인 모한국대부인이 모군부인으로, 정2품과 종2품의 처의 봉작명인 이자호 택주가 모현부인으로 된 것인데, 국명 대신에 부, 군, 현이 사용되었다. 세종은 종친의 처를 대상으로 한 봉작에 군현명을 사용하게 한 이후에 종친들의 봉작에도 군현명을 사용하도록 하였다. 세종이 정한 종친의 처의 봉작은 약간 세분화되어 『경국대전』에 수록되었다(표 11 참고).

종친, 부마, 국구 등 일정 범위의 왕친과 외척은 봉작과 함께 사환이 봉쇄되어 정치활동이 금지되었다. 대신 이들은 조선시대 최고의 과전(科田)과 녹과(祿科)를 받음으로써 명예와 부를 누릴 수 있었다. 이 같은 왕실 봉작제를 통하여 조선왕실 사람들은 왕세자와 형제자녀들이 정치적 대결 없이 돈독한 우애를 유지하며 왕실을 번성시키기를 바랐다.

1) 왕자의 봉작의례

조선시대에 왕자에 대한 공식적인 봉작의례는 없었다. 즉 『경국대전』을 비롯하여 『국조오례의』 등에 왕자의 봉작에 관련된 의례가 없었던 것이다.

반면 『대명집례』 가례에는 '책친왕(冊親王)'과 '책공주(冊公主)' 항목이 있어서 황제의 자녀를 공식적으로 책봉하였다. 친왕의 책봉문은 황태자와 마찬가지로 금책으로 제작되었다. 금책은 2편이었으며 각 편은 주척으로 길이 1척 2촌, 넓이 5촌, 두께 2푼 5리였고 여기에 진서로 글자를 새겨 넣었다.[105] 친왕의 인장은 황금으로 만든 금보로서 귀뉴, 주수였고 인문은 '모왕지보(某王之寶)'였다.[106]

한편 공주의 책봉문은 친왕과는 달리 은책으로 제작되었다. 은책은 2편이었으며 각 편은 주척으로 길이 1척 2촌, 넓이 5촌, 두께 2푼 5리였는데 여기에 글자를 새겨 넣었다.[107] 공주의 인장은 황금으로 만든 금인으로서 귀뉴, 주수였고 인문은 '모국공주지인(某國公主之印)'이었다.[108]

이처럼 명의 황자와 황녀에 대한 책봉의례가 있음에 비해 조선시대 왕자와 왕녀에 대한 봉작의례가 없었던 이유는 제후국을 자처한 조선왕실이 명

---

105 "國朝 冊親王 用金冊二片 上鐫眞書 每片依周尺 長一尺二寸 闊五寸 厚二分五釐 字則依數分行 鐫刻眞書", 『대명집례』 가례 5, 冊親王, 冊.

106 "國朝 親王金寶龜鈕 依周尺方五寸二分 厚一寸五分 其文曰某王之寶 綬用朱", 『대명집례』 가례 5, 冊親王, 寶.

107 "國朝 冊公主 用銀冊二片 鐫字鍍金 每片依周尺 長一尺二寸 闊五寸 厚二分五釐 字則依數分行書", 『대명집례』 가례 6, 冊公主, 冊.

108 "國朝 公主用金印龜鈕 依周尺方五寸二分 厚一寸五分 其文曰某國公主之印 綬用朱", 『대명집례』 가례 5, 冊公主, 印.

과 동일하게 왕자와 왕녀를 책봉할 수 없었을 뿐만 아니라 왕자와 왕녀의 봉작제가 책봉의 효과를 대신했기 때문이었다.

　본래 책봉은 중국의 황제가 책으로서 작위를 임명하던 의례였다. 그러므로 책은 중국 황제의 문서 중에서도 최고의 격식을 갖춘 문서였다.

　조선시대의 경우 책으로 작위를 임명하던 대상은 왕비, 왕세자, 왕세자빈에 한정되었다. 나머지 후궁, 왕자, 왕녀는 비록 왕실 작위를 받는 대상이기는 했지만 책으로 임명하지 않고 교지로 임명했다. 이는 왕의 배우자 중에서 처첩을 구별하고 자녀들 중에서 장중(長衆)을 구별하기 위해서라고 할 수 있다.

　조선시대 왕자와 왕녀는 책이 아닌 교지로 임명되기는 했지만 어쨌든 봉작되기는 했다. 따라서 왕자와 왕녀를 대상으로 하는 작위 임명은 책봉의례가 아니라 봉작의례로 명명하는 것이 보다 실상에 맞는다고 할 수 있다.

　책봉의례와 봉작의례는 명칭상에서 차이가 날 뿐만 아니라 의례 자체는 물론 신표에서도 큰 차이를 보여 주었다. 먼저 책봉의례는 본질적으로 왕이 참여하여 거행하는 의례였음에 비해 봉작의례에는 왕이 참여하지 않았다. 아울러 책봉의례는 책봉의 증표로서 책과 보가 이용되었지만, 봉작의례에서는 책과 보가 사용되지 않고 단지 임명장인 교지만 이용되었다. 이처럼 책봉의례와 봉작의례는 작위를 임명하는 의례라는 면에서 같지만 형식적으로는 많은 차이를 보여 주었다. 그 이유는 물론 책봉 대상자와 봉작 대상자의 차별을 분명하게 하기 위해서라고 할 수 있다.

　『경국대전』에 의하면 조선시대 왕자의 봉작은 다음과 같이 운영되었다. 왕의 본부인인 왕비가 출산한 아들은 대군이 되었다. 대군을 봉작하는 연한은 따로 없었고 적당한 시기에 봉작하도록 하였다. 이에 비해 왕의 후궁이 낳은 아들은 군이 되었는데, 이들은 7살이 되면 봉작되었다. 공주와 옹주 역시 대군과 마찬가지로 봉작하는 연한이 따로 없었다. 반면 왕손(王孫)과 군주(郡主) 그리고 현주(縣主)는 10살에 봉작되었다.[109] 대군과 공주 그리고 옹주의 봉작 연한을 따로 정하지 않은 것은 이들에 대한 봉작을 신축적으로 운영하기 위해서였다. 하지만 나름대로의 원칙은 있었다. 즉 대군의 봉작은 대체로 왕자군이 봉작되는 7세보다 이른 나이에 이루어졌고, 공주와 옹주의 봉작은 군주와 현주가 봉작되는 10세보다 이른 나이에 이루어졌다.

왕의 자녀가 봉작된다는 것은 공식적으로 관작을 받는 것과 같았다. 즉 대군과 군은 종친부의 봉작을 받는 것이었고, 공주와 옹주는 내명부의 봉작을 받는 것이었다. 봉작을 받으면 그에 상응하여 교지를 받았다. 봉작 교지는 왕의 명령에 따라 이조에서 망단(望單)을 올리고 이것을 근거로 발행되었다.

영조의 경우, 1699년(숙종 25) 12월 24일에 이조에서 올린 연잉군(延礽君) 망단과 동일자로 발급된 교지 실물이 남아 있다.[110] 봉작 교지를 받으면 그에 수반하여 녹봉과 공상(供上) 및 전결(田結)을 받았다. 조선 후기의 녹봉은 품계에 따라 지급하던 미두(米豆)였다. 『속대전(續大典)』에 의하면 대군, 공주, 왕자군, 옹주는 모두 제1과를 매월 지급받았는데 왕자군의 경우에는 매달 미 2석 8두, 황두 1석 5두를 지급받았다. 녹봉을 지급받기 위해서는 녹패(祿牌)를 받아야 했다.

조선 후기의 공상이란 정부재정을 담당한 관아인 호조 및 선혜청이 공물의 일부를 왕실재용으로 조달하는 것을 말하며,[111] 전결은 공주방이나 옹주방 또는 대군방 등의 경제적 독립을 위해 지급되는 면세전으로서 이런 전결을 궁방전이라고 하였다. 『속대전』에 의하면 대군과 공주는 850결을 받았고, 왕자군과 옹주는 800결을 받았다.[112]

---

109 『육전조례』 종친부, 封爵 "大君公翁主封爵無年限 王子君七歲 王孫〈王子之衆子〉郡縣主十歲封爵".
110 『영조대왕』, 한국학중앙연구원, 2011, 14-15쪽.
111 조영준, 「19세기 왕실재정의 운영실태와 변화양상」, 서울대학교 박사학위논문, 2008, 19쪽.
112 『속대전』 호전(戶典), 宮房田 "大君公主八百五十結 王子翁主八百結".

이처럼 왕자 봉작 이후에 교지와 녹봉 그리고 공상과 전결을 받는 것은 왕자 봉작이 일종의 관료 임명으로 간주되었기에 나타나는 현상이었다. 따라서 대군이나 군 또는 공주, 옹주는 비록 어린 나이에 봉작되지만 나이에 관계없이 봉작 이후에는 독립적 생활단위인 방(房)으로 간주되었다. 즉 대군은 대군방, 군은 군방, 공주는 공주방, 옹주는 옹주방이 되는 것이었다. 요컨대 대군, 군, 공주, 옹주 등이 정식으로 봉작된 후 방을 구성하면 그에 상응하여 공상과 전결을 지급했던 것이다.

영조의 경우, 6살에 연잉군에 봉작되면서 연잉군방을 형성하고 형식적으로 독립 생활단위를 이루었다. 하지만 아직 어렸기에 실제 양육은 여전히 생모의 거처인 보경당(寶慶堂)에서 이루어졌다. 보경당의 연잉군방에서 양육을 담당한 사람들은 유모와 보모 그리고 궁녀들이었다.

영조 대에 편찬된 『탁지정례(度支定例)』에 의하면 재궐 왕자(在闕 王子)에게 소속된 궁인으로서 선반(宣飯)과 의전(衣纏)을 받는 대상은 유모 1명, 보모 1명, 수사(水賜) 2명, 각씨(閣氏) 5명 등 총 9명이었다.[113]

영조가 연잉군에 봉작되면서 연잉군방이 형성되었을 때에도 『탁지정례』의 규정에 의하여 유모 1명, 보모 1명, 수사 2명, 각씨 5명 등 총 9명이 배속되었을 것으로 생각된다. 연잉군방에 배속된 궁인 중에서 유모와 보모는 연잉군이 출생한 직후부터 직접적으로 양육을 담당했던 사람들이었다. 반면 수사 2명과 각씨 5명은 물을 긷거나 빨래 또는 청소 등을 담당했다. 연잉군방에 배속된 유모, 보모, 수사, 각씨의 생활을 위해 선반과 의전이 지급되었다. 이상의 내용을 정리하면 표 12와 같다.

공식적인 교육이 시작되기 이전에 연잉군은 연잉군방에 배속된 유모나 보모 또는 환관을 통해 교육받았다. 연잉군이 숙종의 명령에 의해 공식적으

---

113 최주희, 「18세기 중반 定例類에 나타난 王室供上의 범위와 성격」, 『장서각』 27, 2012, 52쪽.

　　　　　　　　　　　　제3장 조선시대 왕실 봉작제와 책봉의례

표 12 봉군 후 연잉군방의 구성

대 상 자	인 원	처 우
연잉군	1	녹봉, 전결 800결, 공상
유모	1	선반, 의전
보모	1	선반, 의전
수사	2	선반, 의전
각씨	5	선반, 의전

로 교육을 받기 시작한 나이는 13살부터였다.[114] 당시 연잉군의 사부는 이진
망이었고 교재는 『소학』이었다.[115] 그 이전의 교육 즉 연잉군이 8세에 읽은
『효경』과 10세에 읽은 『동몽선습』은 연잉군방에 배속된 유모나 보모 또는
환관을 통해 비공식적으로 받은 교육이었다. 이런 상황은 영조에게만 해당
되는 것이 아니라 조선시대의 왕자들에게 보편적이었다.

2) 왕녀의 봉작의례

『경국대전』에 의하면 조선시대 왕녀 봉작 시 왕의 본부인인 왕비가 출산
한 공주와 옹주는 봉작하는 연한이 따로 없었다. 반면 군주 그리고 현주는
10살에 봉작되었다.[116]

예컨대 순조의 제3공주인 덕온공주는 8세가 되던 1829년(순조 29) 3월에
정식으로 공주에 봉작되었다. 덕온공주의 봉작은 "제삼공주의 작호를 덕온
(德溫)으로 하고, 공상과 전결 등에 관한 일을 전례에 의거해 마련하라"[117]는

---

114 『御製讀書錄』, 장서각 도서분류 4-1748 "況明年 卽承命就傅之年".
115 『영조실록』 권1, 즉위년(1724) 9월 21일(신유).
116 "大君公翁主 封爵無年限 王子君七歲 王孫〈王子之衆子〉郡縣主 十歲封爵", 『육전조례』 종친부, 封爵.
117 "傳于尹聲大曰 第三公主爵號 以德溫爲之 供上及田結等事 依例磨鍊擧行事 分付該曹", 『승정원일기』 순

순조의 명령으로 거행되었다. 즉 공주의 봉작은 왕의 명령으로 거행되었으며 봉작명 또한 왕이 일방적으로 결정하여 통보했던 것이다.

정식으로 공주에 봉작되면 임명장인 교지를 받았다. 덕온공주의 경우를 보면, 순조는 덕온공주를 봉작하라는 명령을 내린 직후, 정관(政官)을 패초(牌招)하여 개정(開政)하고 덕온공주를 하비(下批)하라는 명령을 내렸는데,[118] 이는 인사담당 부서인 이조의 관리들을 불러 덕온공주의 임명장인 교지를 작성하게 하라는 뜻이었다. 따라서 덕온공주는 봉작된 직후에 교지를 받았음을 알 수 있다.

공주나 옹주 또는 대군에 봉작되면 단순히 임명장인 교지만 받는 것으로 끝나는 것이 아니라 그에 수반되는 토지와 녹봉을 받았다. 예컨대 순조는 덕온공주를 봉작하면서 "공상과 전결 등에 관한 일을 전례에 의거해 마련하라"고 명령하였는데, 공상과 전결 등이 봉작에 수반되는 녹봉과 토지였다. 봉작이 일종의 관료 임명으로 간주되었던 것이다.

덕온공주 역시 봉작되면서 850결의 전결을 받았다. 그런데 덕온공주가 850결의 전결을 받는 과정에서 많은 논란이 있었다. 덕온공주의 봉작 후, 호조에서는 850결의 전결 중에서 250결은 국가에서 마련해 주고 나머지 600결은 덕온공주방에서 토지를 매득한 후 그것으로 대체하자는 보고를 하였다.[119] 즉 호조에서는 850결 중에서 국가에서는 단지 250결만 새로 마련해 주자고 했던 것이다. 이는 영조의 조치에 입각한 보고였다. 하지만 순조는 덕온공주방에서 언제 600결을 매득할지 알 수 없으므로 즉시 850결을 마련해 줄 것을 명령하였다. 이 결과 덕온공주는 봉작되면서 850결의 전

조 29년(1829) 3월 6일(경자).

118 "傳于尹聲大日 政官牌招開政 德溫公主封爵下批",『승정원일기』순조 29년(1829) 3월 6일(경자).

119 "朴岐壽 以戶曹言啓曰 傳曰 第三公主爵號 以德溫爲之 供上及田結等事 依例磨鍊擧行事 命下矣 謹考法典 公主房免稅 爲八百五十結 而其中二百五十結 以元結無土割送 六百結 以本房買得土田 或量外加耕 有土者免稅矣 今此德溫公主房免稅二百五十結 以元結割送 待本房望旱 擧行之意 敢啓",『승정원일기』순조 29년(1829) 3월 6일(경자).

제3장 조선시대 왕실 봉작제와 책봉의례

결을 모두 받을 수 있었다. 여기에 더하여 덕온공주에게는 토지를 마련한다는 명목으로 2,500냥의 거금이 지급되었다.[120] 이 자금으로 덕온공주방에서는 대동강 하류 하중도(河中島)에 1천여 두락지(斗落地)에 달하는 거대한 토지를 매입하였다. 덕온공주방에 소속된 토지는 내수사의 환관들이 관리하였다.[121]

덕온공주는 8살에 봉작되면서 이처럼 막대한 토지를 소유하게 되었지만 아직 어렸기에 공주의 양육은 여전히 궁중 안에서 이루어졌다. 덕온공주방 즉 덕온공주가 사는 장소는 여전히 생모인 순원왕후 김씨의 중궁전 주변에 있었을 것으로 생각된다.

덕온공주방에서 양육을 담당한 사람들은 유모와 보모 그리고 궁녀들이었다. 『순조빈전혼전도감의궤(純祖殯殿魂殿都監儀軌)』에 의하면 순조가 세상을 떠났을 때, 덕온공주방의 유모 1명, 보모 1명, 수사 3명, 각씨 5명이 공식적으로 순조를 위한 상복을 입는 대상으로 기록되어 있다.[122] 순조가 세상을 떠났을 때 덕온공주는 13살로서 아직 혼인 전이었다. 따라서 이때 덕온공주방에 있던 유모 1명, 보모 1명, 수사 3명, 각씨 5명 등 총 10명이 봉작 후부터 덕온공주를 양육하던 사람들이었을 것으로 판단된다. 이 중에서 유모와 보모는 덕온공주가 출생한 직후부터 직접적으로 양육을 담당했던 사람들이었다. 반면 수사 3명과 각씨 5명은 물을 긷거나 빨래 또는 청소 등을 담당했다.

덕온공주방은 기본적으로 주인인 덕온공주를 포함하여 총 11명으로 구성되었다. 덕온공주의 의식주에 필요한 물자는 앞에서 언급한 대로 봉작 후

---

120 "徐英淳 以戶曹言達曰 德溫公主房買土價銀 以錢輸送可也事 令下矣 田畓買得價銀二千五百兩 依下令代錢輸送之意 敢達 令曰 知道",『승정원일기』순조 29년(1829) 3월 12일(병오).

121 염정섭,「조선후기 대동강 하류 河中島의 개간과 宮房田의 성립 및 변천」,『규장각』37, 2010, 119-125쪽.

122 "德溫公主房 乳母一 保母一 水賜三 閣氏五",『純祖殯殿魂殿都監儀軌』3, 成服諸具, 규장각 도서분류 13672.

지급된 토지 그리고 공상에서 마련되었다. 나머지 10명의 생활에 필요한 물자 역시 공상으로 충당되었다.

『만기요람(萬機要覽)』에 의하면 왕비에게 소속된 아지(阿只), 상궁 등에게 선반과 의전 등이 공상되었는데 그 내용을 살펴보면 중미(中米)가 652석 12두 9승, 포태(泡太)가 328석 13두 6승, 감장(甘醬)이 84석 11두 3승, 간장이 6석 11두 8승, 등법유(燈法油)가 6석 11두 8승, 대구 102마리, 조기 54,363마리 등 일상생활에 필요한 모든 종류의 물자가 포함되었다.[123]

조선시대 왕비에게 배속된 궁녀의 수가 대략 100명 정도였던 사실을 고려하면, 덕온공주방에 배속된 10명의 궁녀들에게 들어간 공상 즉 선반과 의전은 왕비의 아지와 상궁 등에게 들어간 공상의 10분의 1정도쯤 되었을 것으로 생각된다.

덕온공주 본인에게 들어가는 공상 역시 적지 않았다. 덕온공주는 봉작된 후 5년 동안 매년 태(太) 100석과 미(米) 100석에 해당하는 돈을 공급받았다.[124] 태 100석과 미 100석에 해당하는 돈이 바로 덕온공주의 1년 동안 의식주 비용으로 충당되는 공상이었다. 물론 이 외에 온갖 잡물들도 공상으로 충당되었다. 이런 사실로 미루어 보면 덕온공주에게는 봉작된 이후 공상 이외에도 매년 850결의 전결 그리고 새로 매입한 전결 등에서 들어오는 수입이 줄잡아도 1천 석 이상은 넘었을 것으로 생각된다. 이런 수입은 계속 축적되면서 급속히 증가했을 것이다. 요컨대 덕온공주는 정식으로 봉작되면서 막대한 토지를 소유하였고 아울러 덕온공주방에 소속된 10명의 궁녀들에 의해 양육되었으며 덕온공주방에 소속된 모든 사람들의 생활에 필요한

---

123 『만기요람』 재용편(財用編), 供上, 中宮殿.
124 "尹聲大 以戶曹言達曰 卽接內需司達下謄呈 則德溫公主房銀子米太木布錢等物 磨鍊劃給事 達下矣 依定式 田土買得價銀二千五百兩輸送 田庄未備前需用次 本曹太一百石 宣惠廳米一百石 限五年上下 木布錢則本曹旣無已例 置之 何如 令曰 依買土價銀 以錢輸送 可也", 『승정원일기』 순조 29년(1829) 3월 12일(병오).

표 13   봉작 후 덕온공주방의 구성과 운영

대 상 자	인 원	처 우
덕온공주	1	전결 850결, 토지매입비 2,500냥 매년 태 100석, 미 100석
유모	1	선반, 의전
보모	1	선반, 의전
수사	3	선반, 의전
각씨	5	선반, 의전

의식주는 공상을 통해 마련되었다. 이런 상황은 덕온공주가 혼인한 후 출합
(出閣)할 때까지 계속되었으며, 다른 왕녀들에게도 유사했다.

4 봉호·책보·상징물의 종류와 기능에 대한 비교

　왕비, 후궁, 왕세자, 왕세자빈, 왕자, 왕녀 중에서 왕비와 왕세자는 조선국 왕뿐만 아니라 명 황제에 의해서도 책봉되었다. 명 황제는 조선의 왕비와 왕세자에게 국명은 없이 단지 왕비와 왕세자의 봉호로만 책봉하였다. 이는 청 때에도 큰 변화가 없었다.

　반면 후궁, 왕세자빈, 왕자, 왕녀는 오직 조선국왕에 의해서만 책봉 또는 봉작되었다. 후궁, 왕세자빈, 왕자, 왕녀의 봉호는 조선 자체의 봉작제에 따라 다양한 이름을 가졌다. 예컨대 후궁과 왕녀는 내명부의 봉작제에 따른 봉호를 받았고, 왕자는 종친부의 봉작제에 따른 봉호를 받았다.

　『경국대전』 내명부 조항에 의하면 후궁에는 정1품의 빈, 종1품 귀인, 정2품 소의, 종2품 숙의, 정3품의 소용, 종3품 숙용, 정4품의 소원, 종4품의 숙원이 있었다. 여기에 등장하는 빈, 귀인, 소의, 숙의, 소용, 숙용, 소원, 숙원이 곧 후궁의 봉호였다. 한편 왕세자의 후궁에는 종2품의 양제(良娣)와 종3품의 양원(良媛), 종4품의 승휘(承徽), 종5품의 소훈(昭訓)이 있었다.

　또한 『경국대전』에 의하면 조선시대 왕자의 봉작은 다음과 같이 운영되었다. 왕의 본부인인 왕비가 출산한 아들은 대군이 되었다. 대군을 봉작하는 연한은 따로 없었고 적당한 시기에 봉작하도록 하였다. 이에 비해 왕의 후궁이 낳은 아들은 군이 되었는데, 이들은 7살이 되면 봉작되었다. 왕비 소생인 공주와 후궁 소생인 옹주 역시 대군과 마찬가지로 봉작하는 연한이 따로 없었다. 결국 왕자의 봉호는 대군과 군이었고, 왕녀의 봉호는 공주와 옹주였다. 한편 세자의 중자(衆子)는 군(君)에 봉작되었고, 적녀는 군주, 서녀는 현주

표 14 왕실 봉작제와 봉호

대 상	봉 호
왕비	왕비
왕의 후궁	빈, 귀인, 소의, 숙의, 소용, 숙용, 소원, 숙원
세자	세자
세자빈	세자빈
세자의 후궁	양제, 양원, 승휘, 소훈
왕자	대군, 군
왕녀	공주, 옹주
세자의 중자	군
세자의 딸	군주, 현주

에 봉작되었다. 이상의 내용을 정리하면 표 14와 같다.

왕비, 후궁, 왕세자, 왕세자빈, 왕자, 왕녀는 책봉 또는 봉작되면 그 증표로 책, 보, 인을 비롯하여 교명, 명복, 교지 등을 받았다.

왕비의 경우에는 교명, 옥책, 금인, 명복을 받았다. 교명은 왕비로 책봉한다는 왕의 명령문으로서 세종 19년(1437) 이전에는 일반적인 임명장과 마찬가지로 종이로 만들었지만 이때를 기점으로 중국의 제도를 따라 오색사(五色絲)로 직조한 비단에 황금축(黃金軸)을 장식하여 두루마리 형태로 제작하였으며 또 전문의 '교명(敎命)' 2자도 직조하였다.[125] 현재 왕비의 교명으로는 장열왕후, 인현왕후, 인원왕후, 단의왕후, 선의왕후, 정성왕후, 정순왕후, 효의왕후, 순원왕후, 효현왕후, 명성왕후 등 11명의 교명문이 전하고 있다.[126] 왕비를 책봉할 때 쓰이는 교명의 문장은 당대의 대학자가 지었다. 예컨대 숙종의 첫 번째 왕비인 인경왕후 김씨의 교명은 대사헌 이무가 지었는데, 다음과 같은 내용이었다.

125 장을연, 「淸代 조선왕실 冊封誥命과 조선 敎命의 형태 비교연구」, 『장서각』 24, 2010, 155쪽.
126 같은 논문, 166쪽.

왕은 이르노라. 건도(乾道)는 쉬지 않는지라, 스스로 아래를 돕는 광명을 가졌고, 곤덕(坤德)은 끝이 없는지라, 이에 중곤(中壼)의 지위에 나아갔도다. 이 장(彛章)은 비록 옛 법전이라 하나, 책명은 오직 새롭도다. 나라를 다스리는 요체(要諦)를 생각하건대 반드시 자기 집으로 법칙을 삼아야 한다. 도산(塗山)이 하(夏)나라를 도우니, 큰 사업이 현규(玄圭)에서 비롯했고 경실(京室)의 지어미가 주(周)나라를 일으키니, 역대 제위(帝位)가 창록(蒼籙)에 연면하였으니, 어찌 다만 조단(造端)의 의범(懿範)뿐이리요. 또한 정본(正本)의 홍규(弘規)로다. 아! 저 김씨(金氏)는 명문(名門)에서 태어나서 예간(睿簡)을 받았도다. 유한(幽閒)이 성품을 이루니, 모두 다 국풍(國風)의 아름다움에 짝할 만하다고 일렀고, 숙겸(肅謙)을 마음에 두니, 내 또한 공경스러운 마음을 평일(平日)에 일으켰도다. 오직 그것이 만화(萬化)의 시초인지라, 이로써 삼전(三殿)의 기쁨을 함께하게 하였다. 불행하게도 거우(居憂)의 슬픔을 당하여 아픈 마음이 추원(追遠)하는 데 미치지 못했으나 이 복제를 마침에 이르렀으니, 예(禮)는 마땅히 배존(配尊)하는 데 융숭하여야 할 것이라. 이에 고금(古今)의 성대한 의절을 상고하여 마땅히 조종(祖宗)의 경상의 법도를 좇아야 할 것이다. 이에 길일을 가리고 예의를 갖추어 왕비로 책봉하여 삼으니, 동관(彤管)으로 밝은 빛을 드날리어 칭송은 이미 중위(重闈)에 올랐고, 보전(寶篆)이 아름다움을 더하니, 경사는 백세(百世)에 뻗어 가리로다. 아! 공검(恭儉)은 오직 부귀(富貴)를 지키는 바탕이 되고, 계구(戒懼)는 실로 복록(福祿)을 잡는 끈이 될 것이다. 빈조(蘋藻)를 정결히 제사에 받들어 성효(誠孝)를 다하고, 침선(寢膳)을 편안히 물어서 신혼(晨昏)에 게을리함이 없어서 더욱 힘써 닦으며, 모름지기 지극한 이 뜻을 몸 받아야 할 것이다. 그러기에 이에 교시(敎示)하노니, 마땅히 자세히 알도록 하라.[127]

---

127 『숙종실록』 권5, 2년(1676) 10월 21일(경오).

제3장 조선시대 왕실 봉작제와 책봉의례

옥책은 왕비로 결정된 사실과 함께 왕비의 할 일을 당부하는 내용을 옥판에 적어 책의 형태로 만든 것인데, 이 역시 교명과 마찬가지로 당시의 대학자가 지었다. 예컨대 숙종의 첫 번째 왕비인 인경왕후 김씨의 옥책은 지중추부사 홍우원이 지었는데, 다음과 같은 내용이었다.

왕은 이르노라. 나는 생각하건대 임금이 집을 두기에 이르면 왕비를 세우는 의(義)는 오래된 일이며, 곤은 후중하여 만물을 싣고 건에 배합하는 모습으로 나타났나니, 관저(關雎)를 풍화의 기본으로 삼고 읍강(邑姜)은 난신의 하나로 되어 있다. 이에 길일을 가리어 욕의(縟儀)를 거행하는 바이다. 살펴보건대, 아! 저 왕비 김씨는 시례(詩禮)의 명가에서 태어나서 유한하고 현숙한 자질이라. 분화(紛華)한 습관을 끊은 것은 그 성품이 그러하였고, 환패(環佩)의 소리를 따르는 것은 모교(姆教)를 번거롭게 하지 않았다. 이에 선조(先朝)의 간택에 뽑혀 일찍부터 과인(寡人)을 저궁(儲宮)에서 도왔도다. 3년을 거우함에 미쳐서는 더욱 빈조(蘋藻)를 경건하게 다스렸고, 양전(兩殿)을 받들며 효성을 다하매, 정온(情溫)을 조금도 게을리하지 않았다. 이에 복제를 벗을 때를 당하여 책명의 선포를 천명하노라. 남은 슬픔이 다하지 않았으니 계서(繼序)의 예를 어찌 편케 행하리오마는, 옛 법전을 따르매 정시(正始)의 도(道) 또한 중한지라, 이에 신(臣) 의정부 영의정 허적(許積), 의정부 우참찬 민점(閔點)을 보내어 부절(符節)을 가지고 예를 갖추어 옥책(玉冊)과 보장(寶章)을 주노라. 귀장(龜章)과 적불(翟茀)은 문물(文物)을 갖추어 빛을 더하고, 옥검(玉檢)과 금니(金泥)로 영규(令規)를 기록하여 아름다움을 전파하도다. 아! 오직 절검(節儉)은 바로 감화를 일으키는 근본이요, 오직 교만과 사치는 곧 도를 잃게 하는 계제(階除)이니, 계명(鷄鳴)에 올린 잠계(箴戒)를 정치(政治)에 비익(裨益)이 이르게 하였으며, 인지(麟趾)로 퍼지는 경사는 본지(本支)가 번창(蕃昌)함을 기다려 보리니, 임사(任姒)의 아름다운 명예를 폐하지 말 것이며, 길이 종조(宗祧)의 아름다운 공렬(功烈)을 이어받게 할지어다. 그러기에 이에 교시하노니, 마땅히 자세히 알도록 하라.[128]

이 외에 왕비의 금인은 '왕비지인'이라 새겨진 도장이었고, 명복은 왕비의 최고 예복이었다.

후궁의 경우 간택빈을 제외하면 교명, 옥책, 금인, 명복을 하나도 받지 못했다. 대신 임명장인 교지만을 받을 수 있었다. 예외적으로 간택빈은 교명을 받았는데, 그 교명은 왕비의 교명과 마찬가지로 빈으로 봉작한다는 왕의 명령문으로서 보통 당대의 대학자가 지었다. 현재 후궁의 교명으로는 헌종 후궁인 경빈 김씨의 교명문 1건이 전하고 있다.[129]

왕세자의 경우에는 교명, 죽책, 은인을 받았다. 교명은 왕비의 교명과 마찬가지로 왕세자로 책봉한다는 왕의 명령문으로서 현재 왕세자의 교명으로는 헌종, 경종, 진종, 장조, 순조, 문조, 순종이 왕세자에 책봉되었을 때의 교명문 7건과 더불어 영조가 왕세제에 책봉되었을 때의 교명문 1건 및 의소세손, 정조, 헌종의 3명이 왕세손에 책봉되었을 때의 교명문 3건 등이 전하고 있다.[130] 왕세자의 교명문은 왕비의 교명문과 마찬가지로 당대의 학자가 지었다. 예컨대 숙종의 왕세자이자 훗날 경종이 왕세자에 책봉될 때 교명은 홍문관 제학 유명천이 지었는데, 다음과 같은 내용이었다.

왕은 이르노라. 『역경』에 동몽(童蒙)을 교양하는 공을 밝혔으므로 바야흐로 일을 공경하는 자손을 염려하고, 한사(漢史)에서 미리 세우는 의논을 밝혔으므로 이제 저군(儲君)을 책봉하는 예를 거행하니, 말은 진심을 펴는 데

128 『숙종실록』 권5, 2년(1676) 10월 21일(경오).
129 장을연, 「淸代 조선왕실 冊封誥命과 조선 敎命의 형태 비교연구」, 『장서각』 24, 2010, 166쪽.
130 같은 곳.

에서 나오고 기쁨은 머리를 쓰다듬는 데에 깊다. 생각하건대, 내가 즉위한 뒤로 오랫동안 아들을 얻는 상서가 없어, 스물여덟의 한창 나이에도 아버지가 되지 못하여, 3백 년 동안 전수(傳授)하여 온 기업(基業)이 내 몸에 와서 잘못될까 염려하였다. 뒷일에 의지할 곳이 없어 궁중에서 어린아이를 보는 낙이 없고, 국본(國本)이 불안하여 전국이 목을 늘여 기다리더니, 무슨 다행으로 하늘이 복을 내려 전성(前星)의 경사가 있게 되었는가? 아아, 너 원자 모(某)는 생김새가 매우 잘나고 성질이 범상하지 않아서, 장중(掌中)에 명주(明珠)가 있으니 엄연한 천인(天人)의 표상이 있고, 슬하(膝下)에 옷을 끄니 애연(藹然)한 부자(父子)의 정이 있다. 좋은 명예는 태어날 때부터 이미 드러났고, 덕기(德器)는 주창(主鬯)하기에 합당하다. 원자의 위호(位號)를 처음 정하는 것은 본디 근본을 중하게 하는 계책이거니와, 세자의 자리가 오래 비어 있었으니, 어찌 명호(名號)를 정하는 전장(典章)을 늦추겠는가? 대신이 일제히 호소하는 것은 대개 주나라의 옛 의례를 따른 것이요, 어린 나이에 책봉하는 것도 명나라의 끼친 법에 있는 것이다. 그러므로 품을 떠나는 나이에 통서(統緒)를 잇는 높은 자리에 올린다. 이에 너를 왕세자로 명하니, 너는 순결한 마음을 잃지 말고 점차로 아보(阿保)의 손을 떠나라. 춘방(春坊)의 요속(僚屬)을 두는 것은 오로지 어진이를 가까이하기 위한 것이요, 하나라 계(啓)처럼 구가(謳歌)를 받는 것은 성덕(成德)을 풍성하게 하기를 바라는 것이다. 선왕(先王)의 밝은 덕을 우러러 이어 밝히면 부탁에 무슨 근심이 있겠는가? 하루에 세 번의 문안을 부지런히 하는 것은 장성한 때를 기다린다. 가르침은 이미 오늘에 간절하였으니, 마음에 간직하여 뒷날에 더욱 힘쓰라. 그러므로 이에 교시하니, 잘 알아야 한다.[131]

---

131 『숙종실록』 권22, 16년(1690) 6월 16일(을해).

죽책은 왕세자로 결정된 사실과 함께 왕세자의 할 일을 당부하는 내용을 대나무 판에 적어 책의 형태로 만든 것인데, 이 역시 교명과 마찬가지로 대학자가 지었다. 예컨대 숙종의 왕세자이자 훗날 경종이 왕세자에 책봉될 때 죽책문은 대제학 민암이 지었는데, 다음과 같은 내용이었다.

왕은 이르노라. 원자 주기(主器)함은 한나라 사책(史冊)의 일찍 세웠다는 글에서 밝히고, 세 살에 세자를 봉함은 명나라의 이미 행한 법을 따르는 것이다. 이는 참으로 종묘사직을 위한 대계(大計)이니, 어찌 어리다 하여 조금이라도 늦추겠는가? 아! 너 원자 모(某)는 품성이 잘나고 슬기를 타고나서, 무지개가 흐르고 번개가 감돌아 기이한 상서가 신성(神聖)의 부(符)에 맞고, 넓은 이마 복판에 일형(日形)의 융기(隆起)가 있어 기이한 포상이 천인의 상(相)을 나타낸다. 주 성왕(成王)은 포대기를 떠나기 전에 책봉되었고, 상나라는 크게 어진 데에서 온 나라가 바루어졌다. 내가 나이 서른에 비로소 어린 아이를 보는 즐거움을 알았고, 조종(祖宗)께서 이어 오신 통서(統緖)를 이제 다행히도 부탁할 사람이 있다. 아들이 태어난 처음부터 온 백성이 희망을 걸었고, 겨우 일어선 나이에 모두들 위호가 주어지기를 바랐다. 문의하니 다들 의논이 같으므로 번거로운 의례를 거행한다. 이에 너를 왕세자로 책봉하니, 너는 어려서는 희롱을 좋아하지 말고 자라서는 어진 이를 가까이 하라. 평온한 기질이 절로 이루어진 것은 거의 타고난 것이니, 이제부터 학문이 날로 성취하기를 나는 나날이 바란다. 전후좌우가 다 바른 사람이니, 덕을 쌓아 가는 데에 반드시 도움을 줄 것이고, 석(石)을 통용케 하고 고르게 하면 왕의 부고(府庫)가 그득해질 것이니, 끼친 계책에 절로 전상(典常)이 있다. 조금도 안일에 빠지지 말고, 친근한 자라 하여 서로 버릇없이 말라. 마지막을 삼가려면 처음을 잘 꾀하여야 하니, 깊은 못에 다가가고 얇은 얼음을 밟듯이 경계하고 두려워하여야 하고, 크고 어려운 일이 내 몸에 끼쳐

맡겨졌으니, 기업은 계승을 잃지 말라. 대인(大人)이 전왕(前王)의 밝은 덕을 이어 가니 천하가 마침내 인(仁)으로 돌아가고, 문왕(文王)이 하루에 세 번 문안하는 일을 부지런히 하니 백행(百行)이 반드시 효(孝)에 근본하였다. 하늘의 밝은 명을 항상 생각하고, 가르친 말을 공경하라. 그러므로 이에 교시하니, 잘 알아야 한다.[132]

이 외에 왕세자의 은인은 '왕세자인'이라 새겨진 은 도장이었다. 한편 왕세자빈의 경우에는 교명, 죽책, 은인, 명복을 받았다. 교명은 왕비의 교명과 마찬가지로 왕세자빈으로 책봉한다는 왕의 명령문으로서 현재 왕세자빈의 교명으로는 인선왕후, 명성왕후, 인경왕후, 단의왕후, 선의왕후, 효순왕후, 헌경왕후가 왕세자빈에 책봉될 때 작성된 교명 7건과 효의왕후가 왕세손빈에 책봉될 때 작성된 교명 1건이 전하고 있다.[133] 왕세자빈의 교명문은 왕비의 교명문과 마찬가지로 당대의 학자가 지었다. 예컨대 선의왕후 어씨가 왕세자빈에 책봉될 때 교명문은 대제학 송상기가 지었는데, 그 내용은 다음과 같았다.

왕은 말하노라. 내가 생각하건대, 국가의 근본은 오직 총사(冢嗣)에게 달려 있는데, 좌우에서 돕고 협력하여 왕화(王化)의 기초를 닦는 일도 또한 어진 배필에게 달려 있으니, 전책(典冊)에 있는 것에서 그 뜻을 상고할 수 있다. 그래서 크게 애를 써서 이 일에 신중을 기울였다. 우리 원사(元嗣)는 총명(聰明)하고 인효(仁孝)하여 나를 대신하여 다스리며 그 정사(政事)에 힘써서 대기(大器)를 계승하려 하니, 책임이 더욱 중대하다. 내치(內治)의 도움을 어찌 하루라도 비워 둘 수 있겠는가? 내가 이에 이름난 집안을 낱낱이 가려 현

---

132 『숙종실록』 권22, 16년(1690) 6월 16일(을해).

133 장을연, 「淸代 조선왕실 冊封誥命과 조선 敎命의 형태 비교연구」, 『장서각』 24, 2010, 166쪽.

숙한 이를 얻어 우리 원사의 짝을 지어 주어 함께 우리 종사(宗事)를 돕게 할 것을 생각하였다. 아! 그대 어씨(魚氏)는 그대의 선대로부터 알려진 인물이 있어 여러 대에 덕을 기르며 상서를 쌓고 복을 길렀으니, 이에 뛰어난 미녀를 두어 내가 밤낮으로 구하던 마음에 부응하였다. 완예(婉嬺) 하고 유순(柔順)하여 덕용(德容)이 갖추어졌으므로, 내가 특별히 마음에 두고서 간택하여 점을 쳐보고 경사(卿士)에게 물었더니, 모두 길하다고 하였다. 혹시라도 어김이 없기에 이에 정사 임창군(臨昌君) 이혼(李焜)과 부사 예조판서(禮曹判書) 민진원(閔鎭遠)을 보내어, 부절(符節)을 가지고 예를 갖추어 그대를 책립(冊立)하여 왕세자빈으로 삼는다. 그대는 상복(象服)에 맞도록 처신하여 부직(婦職)을 삼가며 공경으로 위를 섬기고, 은혜로 뭇사람을 거느리고, 근면으로 뜻을 가지고, 검소로 자신을 경계할 것이며, 편안히 놀기를 즐기거나 교만하고 사치하여 의리를 해롭게 하거나 예의에 어긋남이 없도록 하라. 오직 그 지위를 어렵게 여기면 아름답지 않음이 없을 것이다. 아아! 음양이 화합해야 만물의 화육(化育)이 이루어지고, 내외가 바르게 되어야 모든 법도가 바르게 되니, 그대는 우리 원량을 공경히 받들어 보필하고, 나의 곤정(壼政)을 도와 엄숙히 삼가서 효성으로 섬긴 아름다움이 주나라에만 있게 하지 않도록 하라. 내가 그대를 아름답게 여길 것이니, 그대는 또한 장차 한없는 복이 있을 것이다. 바라건대 정성스럽게 이를 생각하여 나의 훈계를 욕되게 하지 말도록 하라. 이에 교시하니 마땅히 자세히 알아야 할 것이다.[134]

왕세자빈의 죽책문은 왕세자빈으로 결정된 사실과 함께 왕세자빈의 할일을 당부하는 내용을 대나무 판에 적어 책의 형태로 만든 것인데, 이 역시

---

134 『숙종실록』 권62, 44년(1718) 9월 13일(무자).

제3장 조선시대 왕실 봉작제와 책봉의례

교명과 마찬가지로 대학자가 지었다. 예컨대 선의왕후 어씨가 왕세자빈에 책봉될 때 죽책문은 홍문관 대제학 민진후가 지었는데, 그 내용은 다음과 같았다.

왕은 말하노라. 저사(儲嗣)는 한 나라의 근본으로 오래도록 민심이 매어 있고, 비필(妃匹)은 모든 복의 근원이니, 마땅히 혼례를 삼가서 해야 할 것이다. 길이 차례를 계승할 소중함을 생각하니, 더욱 집안을 바로잡는 방도가 시급하도다. 이미 좋은 짝을 얻었으므로, 드러나게 책립을 반포한다. 아! 그대 어씨는 경사(慶事)는 벌열(閥閱)에서 이어받았고, 덕은 규문에서 길렀도다. 동지(動止)와 주선(周旋)을 예법대로 준봉(遵奉)하여 어긋나거나 실수함이 없고, 온혜(溫惠)하고 숙신(淑愼)함은 천성으로 타고나 수양을 기다리지 않았도다. 대체로 아름다운 자질이 일찍 성취되어 이에 착한 행실이 모두 갖추어졌도다. 마침 원량이 바야흐로 아름다운 배필을 구하는데, 뛰어난 미녀를 간택할 것을 생각하여 경사(卿士) 서인(庶人)과 모의하되, 점의 길하다 함을 따랐도다. 옛날 주나라 문왕이 배로 교량을 만들어 친영한 예를 모방하여 납폐하는 예로 그 상서를 정하였도다. 진실로 뭇사람의 마음에 맞는데, 어찌 부모에게만 기쁨이 있겠는가? 이극(貳極)을 잘 돕는 것은 바로 모름지기 부부생활에서 시작되므로, 이에 좋은 때를 가려 아름다운 전례를 거행한다. 정사 임창군 이혼과 부사 예조판서 민진원을 보내어 부절을 가지고 예를 갖추어 그대를 책립하여 왕세자빈을 삼는다. 아! 곤범(壼範)은 유순함보다 앞서는 것이 없고, 곤덕(坤德)은 안정(安貞)함보다 더 귀한 것이 없다. 오로지 근신해야만 자신을 경계할 수 있고, 오로지 검약(儉約)해야만 풍속을 교화시킬 수 있다. 만기(萬機)를 대신 다스리는 때를 당하여 음교(陰敎)에 힘입어 백세토록 본손과 지손이 번성하기를 송축하니, 하늘에서 내리는 복을 영원토록 누리리라. 더욱 보좌하는 덕을 닦아 훈계하는 말을

폐기하지 말라. 이에 교시하니 마땅히 자세히 알도록 하라.[135]

이 외에 왕세자빈의 은인은 '왕세자빈인(王世子嬪印)'이라 새겨진 은 도장이었고, 명복은 왕비의 최고 예복이었다. 왕비, 왕의 후궁, 세자, 세자빈을 제외한 왕자, 왕녀의 경우에는 교명이나 옥책, 죽책, 금인, 은인, 명복이 전혀 없었다. 오직 임명장인 교지만이 있었다. 그렇지만 왕자, 왕녀가 받은 교지 역시 왕비, 후궁, 세자, 세자빈이 받은 교명, 옥책, 죽책, 금인, 은인, 명복과 마찬가지로 왕자와 왕녀의 지위를 상징하는 증표였다. 교명, 옥책, 죽책, 금인, 은인, 명복, 교지 같은 상징물을 이용하여 왕비, 후궁, 세자, 세자빈, 왕자, 왕녀는 자신들의 지위를 공식적으로 공인받았을 뿐만 아니라 그 같은 상징물을 이용해 자신들의 지위에 맞는 다양한 활동을 펼쳤다.

---

135 『숙종실록』 권62, 44년(1718) 9월 13일(무자).

제3장 조선시대 왕실 봉작제와 책봉의례

5 책봉에 따른 권리와 의무

왕비를 비롯하여 왕세자, 왕세자빈은 국왕, 대비와 더불어 진상의 대상이 되었다. 반면 후궁, 왕자, 왕녀는 공상의 대상이 되었다. 이는 조선시대에 책봉 또는 봉작된 왕비, 후궁, 왕세자, 왕세자빈, 왕자, 왕녀는 책봉 또는 봉작되면서 진상 또는 공상을 받는 권리를 획득했음을 의미한다.

조선시대의 진상과 공상은 고려 이래의 지방제도가 정비되면서 확립되었다. 고려시대에는 지방제도로서 관찰사제도가 확립되지 않았으며, 지방의 군현에는 수령이 파견되지 않은 속현이 많았다. 따라서 고려시대에 지방 군현을 실제적으로 지배하는 세력은 현지의 향리들이었다. 고려시대 군현의 잡공(雜供) 즉 상공(常貢)과 별공(別貢) 및 삭선(朔膳), 별선(別膳) 등을 징수하여 중앙정부 또는 궁중에 상납하는 책임 역시 군현의 향리들이 지고 있었다.

그러다가 무신 집권기가 시작되기 직전인 예종 때에 안찰사(按察使)가 중앙과 지방 군현을 연결하는 중간 기구로 자리 잡으면서 향리들의 잡공 징수와 상납에 대한 감독 기능이 안찰사에게 돌아갔을 뿐만 아니라 안찰사는 직접 별공을 징수, 상납하기까지 하였다.[136] 즉 안찰사제도가 성립되면서 지방의 잡공과 진상의 주체가 기왕의 군현 향리들에서 안찰사로 바뀌기 시작한 것이었다.

그런데 고려시대의 안찰사는 전임 외관이 아니라 중앙에서 파견되는 사신적(使臣的) 성격을 띠고 있었다. 고려시대의 안찰사를 계승하는 조선의 관

---

136 김재명, 「高麗 稅役制度史 硏究」, 한국학대학원 박사학위논문, 1994, 225-239쪽.

찰사 역시 처음에는 사신적 성격이 강하였다. 그러나 조선 건국 이후 관찰사의 사신적 성격은 점차 약화되어 『경국대전』에서는 전임 외관직으로 편입되었다.[137] 이와 함께 진관 체제가 확립되면서 군방 요지에 전임 병마절도사와 수군절도사가 파견되었다.

이에 따라 조선 건국 후 지방의 행정 체제는 관찰사를 정점으로 하게 되었고, 지방의 군사 체제는 병마절도사와 수군절도사를 정점으로 하게 되었다. 이 같은 변화는 궁극적으로 중앙집권력의 강화를 의미하는데, 중앙집권력의 강화는 공상제도와 진상제도에도 직접적인 영향을 미쳤다.

예컨대 고려시대에는 지방의 군현 향리가 잡공을 징수하여 중앙 각사에 상납하면, 이를 중앙 각사에서 궁중에 공상하였는데, 조선시대에는 모든 군현에 수령이 파견됨으로써 고려시대의 잡공을 계승하는 공물 징수와 상납을 중앙에서 파견된 수령이 책임지게 되었다. 또한 고려시대의 진상에서는 지방의 군현 향리가 삭선, 별선을 징수하여 궁중에 상납하였지만, 조선시대에는 각 도의 관찰사, 병사절도사, 수군절도사의 책임하에 각종 진상품을 징수하여 궁중에 상납하였던 것이다.

1) 진상 또는 공상을 받을 권리

조선시대의 공납과 진상은 임진왜란 이후 대동법이 시행되면서 크게 변하였다. 대동법 시행 이전에는 중앙 각사의 수요물자인 공물을 각 군현 단위로 부과하고, 각 군현에서 중앙 각사에 직접 납품하게 하였는데, 대동법이 시행되면서 공물을 쌀로 환산하여 징수하고 중앙 각사에서 필요로 하는 물품은 공인(貢人)을 통해 납품하게 하였던 것이다.[138] 이 결과 왕실 식자재의

---

137 임선빈, 「조선초기 外官制度 연구」, 한국학대학원 박사학위논문, 1998, 27-36쪽.
138 조선시대의 공납제도와 진상제도, 대동법 등에 관하여는

조달방식도 큰 변화를 겪게 되었다.

대동법의 시행을 계기로 공납은 크게 변했지만 진상은 거의 변하지 않고 온존하였다. 왕에 대한 관료들의 당연한 예의라는 논리에서 그렇게 되었다. 이 결과 조선시대에 공납과 진상을 통해 왕실 식자재가 공급되는 통로로 두 가지가 존재하게 되었다. 하나는 중앙의 각사를 통해 궁중으로 공상되는 통로가 있었고, 이 외에 관찰사, 병마절도사, 수군절도사 같은 지방 관료들을 통해 직접 궁중으로 진상되는 통로가 있었다.

대동법 시행 후의 공상에 관련된 구체적인 내용은 『탁지정례』, 『만기요람』, 『육전조례(六典條例)』 등에 실려 있다. 예컨대 1749년(영조 25) 3월에 완성된 『탁지정례』의 공상정례(供上定例)와[139] 1808년(순조 8)에 편찬된 『만기요람』에는 각 전궁(殿宮)별로 올라가는 공상의 종류와 수량이 자세하게 기록되어 있는데, 공상의 종류에는 축일공상(逐日供上), 소선(素膳), 축삭공상(逐朔供上), 월령(月令), 사삭일개(四朔一改), 연례(年例), 남염침장침저(藍染沈醬沈菹), 탄일절일표리물선의대(誕日節日表裏物膳衣襨), 삭선(朔膳), 진하(陳賀) 등이 있었다. 이 중에서 월령과 삭선은 지방의 관찰사, 병마절도사, 수군절도사가 책임지는 진상이었던 반면 그 외는 중앙의 각사에서 담당하는 공상이었다.

축일공상은 말 그대로 매일 공상되는 물품이었고 축삭공상은 매달 공상

鄭亨愚, 「大同法에 대한 一研究」, 『사학연구』 2, 1958.
田川孝三, 『李朝貢納制の研究』, 東京: 東洋文庫, 1964.
劉元東, 「李朝貢人資本의 研究」, 『아세아연구』 16, 1964.
韓榮國, 「大同法의 實施」, 『한국사』 13, 국사편찬위원회, 1978.
鄭亨芝, 「李朝後期의 貢人權」, 『梨大史苑』 20, 1983.
高錫珪, 「16, 17세기 貢納制 改革의 방향」, 『한국사론』 12, 1985.
吳美一, 「18, 19세기 貢物政策의 변화와 貢人層의 변동」, 『한국사론』 14, 1986.
德成外志子, 「朝鮮後期의 貢物貿納制」, 『역사학보』 113, 1987.
박현순, 「16-17세기 貢納制 운영의 변화」, 『한국사론』 38, 1997.
최주희, 「15-16세기 別進上의 상납과 운영」, 『한국사학보』 46, 2012 등 참조.
139 최주희, 「18세기 중반 度支定例類 간행의 재정적 특징과 정치적 의도」, 『역사와 현실』 81, 2011, 274-276쪽.

표 15 『탁지정례』의 진상과 공상

대 상		공상 종류
왕비		축일공상(逐日供上), 국가일일삼시매시공상(國家一日三時每時供上), 축삭공상(逐朔供上), 사맹삭일개(四孟朔一改), 탄일진상(誕日進上), 절일진상(節日進上), 연례진상(年例進上)
후궁	제빈방지숙빈방(諸嬪房至淑媛房)	축일진배(逐日進排), 국가일일삼시매시진배, 축삭진배, 춘등추등사맹삭일개(春等秋等四孟朔一改), 절일진배, 연례진배
	양제방지소의방(良娣房至昭儀房)	축일진배, 국가일일삼시매시진배, 축삭진배, 춘등추등사맹삭일개, 절일진배, 연례진배
왕세자		축일공상, 국가일일삼시매시공상, 축삭공상, 사맹삭일개, 생신진헌, 절일진헌, 연례진헌, 식년진헌, 인년진헌(寅年進獻)
왕세자빈		축일공상, 국가일일삼시매시공상, 축삭공상, 사맹삭일개, 생신진헌, 절일진헌, 연례진헌
재궐(在闕) 대군·왕자		축일진배, 국가일일삼시매시진배, 축삭진배, 사맹삭일개, 절일진배, 연례진배
재궐 대군·왕자 부인		축일진배, 국가일일삼시매시진배, 축삭진배, 사맹삭일개, 절일진배, 연례진배
재궐 공주·옹주		축일진배, 국가일일삼시매시진배, 축삭진배, 사맹삭일개, 절일진배, 연례진배

되는 물품이었다. 소선은 장례나 제사 때의 고기를 뺀 음식물이었다. 사삭일개는 4개월에 한 차례 공상되어 바뀌는 물품이었고 연례는 1년에 한 차례 공상되는 물품이었다. 남염침장침저는 옷감을 물들이는 데 필요한 물감과 김장에 필요한 소금 및 채소를 공상하는 것이었다. 탄일절일표리물선의 대는 왕이나 왕비 등의 생일 또는 명절을 축하하기 위해 신료들에 의해 공상되는 옷감과 음식물 등이었다. 진하는 국가나 왕실에 경사가 있을 때 이를 경축하기 위해 공상되는 물품들이었다. 이처럼 조선 후기의 공상은 종류도 다양하고 공상되는 시기도 다양하였다.

예컨대 영조 대에 편찬된 『탁지정례』에는 왕비, 후궁, 왕세자, 왕세자빈, 왕자, 왕녀 등을 대상으로 하는 진상과 공상이 정리되어 있다. 그 내용은 표

표 16 공상육사의 공상 품목

관서명	축일공상	축삭공상	소 선
내자시	청근(菁根), 수근(水芹), 와거동(萵苣蕫), 과자(苽子), 백가자(白茄子), 곤대(莟臺)	침채염(沈菜鹽)	실임자(實荏子)
내섬시	즙진유(汁眞油), 초(醋), 우모(牛毛), 두탕적두(豆湯赤豆), 청밀(淸蜜), 다맥(茶麥), 황각즙진유(黃角汁眞油), 건회즙초(乾膾汁醋), 즙초(汁醋)		즙진유(汁眞油), 상말(上末), 목맥말(木麥末), 점(粘)
사도시	갱미(粳米), 직미(稷米), 포태(泡太), 개자(芥子), 두탕심갱미(豆湯心粳米), 우모즙개자(牛毛汁芥子), 타락심갱미(駝酪心粳米)	분강갱미(粉糠粳米)	황대두(黃大豆), 포태(泡太)
사재감	대구어(大口魚), 석수어(石首魚), 난혜(卵醢), 백하혜(白蝦醢), 염(鹽)		
의영고	황각(黃角)	황밀(黃蜜), 법유(法油)	분곽(粉藿), 조곽(早藿), 곤포(昆布), 다사마(多士麻), 석이(石茸), 감태(甘苔), 곽이(藿耳), 세모(細毛), 해의(海衣), 생강(生薑)
사포서	생총(生蔥), 수애근(水艾根), 가자(茄子), 나복경(蘿葍莖), 과자(苽子), 임자엽(荏子葉), 나복근(蘿葍根), 수근(水芹), 규채(葵菜), 와거채(萵苣菜), 장달리(長達里), 향채(香菜), 토란경(土卵莖), 동과(冬瓜), 토란(土卵), 만청근(蔓菁根), 녹두아(菉豆芽), 만청아(蔓菁芽), 진과(眞瓜), 서과(西瓜), 생강(生薑), 남과(南瓜)		

15와 같다.

그런데 조선시대 전 기간에 걸쳐 중앙의 각사 중에서 공상과 직간접적으로 관련된 관서는 사옹원, 내자시, 내섬시, 사도시, 사재감, 내수사, 사온서, 의영고, 장원서, 사포서, 사축서, 내시부 등 12개였다. 이 중에서 사온서, 사

표 17 공상육사의 납품 시기*

관서명	납품 시기	납품 품목
내자시	입춘-2월	청근: 무
	3월	수근: 미나리
	4월	와거동: 상추
	5-6월	과자: 오이
	7-9월	백가자: 가지
	10-입춘	곤대: 근대
내섬시	4월	건회즙초
	5-7월	우모
	5-7월	즙초
	10-4월	황각즙진유
사도시	5-7월	우모즙개자
	10-1월	타락심갱미
의영고	10-4월	황각
사포서	1월	나복근, 녹두아: 녹두나물, 만청아: 순무싹
	2월	수애근: 쑥뿌리, 수근, 녹두아, 만청아, 나복근
	3월	나복경: 무줄기, 수근, 규채: 해바라기나물
	4월	수근, 규채, 와거채: 상추, 장달리: 장다리, 향채
	5월	과자, 수근, 규채, 와거, 장달리, 향채
	6월	임자엽: 깻잎, 가자, 토란경, 동과, 과자, 나복채(蘿葍菜): 무채, 서과, 진과
	7월	토란경, 동과, 과자, 나복채, 남과: 호박, 서과, 진과, 가자
	8월	동과, 과자, 나복채, 가자, 서과, 진과, 치청(穉菁), 치백채(穉白菜): 어린 배추
	9월	나복근, 나복채, 토란, 서과, 침저청근(沈菹菁根): 김장무, 청근(菁根)
	10월	토란, 나복근, 만청근: 순무, 청근
	11월	토란, 나복근, 만청근, 녹두아, 만청아
	12월	토란, 나복근, 만청근, 녹두아, 만청아

* 위의 시기는 음력 기준이다. 왕과 왕세자에게는 생총(날파)을 4계절 내내 공상하였다.

축서는 조선 후기에 폐지되었다. 그러므로 조선 후기에 궁중의 공상과 관련되었던 부서는 10개였다. 그중에서 내시부, 내수사, 사옹원, 장원서를 제외한[140] 6개의 관서가 궁중 공상과 직결되어 있었다. 그러므로 이 6개의 관서

140 내시부는 궁중 음식을 감독하였고, 내수사는 왕의 사적인 기구였으며, 사옹원은 어선을 요리하였고,

를 공상육사(供上六司)라고 통칭하였다. 『육전조례』에 의하면 공상육사에서 담당하는 공상 품목은 표 16과 같았다.

공상육사에서 담당하는 공상 품목은 원칙적으로 조선에서 산출되는 대표적인 육산물과 해산물을 모두 포함하였다. 그것은 조선 후기에 대동법이 시행되면서 공인들을 통해 조달되었다고 해도 변하지 않았다. 사계절이 뚜렷했던 조선시대에는 이런 식자재들이 철따라 또는 달에 따라 산출되었다.

그런데 식자재는 산출된 이후 오래 보관할 수 있는 재료도 있고 그렇지 못한 재료도 있었다. 오래 보관할 수 없는 식자재는 산출되는 즉시 소비하지 않으면 대부분 쓸 수 없었다. 그러므로 이런 식자재는 특별히 공상하는 시기를 정해 놓았다.

공상육사의 공상 품목 중에서 납품 시기가 정해진 것은 주로 축일공상의 식자재였다. 그중에서도 채소와 과일 등 보관상의 문제 그리고 제철음식의 성격이 강한 식자재가 대상이었다. 공상육사에서 담당한 채소와 과일 등의 납품 시기는 표 17과 같았다.

조선 후기의 공상과 진상을 통해 궁중에 상납되는 식자재는 사옹원에서 받아들였다. 그것은 사옹원이 "왕의 식사 및 궐내 음식물의 공급 등의 일을 담당"[141]하였기 때문이다. 경복궁이나 창덕궁의 경우 사옹원은 왕의 처소에서 멀지 않은 곳에 위치했다. 예컨대 경복궁의 사옹원은 궐내 각사가 밀집했던 경회루 앞 지역의 승정원 앞에 있었다. 창덕궁의 사옹원은 희정당 앞쪽에 있었다. 이는 왕의 식사 및 궐내 음식물의 공급 등의 일을 효율적으로 수행하기 위해 사옹원을 왕의 처소 가까이에 위치시킨 결과였다. 『육전조례』에 의하면 사옹원에서는 공상육사 등에서 올리는 식자재들을 다음과 같

장원서는 궁중 내의 원유를 담당하였다는 점에서 공상을 직접 담당한 관서라기보다 간접적인 관계를 갖는 관서라고 할 수 있다. 다만 사옹원의 응사계와 어부계에서 매일 생치와 수어를 진배한 사실을 기억할 필요가 있다.

141 "掌供御饍及闕內供饋等事", 『경국대전』 이전, 司饔院條.

은 절차를 거쳐 받아들였다.

매일 제조 1명이 일찍 본 사옹원으로 와서 입직낭청(入直郎廳) 및 설리내관(薛里內官)과 개좌(開坐)한다. 그 후에 각사의 진배관(進排官)〈사포서는 매일이고 사도시, 내자시, 내섬시, 사재감, 의영고는 3일에 한 번씩이다〉은 공상할 물종들을 봉진(封進)한다. 그러면 반감(飯監)이 그것을 받들어 제조 앞으로 가지고 와서 낭청, 설리와 함께 간품한다.[142]

그런데 위에서 주목되는 것은 식자재를 간품할 때 사옹원의 제조와 낭청뿐만 아니라 설리와 반감이 참여한다는 사실이다. 설리는 '옆에서 보조하여 돕는다'는 몽고어로서[143] 궁중 음식을 관리하는 내시였다. 설리가 궁중 음식을 관리하므로 사옹원에서 식자재를 받아들이는 과정에도 참여하는 것이었다. 반감은 사옹원에 소속된 궐내차비(闕內差備)였다. 사옹원에는 궁중 음식을 담당하는 수많은 남자 요리사들이 소속되었는데, 반감은 그 요리사들의 수장으로서 일종의 주방장이었다. 사옹원에서 만드는 궁중 음식은 반감이 최종 책임을 졌으므로 반감이 식자재를 받아들이는 과정에도 참여하는 것이었다. 이런 절차를 거쳐 합격된 식자재들만이 궁중 요리사들에게 전해져서 요리될 수 있었다.

2) 봉작과 궁녀

앞서 살펴본 바와 같이 왕자와 왕녀는 봉작 이후에 교지와 녹봉 그리고 공상과 전결을 받았다. 이는 왕자와 왕녀의 봉작이 일종의 관료 임명으로

---

142 『육전조례』, 司饔院.
143 『譯註 經國大典』註釋篇, 한국정신문화연구원(1992).

간주되었기에 나타나는 현상이었다. 따라서 대군이나 군 또는 공주, 옹주는 비록 어린 나이에 봉작되지만 나이에 관계없이 봉작 이후에는 독립적인 생활단위로 간주되었다. 대군, 군, 공주, 옹주 등의 독립적인 생활단위를 방이라고 하였다. 즉 대군은 대군방, 군은 군방, 공주는 공주방, 옹주는 옹주방이되는 것이었다. 요컨대 대군, 군, 공주, 옹주 등이 정식으로 봉작된 후 독립적인 생활단위인 방을 구성하면 그에 상응하여 공상과 전결을 지급했다.

하지만 왕자와 왕녀가 봉작되어 방을 구성하더라도 그들은 아직 어리기에 실제 양육을 담당한 사람들은 유모와 보모 그리고 궁녀들이었다. 그런데 『경국대전』의 규정에는 궁녀의 정원이 명시되지 않았다. 이에 따라 조선건국 이후 각 처소별 궁녀의 수는 계속해서 늘었다. 예컨대 태종 연간에 대전의 궁녀는 20 - 30명에 불과했지만,[144] 성종 연간에는 49명으로 늘었다.[145] 영조 즉위 초에 궁녀의 수가 700명 내외였다면 대전의 궁녀 수는 줄잡아 100명이 넘었을 것으로 판단된다. 영조는 궁녀를 줄이기 위해 솔선하여 대전의 궁녀를 축소하였을 뿐만 아니라 각 전궁의 궁녀 정원을 『탁지정례』에 규정함으로써 그 이상 수가 확대되지 않도록 하였는데 그 내용은 표 18과 같았다.

각 방에 소속된 궁녀들에게도 역시 공상이 지급되었다. 『만기요람』에 의하면 왕비에게 소속된 아지, 상궁 등에게 선반과 의전 등이 공상되었는데 그 내용을 살펴보면 중미가 652석 12두 9승, 포태가 328석 13두 6승, 감장이 84석 11두 3승, 간장이 6석 11두 8승, 등법유가 6석 11두 8승, 대구 102마리, 조기 54,363마리 등 일상생활에 필요한 모든 종류의 물자가 포함

144 "今宮女 多不過二十", 『태종실록』 권29, 15년(1415) 6월 5일(경오).
145 "傳曰 今後大王大妃殿 侍女十 水賜六 巴只四 水母三 房子五 女伶一 王大妃殿 侍女九 水賜五 巴只三 水母二 房子七 女伶一 大殿 侍女二十 水賜十 巴只六 房子十二 女伶一 給衣纏宣飯朔料", 『성종실록』 권3, 1년(1470) 2월 6일(을묘).

표 18 『탁지정례』의 각 전궁별 궁녀

	유모	상궁	시녀	수사	수모	파지 (巴只)	방자	유모 배비(陪婢)	합계
대전	봉보 부인 1							봉보부인 (방자 4)	5
중궁전	1	19	25	14	19	5	23	방자 1	107
세자궁	1	11	15	5	15	2	16	방자 1	66
빈궁	1	10	12	5	8	2	15	방자 1	54
원자궁	1	3	5	2	5	2	3	방자 1	22
원자빈궁	1	3	5	2	5	2	3	방자 1	22
세손궁	1	10	12	5	8	2	15	방자 1	54
세손빈궁	1	10	12	5	8	2	15	방자 1	54
원손궁	유모 1 보모 1			2				각씨 5	9
원손빈궁	유모 1 보모 1			2				각씨 5	9
재궐(在闕) 대군·왕자	유모 1 보모 1			대군 3 왕자 2				각씨 5	대군 10 왕자 9
재궐 대군·왕자 부인	유모 1 보모 1							각씨 3	5
재궐 공주·옹주	유모 1 보모 1			공주 3 옹주 2				각씨 5	공주 10 옹주 9
재궐 군주·현주	유모 1 보모 1			1				각씨 4	7
제빈방지숙의방 (諸嬪房至淑儀房)				1				각씨 5	6
양원방지소훈방 (良媛房至昭訓房)				1				각씨 3	4
자전(慈殿)	아지 1	19	25	14	19	5	23	방자 1	107
인수궁(仁壽宮)					1			각씨 6	7
합계	봉보 부인 1 유모 13 보모 6 아지 1	85	111	63(65)	88	22	113	방자 12 각씨 41	556 (558)

되었다.[146] 조선시대 왕비에게 배속된 궁녀의 수가 대략 100명 정도였는데, 그들을 위해 이 정도의 공상이 필요했던 것이다. 왕비뿐만 아니라 후궁, 왕세자, 왕세자빈, 왕자, 왕녀 등이 책봉될 때 그들에게 배속되는 궁녀들에게도 역시 공상이 지급되었다.

3) 거주지 제한과 관직 금고

조선시대에 책봉된 왕비와 후궁 그리고 왕세자와 왕세자빈은 원칙적으로 거주지가 궁궐에 한정되었다. 이 외에 봉작된 왕자와 왕녀의 경우, 혼인 이전에는 궁궐에서 거주하였지만 혼인 후 출합하더라도 거주지가 한양에 제한되었다.

만약 출합한 왕자가 거주지 제한을 어기고 무단으로 한양도성을 이탈할 경우에는 적어도 1년 이내의 파직이라는 징계를 당했다. 또 만약 왕자를 비롯한 종친이 민가에 유숙하면 고신을 회수당하였으며 자신의 거주지를 떠날 때는 반드시 사모품대를 해야 했다. 조선시대 왕자를 비롯한 종친의 한양 거주를 강제하기 위한 보완장치로 다음과 같은 조항들이 있었다.

종친 중에서 외방을 횡행하고 관부에 드나들면서 폐단을 일으키는 자는 파직시킨다. 외방을 횡행한 기간이 6개월이면 1년이 경과한 후에, 외방을 횡행한 기간이 1년이면 2년이 지난 후에 비로소 허락한다. (종친이 머물고 있는 지방의 수령은) 겨울과 여름의 마지막 달에 예에 따라 (종친의 소식을) 초계(抄啓)한다. 그중에 작폐가 현저한 자는 각별히 치죄한다. 종친이 소재한 곳의 수령이 인정에 구애되어 즉시 한양으로 올려 보내지 않은 자는 물간사

---

146 『만기요람』 재용편, 供上, 中宮殿.

전(勿揀赦前)하고 파출한다.[147]

위에 따르면 종친이 머물고 있는 지방의 수령들은 겨울과 여름의 마지막 달 즉 음력 12월과 6월에 그 지역의 종친에 관련된 현황을 왕에게 보고해야 했다. 수령의 보고에 의해 만약 그 지역의 종친이 폐단을 일으켰다면 규정된 징계 이외에 특별히 가중처벌되었다. 이는 6개월마다 전국에 걸쳐 종친이 소재한 현황을 파악한 것이라 하겠다. 물론 무단으로 지방에 횡행하는 종친을 발견한 수령은 곧바로 이 종친을 서울로 돌려보내야 했다. 만약 인정에 매이거나 딴 마음을 먹고 어물어물하다가는 사면을 받을 기회도 없이 파출되는 중벌을 받아야 했다. 형평성의 측면에서 본다면 한양도성을 무단으로 이탈하지 말아야 하는 규정을 어긴 종친보다 이들을 서울로 돌려보내지 못한 수령이 더 중벌을 받도록 한 것이다. 이는 물론 지방 수령과 종친을 극단적인 대립관계로 만들어 버림으로써 이들이 공동이익에 근거한 일을 도모하지 못하도록 하는 법적 장치였다.

한편 조선 개국 직후에 종친, 부마, 외척은 각각 사병을 거느리고 있었다.[148] 이들의 사병은 태조 이성계를 뒷받침하는 핵심 무장력이었다.[149] 개국 직후의 종친, 부마, 외척들은 병권을 장악하였을 뿐만 아니라 국가의 요직에 포진하고 있었다.

그러나 종친, 부마, 외척이 병권을 비롯한 정치실권을 장악한 현실은 제1차, 제2차 왕자의 난을 거치면서 비판되기 시작하였다. 종친, 부마, 외척이 사병을 배경으로 정변을 일으켜 골육 간의 상쟁이 벌어지자, 이들이 병권을

---

147 "罷職宗親外方橫行出入官府作弊者 留連六朔則經一年 周年則經二年後 方許 冬夏簡季 隨例抄啓 其中作弊顯著者 各別治罪 所在守令 拘於人情 不卽上送者 勿揀赦前 罷黜",『大典後續錄』吏典, 雜令條.
148 "革命之初 人心未定 當備不虞之變 宜令勳臣 各典私兵 以應倉卒",『정종실록』권4, 2년(1400) 4월 계축.
149 "命宗親及大臣 分領諸道兵",『태조실록』권1, 1년(1392) 7월 정유.

보유하는 것은 백해무익하다는 비판이 제기되었고 그 결과로 사병은 혁파되었다.[150]

세종 대에 종친 봉작이 정비되면서 동왕 25년 12월 을축에 5복 안에 드는 친족은 종친부의 작위를 받게 하고, 친진(親盡)되는 종친은 일반 문무관의 예에 의해 사환할 수 있도록 하였다.[151] 5복 안에 드는 친족은 옆으로 계산하면 8촌 형제까지이고 아래로 계산하면 현손까지이다. 세종 25년 12월 을축의 규정은 왕의 현손 이내는 종친부의 작위를 받는 대신 사환이 금지된다는 의미라고 하겠다. 세종 대의 이 규정은 그대로 『경국대전』 종친부에 수록되었다. 이로써 조선시대의 왕자를 비롯하여 유복친에 들어가는 종친, 그리고 왕녀와 혼인하는 부마는 사환이 금지되었다.

---

150 정종 대의 사병혁파는 정종 2년 4월 신축에 공포되었다. 그런데 정종이 이날 사병을 혁파하게 된 직접적인 계기는 권근, 김약채 등의 상소문이었다. 이 상소문에서 권근 등이 사병의 폐해로 든 것 중의 하나는 사병 때문에 골육 간에 상쟁이 벌어졌다는 것이었다. "罷私兵 司憲府兼大司憲權近 門下府左散騎金若采等 交章上疏曰 (중략) 私兵之置 尙復如古 (중략) 殿下以宗親勳臣可保無他 使復典之 未幾 蕭墻之禍 發於至親 由是觀之 私兵之置 徒以生亂 未見其益", 『정종실록』 권4, 2년(1400) 4월 신축.
151 "下敎吏曹曰 (중략) 今宗室爵秩 參酌古制及禮經 當擧五服爲定 (중략) 袒免親依異姓有服親例敍用 親盡則仕進依文武官例施行", 『세종실록』 권102, 25년(1443) 12월 을축.

대한제국기 황실 봉작제와 책봉의례

명성왕후 민씨는 고종 32년(1895) 8월 20일(양력 10월 8일) 묘시(새벽 5-7시)에 경복궁의 곤녕합에서 일본인들에게 시해되었다.[1] 이 사건이 이른바 을미사변이다. 시해된 명성왕후의 시신은 불태워지는 만행을 당했다.

불에 타고 남은 명성왕후의 유해는 8월 21일 밤 오운각(五雲閣) 서쪽 봉우리 아래에 암매장되었다. 당시 암매장된 명성왕후의 유해는 어깨 아래 부분이라고 하는데,[2] 이는 시신이 불에 탈 때 머리 부분이 모두 타버렸거나 아니면 머리 부분이 어깨 아래와 떨어져 나갔거나 또는 일본인들이 머리 부분을 어느 곳엔가 유기했기 때문이다.

을미사변 당일 명성왕후의 유해가 암매장됨으로써 명성왕후의 생사는 공식화되지 않았다. 오히려 명성왕후는 임오군란 때처럼 어딘가로 도피한 것으로 간주되었다. 이런 사정이 을미사변이 발발한 지 2일 만인 8월 22일에 공포된 고종의 명령에 다음과 같이 명문화되었다.

칙령을 내리기를, "짐이 보위에 오른 지 32년에 정사와 교화가 널리 퍼지지 못하고 있는 중에 왕후 민씨가 자기의 가까운 무리들을 끌어들여 짐의 주위에 배치하고 짐의 총명을 가리며 백성을 착취하고 짐의 정령(政令)을 어지럽히며 벼슬을 팔아 탐욕과 포악이 지방에 퍼지니 도적이 사방에서

---

1   을미사변에 대하여는 이민원, 『명성황후 시해와 아관파천』, 국학자료원, 2002, 83-95쪽 참조.
2   "燒餘遺骸 肩下體", 『고종실록』 권33, 32년(1895) 11월 14일.

일어나서 종묘사직이 아슬아슬하게 위태로워졌다. 짐이 그 죄악이 극대하
다는 것을 알면서도 처벌하지 못한 것은 짐이 밝지 못하기 때문이기는 하
나 역시 그 패거리를 꺼려하기 때문이기도 하였다. 짐이 이것을 억누르기
위하여 지난해 12월에 종묘에 맹세하기를, '후빈(后嬪)과 종척(宗戚)이 나라
정사에 간섭함을 허락하지 않는다'고 하여 민씨가 뉘우치기를 바랐다. 그
러나 민씨는 오래된 악을 고치지 않고 그 패거리와 보잘것없는 무리를 몰
래 끌어들여 짐의 동정을 살피고 국무대신과 만나는 것을 방해하며 또한
나라의 군사를 해산한다고 짐의 명령을 위조하여 변란을 격발하였다. 사
변이 터지자 짐을 떠나고 그 몸을 피하여 임오년(1882)의 지나간 일을 답
습하였으며 찾아도 나타나지 않았다. 이것은 왕후의 작위와 덕에 타당하
지 않을 뿐만 아니라 그 죄악이 가득 차 선왕들의 종묘를 받들 수 없는 것
이다. 짐이 할 수 없이 짐의 가문의 고사를 삼가 본받아 왕후 민씨를 폐하
여 서인으로 삼는다" 하였다.[3]

위에 의하면 고종은 명성왕후가 임오군란 때처럼 어딘가로 도피하여 숨
었을 뿐만 아니라 국정에 간여하는 등 지은 죄도 많으므로 폐비한다고 하였
다. 물론 이것은 고종과는 관계없이 일제의 공작으로 나타난 결과로서 을미
사변의 원인 제공자가 명성왕후 당사자였다는 점을 선전하기 위한 술책이
었다.[4]

당시 고종은 암살을 걱정할 정도로 불안한 상황이었다. 을미사변 후 고종
이 신임하던 시위대 지휘관들은 대부분 교체되었고, 고종에게 적대적인 병
력들이 궁중 경호를 명분으로 대거 입궁하였기 때문이었다. 불안한 상황에
서 고종이 의지한 사람들은 서양의 선교사들이었다.

---

3 『고종실록』 권33, 32년(1895) 8월 22일.
4 이민원, 『명성황후 시해와 아관파천』, 국학자료원, 2002, 102-107쪽.

대궐 침입 사건이 있은 뒤 몇 달 동안 왕은 결코 편안하지 못했다. 그는 국사를 처리하는 데에 있어서 아무런 발언도 하지 못했으며 스스로 자기는 사실상 친일내각의 수인(囚人)이 된 것이라고 생각했다. 심지어 그는 신변의 위협을 느껴 몇 주일 동안은 대궐 밖에 있는 친지들이 열쇠를 채운 통속에 넣어 보내 주는 음식 이외에는 아무것도 먹지 않았다. 그는 두세 명의 외국인들이 매일 밤 대궐로 들어와서 사건이 일어날 때에는 당신의 옆에 와 있도록 부탁했는데, 이러한 그의 판단은 그들이 당신의 옆에 있음으로써 당신의 신변을 해치려고 음모할지도 모르는 사람들에게 대해 저지 효과를 나타낼 수 있으리라고 느꼈기 때문이었다.[5]

일본인들에 의해 시해당하고 암매장되었던 명성왕후의 국상(國喪) 사실이 공식적으로 발표된 시점은 10월 15일에 이르러서였다. 8월 20일부터 따지면 50여 일이 지난 후였다. 고종은 '지난번 변란 때 왕후의 소재를 알지 못하였으나 날이 점차 흘러가 그날에 세상을 떠난 증거가 정확하였다'라고 하였는데,[6] 그동안 서구열강의 공사관에서 일제의 명성왕후 시해를 폭로함으로써 10월 10일에 명성왕후가 다시 복위되고 이어서 10월 15일에 국상이 공식 선포될 수 있었다.[7] 이 과정에서 암매장되었던 명성왕후의 유해가 수습되고 아울러 신원도 확인되었다. 수습된 명성왕후의 유해는 왕후가 시해되기 직전 거처하던 곤녕합에 모셔졌다.

곤녕합에 안치되었던 명성왕후의 유해는 5일 후에 입관되어 10월 19일에 빈전(殯殿)인 태원전(泰元殿)으로 옮겨졌다.[8] 이후 고종은 수시로 태원전을 찾았다. 고종은 빈전을 찾을 때마다 명성왕후의 원한을 갚고 일제로부터

5   H. B. 헐버트, 『대한제국멸망사』, 집문당, 1999, 제9장 민비시해사건.
6   『고종실록』 권33, 32년(1895) 10월 15일.
7   강창일, 「삼국간섭과 을미사변」, 『한국사』 41, 국사편찬위원회, 1999, 38-43쪽.
8   "巽時 玉體移奉于泰元殿", 『景孝殿日記』, 장서각 도서분류 2-2418, 을미 10월 19일.

나라의 독립을 되찾겠다는 결심을 했고, 그런 결심이 아관파천으로 표출되었다.

고종은 1896년 2월 11일(양력) 아침 7시경에 궁녀의 가마를 타고 경복궁을 탈출하는 데 성공, 러시아 공사관에 도착하였다.[9] 고종은 러시아 공사관으로 파천할 때 왕태자만 대동하고 왕태후 홍씨(헌종의 계비 효정왕후)와 태자비 민씨(순종의 첫째 왕비 순명왕후)는 러시아 공사관과 가까운 곳에 위치한 경운궁으로 옮기게 하였다.[10] 아관파천 당일 고종은 명성왕후 시해와 관련하여 다음과 같은 명령을 내렸다.

칙령을 내리기를, "8월의 변고는 만고에 없었던 것이니, 차마 말할 수 있겠는가? 역적들이 권력을 잡아 쥐고 제멋대로 위조하였으며 왕후가 붕서(崩逝)하였는데도 석 달 동안이나 조칙을 반포하지 못하게 막았으니, 고금 천하에 어찌 이런 일이 있을 수 있는가? 어쩌다가 다행히 천벌이 내려 우두머리가 처단당한 결과 나라의 예법이 겨우 거행되고 나라의 체면이 조금 서게 되었다. 생각하면 뼈가 오싹하고 말하면 가슴이 두근거린다. 만약 하늘이 종묘사직을 돕지 않았더라면 나에게 어찌 오늘이 있을 수 있겠는가? 역적 무리들이 물들이고 입김을 불어넣은 자들이 하나둘만이 아니니 앞에서는 받들고 뒤에서는 음흉한 짓을 할 자들이 없을 줄을 어찌 알겠는가? 사나운 돼지가 날치고 서리를 밟으면 얼음이 얼게 된다는 경계를 갑절 더해야 할 것이다. 모든 신하와 백성들은 이 명령 내용을 명심해야 할 것이다" 하였다. 이날 역적의 수괴 김홍집과 정병하가 법에 따라 복주되었다. 칙령을 내리기를, "을미년(1895) 8월 22일의 조칙과 10월 10일의 조칙은

9   이민원, 『명성황후 시해와 아관파천』, 국학자료원, 2002, 83-95쪽.
10 『고종실록』 권34, 33년(1896) 2월 11일.

모두 역적 무리들이 속여 위조한 것이니 다 취소하라" 하였다.[11]

　고종은 아관파천 당일 내린 명령에서 을미사변을 '만고에 없던 것'이라 하였으며, 을미개혁을 추진한 세력을 '역적들'이라고 명시하였다. 고종은 을미개혁을 '만고에 없던 을미사변을 일으킨 역적들이 추진한 정변'으로 공언한 셈이었다. 고종에 의하면 을미사변을 일으킨 사람들이 역적인 이유는 "국모를 시해하고 임금을 협박하여 법령을 혼란시켰기"[12] 때문이었다.

　그런데 고종의 아관파천이 길어지자 환궁을 요구하는 여론이 높아졌다. 이에 따라 고종은 아관파천 이후 6개월이 지난 8월 10일에 "경운궁은 바로 역대 임금들께서 계시던 곳이다. 연전에 이미 수리하였지만 아직도 미처 손대지 못한 곳이 많다. 궁내부와 탁지부로 하여금 맡아서 수리하도록 하되 간단하게 할 것이다"[13]라는 지시를 내렸는데, 이는 경운궁으로 환궁하기 위한 사전 조치였다. 경운궁 수리와 함께 고종은 경복궁의 태원전에 모시고 있던 명성왕후의 혼백(魂帛)과 유골, 그리고 선원전(璿源殿)에 모시고 있던 어진들을 경운궁으로 옮기라 명령하였다.[14] 조선시대 빈전과 진전은 왕이 거처하는 궁궐에 모시는 것이 전례였으므로 고종은 경운궁으로 환궁하기에 앞서 이 같은 조치를 취했던 것이다.

　1896년 9월 4일 명성왕후의 혼백과 유골 그리고 선원전의 어진이 경운궁으로 옮겨졌다. 그날 고종은 직접 경운궁 대문 밖에 나가 맞이하였으며,[15] 찬궁(攢宮)에 관을 모신 후에는 빈전에 찾아가 곡을 하고 제사를 올렸다.[16] 당

11　『일성록』, 고종 32년(1895) 12월 28일(양력 2월 11일).
12　"逆魁亂黨이 連腸結肚ᄒᆞ야 國母를 弑害ᄒᆞ고 君父를 脅制ᄒᆞ며 法令을 淆亂ᄒᆞ야", 『고종실록』 권34, 33년(1896) 2월 27일.
13　『고종실록』 권34, 33년(1896) 8월 10일.
14　『고종실록』 권34, 33년(1896) 8월 23일.
15　『고종실록』 권34, 33년(1896) 9월 1일.
16　"戌時 成殯奠兼夕上食 親行", 『景孝殿日記』, 장서각 도서분류 2-2418, 병신 7월 27일.

시 명성왕후의 혼백과 유골은 경소전(景昭殿)의 찬궁에 모셨으며,[17] 경복궁 선원전에서 옮겨 온 어진들은 즉조당(卽阼堂)에 모셨다.[18]

그런데 명성왕후의 혼백과 유골이 모셔진 경운궁의 경소전은 경복궁의 명성왕후 빈전이었던 태원전과 몇몇 측면에서 비교되었다. 먼저 위치 면에서 비교될 수 있었다. 경복궁의 태원전은 경회루의 북쪽으로서 상당히 후미진 곳에 있었다. 이에 비해 경운궁의 경소전은 즉조당과 석어당(昔御堂) 좌측에 있었다. 즉조당과 석어당은 경운궁에서 가장 유서 깊은 건물이자 가장 의미 있는 건물이었다. 왜냐하면 즉조당은 인조가 반정을 일으킨 후 즉위식을 치른 곳이었고 석어당은 임란 후 환도한 선조가 생활하던 곳이었기 때문이다. 따라서 경운궁의 역사적 의미와 중요성을 상징하는 곳은 즉조당과 석어당이었다. 그렇기에 고종은 1896년 9월 4일에 경복궁의 선원전에 모셨던 어진들을 경운궁의 즉조당에 모셨던 것이다. 후에 고종은 경운궁의 정전인 중화전(中和殿)을 즉조당 전면에 세움으로써 즉조당 구역을 경운궁의 중심 구역으로 만들었다.

고종이 1896년 8월 10일에 경운궁 수리를 명령했을 때, 가장 먼저 수리된 건물은 명성왕후의 혼백과 유골을 모실 경소전이었다. 8월 10일 직후에 수리되기 시작한 경소전이 9월 4일 이전에 완공되었기에 9월 4일에 명성왕후의 혼백과 유골을 태원전에서 경소전으로 옮겨 모실 수 있었던 것이다. 고종은 명성왕후의 빈전인 경소전을 즉조당과 석어당 좌측에 지음으로써 경소전의 중요성과 상징성을 크게 높였다.

이에서 나아가 고종은 자신의 침전인 함녕전(咸寧殿)을 경소전 좌측에 지음으로써 경소전의 중요성을 더욱 높였다. 함녕전은 고종이 경운궁으로 환

---

17 "奉進隆安門景昭殿攢宮內 回南首 仍爲成殯",『景孝殿日記』, 장서각 도서분류 2-2418, 병신 7월 27일.
18 "上曰 御眞奉安于卽阼堂",『고종실록』권34, 33년(1896) 9월 20일.

제4장 대한제국기 황실 봉작제와 책봉의례

궁한 1897년 2월 20일 이후부터 4개월 후인 6월쯤에 완공되었는데,[19] 고종은 그 함녕전을 경소전 좌측에 세웠던 것이다. 따라서 경운궁에서 가장 중요한 구역은 즉조당 - 경소전 - 함녕전으로 구성되는 구역이었다. 이 구역이 바로 경운궁의 정전, 편전, 침전에 해당하는데 고종은 경운궁의 편전에 해당하는 경소전을 명성왕후의 빈전으로 삼음으로써 자신의 일상적인 통치활동에서 가장 중요한 것이 바로 명성왕후의 복수 및 국가의 자주독립임을 상징적으로 드러냈다. 고종은 경운궁으로 환궁한 후 시간이 날 때마다 경효전과 선원전을 찾아 복수와 자주독립을 다짐했다. 그것은 고종의 황제 즉위로 결실했다.

고종은 1897년 양력 10월 12일 환구단에서 황제 즉위식을 거행함으로써 황제에 올랐다. 이로써 우리나라는 역사상 처음으로 대내외적으로 공인받는 황제의 나라가 되었다. 황제국의 주권자는 '황제'였으므로 '왕'이라고 하는 용어는 더 이상 최고 권력자를 지칭하지 않게 되었다. 그 대신 왕 또는 친왕은 봉작명으로 바뀌었다. 예컨대 영왕, 또는 영친왕처럼 황제의 아들 또는 황제의 형제들에게 수여되는 작위의 명칭이 되었던 것이다.

그런데 엄밀하게 말하면 고종은 왕으로 있다가 곧바로 황제가 된 것이 아니었다. '대군주(大君主)'라고 하는 중간 단계를 거쳐 황제가 되었다. 고종이 왕에서 대군주로 된 것은 일제의 영향력 아래에서였다. 일제는 1894년의 동학농민봉기를 핑계로 군대를 파견하고 경복궁을 점령하였는데, 이런 상황에서 일제는 조선의 독립이라는 미명하에 청과의 관계를 단절시키고자 하였다. 당시 조선이 황제국을 선언한다는 것은 청의 영향력에서 완전히 벗어나겠다는 선언과 마찬가지였다. 그것은 분명 청으로부터의 자주독립을 의미하기도 했지만 반대로 일제에의 예속을 의미하기도 했다. 당시의 일

---

19 『고종실록』 권35, 34년(1897) 6월 25일.

본공사 오도리 게이스케(大鳥圭介)는 고종에게 황제에 즉위할 것은 물론, 연호의 사용과 단발(斷髮) 등을 강력하게 요구하였다. 그때 오도리의 요구대로 하였다면 고종은 벌써 황제에 즉위했을 것이다.

하지만 일제가 무엇을 의도하는지 알고 있던 고종은 황제에 즉위하기를 거부했다. 그 결과 타협안으로 황제 대신 '대군주'라는 칭호를 사용하게 되었다. 그런 면에서 '대군주'라는 칭호에는 일제에 대한 고종의 저항이 담겨 있었다고 하겠다. 하지만 당시 황제라는 말만 안 썼을 뿐이지 건양(建陽)이라는 연호도 썼고, 대군주의 존칭으로 '폐하'라는 말도 썼으며 단발령까지 시행함으로써 대부분 일제의 의도대로 되었다.

고종의 아관파천 기간 중에 나라의 독립과 자주를 열망하는 여론이 높아졌다. 백성들은 고종의 환궁을 요구하는 한편 황제로 즉위할 것을 요청했다. 고종이 황제에 즉위한다면 그것은 명실상부 조선이 자주독립국임을 만천하에 선포하는 것이라 생각했던 것이다.

고종은 일제의 강요에 의한 황제 즉위는 거부했지만 백성들의 열화와 같은 황제 즉위 요청은 거부하지 않았다. 오히려 고종은 황제 즉위에 필요한 상황을 능동적으로 조성해 나갔다. 고종은 아관파천 중에 이미 『독립신문』 창간과 독립문 건립을 후원함으로써 백성들의 독립과 자주 의식을 고양하는 데 일조했었다.

이런 상황에서 고종이 경운궁으로 환궁하자 황제 즉위를 요청하는 상소문들이 올라오기 시작했다. 예컨대 1897년 음력 5월 1일에는 전 승지 이최영 등이 황제 즉위를 요청하는 상소문을 올렸으며, 이어서 5월 9일에는 유학 권달섭 등이, 5월 16일에는 의관(議官) 임상준이 상소문을 올렸던 것이다. 이런 상소문에 대하여 고종은 "말이 옳지 못하다"고 겉으로 거부하는 뜻을 보였지만, 그렇다고 적극적으로 부정하지도 않았다. 이에 조정 중신들까지 황제 즉위를 요청하게 되었고 급기야는 수백 명의 연명상소문까지 올라

오게 되었다. 양력 10월 1일에는 조정 중신들이 백관을 거느리고 황제 즉위를 간청하기에 이르렀다. 고종은 이날도 사양하였지만, 백관들의 간청이 이어지자 마침내 10월 3일(음력 9월 8일) "대동(大同)한 인정을 끝내 저버릴 수가 없어서 곰곰이 생각하다 이에 부득이 따르기로 하였다"고 하며 황제 즉위를 허락하였다.[20]

고종은 길일을 골라 황제 즉위를 양력 10월 12일(음력 9월 17일)에 거행하도록 하였다. 그사이 황제 즉위에 필요한 준비를 하였다. 먼저 궁중 안에서 황제가 각국 사절들을 접견하는 건물의 명칭을 태극전(太極殿)으로 바꾸었다. 황제는 '공과 덕이 위대하여 천지에 짝하며 존귀하기가 하늘의 신과 같은 분'이므로 그런 황제가 임어하는 건물의 명칭으로는 태극전이 제격이었다. 아울러 한양의 회현방 소공동에는 환구단을 마련하고 궁내부 안에 환구단 사제서(圜丘壇 祠祭署)도 설치했다. 황제는 환구단에서 즉위하고 또 환구단에서 천지에 제사를 지내야 하므로 환구단을 담당할 부서가 필요했기 때문이다. 모든 준비를 마친 고종은 양력 10월 11일 오후 2시쯤에 경운궁을 떠나 환구단으로 행차했다. 환구단의 준비가 제대로 되어 있는지 확인하기 위해서였다. 경운궁의 인화문에서 소공동의 환구단에 이르는 거리에는 병사들이 도열하여 고종의 행차를 호위했다. 한양 시민들은 집집마다 태극기와 등불을 높이 내걸고 고종의 황제 즉위를 환영했다. 당시 고종의 행차를 『독립신문』은 이렇게 전하고 있다.

십일 일 오후 두 시 반 경운궁에서 시작하여 환구단까지 길가 좌우로 각 대대 군사들이 질서정연하게 배치되었다. 순검들도 몇백 명이 틈틈이 벌려 서서 황국의 위엄을 나타냈다. 좌우로 휘장을 쳐 잡인 왕래를 금하였고

---

20 『대례의궤』 조칙(詔勅), 정유년(1897) 9월 8일(음력 10월 3일).

옛적에 쓰던 의장 등물을 고쳐 황색으로 만들어 호위하게 하였다. 시위대 군사들이 어가를 호위하고 지나갈 때에는 위엄이 웅장했다. 총 끝에 꽂힌 창들이 석양에 빛을 반사하여 빛났다. 육군 장관들은 금수로 장식한 모자와 복장을 하였고, 허리에는 금줄로 연결된 은빛의 군도를 찼다. 옛 풍속으로 조선군복을 입은 관원들도 있었으며 금관 조복한 관인들도 많이 있었다. 어가 앞에는 대황제의 태극 국기가 먼저 지나갔고, 대황제는 황룡포에 면류관을 쓰고 금으로 채색한 연(輦, 가마)을 탔다. 그 뒤에 황태자가 홍룡포를 입고 면류관을 쓴 채 붉은 연을 타고 지나갔다.[21]

환구단에 도착한 고종은 준비된 제단, 제기, 희생물, 제사용품 등을 조심조심 살펴보았다. 이어서 고종은 대신들에게 국호 개정 문제를 제기했다. 황제에 즉위하는 역사적인 상황에서 새로운 국호가 필요하다는 이유였다. 논의 결과 국호는 '조선'에서 '대한(大韓)'으로 바뀌었다. 고종은 옛날 고려 태조가 천명을 받아 삼한을 하나의 나라로 통일했던 것처럼, 새로 천명을 받아 황제에 오르는 그 시점에 국호를 대한으로 고침으로써 당시 이리저리 갈라진 국론을 대통합하여 새로운 도약의 전기로 삼고자 했던 것이다.

일을 마친 고종은 오후 4시쯤 다시 경운궁으로 돌아갔다. 다음날 새벽 2시쯤 고종은 다시 경운궁을 나와 환구단으로 행차했다. 이번에는 천지신명에게 제사하기 위해서였다. 환구단에 도착한 고종은 황천상제(皇天上帝)와 황지기(皇地祇)의 신위(神位) 앞에서 제사를 올렸다. 황천상제와 황지기가 바로 천지신명이었다. 천지신명에게 직접 제사를 올려야 '공과 덕이 위대하여 천지에 짝하며 존귀하기가 하늘의 신과 같은 분', 즉 황제가 될 수 있었다. 천지신명에게 올리는 제사가 끝나자마자 의정(議政)은 백관을 거느리고 고

---

21 『독립신문』 1897년 10월 14일, 논설.

제4장 대한제국기 황실 봉작제와 책봉의례

종에게 황제의 어좌에 오를 것을 요청했다. 『대례의궤』에는 당시의 상황이 이렇게 묘사되어 있다.

의정이 백관을 거느리고 망료위(望燎位)에서 무릎을 꿇고 아뢰기를, "천지 신명에 대한 제사가 끝났으니 청컨대 황제의 옥좌에 오르소서" 하였다. 여러 신하들이 옆에서 부축하고 금의(金椅, 황금 옥좌)에 이르러 옥좌에 앉게 하였다. 백관들은 줄에 늘어섰다. 집사관이 면복안(冕服案, 면류관과 12장복을 올려놓을 책상)과 보안(寶案, 옥새를 올려놓을 책상)을 들고 왔다. 의정이 곤면(袞冕, 곤룡포와 면류관)을 받들어 무릎을 꿇고 면복안 위에 올려놓았다. 의정 등이 곤면을 들어서 고종에게 입혀 드렸다. 의정이 제자리로 가자 찬의가 국궁, 사배, 흥, 평신하라고 창했다. 장례원의 주사(主事)가 의정을 인도하여 고종 앞으로 갔다. 찬의가 무릎을 꿇고 홀을 꽂으라고 창했다. 의정은 무릎을 꿇고 홀을 꽂았다. 백관도 모두 무릎을 꿇었다. 봉보관이 옥새 통을 열고 옥보(玉寶)를 꺼내 무릎을 꿇고 의정에게 주었다. 의정이 옥보를 받고 아뢰기를, "황제께서 대위(大位)에 오르셨으니 신 등은 삼가 어보(御寶)를 올립니다" 하였다.[22]

고종이 황제에 오르고 국호를 조선에서 대한으로 바꿈으로써 조선왕실은 대한제국황실이 되었다.[23] 이에 따라 황실 구성원들은 황제국 체제에 맞게 새롭게 책봉되었다. 책봉의례 역시 기왕의 제후국 체제 의례에서 새로운 황제국 체제 의례로 바뀌게 되었다.

22 『대례의궤』 조칙, 정유년 9월 17일.
23 고종황제의 즉위의례와 관련해서는
    한영우, 「대한제국 성립과정과 『大禮儀軌』」, 『한국사론』 45, 2001,
    김문식, 「고종의 황제 登極儀에 나타난 정치적 함의」, 『조선시대사학보』 37, 2006,
    김종수 외, 「大禮儀軌 해제」, 『국역 고종대례의궤』 上, 민속원, 2012 참조.

1 황후와 후궁의 책봉의례

1) 명성황후의 책봉의례

고종이 신민들의 요청에 따라 황제에 즉위하기로 허락한 때는 음력 9월 8일(양력 10월 3일)이었다. 고종은 황제 즉위를 수락한 직후 함녕전에서 시임 의정, 원임 의정, 장례원 경, 참정(參政), 찬정(贊政) 등과 만나 황제 즉위에 따른 문제들을 논의하였다. 이때 고종은 "나라에 처음 있는 전례(典禮)인 만큼 그 의절(儀節)은 고례(古禮)를 모두 따를 필요는 없고 우리나라 예를 참작하고 변통해서 그 간편한 점을 취하도록 하라"[24]고 명령했다. 이에 의정부 의정 심순택은 "이것은 본래 황제 국가의 제도에 있고 책에 적혀 있으며, 독(纛)과 대로(大輅), 번(幡), 당(幢) 같은 각종 의장물 역시 모두 도식(圖式)이 있으니 장례원으로 하여금 자세하게 살펴 마련하도록 하는 것이 어떻겠습니까?"라고 하였고, 고종은 "그렇게 하라"고 명령했다. 이에 따라 고종의 황제 즉위식은 물론 명성왕후의 황후 책봉의례도 장례원에서 마련하게 되었다.

이런 결정이 나자 장례원 경 김영수는 "삼가 역대의 전례의 따라 마련하겠지만, 참작하고 변통해야 할 의절은 마땅히 품지(稟旨)하여 거행하겠습니다. 그런데 황제에 즉위하고 황후와 황태자를 책봉하는 길일은 어느 때로 고를까요?"라고 하였다. 이에 대해 고종은 "이달 안으로 골라 들이도록 하라"고 명령했다. 이 명령에 따라 장례원 경 김영수는 당일로 일관 김동표에게 길일을 고르게 하였는데, 김동표는 음력 9월 17일(양력 10월 12일)을 길일

---

24 "國家初有之典禮也 其於儀節之間 不必純用古禮 而斟酌損益於我禮 取其簡便可也", 『대례의궤』 조칙, 정유년 9월 8일.

로 골랐고 고종은 이날로 결정하였다.[25]

고종이 황제에 즉위하기로 결정한 때가 9월 8일인데 즉위식 및 황후 책봉의식을 거행하기로 한 날은 9월 17일이므로 그 사이 준비 시간이 많지 않았다. 이에 고종의 황제 즉위 및 명성왕후의 황후 책봉에 관련된 문제들은 짧은 시간에 검토, 확정될 수밖에 없었다. 따라서 새로운 의례를 창조하기보다는 기왕의 전례 즉 중국의 황제 즉위의례와 황후 책봉의례를 거의 그대로 답습하게 되었다. 명성왕후의 황후 책봉의례에 관한 기본 원칙은 장례원 경 김영수의 9월 9일 자 보고에 잘 나타나 있는데, 그 내용은 다음과 같았다.

장례원 경 신 김영수가 삼가 아뢰기를, "황제에 즉위할 길일을 음력 9월 17일로 골라 허락을 받았으니, 의절을 마땅히 마련해야 합니다. 삼가 역대의 전례를 상고해 보니 환구단에서 고제(告祭)를 지낸 후 교단(郊壇) 앞에 의자를 설치하고 대위(大位)에 오르고, 이어서 종묘와 사직에 가서 고사(告祀)를 지낸 후 정전(正殿)으로 돌아가 백관은 표문을 올려 축하합니다. 그다음 관원을 보내 황후와 황태자를 책봉하고 다음날 천하에 조서를 내려 알립니다. 이번에도 또한 이것에 의거하여 마련해 거행하는 것이 어떻겠습니까? 삼가 아룁니다" 하였다. "아뢴 대로 하라"는 조칙을 받았다.[26]

위에 언급된 역대의 전례는 물론 중국 역대의 전례였다. 따라서 명성왕후의 황후 책봉의례 역시 중국 역대의 황후 책봉의례를 근거로 마련되었음을 알 수 있다.

명성왕후의 황후 책봉의례는 중국 역대의 황후 책봉의례 중에서도 『대당개원례』의 '임헌명사'와 '황후수책'을 모범으로 하였다. 이처럼 명성왕후

---

25 『대례의궤』 장례원 주본, 정유년 9월 8일.
26 『대례의궤』 장례원 주본, 정유년 9월 9일.

의 황후 책봉의례가 중국의 전례를 근거로 한 것이 이른바 고종황제가 강조한 구본신참(舊本新參) 또는 법고창신(法古創新)에서 '구본' 또는 '법고'였다. 즉 고종황제는 대한제국을 선포한 후 정치, 외교, 군사 등에서 신참 또는 창신의 정신을 크게 발휘하였지만, 황실 봉작 문제에서는 철저하게 구본 또는 법고의 정신을 발휘하였던 것이다.

그런데 당시 명성왕후는 살아 있는 상태가 아니라 승하한 상태였기에 약간의 변화가 불가피했다. 예컨대 『대당개원례』에서는 황후 책봉 이전의 사전 의례로서 복일, 고환구, 고방택, 고태묘가 있었는데 당시 명성왕후가 이미 승하한 상황이었기에 복일 등에 더하여 명성왕후의 빈전에 고하는 고유제(告由祭)가 추가되었다. 이 고유제는 음력 9월 14일로 결정되었으며, 고유제에 필요한 제문과 고유문은 고종이 직접 짓기로 하였다.[27] 또한 명성왕후를 황후에 책봉한 후에는 명정(銘旌)을 고쳐야 했으므로 이에 대한 의례도 필요하였다.[28]

하지만 이 같은 몇몇 예외를 제외하고는 거의 대부분의 의례가 중국 역대 황후 책봉의례를 기준으로 하였다. 예컨대 복일의 경우, 일관(日官)이 거행하여 길시를 골랐는데 음력 9월 17일 오시(午時)였다.[29] 이에 따라 명성왕후의 황후 책봉의례는 음력 9월 17일 오시로 결정되었다. 또한 중국에서는 황후 책봉에 필요한 옥보, 금책, 금보를 공부(工部)에서 제작하였는데, 당시 대한제국에서는 농상공부가 공부의 기능을 담당했으므로 농상공부에서 옥보, 금책, 금보를 제작하게 하였다.[30] 또한 중국에서는 황후 책봉에 필요한 책문, 보문, 조서, 표전을 한림원에서 작성하였는데, 대한제국에서 한림원에 해당

---

27 『대례의궤』 장례원 주본, 정유년 9월 9일.
28 『고종실록』 권36, 34년(1897) 양력 10월 9일(음력 9월 14일).
29 『대례의궤』 장례원 주본, 정유년 9월 15일.
30 『대례의궤』 장례원 주본, 정유년 9월 12일.

제4장 대한제국기 황실 봉작제와 책봉의례

하는 관청이 홍문관이므로 홍문관이 보문, 조서, 표전을 작성하게 하였다.[31] 아울러 황후를 책봉할 때의 정사와 부사는 궁내부로 하여금 차출하도록 하였는데,[32] 음력 9월 15일에 정사에는 의정부 의정 심순택이, 부사에는 장례원 경 김영수가 임명되었다.[33] 이 같은 준비절차를 거쳐 음력 9월 16일에 장례원에서는 명성왕후의 황후 책봉에 필요한 기본 절차를 결정하여 단자(單子)로 보고하였는데 그 내용은 다음과 같았다.

장례원 단자에, "이번 황후를 책봉할 때 마땅히 거행할 여러 일을 참작하여 마련하였습니다. 이에 의거하여 거행하는 것이 어떻습니까? 아룁니다" 하였다.

1. 책보를 조성한 후 대궐로 나갈 때 궁내부 대신, 장례원 경, 홍문관 학사, 농상공부 대신, 각각 그 관청의 낭관 1명과 차비관은 모두 조복(朝服)으로 배진(陪進)한다. 책보를 넣을 요채여를 전도할 세장(細仗)과 고취는 진열하지만 연주하지 않는다. 청도(淸道) 인원, 고훤(考喧) 군사는 각각 해당 관사로 하여금 마련하여 거행하게 하고, 도로는 한성부로 하여금 수치(修治), 연결(涓潔), 포황토(鋪黃土)하게 할 것.

1. 황제는 면복을 갖추고 태극전으로 간다. 종친, 문무백관 4품 이상은 조복, 5품 이하는 흑단령, 정사와 부사 이하는 각각 조복을 갖추고 행례한다. 헌가와 고취는 진설하지만 연주하지는 않는다. 의장과 여연을 진열하는 등의 일은 각 해당 관청으로 하여금 거행하게 한다.

1. 정사와 부사는 책보를 받들고 빈전 문외로 가서 의례대로 예를 행한다.

1. 독책관〈여관〉, 독보관〈여관〉, 봉책관 2명, 봉보관 2명, 거책안자(擧冊

---

31 『대례의궤』장례원 주본, 정유년 9월 12일.
32 『대례의궤』장례원 주본, 정유년 9월 15일.
33 『대례의궤』조칙, 정유년 9월 15일.

案者) 2명, 거보안자(擧寶案者) 2명, 욕석집사자(褥席執事者) 각 1명을 차출
한다.

1. 여러 일을 배설하는 것은 사약(司鑰)과 각 해당 관청으로 하여금 전례에
   비추어 거행하게 한다.
1. 미진한 조건은 추후에 마련한다.[34]

한편 명성왕후의 황후 책봉에 필요한 의례 역시 자세하게 마련되었는데,
그것은 크게 '책황후의(冊皇后儀)'와 '황후책보봉예빈전행례의(皇后冊寶奉詣殯
殿行禮儀)'의 두 가지 절차로 나뉘었다. '책황후의'는 『대당개원례』의 '임헌명
사'에 해당하는 의례이고, '황후책보봉예빈전행례의'는 『대당개원례』의 '황
후수책'에 해당하는 의례였다. 명성왕후의 황후 책봉의례가 빈전에서 거행
된 이유는 물론 명성왕후가 승하한 상태였기 때문이었다. 먼저 '책황후의'
와 내용을 보면 다음과 같았다.

책황후의(冊皇后儀)[35]

하루 전에 주전사(主殿司)는 어좌를 태극전 북벽에 남향으로 설치한다. 보
안을 어좌의 앞 동쪽 가까이로 설치하고, 향안 2개를 전외의 좌우에 설치
한다. 책안과 보안 각 1개를 보안의 남쪽에 설치하는데, 책안은 동쪽이고
보안은 서쪽이다. 봉절관위를 책안의 동쪽에 설치한다. 장절자위를 봉절관
의 좌측에 설치하는데 모두 서향이다. 협률랑은 헌현을 전정〈진설하지만
연주하지는 않는다〉에 전(展)한다. 거휘위를 서계 위에 설치한다.

그날 주사〈장례원의 여창과(臚唱課)이다. 아래도 같다〉는 종친, 문무백관 및
사자 이하의 내외위(內外位)를 설치한다. 집사관위(執事官位)는 아울러 평상

---

34 『대례의궤』 장례원 주본, 정유년 9월 16일.
35 『대례의궤』 의주, 冊皇后儀.

제4장 대한제국기 황실 봉작제와 책봉의례

시와 같다.

초엄이 울리면, 시종원(侍從院)은 노부의장(鹵簿儀仗)을 진설하고, 여연 및 말을 진설하며, 채여를 진설한다. 고취와 세장은 아울러 평상시와 같다. 종친, 문무백관 및 사자 이하는 각각 조복〈4품 이상은 조복이고, 5품 이하는 흑단령이다〉을 입는다.

이엄이 울리면, 모두 외위(外位)로 나간다. 장례원 관은 책함, 보록을 받들어 각각 안(案)에 둔다. 여러 호위의 관은 각각 그 복장을 갖추고 모두 합외로 가서 사후한다. 좌장례(左掌禮)는 합외로 가서 무릎을 꿇고 중엄을 아뢴다. 황제는 면복을 갖추고 내전으로 간다. 산선, 시위는 평상시의 의식과 같다. 근시 및 집사관은 먼저 4배례를 평상시처럼 거행한다. 협률랑은 들어와 자리로 간다.

삼엄이 울리면, 집사관은 먼저 자리로 간다. 주사는 종친, 문무백관을 인도하여 들어와 자리로 간다. 북소리가 그치면, 내외의 문을 벽(闢)한다. 좌장례는 무릎을 꿇고 외판을 아뢴다.

황제는 여를 타고 나온다. 산선, 시위는 평상시의 의식과 같다. 좌우장례(左右掌禮)는 전도하여 강여소(降輿所)에 이른다. 좌장례는 무릎을 꿇고 강여할 것을 주청한다. 황제가 강여한다. 좌장례는 무릎을 꿇고 집규(執圭)할 것을 주청한다. 근시가 무릎을 꿇고 진규(進圭)한다. 황제는 집규하고 승좌(陞座)한다. 향로에서 연기가 오른다. 보를 받들어 안에 둔다. 산선, 시위는 평상시의 의식과 같다. 근시는 나뉘어 전내로 들어간다. 찬의는 "국궁, 사배, 흥, 평신"을 창한다. 종친, 문무백관은 국궁, 사배, 흥, 평신한다. 주사는 반(班)을 돌려 마주 서게 한다. 주사는 사자 이하를 인도하여 들어와 자리로 간다. 찬의는 "국궁, 사배, 흥, 평신"을 창한다. 사자 이하는 국궁, 사배, 흥, 평신한다. 승제관〈비서원 승이다〉은 어좌 앞에 부복하였다가 무릎을 꿇고 선제를 아뢰고 중문을 통해 나간다. 집사자는 책보안을 마주 잡고 따른다. 승제관은 중계로부터 사자의 동북 방향으로 가서 서향하고 선다. 집사자는 안을 마주 잡고 중계로부터 내려와 승제관의 남쪽에 서는데 약간 물러나서 모두 서향한다. 승제관은 유제라고 칭한다. 찬의는 궤라고 창한다. 사자 이하는 궤한다. 승제관은 선제하여 말하기를, "왕후 모씨를 책하여 황후로 삼는다. 경 등에게 명하노니 지절하고 전례하라"라고 한다. 선제가 끝나면, 찬의는 "부복, 흥, 사배, 흥, 평신"을 창한다. 사자 이하는 부복, 흥, 사배, 흥, 평신한다. 봉절관〈비서원 승이다〉은 장절자를 거느리고 사자의 앞으로 간다. 장절자는 절의를 벗기고 절을 봉절관에게 준다. 봉절관은 절을 정사에게 준다. 정사는 앞으로 나가 북향하고 무릎을 꿇고 받아 장절자에게 준다. 장절자는 무릎을 꿇고 받아 일어난 후 정사의 좌측에 선다. 집사자는 각각 책함, 보록을 가지고 승제관 앞으로 간다. 승제관은 책함을 받아 정사에게 준다. 정사는 앞으로 나가 북향하고 무릎을 꿇고 받는다. 거안자는 마주 들고 정사의 좌측으로 나가 무릎을 꿇는다. 정사는 책함을 안에 둔다. 거안자는 마주 들고 물러나 사자의 뒤에 선다. 승제관은 보록을 취하여 정사에게 주는데 모두 책함을 받는 의식과 같다. 끝나면, 시위로 돌아간다. 찬의는 "부복, 흥, 사배, 흥, 평신"을 창한다. 사자 이하는 부복, 흥, 사배, 흥, 평신한다.

주사는 사자를 인도하여 동문을 통해 나간다. 장절자는 정문을 통해 나가는데, 절의를 더하고 전도한다. 거책보안자는 다음이다. 사자는 책함과 보록을 각각 요채여에 둔다. 세장과 고취가 전도한다. 〈고취는 진열하지만 연주하지는 않는다.〉 다음 집절자, 다음 책여, 다음 보여, 다음 의장, 다음 사자 이하가 따라서 빈전으로 간다.

주사는 종친, 문무백관을 인도하여 모두 배위로 간다. 찬의는 "국궁, 사배, 흥, 평신"을 창한다. 종친, 문무백관은 국궁, 사배, 흥, 평신한다. 좌장례는 앞으로 나가 어좌 앞에서 무릎을 꿇고 예필을 아뢴다. 황제는 어좌에서 내려온다. 좌장례는 무릎을 꿇고 석규를 주청한다. 황제는 석규한다. 근시가 무릎을 꿇고 규를 받는다. 좌장례는 무릎을 꿇고 승여(乘輿)할 것을 주청한다. 황제는 승여하고 환내한다. 산선, 시위는 평상시의 의식과 같다. 주사는 종친, 문무백관을 인도하여 나간다. 좌장례는 무릎을 꿇고 해엄을 아뢰고 명령을 받아 방장한다.

사자 이하는 따라서 빈전에 가서 예를 행하는데 의식대로 한다. 마친 후에 지절하고 복명하는 것은 평상시와 같다.

위에 의하면 명성왕후의 '책황후의'는 『대당개원례』의 '임헌명사'와 마찬가지로 책사인 정사와 부사가 황제의 명령 즉 제에 따라 황후를 상징하는 책, 보 두 가지 증표를 받아 황후의 처소로 가서 전달하는 의례였다. 그런데 당시 명성왕후는 승하한 상태였고 혼백은 빈전에 있었다. 즉 명성왕후의 빈전이 곧 명성왕후의 처소였다. 이에 따라 명성왕후의 황후 책봉의례는 빈전에서 거행될 수밖에 없었다.

앞에서 살펴본 것처럼 『대당개원례』의 '책황후의'는 '임헌명사'와 '황후수책'이 핵심이었다. 명성왕후의 황후 책봉의례 역시 『대당개원례』를 참조하여 마련되었으므로 '임헌명사'와 '황후수책'이 핵심이었다. 예컨대 명성왕후의 '책황후의'는 『대당개원례』의 '임헌명사'를 모범으로 하여 마련되었다. 반면 명성왕후의 '황후수책'의례는 명성왕후가 이미 승하한 상태라 『대당개원례』의 '황후수책'을 원형 그대로 준수하기에 문제가 있었다. 이에 따라 명성왕후의 '황후수책'의례는 『대당개원례』의 '황후수책'의례를 참조하여 빈전에서 변형, 시행하는 의례로 되었는데, 그것이 '황후책보봉예빈전행례의'였다. '황후책보봉예빈전행례의'의 내용은 다음과 같았다.

황후책보봉예빈전행례의(皇后冊寶奉詣殯殿行禮儀)

하루 전에 주전사는 절과 책보를 임시로 모셔둘 악(幄)을 빈전 대문 밖 동쪽에 서향으로 설치한다. 사자(使者)의 차(次)는 책보악(冊寶幄)의 남쪽에 동쪽 가까이 서향으로 설치한다. 그날 주사는〈장례원의 여창과이다. 아래도 같다〉사자위(使者位)를 문밖의 동쪽에 서향으로 설치하는데 북쪽이 상위이다. 거절자와 거책보안자는 남쪽에 있는데 약간 물러서 서향한다. 봉시위(奉侍位)는 사자의 서쪽에 동향으로 설치한다. 또 사자배위(使者拜位)를 중문 밖에 북향으로 설치한다. 봉시(奉侍)는 절과 책보를 임시로 둘 안을 빈전 합외에 최대한 가까이 설치한다. 또 책보를 임시로 둘 욕위(褥位)를 빈전의 서쪽 계단 아래에 동향으로 설치한다.

사자는 빈전 대문 밖에 도착하면 절과 책보를 임시로 악에 둔다. 주사는 사자를 인도하여 들어와 서향위(西向位)로 간다. 거절자와 거책보안자는 각각 안을 마주 들고 따라 들어와 자리로 간다. 봉시는 사자의 앞으로 가서 동향하고 무릎을 꿇는다. 사자는 무릎을 꿇고 "의정(議政) 신 모(某) 등은 제를 받들어 삼가 황후의 금책과 금보를 올립니다"라고 보고한다. 보고가 끝나면, 거절과 책보안이 차례로 사자의 앞으로 간다. 사자는 절을 취하여 봉시에게 준다. 봉시는 받는다. 사자는 책함을 받아 봉시에게 준다. 봉시는 받는다. 사자는 또 보록을 받아 봉시에게 준다. 봉시는 받아서 받들고 합외로 가서 무릎을 꿇고 안에 두고 부복하였다가 일어나 물러난다. 거절자와 거책보안자는 각각 안을 봉시에게 준다. 봉시는 먼저 빈전의 계단 아래에 임시로 두는 욕위에 둔다. 사자 이하는 임시로 차에 물러간다. 상궁(尙宮), 상복(尙服)은〈길복(吉服)을 입는다. 이하 모든 집사도 같다〉합으로 간다. 상궁은 무릎을 꿇고 책함을 취한다. 상복은 무릎을 꿇고 보록을 취한다. 함께 들어가 임시로 두는 욕위안(褥位案)의 위에 둔다.

행사 시작 2각 전에, 유사(攸司)는 예찬(禮饌)을 올린다. 상식(尙食)은 그 속

(屬)을 거느리고 예찬을 받아들고 들어가 영좌(靈座) 앞에 설치한다. 향로, 향합 아울러 촉도 그 앞에 설치한다. 준(樽)은 호외(戶外)의 좌측에 설치한다. 잔 3개를 준소(樽所)에 설치한다. 행사 시작 1각 전에, 찬의(贊儀)는 먼저 들어가서 자리로 간다. 주사는 사자를 인도하여 배위로 간다. 찬의는 "국궁, 사배, 흥, 평신"을 창한다. 사자는 국궁, 사배, 흥, 평신한다. 찬의는 궤(跪)라고 창한다. 사자는 궤한다. 상식은 향안의 앞으로 가서 무릎을 꿇고 삼상향(三上香)하고 작주(酌酒)하여 영좌 앞에 드린다. 〈석 잔을 연이어 드린다.〉 부복하였다가 일어나 조금 물러나 북향하고 무릎을 꿇는다. 전언(典言)은 영좌의 좌측으로 가서 서향하고 무릎을 꿇고 축문을 읽는다. 끝나면 부복하였다가 일어나 시위(侍位)로 돌아간다. 봉시는 합외로 가서 무릎을 꿇고 전언에게 전달해 고한다. 전언은 들어가 영좌 앞으로 가서 북향하고 무릎을 꿇고 아뢰기를, "사자 신 모 등이 제를 받들어 삼가 금책, 금보를 받들어 올렸습니다"라고 한다. 아뢰는 것이 끝나면 부복하였다가 일어나 시위로 돌아간다. 상궁, 상복은 모두 책보안 앞으로 가서 서향하고 무릎을 꿇는다. 상궁은 책함을 취하고, 상복은 보록을 취하여 중계를 통해 올라간다. 전언, 상기(尚記) 등은 각각 안을 들고 뒤따라 향안 앞으로 가서 무릎을 꿇고 먼저 안을 두고 다음에 책보를 안에 두고 조금 물러나 북향하고 무릎을 꿇는데 동쪽이 상위이다. 상궁은 책함을 열고 읽는다. 끝나면 다시 책을 함에 두고 조금 물러나 무릎을 꿇는다. 전언은 앞으로 나가 무릎을 꿇고 책안을 들어 무릎을 꿇고 영좌 앞에 둔다. 조금 동쪽에서 부복하였다가 일어난다. 상궁은 무릎을 꿇고 책함을 안에 두고 부복하였다가 일어난다. 전언과 상궁은 모두 시위로 돌아간다. 다음에 상복이 앞으로 나와 무릎을 꿇고 녹을 열어 보를 읽는다. 끝나면 다시 보를 녹에 두고, 보록을 들고 조금 물러나 무릎을 꿇는다. 상기는 앞으로 나가 무릎을 꿇고 보안을 들어서 무릎을 꿇고 책안의 남쪽에 두고, 부복하였다가 일어난다. 상복(尚服)은 무릎을 꿇

표1 『대당개원례』의 황후 책봉의례와 명성왕후의 황후 책봉의례 비교

	책봉 이전의 사전 의례	책봉의례	책봉 이후의 사후 의례
『대당개원례』의 임헌책명황후	복일 고환구 고방택 고태묘	임헌명사 황후수책	황후수군신하 황후표사 조황태후 황제회군신 군신상례 황후회외명부 황후묘현
명성왕후의 황후 책봉의례	복일 빈전고유제 (殯殿告由祭)	책황후의 황후책보봉예진전행례의	황태자조사빈전의 황태자진치사우빈전의 백관진전의 황태자비조알빈전의

고 보록을 안에 두고 부복하였다가 일어난다. 상복과 상기는 모두 시위로 돌아간다. 봉시는 나가서 절을 사자에게 준다. 찬의는 "부복, 흥, 사배, 흥, 평신"을 창한다. 사자는 부복, 흥, 사배, 흥, 평신한다. 주사는 사자를 인도해 나간다. 사자는 평상시와 마찬가지로 복명한다.

위에서 보듯이 명성왕후의 황후 책봉의례는 명성왕후의 영좌 앞에 책보를 바치는 의례였다. 즉 명성왕후의 황후 책봉의례는 명성왕후의 혼령을 대상으로 했던 것이다. 이는 명성왕후가 승하한 상태에서 나타난 부득이한 변화라고 할 수 있다. 이런 점을 제외한 나머지 의례는 기본적으로『대당개원례』의 '황후수책'의례와 유사하였다. 그뿐만 아니라 책봉 이후의 사후 의례역시『대당개원례』의 의례를 참조하여 마련되었다. 다만『대당개원례』에는황후수군신하, 황후표사, 조황태후, 황제회군신, 군신상례, 황후회외명부, 황후묘현 등의 복잡한 의례가 있었음에 비해 명성왕후의 경우에는 '황태자조

사빈전의(皇太子朝謝殯殿儀)', '황태자진치사우빈전의(皇太子進致詞于殯殿儀)', '백관진전의(百官進箋儀)', '황태자비조알빈전의(皇太子妃朝謁殯殿儀)'[36] 등의 의례만 있었다. 이는 명성왕후가 승하한 상태였기에 나타난 것이라 할 수 있다. 이런 사실에서 명성왕후의 황후 책봉의례는 『대당개원례』로 대표되는 중국의 역대 전례를 모범으로 하여 거행되었음을 알 수 있다.

2) 궁인 엄씨의 후궁 책봉의례

고종이 황제에 즉위한 1897년 음력 9월 17일(양력 10월 12일) 당시 궁인 엄씨는 출산이 임박한 상태였다. 그로부터 8일 후인 9월 25일(양력 10월 20일) 밤 10쯤에 궁인 엄씨는 아들을 해산했다. 이 아들이 훗날의 영친왕이었다. 해산 장소는 경운궁 숙옹재(肅離齋)였다.

궁인 엄씨가 해산한 지 2일 후인 양력 10월 22일에 고종황제는 조령(詔令)을 내려 궁인 엄씨를 귀인에 봉작하게 하였다.[37] 아울러 고종은 귀인 엄씨에게 영복당(永福堂)이라는 당호(堂號)를 내렸다. 하지만 당시 귀인 엄씨를 봉작하면서 특별한 의례를 거행하지는 않았다. 다만 조선시대 후궁 봉작에서 봉작 교지를 발급하던 관행에 따라 봉작 칙지를 발급하였다.[38] 이 봉작 칙지의 원본은 현재 한국학중앙연구원 장서각에 소장되어 있는데, 그 내용은 "칙지. 궁인 엄씨를 귀인에 봉함. 광무 원년 10월 (공란)일"이었다. 한편 1897년 양력 10월 22일 귀인에 봉작되었던 엄씨는 3년 후인 1900년 양력 8월 3일 순빈(淳嬪)에 진봉되었다.[39] 이 당시에도 순빈 엄씨에게는 봉작 칙지만 발급되고 특별한 봉작의례는 없었을 것으로 보인다. 그러나 엄씨가

36 『대례의궤』 의주.
37 『고종실록』 권36, 34년(1897) 양력 10월 22일.
38 『고문서집성』 10, 한국학중앙연구원출판부, 1992, 166쪽.
39 『고종실록』 권40, 37년(1900) 양력 8월 3일.

1901년 순비(淳妃)에 책봉될 때 그리고 1903년 황귀비(皇貴妃)에 책봉될 때에는 거창한 책봉의례가 거행되었다. 순비 때 그리고 황귀비 때의 책봉의례는 큰 틀에서 유사하였는데, 순비 때의 책봉의례를 살펴보면 다음과 같다.

1897년 양력 10월 22일에 엄씨가 귀인에 책봉된 후, 엄씨를 비에 진봉해야 한다는 요구가 1901년 음력 8월 2일부터 제기되었다. 이날 돈녕원사 윤용선은 고종이 황제에 즉위한 상황에서 후궁제도 역시 황제 체제에 걸맞게 정비되어야 한다는 명분을 들어 엄씨를 비에 진봉해야 한다고 요청하였고, 이에 대하여 고종은 천천히 시행하겠다고 하였다.[40] 다음 날인 음력 8월 3일에는 특진관 조병식도 같은 요청을 하였다. 음력 8월 8일에는 돈녕원사 윤용선과 특진관 조병식이 또 같은 요청을 하였고, 고종은 순빈 엄씨를 비로 책봉하는 제반 의절을 장례원으로 하여금 전례에 의거해 거행하라는 명령을 내렸다.[41] 이어서 고종은 음력 8월 22일에 순빈의 책비 정사에 완평군 이승응, 부사에 특진관 서상조를 임명하였다.[42] 이 같은 사실들은 엄씨의 후궁 책봉의례 역시 전례로 표현된 중국의 후궁 책봉의례를 모범으로 하여 마련, 거행되었음을 알려 준다. 중국의 후궁 책봉의례는 황후의 책봉의례와 유사하지만 규모나 의장 면에서 구별되었는데, 특히 황후의 책봉에는 황제가 친림하였지만 후궁의 책봉에는 황제가 친림하지 않았다.

장례원에서는 중국의 후궁 책봉의례를 모범으로 엄씨의 후궁 책봉의례를 마련했다. 장례원에서는 음력 8월 11일에 일관으로 하여금 엄씨의 책비 길일을 고르게 하여 음력 9월 4일로 결정했다.[43] 이어서 음력 8월 12일에 장례원에서는 엄씨의 책비에 필요한 금책과 금인은 역대의 전례에 의거해 궁내부와 농상공부로 하여금 거행하게 하였으며, 책문 역시 역대의 전례에 의거

---

40 『순비책봉의궤』 조칙, 신축(1901) 8월 2일.
41 『순비책봉의궤』 조칙, 신축(1901) 8월 8일.
42 『순비책봉의궤』 조칙, 신축(1901) 8월 22일.
43 『순비책봉의궤』 장례원 주본, 신축(1901) 8월 11일.

해 홍문관으로 하여금 찬진하게 하였다. 또한 같은 날짜에 장례원에서는 금인의 인식(印式)을 '순비지인(淳妃之印)'으로 마련해 보고하였다. 이 같은 절차를 거쳐 음력 8월 12일에 장례원에서는 엄씨의 후궁책봉에 필요한 기본 절차를 결정하여 단자로 보고하였는데 그 내용은 다음과 같았다.

장례원 단자에, "이번 책비할 때 마땅히 거행할 여러 일을 역대의 전례를 참작하여 마련하였습니다. 이에 의거하여 거행하는 것이 어떻습니까? 아룁니다" 하였다.

1. 책인을 조성한 후 대궐로 나갈 때 궁내부 대신, 장례원 경, 홍문관 학사, 농상공부 대신, 각각 그 관청의 낭관 1명과 차비관은 모두 조복(朝服)으로 배진(陪進)한다. 책인을 넣을 요채여를 전도할 세장과 고취 및 청도인(淸道人), 고훤군사(考喧軍士)는 모두 각각 해당 관사로 하여금 마련하여 거행하게 하고, 도로는 한성부로 하여금 수치, 연결, 포황토하게 할 것.

1. 비가 수책할 처소는 내궁(內宮)으로 배설(排設)할 것.

1. 그날 종친과 문무백관 4품 이상은 조복으로 들어와 중화전(中和殿)으로 가서 예를 거행하고, 끝나면 집사관이 절, 책, 인을 들고 정문을 통해 나가 요채여에 둔다. 고취가 전도한다. 정사와 부사 이하는 따라서 내궁에 이르러 전해 준다. 봉시(奉侍)는 안에서 의례대로 예를 거행한다. 상안(床案) 배설 등 제반 사항은 사약(司鑰)과 각 해당 관청으로 하여금 전례에 비추어 거행하게 한다.

1. 비는 내궁에서 책을 받고 예를 거행한다. 끝나면 정사와 부사 이하는 예에 의거하여 복명(復命)한다.

1. 비가 책을 받는 예가 끝나면 내궁에서 조현례(朝見禮)를 의례대로 거행한다.

1. 비의 관복(官服)과 여러 기물은 상의사(尙衣司)로 하여금 미리 준비하게

한다.

1. 내궁에서 미리 예를 익히는 것은 예모관(禮貌官)으로 하여금 의녀를 거느리고 미리 연습하도록 한다.

1. 봉책인관(奉冊印官) 각 2명, 거안집사(擧案執事) 각 2명, 거독책인안집사(擧讀冊印案執事) 각 2명, 욕석집사(褥席執事) 각 1명을 차출한다. 집사 충찬위(忠贊衛) 4명을 시종원(侍從院)으로 하여금 정하여 보내게 한다.

1. 미진한 조건은 추후에 마련한다.[44]

한편 엄씨의 책비에 필요한 의례 역시 자세하게 마련되었는데, 그것은 크게 '책비의'와 '비수책의'였다. 이를 중국의 황후 책봉의례에 비교하면 '책비의'는 『대당개원례』의 '임헌명사'에 해당하는 의례이고, '비수책의'는 『대당개원례』의 '황후수책'에 해당하는 의례이다. 명성왕후를 황후에 책봉할 때 『대당개원례』의 '임헌명사'와 '황후수책'을 참조하여 '책황후의'와 '황후책보봉예빈전행례의'를 마련했었는데, 엄씨를 후궁에 책봉하면서는 '책비의'와 '비수책의'를 마련했던 것이다. 먼저 '책비의'의 내용을 보면 다음과 같았다.

책비의(冊妃儀)[45]

하루 전에 주전사는 어좌를 중화전 북벽에 남향으로 설치한다. 책안과 인안 각 하나를 그 앞에 설치한다. 〈책안은 동쪽이고 인안은 서쪽이다.〉 봉절관〈비서원 승이다〉의 위(位)를 책안과 인안의 동쪽에 설치한다. 장절자〈장례원의 겸장례(兼掌禮)이다〉의 위를 봉절관의 좌측에 설치하는데 모두 서향이다.

그날 주사〈장례원의 여창과이다. 아래도 같다〉는 종친, 문무백관 및 사자

---

44 『순비책봉의궤』 장례원 주본, 신축(1901) 8월 12일.
45 『순비책봉의궤』 의주, 冊妃儀.

이하 집사관위(執事官位)를 전정의 동서에 설치하는데 겹줄이고 북향으로 한다. 또한 외위를 평상시와 같이 설치한다.

때가 되면 종친, 문무백관 및 사자 이하는 각각 조복〈4품 이상은 조복이고, 5품 이하는 흑단령이다〉을 입고 외위로 간다. 장례원 관은 책함, 인록을 받들어 각각 안(案)에 둔다. 비서원 승이 나뉘어 전내로 들어가 부복한다. 주사는 종친, 문무백관 및 사자 이하를 인도하여 들어와 자리로 간다. 전의가 "사배"라고 말하면, 찬의는 "국궁, 사배, 흥, 평신"을 창한다. 종친, 문무백관 및 사자 이하는 국궁, 사배, 흥, 평신한다. 승제관〈비서원 승이다〉은 앞으로 나가 어좌의 앞에 부복하였다가 일어나 중문을 통해 나간다. 집사자는 책인안을 마주 잡고 따른다. 승제관은 중계로부터 내려가 사자의 동북 방향으로 가서 서향하고 선다. 집사자는 안을 들고 중계로부터 내려와 승제관의 남쪽에 서는데 약간 물러나서 모두 서향한다. 승제관은 '유제'라고 칭한다. 찬의는 궤라고 창한다. 사자 이하 및 종친과 문무백관은 궤한다. 승제관은 선제하여 말하기를, "순빈 엄씨를 순비로 진봉한다. 경 등에게 명하노니 지절하고 행례하라"라고 한다. 선제가 끝나면, 찬의는 "부복, 흥, 사배, 흥, 평신"을 창한다. 사자 이하는 부복, 흥, 사배, 흥, 평신한다. 봉절관은 장절자를 거느리고 사자의 앞으로 간다. 장절자는 절의를 벗기고 절을 봉절관에게 준다. 봉절관은 절을 받아서 정사에게 준다. 정사는 앞으로 나가 북향하고 무릎을 꿇고 받아 장절자에게 준다. 장절자는 무릎을 꿇고 받아 일어난 후 정사의 좌측에 선다. 집사자는 각각 책함, 인록을 가지고 승제관 앞으로 간다. 승제관은 책함을 받아 정사에게 준다. 정사는 앞으로 나가 북향하고 무릎을 꿇고 받는다. 거안자는 마주 들고 정사의 좌측으로 나가 무릎을 꿇는다. 정사는 책함을 안에 둔다. 거안자는 마주 들고 물러나 사자의 뒤에 선다. 승제관은 인록을 취하여 부사에게 준다. 부사는 앞으로 나가 북향하고 무릎을 꿇고 받는다. 거안자는 마주 들고 부사의 좌측으로 가서 무릉을 꿇는다. 부사는 인록을 안에 든다. 거안자는 마주 들고 물러나 사자의 뒤에 선다. 승제관이 물러가 시위한다. 찬의는 "부복, 흥, 사배, 흥, 평신"을 창한다. 사자 이하는 부복, 흥, 사배, 흥, 평신한다.

주사는 사자를 인도하여 동문을 통해 나간다. 장절자는 정문을 통해 나가는데, 절의를 더하고 전도한다. 거책인안자는 다음이다. 사자는 책함과 인록을 각각 요채여에 둔다. 고취가 전도한다. 다음 장절자, 다음 책여, 다음 인여(印輿), 다음 채장(彩仗), 다음 사자 이하가 따라서 내궁으로 간다.

찬의는 "부복, 흥, 사배, 흥, 평신"을 창한다. 종친, 문무백관은 부복, 흥, 사배, 흥, 평신한다. 주사는 종친, 문무백관을 인도하여 나간다. 사자 이하는 내궁으로 가서 예를 행하는데 의식대로 한다. 마친 후에 지절하고 복명하는 것은 평상시와 같다.

위에 의하면 순빈 엄씨의 책비는 『대당개원례』의 '임헌명사'와 마찬가지로 책사인 정사와 부사가 황제의 명령 즉 제에 따라 후궁 중에서 비를 상징하는 책, 인 두 가지 증표를 받아 후궁의 처소로 가서 전달하는 의례였다.

한편 순빈 엄씨가 자신의 처소에서 책, 인을 받는 의례가 '비수책의'였는데, 그 내용은 다음과 같았다.

비수책의(妃受冊儀)[46]

하루 전에 봉시는 절안, 책안, 인안을 내궁의 정중에 설치한다. 〈책은 동쪽이고 인은 서쪽이다.〉 또 향안은 책안과 인안의 남쪽에 설치하고, 비의 배위를 계상의 중앙에 북향으로 설치한다. 사찬과 전찬과 여관의 위(位)를 배위의 동쪽과 서쪽에 평상시처럼 설치한다.

---

46 『순비책봉의궤』 의주, 妃受冊儀.

그날 사자는 지절하고 책인을 받들어 내궁의 문밖에 도착해 절, 책, 인을 차례로 봉시에게 준다. 봉시는 절, 책, 인을 가지고 정문을 통해 들어간다. 비는 예복을 갖추고 수식(首飾)을 더하여 나온다. 여관이 앞에서 인도하여 배위로 간다. 봉시는 절, 책, 인을 안에 둔다. 사찬이 "사배"를 말하면 전찬은 "사배"를 창한다. 비는 사배한다. 전찬은 "궤"를 창한다. 비는 궤한다. 독책여관(讀冊女官)이 앞으로 나가 무릎을 꿇고 함을 열고 책을 읽는다. 마치면 책을 다시 함에 둔다. 독인여관(讀印女官)이 앞으로 나가 무릎을 꿇고 녹을 열고 인을 읽는다. 마치면 인을 다시 녹에 둔다. 봉책여관(奉冊女官)이 책을 비에게 주면 비는 받아서 여관에게 준다. 여관은 동향하고 무릎을 꿇고 받는다. 봉인여관이 인을 비에게 주면 비는 받아서 여관에게 준다. 여관은 동향하고 무릎을 꿇고 받는다. 마치고 사찬이 "사배"를 말하면, 전찬이 "사배"를 창한다. 비는 사배한다. 전찬은 "예필"을 창한다. 봉시는 절을 가지고 나간다. 여관이 앞에서 인도한다. 비가 안으로 돌아가면 봉시는 절을 사자에게 준다. 사자는 절을 가지고 평상시처럼 복명한다. 여관은 비를 인도하여 자리로 가서 남향하고 앉게 한다. 전빈(典賓)은 내명부 이하를 인도하여 배위로 간다. 사찬이 "재배"라고 말하면 전찬은 "재배"라고 창한다. 내명부 이하는 재배한다. 여관은 비를 앞에서 인도하여 들어간다. 전빈은 내명부 이하를 인도하여 나간다.

이처럼 순빈 엄씨의 순비 책봉의례는 순비를 상징하는 책과 인을 사자가 순비의 처소로 가지고 가서 전달하는 의례가 핵심이었으며 이 같은 책봉의례는 『대당개원례』로 대표되는 중국의 전례였다. 아울러 순빈 엄씨의 순비 책봉 이후의 사후 의례 역시 『대당개원례』의 의례를 참조하여 마련되었는데, '비조현황제의(妃朝見皇帝儀)'가 그것이었다. '비조현황제의'는 책봉의례를 마친 순비 엄씨가 고종황제를 알현하고 감사 인사를 드리는 의례인데,

그 내용은 다음과 같았다.

비조현황제의(妃朝見皇帝儀)[47]

그날 상침은 휘하를 거느리고 어좌를 내전의 북벽에 남향으로 설치하고, 또 향안 2개를 전외의 좌우에 설치한다. 상침은 비차(妃次)를 내합(內閤) 밖에 동쪽 가까이 서향으로 설치한다. 또 비의 배위를 계상에 북향하로 설치한다. 사찬과 전빈과 전찬의 위를 동계 아래에 동쪽 가까이 서향으로 설치한다. 전빈은 비를 인도하여 차(次)로 들어간다.

때가 되면 전빈과 전찬이 차에서 나갈 것을 요청한다. 비는 예복을 갖추고 수식을 더하여 나간다. 전빈이 비를 인도하여 합(閤)에 이른다. 상의는 무릎을 꿇고 중엄을 아뢴다. 사찬, 전빈, 전찬은 모두 자리로 간다. 전빈은 비를 인도하여 서상에 동향으로 선다. 상의는 무릎을 꿇고 외판을 아뢴다. 황제는 통천관에 강사포를 갖추고 집규하고 어좌에 오른다. 산선과 시위는 평상시와 같다. 전빈은 비를 인도하여 들어와 배위로 간다. 사찬이 "사배"를 말하면 전찬은 "사배"를 창한다. 비는 사배한다. 마치면 상의는 어좌 앞으로 가서 무릎을 꿇고 "예필"을 아뢴 후 부복하였다가 일어나 물러난다. 황제는 어좌에서 내려와 안으로 돌아간다. 산선과 시위는 평상시와 같다. 전빈은 비를 인도하여 차로 돌아간다.

위에서 살펴본 것처럼 엄씨의 순비 책봉의례는 기본적으로 황후의 책봉의례와 마찬가지로 책봉 이전의 사전 의례, 책봉의례, 책봉 이후의 사후 의례로 구성되었다. 다만 각각의 의례가 황후의 책봉의례에 비해 간략하였으며 후궁을 상징하는 책과 인 역시 황후의 책과 보에 비해 격이 떨어졌다는

---

47 『순비책봉의궤』 의주, 冊妃儀.

표2　명성왕후의 황후 책봉의례와 엄씨의 순비 책봉의례 비교

	책봉 이전의 사전 의례	책봉의례	책봉 이후의 사후 의례
명성왕후의 황후 책봉의례	복일 빈전고유제	책황후의 황후책보봉예진행례의	황태자조사빈전의 황태자진치사우빈전의 백관진전의 황태자비조알빈전의
엄씨의 순비 책봉의례	복일	책비의 비수책의	비조현황제의

점에서 달랐다. 이는 황후와 후궁의 신분을 엄격하게 구별하고자 한 유교문
화의 전통에서 나타난 결과라 할 수 있다.

2 황태자와 황태자비의 책봉의례

1) 황태자의 책봉의례

고종이 황제에 즉위할 것을 결정한 음력 9월 8일(양력 10월 3일)에 장례원 경 김영수는 "삼가 역대의 전례의 따라 마련하겠지만, 참작하고 변통해야할 의절은 마땅히 품지하여 거행하겠습니다. 그런데 황제에 즉위하고 황후와 황태자를 책봉하는 길일은 어느 때로 고를까요?"라고 하였다. 이에 대해 고종은 "이달 안으로 골라 들이도록 하라"고 명령했다. 이 명령에 따라 장례원 경 김영수는 당일로 일관 김동표에게 길일을 고르게 하였는데, 김동표는 음력 9월 17일(양력 10월 12일)을 길일로 골랐고 고종은 이날로 결정하였다.[48] 이때 황태자의 책봉도 황후 책봉과 마찬가지로 음력 9월 17일(양력 10월 12일)로 결정되었다.

황태자의 책봉 날짜뿐만 아니라 책봉의례 역시 황후와 마찬가지로 기왕의 전례 즉 중국의 황태자 책봉의례를 답습하게 되었다. 이에 따라 황태자의 책봉의례 역시 책봉을 기준으로 책봉 이전의 사전 의례와 책봉 이후의 사후 의례로 구분되었다. 또한 중국에서는 황태자 책봉에 필요한 금책, 금보를 공부에서 제작하였는데, 당시 대한제국에서는 농상공부가 공부의 기능을 담당했으므로 농상공부에서 금책, 금보를 제작하게 하였다.[49] 또한 중국에서는 황태자 책봉에 필요한 책문, 보문을 한림원에서 작성하였는데, 대한

---

48 『대례의궤』 장례원 주본, 정유년 9월 8일.
49 『대례의궤』 장례원 주본, 정유년 9월 12일.

제국에서 한림원에 해당하는 관청이 홍문관이므로 홍문관이 보문, 조서, 표전을 작성하게 하였으며,[50] 보식(寶式)은 '황태자보(皇太子寶)'로 결정했다.[51] 아울러 황태자를 책봉할 길시는 음력 9월 17일 미시(未時)로 결정되었다.[52] 이같은 준비절차를 거쳐 음력 9월 16일에 장례원에서는 황태자의 책봉에 필요한 기본 절차를 결정하여 단자로 보고하였는데 그 내용은 다음과 같았다.

장례원 단자에, "이번 황태자를 책봉할 때 마땅히 거행할 여러 일을 참작하여 마련하였습니다. 이에 의거하여 거행하는 것이 어떻습니까? 아룁니다" 하였다.

1. 책보를 조성한 후 대궐로 나갈 때 궁내부 대신, 장례원 경, 홍문관 학사, 농상공부 대신, 각각 그 관청의 낭관 1명과 차비관은 모두 조복으로 배진한다. 책보를 넣을 요채여를 전도(前導)할 세장, 고취는 진열하지만 연주하지 않는다. 청도 인원, 고훤 군사는 아울러 각각 해당 관사로 하여금 마련하여 거행하게 하고, 도로는 한성부로 하여금 수치, 연결, 포황토하게 할 것.

1. 황제는 면복을 갖추고 태극전으로 간다. 왕태자는 면복을 갖추고 배위로 나간다. 종친, 문무백관 4품 이상은 조복, 5품 이하는 흑단령으로 행례한다. 헌가와 고취는 진설하지만 연주하지는 않는다. 의장과 여연을 진열하는 등의 일은 각 해당 관청으로 하여금 거행하게 한다.

1. 독책관 1명, 독보관 1명, 봉책관 2명, 봉보관 2명, 거책안자 2명, 거보안자 2명, 욕석집사자 각 1명을 차출한다.

1. 여러 일을 배설하는 것은 사약과 각 해당 관청으로 하여금 전례에 비추

---

50 『대례의궤』 장례원 주본, 정유년 9월 12일.
51 『대례의궤』 장례원 주본, 정유년 9월 12일.
52 『대례의궤』 장례원 주본, 정유년 9월 15일.

어 거행하게 한다.

1. 미진한 조건은 추후에 마련한다.[53]

한편 황태자의 책봉에 필요한 의례들 역시 자세하게 마련되었는데, 그것
은 크게 '책황태자의(冊皇太子儀)', '황태자조사빈전의(皇太子朝謝殯殿儀)', '황태
자진치사우빈전의(皇太子進致詞于殯殿儀)', '백관진전하황태자의(百官進箋賀皇太
子儀)'였다. 이 중에서 '책황태자의'가 황태자 책봉의례의 핵심이었다. 나머
지 '황태자조사빈전의', '황태자진치사우빈전의', '백관진전하황태자의'는
책봉 이후의 사후 의례였다. 황태자 책봉의례의 핵심인 '책황태자의'의 내
용은 다음과 같았다.

책황태자의(冊皇太子儀)[54]

하루 전에 주전사는 어좌를 태극전 북벽에 남향으로 설치한다. 보안을 어
좌의 앞 동쪽 가까이로 설치하고, 향안 2개를 전외의 좌우에 설치한다. 왕
태자 배위를 전의 계단 위에 북향으로 설치한다. 책안과 보안 각 1개를 보
안의 남쪽에 설치하는데, 책안은 동쪽이고 보안은 서쪽이다. 협률랑은 헌
현을 전정〈진설하지만 연주하지는 않는다〉에 전(展)한다. 거휘위를 서계
위에 설치한다. 그날 주사〈장례원의 여창관이다. 아래도 같다〉는 종친, 문
무백관의 위를 전정 동쪽에 설치한다. 외위는 평상시와 마찬가지로 설치
한다.

초엄이 울리면, 시종원은 노부의장을 정계와 전정의 동쪽과 서쪽에 진설
한다. 태복사관(太僕司官)은 여(輿)를 합외로 올리고 여연을 전정의 중도에
설치하며, 어마(御馬)는 중도의 좌우에, 장마(仗馬)는 그 남쪽에 진설한다. 종

---

53 『대례의궤』 장례원 주본, 정유년 9월 16일.
54 『대례의궤』 의주, 冊皇太子儀.

친, 문무백관은 각각 조복〈4품 이상은 조복이고, 5품 이하는 흑단령이다〉을 입는다.

이엄이 울리면, 모두 외위로 나간다. 장례원 관은 책함, 보록을 받들어 각각 안에 둔다. 여러 호위의 관은 각각 그 복장을 갖추고 모두 합외로 가서 사후한다. 좌장례는 합외로 가서 무릎을 꿇고 중엄을 아뢴다. 황제는 면복을 갖추고 내전으로 간다. 산선, 시위는 평상시의 의식과 같다. 근시 및 집사관은 먼저 4배례를 평상시처럼 거행한다. 협률랑은 들어와 자리로 간다. 삼엄이 울리면, 집사관은 먼저 자리로 간다. 주사는 종친, 문무백관을 인도하여 들어와 자리로 간다. 북소리가 그치면, 내외의 문을 벽(闢)한다. 좌장례는 무릎을 꿇고 외판을 아뢴다. 황제는 여를 타고 나온다. 산선, 시위는 평상시의 의식과 같다. 왕태자는 면복을 갖추고 여를 타고 뒤따라 나간다. 좌우장례는 전도하여 강여소에 이른다. 좌장례는 무릎을 꿇고 강여할 것을 주청한다. 황제가 강여한다. 좌장례는 무릎을 꿇고 집규할 것을 주청한다. 근시가 무릎을 꿇고 진규한다. 황제는 집규하고 승좌한다. 향로에서 연기가 오른다. 보를 받들어 안에 둔다. 산선, 시위는 평상시의 의식과 같다. 근시는 나뉘어 전내로 들어가 부복한다.

왕태자는 강여소에 이르러 여에서 내려 들어가 배위로 가서 북향하고 선다. 찬의는 "국궁, 사배, 흥, 평신"을 창한다. 왕태자는 국궁, 사배, 흥, 평신한다. 종친, 문무백관은 국궁, 사배, 흥, 평신한다. 승제관은〈비서원 승이다〉 앞으로 나가 어좌 앞에서 부복하였다가 무릎을 꿇고 선제를 아뢰고 중문을 통해 나가서 문외에 서서 유제라고 칭한다. 찬의는 궤라고 창한다. 왕태자는 궤한다. 종친, 문무백관도 궤한다. 승제관은 선제하여 말하기를, "왕태자 모(某)를 책하여 황태자로 삼는다"라고 한다. 선제가 끝나면, 승제관은 시위로 돌아간다. 찬의는 "부복, 흥, 사배, 흥, 평신"을 창한다. 왕태자는 부복, 흥, 사배, 흥, 평신한다. 종친, 문무백관도 부복, 흥, 사배, 흥, 평신한다. 주사는 의정을 인도하여 들어와 전내 어좌의 동남으로 가서 서향한다. 또 봉책보관, 독책보관을 인도해 들어온다. 독책보관은 전내의 의정 북쪽에서 서향한다. 봉책보관은 독책보관의 남쪽에서 서향하고 선다.

상례(相禮)는 왕태자를 인도하여 동문을 통해 들어와 어좌의 앞으로 가서 북향하고 선다. 찬의는 궤라고 창한다. 왕태자는 궤한다. 종친, 문무백관도 궤한다. 봉책관이 책안 앞으로 나아가 무릎을 꿇고 책함을 연다. 독책관은 앞으로 나가 무릎을 꿇고 책을 읽는다. 끝나면 다시 책을 함에 둔다. 봉책관은 책함을 의정에게 준다. 의정은 함을 받아 무릎을 꿇고 왕태자 앞에 올린다. 봉시가 앞으로 나와 동향하고 무릎을 꿇고 책함을 받아 받들고 일어난다. 봉보관은 보안 앞으로 나가 무릎을 꿇고 보록을 연다. 독보관은 앞으로 나가 무릎을 꿇고 보를 읽는다. 끝나면 다시 보를 녹에 둔다. 봉보관은 보록을 의정에게 준다. 의정은 녹을 받아 무릎을 꿇고 왕태자 앞에 올린다. 봉시가 앞으로 나와 동향하고 무릎을 꿇고 받아 보록을 받들고 일어난다. 찬의는 "부복, 흥, 평신"을 창한다. 황태자는 부복, 흥, 평신한다. 종친, 문무백관도 부복, 흥, 평신한다. 장례는 황태자를 인도해 전문 밖으로 나가 자리로 간다. 주사는 의정 이하를 인도하여 내려가 자리로 돌아간다. 봉시는 책보를 요채여에 두고 계단을 내려와 동계 아래에 선다. 찬의는 "국궁, 사배, 흥, 평신"을 창한다. 황태자는 국궁, 사배, 흥, 평신한다. 종친, 문무백관도 국궁, 사배, 흥, 평신한다. 장례는 황태자를 인도해 승여소(乘輿所)에 이르러 승여한다. 책보요채여(冊寶腰彩輿)는 앞에서 행진한다. 장례는 전도하여 환내한다. 좌장례는 무릎을 꿇고 예필〈찬의가 또한 창한다〉을 아뢴다. 황제는 어좌에서 내려온다. 좌장례는 무릎을 꿇고 석규를 주청한다. 황제는 석규한다. 근시가 무릎을 꿇고 규를 받는다. 좌장례는 무릎을 꿇고 승여할 것을 주청한다. 황제는 승여한다. 산선, 시위는 올 때의 의식과 같다. 좌우장례는 전도하여 환내한다. 주사는 종친, 문무백관을 인도하여 나간다.

좌장례는 무릎을 꿇고 해엄을 아뢰고 명령을 받아 방장한다.

위의 내용대로 황태자에 책봉되는 근거는 "왕태자 모(某)를 책하여 황태자로 삼는다"는 황제의 명령 즉 제였다. 다만 황태자의 책봉의례는 황제의 친림하에 황태자가 참여해 황태자를 상징하는 책, 보 두 가지 증표를 직접 받았기에 황후 또는 후궁의 책봉의례와 달리 황태자의 책봉의례에 정사와 부사 같은 사자(使者)가 없었다.

황태자의 책봉의례는 황제의 친림하에 황태자가 참여해 책보를 직접 받기에 황후 또는 후궁의 책봉의례에 비해 간단했다. 반면 책봉 이후의 사후 의례는 비교적 복잡했다. 황후에게 보고 및 축하를 드리는 의례는 물론 백관으로부터 축하를 받는 의례도 있었기 때문이었다. 예컨대 '황태자조사빈전의'와 '황태자진치사우빈전의'는 황태자가 황후에게 보고 및 축하를 드리는 의례였고 '백관진전하황태자의'는 황태자가 백관으로부터 축하를 받는 의례였다.

앞에서 살펴본 대로 황태자의 책봉의례는 음력 9월 17일 미시에 거행되었다. 그 직후 황태자는 자신이 책봉된 사실을 황후에게 고하는 의례를 거행하였는데, 그것이 바로 '황태자조사빈전의'였으며 그 내용은 다음과 같았다.

황태자조사빈전의(皇太子朝謝殯殿儀)[55]

책봉을 받는 날, 황태자 배위를 빈전 호외(戶外)의 동쪽에 서향으로 설치한다. 내찬, 사찬, 사빈의 위를 배위의 동쪽과 서쪽에 설치한다. 의장, 고악은 전정에 평상시처럼 진설한다. 〈진설하기만 하고 연주하지 않는다.〉 종친,

---

55 『대례의궤』 의주, 皇太子朝賀殯殿儀.

문무백관의 위를 평상시와 마찬가지로 외정에 설치한다. 황태자는 태극전에서 책을 받고, 끝나면 황태자는 면복을 갖추고 빈전 문밖에 이른다. 종친, 문무백관은 들어가 자리로 간다.

사빈은 황태자를 인도하여 동계를 통해 올라가 배위로 간다. 사찬은 사배라고 말한다. 내찬은 "국궁, 사배, 흥, 평신"을 창한다. 황태자는 국궁, 사배, 흥, 평신한다. 종친, 문무백관은 국궁, 사배, 흥, 평신한다. 〈찬의가 역시 창한다.〉 사빈은 황태자를 인도하여 전의 동문을 통해 들어와 영좌(靈座) 앞으로 가서 북향하고 선다. 내찬은 "궤"라고 창한다. 황태자는 궤한다. 종친, 문무백관은 궤한다. 〈찬의가 역시 창한다.〉 공사(恭謝)에 이르기를, "소자(小子) 모(某)는 이에 책명을 받고, 삼가 모후 폐하께 와서 공경스럽게 감사드립니다"라고 한다.

사(謝)가 끝나면 내찬은 "부복, 흥, 평신"을 창한다. 황태자는 부복, 흥, 평신한다. 종친, 문무백관은 부복, 흥, 평신한다. 〈찬의가 또한 창한다.〉 사빈은 황태자를 인도하여 전의 동문을 통해 나가 배위로 간다. 사빈은 사배라고 말한다. 내찬은 "국궁, 사배, 흥, 평신"을 창한다. 황태자는 국궁, 사배, 흥, 평신한다. 종친, 문무백관은 국궁, 사배, 흥, 평신한다. 〈찬의가 역시 창한다.〉 내찬은 "예필"을 창한다. 사빈은 황태자를 인도하여 환내한다. 종친, 문무백관은 물러난다.

위에서 보이듯 '황태자조사빈전의'는 "소자(小子) 모(某)는 이에 책명을 받고, 삼가 모후 폐하께 와서 공경스럽게 감사드립니다"라는 보고가 핵심이었다. 당시 황태자의 모후인 명성황후가 승하한 상태였기에 빈전에서 이 의례가 거행된 것이었다.

한편 고종은 음력 9월 17일 황제에 즉위한 후 그다음 날인 18일 태극전에 친림하여 천하에 조서를 반포하였다. 이 조서는 홍문관 태학사 김영수가 지은 것인데, 그 내용은 "봉천승운황제(奉天承運皇帝)는 다음과 같이 조령을 내린다. 짐은 생각건대, 단군과 기자 이후로 강토가 분리되어 각각 한 지역을 차지하고는 서로 패권을 다투어 오다가 고려 때에 이르러서 마한, 진한, 변한을 통합하였으니, 이것이 삼한을 통합한 것이다. 우리 태조가 왕위에 오른 초기에 국토 밖으로 영토를 더욱 넓혀 북쪽으로는 말갈의 지경까지 이르러 상아, 가죽, 비단을 얻게 되었고, 남쪽으로는 탐라국을 차지하여 귤, 유자, 해산물을 공납으로 받게 되었다. 사천 리 강토에 하나의 통일된 왕업을 세웠으니, 예약과 법도는 당요(唐堯)와 우순(虞舜)을 이어받았고 국토는 공고히 다져져 우리 자손들에게 만대토록 길이 전할 반석 같은 터전을 남겨 주었다. 짐이 덕이 없다 보니 어려운 시기를 만났으나 상제(上帝)가 돌봐 주신 덕택으로 위기를 모면하고 안정되었으며 독립의 터전을 세우고 자주의 권리를 행사하게 되었다. 이에 여러 신하들과 백성들, 군사들과 장사꾼들이 한목소리로 대궐에 호소하면서 수십 차례나 상소를 올려 반드시 황제의 칭호를 올리려고 하였는데, 짐이 누차 사양하다가 끝내 사양할 수 없어서 올해 9월 17일 백악산의 남쪽에서 천지에 고유제를 지내고 황제의 자리에 올랐다. 국호를 '대한'으로 정하고 이해를 광무 원년으로 삼으며, 종묘와 사직의 신위판(神位版)을 태사(太社)와 태직(太稷)으로 고쳐 썼다. 왕후 민씨를 황후로 책봉하고 왕태자를 황태자로 책봉하였다. 이리하여 밝은 명을 높이 받들어 큰 의식을 비로소 거행하였다. 이에 역대의 고사를 상고하여 특별히 대사령을 행하노라"[56]로서 황제 즉위 및 대한제국 선포의 의미를 밝힌 것이었다.

이 같은 조서를 반포한 직후 고종황제는 태극전에서 황태자와 백관들로부터 축하 전문(箋文)인 치사를 받았다. 그 이후 황태자는 빈전에 가서 황후에게 축하 전문인 치사를 바쳤고, 이어서 함녕전에서 백관들로부터 축하 전

---

56 『고종실록』 권36, 34년(1897) 10월 13일.

문을 받았다. 1897년 음력 9월 18일에 황태자가 빈전에서 황후에게 축하 전문인 치사를 바치는 의례가 '황태자진치사우빈전의'이었고, 함녕전에서 백관들로부터 축하 전문을 받는 의례가 '백관진전하황태자의'였는데, 각각 의 내용은 다음과 같았다.

황태자진치사우빈전의(皇太子進致詞于殯殿儀)[57]

그날, 황태자 배위를 빈전 호외의 동쪽에 서향으로 설치한다. 내찬, 사찬, 사빈의 위를 배위의 동쪽과 서쪽에 설치한다. 치사와 전문의 안을 전의 계단 위에 설치한다. 종친, 문무백관의 위를 외정에 설치한다. 의장, 고악은 전정에 평상시처럼 진설한다. 〈진설하기만 하고 연주하지 않는다.〉 황태자 는 태극전에서 치사를 드리는 예를 거행하고, 끝나면 빈전 문밖에 이르러 소차에 들어간다.

주사는 종친, 문무백관을 인도하여 들어가 자리로 간다. 사빈은 소차 앞으로 가서 무릎을 꿇고 출차할 것을 계청한다. 황태자는 차에서 나온다. 사빈은 황태자를 인도하여 동계를 통해 올라가 배위로 간다. 사빈이 사배라고 말하면, 사찬은 "국궁, 사배, 흥, 평신"을 창한다. 황태자는 국궁, 사배, 흥, 평신한다. 종친, 문무백관은 국궁, 사배, 흥, 평신한다. 〈찬의가 역시 창한다.〉 대치사여관(代致詞女官)은 서쪽 계단을 통해 올라와 영좌 앞으로 가서 부복하였다가 무릎을 꿇는다. 내찬은 "궤"라고 창한다. 황태자는 궤한다. 종친, 문무백관은 궤한다. 〈찬의가 역시 창한다.〉 대치사여관은 치사하여 운운한다. 축하가 끝나면 부복하였다가 일어나 내려가서 제자리로 간다. 사찬은 사배라고 말한다. 내찬은 "부복, 흥, 사배, 흥, 평신"을 창한다. 황태자는 부복, 흥, 사배, 흥, 평신한다. 종친, 문무백관은 부복, 흥, 사배, 흥, 평신한다.

---

57 『대례의궤』 의주, 皇太子進致詞于殯殿儀.

〈찬의가 또한 창한다.〉

사빈은 황태자를 인도하여 소차에 들어간다. 사찬이 사배라고 말하면, 내찬은 "국궁, 사배, 흥, 평신"을 창한다. 종친, 문무백관은 국궁, 사배, 흥, 평신한다. 〈찬의가 또한 창한다.〉

대치사여관은 서쪽 계단을 통해 올라와 영좌 앞으로 가서 부복하였다가 무릎을 꿇는다. 내찬은 "궤"라고 창한다. 종친, 문무백관은 궤한다. 〈찬의가 역시 창한다.〉 대치사여관은 치사하여 운운한다. 축하가 끝나면 부복하였다가 일어나 내려가서 제자리로 돌아간다. 사찬은 사배라고 말한다. 내찬은 "국궁, 사배, 흥, 평신"을 창한다. 종친, 문무백관은 국궁, 사배, 흥, 평신한다. 〈찬의가 또한 창한다.〉 내찬은 "예필"을 창한다. 〈찬의는 또한 창한다.〉 사빈은 황태자를 인도하여 차에서 나와 환내한다. 주사는 종친, 문무백관을 인도하여 나간다.

백관진전하황태자의(百官進箋賀皇太子儀)[58]

하루 전에, 주전사는 황태자의 좌석을 함녕전 북벽에 남향으로 설치한다. 보안을 좌석의 앞 동쪽 가까이로 설치한다. 향안 2개를 전외의 좌우에 설치한다. 협률랑은 헌현을 전정의 남쪽 가까이에 북향으로 전(展)한다. 〈진설하지만 연주하지는 않는다.〉 거휘위를 서계 위의 서쪽 가까이에 동향으로 설치한다. 그날 장의는 종친, 문무백관의 위를 전정의 동쪽과 서쪽에 겹줄로 설치하는데 북향으로 한다. 선전목관(宣箋目官), 선전관(宣箋官), 전전관(展箋官)의 위를 동쪽 계단의 아래에 동쪽 가까이 서향으로 설치한다. 종친, 문무백관의 외위를 평상시와 같이 설치한다. 전문안을 전의 계단 위에 설치한다. 의정부관은 전문을 받들고 들어와 안에 둔다. 때가 이르면, 궁관은

---

58 『대례의궤』 의주, 百官進箋賀皇太子儀.

각각 그 복장을 갖추고〈문관은 조복이고 무관은 기복이다〉 태복사관은 평상시처럼 장마를 진설한다. 종친, 문무백관은 각각 조복을〈4품 이상은 조복이고, 5품 이하는 흑단령이다〉 갖추고 함께 외위로 간다. 태복사관은 합외에 여를 갖다 놓는다.

배위(陪衛)의 관은 합으로 가서 봉영한다. 예모관은 무릎을 꿇고 내엄을 아뢴다. 황태자는 면복을 갖추고 내당에 앉는다. 산선, 배위는 평상시의 의식과 같다. 궁관 및 집사관은 먼저 4배례를 평상시처럼 거행한다. 집사관은 먼저 자리로 간다. 주사는〈장례원의 여창과이다. 아래도 같다〉 종친, 문무백관을 인도하여 들어와 자리로 간다. 예모관은 무릎을 꿇고 외비를 아뢴다. 황태자는 여를 타고 나간다. 산선, 배위는 평상시의 의식과 같다. 장례는 앞에서 인도하여 강여소에 이르러 무릎을 꿇고 강여할 것을 계청한다. 황태자는 강여한다. 장례는 무릎을 꿇고 집규할 것을 계청한다. 궁관은 무릎을 꿇고 규를 올린다. 황태자는 규를 잡고 좌석으로 오른다. 향로에서는 연기가 오른다. 보를 받들어 안에 둔다. 궁관 및 집사관은 동서로 나뉘어 각각 자리로 간다.

장의가 사배라고 말하면, 찬의는 "국궁, 사배, 흥, 평신"을 창한다. 종친, 문무백관은 국궁, 사배, 흥, 평신한다. 전전관 2명은 전안을 마주 잡고 동문을 통해 들어와 좌석 앞에 두고 부복한다. 선전목관은 서편계를 통해 들어와 전안의 남쪽으로 가서 부복하였다가 무릎을 꿇는다. 전전관은 무릎을 꿇고 전목을 취하여 마주 편다. 선전목관은 선포한다. 끝나면 부복하였다가 일어나 내려가 제자리로 돌아간다. 전전관은 전목을 다시 안에 두고 부복한다. 처음 전목을 선포하는 것이 끝나려 하면, 선전관은 서편계를 통해 올라와 전안의 남쪽으로 가서 부복하였다가 무릎을 꿇는다. 전전관은 무릎을 꿇고 전을 취하고 마주 편다. 찬의는 궤라고 창한다. 종친, 문무백관은 궤한다. 선전관은 선포한다. 끝나면 부복하였다가 일어나 제자리로 돌아간다. 찬의는 "부복, 홍, 사배, 홍, 평신"을 창한다. 종친, 문무백관은 부복, 홍, 사배, 홍, 평신한다. 찬의는 "궤, 진홀(搢笏), 삼고두"를 창한다. 종친, 문무백관은 궤, 진홀, 삼고두한다. 찬의는 산호를 창한다. 종친, 문무백관은 공수(拱手), 가액(加額)하고 말하기를, 천세라고 한다. 산호라고 창하면, 천세라고 한다. 재산호라고 창하면, 천천세라고 한다. 〈무릇 천세를 외침에 군교(軍校)는 소리를 맞추어 호응한다.〉 찬의는 "출홀(出笏), 부복, 홍, 사배, 홍, 평신"을 창한다. 종친, 문무백관은 출홀, 부복, 홍, 사배, 홍, 평신한다. 장례는 무릎을 꿇고 "예필"을 아뢴다. 〈찬의는 또한 창한다.〉

황태자는 좌석에서 내려온다. 장례는 무릎을 꿇고 석규를 계청한다. 황태자는 석규한다. 궁관은 무릎을 꿇고 규를 받는다. 장례는 무릎을 꿇고 승여를 계청한다. 황태자는 승여한다. 산선, 배위는 올 때의 의식과 같다. 장례는 앞에서 인도하여 환내한다. 주사는 종친, 문무백관을 인도하여 나간다.

위에서 본 것처럼 대한제국기의 황태자 책봉의례는 황후 또는 후궁과 마찬가지로 중국 역대의 황태자 책봉의례를 모범으로 하였으며 의례절차는 크게 책봉 이전의 사전 의례, 책봉의례, 책봉 이후의 사후 의례로 구분되어 있었다. 다만 황태자 책봉의례에서 빈전이 여러 번 등장하는데 이는 당시 명성황후가 승하한 상태였기에 나타난 결과라 할 수 있다. 이상의 내용을 표로 정리하면 표 3과 같다.

표3 황태자 책봉의례 구성

책봉 이전의 사전 의례	책봉의례	책봉 이후의 사후 의례
복일	책황태자의	황태자조사빈전의 황태자진치사우빈전의 백관진전하황태자의

1897년 음력 9월 8일(양력 10월 3일)에 고종은 오는 음력 9월 17일(양력 10월 12일) 황제에 즉위하겠다고 공포하였다. 한편 음력 9월 8일에는 고종의 황제 즉위 직후에 황후 책봉과 황태자 책봉도 거행하는 것으로 결정되었으며, 관련된 의례는 장례원에서 조사하여 마련하기로 하였다. 이렇게 황태자 책봉이 결정됨에 따라 장례원 경 김영수는 9월 10일에 "이번 황태자를 책봉한 뒤에는 마땅히 황태자비를 책봉하는 예가 있어야 합니다. 길일은 언제쯤으로 골라야 하겠습니까?"라는 보고를 올렸고, 고종은 "이달 20일 사이로 택하라"고 명령했다.[59] 이에 따라 장례원에서는 일관으로 하여금 황태자비의 책봉 길일을 고르게 하였는데, 일관 김동표는 음력 9월 19일을 길일로 골랐다.[60] 이 결과 음력 9월 17일에 황태자 책봉의례를 거행하고 2일 후인 음력 9월 19일에 황태자비 책봉의례를 거행하게 되었다.

황태자비의 책봉 날짜뿐만 아니라 책봉의례 역시 황태자와 마찬가지로 기왕의 전례 즉 중국의 황태자비 책봉의례를 답습하게 되었다. 이에 따라 황태자비의 책봉의례 역시 책봉을 기준으로 책봉 이전의 사전 의례와 책봉 이후의 사후 의례로 구분되었다. 또한 중국에서는 황태자비 책봉에 필요한 금책, 금보를 공부에서 제작하였는데, 당시 대한제국에서는 농상공부가 공부의 기능을 담당했으므로 농상공부에서 금책, 금보를 제작하게 하였다.[61] 또한 중국에서는 황태자비 책봉에 필요한 책문, 보문을 한림원에서 작성하였는데, 대한제국에서 한림원에 해당하는 관청이 홍문관이므로 홍문관이 보문, 조서, 표전을 작성하게 하였으며,[62] 보식은 '황태자비지보(皇太子妃之寶)'

---

59 『대례의궤』 장례원 주본, 정유년 9월 10일.
60 『대례의궤』 장례원 주본, 정유년 9월 11일.
61 『대례의궤』 장례원 주본, 정유년 9월 12일.
62 『대례의궤』 장례원 주본, 정유년 9월 12일.

로 결정했다.[63] 아울러 황태자비를 책봉할 때의 정사와 부사는 궁내부로 하여금 차출하도록 하였는데,[64] 정사에는 의정부 의정 심순택이, 부사에는 장례원 경 김영수가 임명되었다.[65] 아울러 황태자비를 책봉할 길시는 음력 9월 19일 미시로 결정되었다.[66] 이 같은 준비절차를 거쳐 음력 9월 18일에 장례원에서는 황태자비의 책봉에 필요한 기본 절차를 결정하여 단자로 보고하였는데 그 내용은 다음과 같았다.

장례원 단자에, "이번 황태자비를 책봉할 때 마땅히 거행할 여러 일을 참작하여 마련하였습니다. 이에 의거하여 거행하는 것이 어떻습니까? 아룁니다" 하였다.

1. 책보를 조성한 후 대궐로 나갈 때 궁내부 대신, 장례원 경, 홍문관 학사, 농상공부 대신, 각각 그 관청의 낭관 1명과 차비관은 모두 조복으로 배진한다. 책보를 넣을 요채여를 전도할 세장, 고취는 진열하지만 연주하지 않는다. 의장과 여연을 진열하는 등의 일은 각 해당 관청으로 하여금 거행하게 한다.

1. 황제는 통천관에 강사포를 갖추고 태극전으로 간다. 종친, 문무백관 4품 이상은 조복, 5품 이하는 흑단령, 정사와 부사 이하는 각각 조복을 갖추고 행례한다. 헌가와 고취는 진설하지만 연주하지는 않는다. 의장과 여연을 진열하는 등의 일은 각각 해당 관청으로 하여금 거행하게 한다.

1. 정사와 부사는 책보를 받들고 대궐 문밖으로 모시고 가서 봉시에게 전해 주어 들이게 한다.

1. 독책관〈여관〉, 독보관〈여관〉, 봉책관 2명, 봉보관 2명, 거책안자 2명, 거

63 『대례의궤』 장례원 주본, 정유년 9월 12일.
64 『대례의궤』 장례원 주본, 정유년 9월 15일.
65 『대례의궤』 조칙, 정유년 9월 15일.
66 『대례의궤』 장례원 주본, 정유년 9월 17일.

보안자 2명, 욕석집사자 각 1명을 차출한다.

1. 여러 일을 배설하는 것은 사약과 각 해당 관청으로 하여금 전례에 비추어 거행하게 한다.

1. 미진한 조건은 추후에 마련한다.

한편 황태자비의 책봉에 필요한 의례들 역시 자세하게 마련되었는데, 그 것은 크게 '책황태자비의(冊皇太子妃儀)', '황태자비수책보의(皇太子妃受冊寶儀)', '황태자비조알의(皇太子妃朝謁儀)', '황태자비조알빈전의(皇太子妃朝謁殯殿儀)', '황태자비조알명헌태후의(皇太子妃朝謁明憲太后儀)', '황태자비회궁예황태자행 례의(皇太子妃回宮詣皇太子行禮儀)' 등이었다.

이 중에서 '책황태자비의'와 '황태자비수책보의'가 황태자비 책봉의례의 핵심이었다. 나머지 '황태자비조알의', '황태자비조알빈전의', '황태자비조알 명헌태후의', '황태자비회궁예황태자행례의'는 책봉 이후의 사후 의례였다. 황태자비 책봉의례의 핵심인 '책황태자비의'와 '황태자비수책보의' 중에서 먼저 '책황태자비의'의 내용을 살펴보면 다음과 같았다.

책황태자비의(冊皇太子妃儀)[67]

하루 전에 주전사는 어좌를 태극전 북벽에 남향으로 설치한다. 보안을 어 좌의 앞 동쪽 가까이로 설치하고, 향안 2개를 전외의 좌우에 설치한다. 책 안과 보안 각 1개를 보안의 남쪽에 설치하는데, 책안은 동쪽이고 보안은 서쪽이다. 봉절관위를 책보안의 동쪽에 설치한다. 장절자위를 봉절관의 좌측에 설치하는데 모두 서향이다. 협률랑은 헌현을 전정〈진설하지만 연주하지는 않는다〉에 전(展)한다. 협률랑위를 서계 위에 설치한다. 그날

---

67 『대례의궤』 의주, 冊皇太子妃儀.

주사〈장례원의 여창과이다. 아래도 같다〉는 종친, 문무백관 및 사자 이하, 내외의 위(位) 그리고 집사관의 위를 모두 평상시와 마찬가지로 설치한다.

초엄이 울리면, 시종원은 노부의장을 진설한다. 여연 및 장마를 진설하며, 채여를 진설한다. 고취, 세장은 아울러 평상시와 같다. 종친, 문무백관 및 사자 이하는 각각 조복〈4품 이상은 조복이고, 5품 이하는 흑단령이다〉을 입는다.

이엄이 울리면, 모두 외위로 나간다. 장례원 관은 책함, 보록을 받들고 들어가 각각 안에 둔다. 여러 호위의 관은 각각 그 복장을 갖추고 모두 합외로 가서 사후한다. 좌장례는 합외로 가서 무릎을 꿇고 중엄을 아뢴다. 황제는 통천관에 강사포를 갖추고 내전으로 간다. 산선, 시위는 평상시의 의식과 같다. 근시 및 집사관은 먼저 4배례를 평상시처럼 거행한다. 협률랑은 들어와 자리로 간다.

삼엄이 울리면, 집사관은 먼저 자리로 간다. 주사는 종친, 문무백관을 인도하여 들어와 자리로 간다. 북소리가 그치면, 내외의 문을 벽(闢)한다. 좌장례는 무릎을 꿇고 외판을 아뢴다. 황제는 여를 타고 나온다. 산선, 시위는 평상시의 의식과 같다. 좌우장례는 전도하여 강여소에 이른다. 좌장례는 무릎을 꿇고 강여할 것을 주청한다. 황제가 강여한다. 좌장례는 무릎을 꿇고 집규할 것을 주청한다. 근시가 무릎을 꿇고 진규한다. 황제는 집규하고 승좌한다. 향로에서 연기가 오른다. 보를 받들어 안에 둔다. 산선, 시위는 평상시의 의식과 같다. 근시는 나뉘어 전내로 들어가 부복한다.

찬의는 "국궁, 사배, 흥, 평신"을 창한다. 종친, 문무백관은 국궁, 사배, 흥, 평신한다. 주사는 회반을 인도하여 마주 서게 한다. 주사는 사자 이하를 인도하여 들어와 자리로 간다. 찬의는 "국궁, 사배, 흥, 평신"을 창한다. 사자 이하는 국궁, 사배, 흥, 평신한다. 승제관은〈비서원 승이다〉 앞으로 나가 어좌 앞에서 부복하였다가 무릎을 꿇고 선제를 아뢰고 중문을 통해 나간다. 집사자는 책보안을 마주 잡고 따른다. 승제관은 중계를 통해 내려가 사자의 동북쪽으로 가서 서향하고 선다. 집사자는 안을 들고 중계를 통해 내려가 승제관의 남쪽에 서는데 조금 물러나고 모두 서향이다. 승제관은 유제라고 칭한다. 찬의는 궤라고 창한다. 사자 이하는 궤한다. 승제관은 선제하여 말하기를, "왕태자비 모씨(某氏)를 책하여 황태자비로 삼는다. 경 등에게 명하노니 절을 가지고 예를 펴라"고 한다. 선제가 끝나면, 찬의는 "부복, 흥, 사배, 흥, 평신"을 창한다. 사자 이하는 부복, 흥, 사배, 흥, 평신한다. 봉절관〈비서원 승이다〉은 장절자를 거느리고 사자의 앞으로 간다. 장절자는 절의를 벗기고 절을 봉절관에게 준다. 봉절관은 받아서 정사에게 준다. 정사는 앞으로 나가 북향하고 무릎을 꿇고 받아 장절자에게 준다. 장절자는 무릎을 꿇고 받아 일어난 후 정사의 좌측에 선다. 집사자는 각각 책함, 보록을 가지고 승제관 앞으로 간다. 승제관은 책함을 받아 정사에게 준다. 정사는 앞으로 나가 북향하고 무릎을 꿇고 받는다. 거안자는 마주 들고 정사의 좌측으로 나가 무릎을 꿇는다. 정사는 책함을 안에 둔다. 거안자는 마주 들고 물러나 사자의 뒤에 선다. 승제관은 보록을 취하여 정사에게 주는데 모두 책함을 주는 의식과 같다. 끝나면, 시위로 돌아간다. 찬의는 "부복, 흥, 사배, 흥, 평신"을 창한다. 사자 이하는 부복, 흥, 사배, 흥, 평신한다. 주사는 사자를 인도하여 동문을 통해 나간다. 장절자는 서문을 통해 나가는데, 절의를 더하고 전도한다. 거책보안자는 다음이다. 사자는 책함과 보록을 각각 요채여에 둔다. 세장과 고취가 전도한다. 〈진설하지만 연주하지는 않는다.〉 다음 집절자, 다음 책여, 다음 보여, 다음 의장, 다음 사자 이하가 따라서 황태자비의 합외로 간다. 주사는 종친, 문무백관을 인도하여 모두 배위로 간다.

찬의는 "국궁, 사배, 흥, 평신"을 창한다. 종친, 문무백관은 국궁, 사배, 흥,

제4장 대한제국기 황실 봉작제와 책봉의례

평신한다. 좌장례는 앞으로 나가 어좌 앞에서 무릎을 꿇고 예필을 아뢴다. 황제는 어좌에서 내려온다. 좌장례는 무릎을 꿇고 석규를 주청한다. 황제는 석규한다. 근시가 무릎을 꿇고 규를 받는다. 좌장례는 무릎을 꿇고 승여할 것을 주청한다. 황제는 승여하고 환내한다. 산선, 시위는 올 때의 의식과 같다. 주사는 종친, 문무백관을 인도하여 나간다. 좌장례는 무릎을 꿇고 해엄을 아뢰고 명령을 받아 방장한다. 사자 이하는 따라서 황태자비의 합외에 가서 예를 행하는데 의식대로 한다. 마친 후에 지절하고 복명하는 것은 평상시와 같다.

위의 내용대로 황태자비에 책봉되는 근거는 "왕태자비 모씨(某氏)를 책하여 황태자비로 삼는다. 경 등에게 명하노니 절을 가지고 예를 펴라"는 황제의 명령 즉 제였다. 이 같은 황제의 명령에 따라 정사와 부사는 황태자비를 상징하는 책, 보 두 가지 증표를 황태자비의 처소로 가지고 가서 전달하는 것이 바로 '책황태자비의'의 핵심이었다.

이를 황후의 책봉의례와 비교하면 '책황태자비의'는 '책황후의'에 대응함을 알 수 있다. 이는 황태자비의 책봉의례 역시 중국의 역대 황태자비 책봉의례를 모범으로 한 결과였다. 중국의 역대 황태자비 책봉의례는 황후의 책봉의례와 마찬가지로 『대당개원례』의 '임헌명사'와 '황태자비수책'이 핵심이었다. 이 중에서 '임헌명사'는 '책황태자비의'에 대응하였고, '황태자비수책'은 '황태자비수책보의'에 대응하였다. '황태자비수책보의'는 글자 그대로 황태자비가 자신의 처소에서 책과 보를 받는 의례인데 그 내용은 다음과 같았다.

황태자비수책보의(皇太子妃受冊寶儀)[68]

하루 전에, 봉시는 절안, 책안, 보안을 내전에 설치한다. 향안을 전외의 좌우에 설치한다. 의장, 고악은〈진설하지만 연주하지는 않는다〉 평상시처럼 설치한다. 황태자비의 배위를 계단 위에 설치하는데 중앙에서 북향으로 한다. 사찬, 전찬, 여관의 위(位)를 배위의 동서에 평상시처럼 설치한다.

그날 사자는 절을 가지고 책보를 받들어 황태자비의 합외에 이르러 절과 책보를 차례로 봉시에게 준다. 봉시는 절과 책보를 가지고 정문을 통해 들어간다. 수칙(守則)이 계청하면, 황태자비는 예복을 갖추고 수식(首飾)을 더하여 나온다. 수규(守閨)는 전도하여 배위로 간다. 봉시는 절과 책보를 안에 둔다. 사찬이 사배를 말하면, 전찬이 사배를 창한다. 황태자비는 사배한다. 전찬이 궤를 창하면, 황태자비는 무릎을 꿇는다. 독책여관은 앞으로 나가 무릎을 꿇고 함을 열어 책을 읽는다. 마치면, 책을 다시 함에 둔다. 독보여관은 앞으로 나가 무릎을 꿇고 녹을 열어 보를 읽는다. 마치면, 보를 다시 녹에 둔다. 여관은 책을 황태자비에게 준다. 황태자비는 받아서 여관에게 준다. 여관은 동향으로 무릎을 꿇고 받는다. 또 여관은 보를 황태자비에게 준다. 황태자비는 받아서 여관에게 준다. 여관은 동향으로 무릎을 꿇고 받는다. 마치고 사찬이 사배를 말하면 전찬이 사배를 창한다. 황태자비는 사배한다. 전찬은 예필을 창한다. 봉시는 절을 가지고 나간다. 수규는 황태자비를 인도하여 환내한다.

봉시는 절을 사자에게 준다. 사자는 절을 가지고 복명하기를 평상시처럼 한다.

위와 같은 '책황태자비의'와 '황태자비수책보의'를 마친 황태자비는 사후

---

68 『대례의궤』 의주, 皇太子妃受冊寶儀.

의례로서 '황태자비조알의', '황태자비조알빈전의', '황태자비조알명헌태후의', '황태자비회궁예황태자행례의'를 또 거행하였다. 이들 의례는 황태자비가 책봉된 후 황제, 황후, 태후, 그리고 황태자에게 감사 인사를 드리기 위한 의식절차였다. 즉 황태자비가 고종황제에게 감사 인사를 드리는 의식절차가 '황태자비조알의'였고, 황후에게 감사 인사를 드리는 의식절차가 '황태자비조알빈전의'였으며, 태후에게 감사 인사를 드리는 인사가 '황태자비조알명헌태후의'였다. 마지막으로 황태자비가 황태자에게 감사 인사를 드리는 의식절차가 '황태자비회궁예황태자행례의'였다. 먼저 황태자비가 자신보다 윗사람인 황제, 황후, 태후에게 감사 인사를 드리는 의식절차인 '황태자비조알의', '황태자비조알빈전의', '황태자비조알명헌태후의'의 내용을 살펴보면 다음과 같다.

황태자비조알의(皇太子妃朝謁儀)[69]

그날 상침은 그 소속을 거느리고 어좌를 내전 북벽에 남향으로 설치한다. 향안 2개를 전외의 좌우에 설치한다. 전찬은 황태자비의 배위를 계단 위에 북향으로 설치한다. 사찬, 전빈, 전찬의 위를 동쪽 계단 아래에 동쪽 가까이 서향으로 설치한다. 의장, 고악은〈진설하지만 연주하지는 않는다〉 평상시처럼 설치한다.

때가 되면, 수칙은 무릎을 꿇고 내엄을 계청한다. 잠시 후, 또 외비를 아뢴다. 황태자비는 예복을 갖추고 수식을 더한다. 수규는 전도하여 나온다. 배위는 평상시와 같다. 합외에 이르면, 수규는 황태자비를 인도하여 합(閤)에 들어가 서상에 이르러 동향하고 선다.

상전은 무릎을 꿇고 중엄을 아뢴다. 사찬, 전빈, 전찬은 모두 자리로 간다.

---

69 『대례의궤』 의주, 皇太子妃朝謁儀.

상전은 무릎을 꿇고 외판을 아뢴다. 황제는 통천관에 강사포를 갖추고 나와 어좌에 오른다. 시위는 평상시의 의식과 같다. 전빈은 황태자비를 인도하여 들어와 배위로 간다. 사찬이 사배를 말하면, 전찬은 사배를 창한다. 황태자비는 사배한다. 조금 후, 사찬이 사배를 말하면, 전찬은 사배를 창한다. 황태자비는 사배한다. 마치면, 전빈은 황태자비를 인도하여 나간다. 상의는 어좌 앞으로 나가 부복하였다가 무릎을 꿇고 예필을 아뢰고 부복하였다가 일어나 물러난다. 황제는 어좌에서 내려와 환내한다. 시위는 올 때의 의식과 같다. 수규는 황태자비를 인도하여 환내한다.

황태자비조알빈전의(皇太子妃朝謁殯殿儀)[70]

그날, 전찬은 황태자비의 배위를 빈전 동쪽 계단 위에 서향으로 설치한다. 사찬, 전빈, 전찬의 위를 동쪽 계단 아래에 동쪽 가까이 서향으로 설치한다. 의장, 고악은 〈진설하지만 연주하지는 않는다〉 평상시처럼 설치한다.

때가 되면, 수칙은 무릎을 꿇고 내엄을 계청한다. 잠시 후, 또 외비를 아뢴다. 황태자비는 예복을 갖추고 수식을 더한다. 수규는 전도하여 나온다. 배위는 평상시와 같다. 빈전의 합외에 이르면 사찬, 전빈, 전찬은 모두 자리로 간다. 전빈은 황태자비를 인도하여 들어와 배위로 간다. 사찬이 사배를 말하면, 전찬은 사배를 창한다. 황태자비는 사배한다. 전빈은 황태자비를 인도하여 올라가 상내(廟內)로 가서 봉심(奉審)한다. 끝나면, 전빈은 황태자비를 인도하여 내려와 배위로 간다. 사찬이 사배를 말하면, 전찬은 사배를 창한다. 황태자비는 사배한다. 마치면, 전빈은 황태자비를 인도하여 나간다. 수규는 전도하여 환궁하는데, 또한 올 때의 의식과 같다.

---

70 『대례의궤』 의주, 皇太子妃朝謁殯殿儀.

황태자비조알명헌태후의(皇太子妃朝謁明憲太后儀)[71]

그날 상침은 그 소속을 거느리고 명헌태후 어좌를 내전 북벽에 남향으로 설치한다. 향안 2개를 전외의 좌우에 설치한다. 전찬은 황태자비의 배위를 계단 위에 북향으로 설치한다. 사찬, 전빈, 전찬의 위를 동쪽 계단 아래에 동쪽 가까이 서향으로 설치한다. 의장, 고악은〈진설하지만 연주하지는 않는다〉 평상시처럼 설치한다.

때가 되면, 수칙은 무릎을 꿇고 내엄을 아뢴다. 잠시 후, 또 외비를 아뢴다. 황태자비는 예복을 갖추고 수식을 더한다. 수규는 전도하여 나온다. 배위는 평상시와 같다. 합외에 이르면, 수규는 황태자비를 인도하여 합에 들어가 서상에 이르러 동향하고 선다.

상의는 무릎을 꿇고 중엄을 아뢴다. 사찬, 전빈, 전찬은 모두 자리로 간다. 상의는 무릎을 꿇고 외판을 아뢴다. 명헌태후는 적의를 갖추고 수식을 더한다. 상궁은 전도하여 나가는데, 어좌에 오르고 시위하는 것은 평상시의 의식과 같다. 전빈은 황태자비를 인도하여 들어와 배위로 간다. 사찬이 사배를 말하면, 전찬이 사배를 창한다. 황태자비는 사배한다. 마치면, 전빈은 황태자비를 인도하여 나간다. 상의는 명헌태후 어좌 앞으로 나가 부복하였다가 무릎을 꿇고 예필을 아뢰고 부복하였다가 일어나 물러난다. 명헌태후는 어좌에서 내려와 환내한다. 시위는 올 때의 의식과 같다. 수규는 황태자비를 인도하여 환내한다.

위에서 보듯이 '황태자비조알의', '황태자비조알빈전의', '황태자비조알명헌태후의'는 모두 황태자비가 자신보다 윗사람인 황제, 황후, 태후의 처소로 찾아가 감사 인사로서 사배를 드리는 의식임을 알 수 있다. 황제, 황후, 태후

---

71 『대례의궤』 의주, 皇太子妃朝謁明憲太后儀.

는 모두 황태자비보다 윗사람이기에 그들에 대한 감사 인사를 조알(朝謁)이라고 표현하였던 것이다. 다만 이들 조알 의례 중에서 황후에게 감사 인사를 드리는 장소가 빈전인 이유는 물론 당시 명성황후가 승하한 상태였기 때문이었다.

이에 비해 '황태자비회궁예황태자행례의'는 동궁에서 거행되었으며 의례도 조알이 아니라 행례(行禮)라고 표현되었다. 그 이유는 물론 동궁이 황태자와 황태자비의 처소였기 때문이며 동시에 부부간인 황태자에 대한 감사 인사였기에 행례라고 표현하였던 것이다. 그런데 황태자비가 책봉된 후 거행된 사후 의례인 '황태자비조알의', '황태자비조알빈전의', '황태자비조알명헌태후의' 및 '황태자비회궁예황태자행례의'의 제목만 보아서는 황태자비가 자신의 책봉을 축하받는 의례가 없는 것으로 판단할 수 있다. 하지만 내용 자체를 보면 이 중에 황태자비가 자신의 책봉을 축하받는 의례가 포함되어 있다. 그것이 바로 '황태자비회궁예황태자행례의'였다. 이 의례에는 황태자비가 황태자에게 감사 인사를 드리는 의례와 더불어 황태자비가 내명부 및 여관들로부터 축하를 받는 의례가 통합되어 있는데, 그 내용은 다음과 같았다.

황태자비회궁예황태자행례의(皇太子妃回宮詣皇太子行禮儀)[72]
그날 조알의례가 끝나면, 황태자비는 회궁한다. 상침은 그 소속을 거느리고 황태자 어좌를 북벽에 남향으로 설치한다. 향안 2개를 전외의 좌우에 설치한다. 황태자비의 배위를 전내에 북향으로 설치한다. 사찬, 전빈, 전찬의 위를 동쪽 계단 아래에 동쪽 가까이 서향으로 설치한다. 의장, 고악은 〈진설하지만 연주하지는 않는다〉 평상시처럼 설치한다.

---

72 『대례의궤』 의주, 皇太子妃回宮詣皇太子行禮儀.

때가 되면, 수칙은 무릎을 꿇고 내엄을 계청한다. 잠시 후, 또 외비를 아뢴다. 황태자비는 예복을 갖추고 수식을 더한다. 수규는 전도하여 나온다. 배위는 평상시와 같다.

상궁은 무릎을 꿇고 중엄을 아뢴다. 사찬, 전빈, 전찬은 모두 자리로 간다. 상궁은 무릎을 꿇고 외비를 아뢴다. 황태자는 면복을 갖추고 나와 어좌에 오른다. 배위는 평상시의 의식과 같다. 전빈은 황태자비를 인도하여 들어와 배위로 간다. 사찬이 사배를 말하면, 전찬이 사배를 창한다. 황태자비는 사배한다. 마치면, 전빈은 황태자비를 인도하여 차(次)에 들어간다. 상궁은 황태자의 어좌 앞에 가서 부복하였다가 무릎을 꿇고 예필을 아뢰고 부복하였다가 일어나 물러난다. 황태자는 어좌에서 내려와 환내한다. 배위는 올 때의 의식과 같다.

수규는 황태자비를 인도하여 어좌에 오르게 한다. 배위는 평상시와 같다. 내명부 및 여관으로서 마땅히 축하해야 할 자들은 모두 계단 위로 가서 사배를 행한다. 예가 끝나면 황태자비는 어좌에서 내려와 환내한다.

위에서 본 것처럼 대한제국기의 황태자비 책봉의례는 황후 또는 후궁과 마찬가지로 중국 역대의 황태자 책봉의례를 모범으로 하였으며 의례절차는 크게 책봉 이전의 사전 의례, 책봉의례, 책봉 이후의 사후 의례로 구분되어 있었다. 황태자비의 책봉의례는 형식적으로 볼 때, 책봉 이후의 사후 의례가 '황태자비조알의', '황태자비조알빈전의', '황태자비조알명헌태후의', '황태자비회궁예황태자행례의'의 4가지였지만 내용상으로 볼 때, '황태자비회궁예황태자행례의'에 황태자비가 황태자에게 감사 인사를 드리는 의례와 더불어 황태자비가 내명부 및 여관들로부터 축하를 받는 의례가 통합되었기에 사실상 5가지나 되었다. 이러한 사실에서 나타나듯 황태자비 책봉의례에는 책봉 이후의 사후 의례가 많다는 특징이 있다. 이는 물론 황태자비가 자신보다 윗사람인 황제, 황후, 태후에게 감사 인사를 드려야 했음을 물론 부부 사이인 황태자에게도 감사 인사를 드려야 했기 때문이었다. 이상의 내용을 황태자의 책봉의례와 비교하여 표로 정리하면 표 4와 같다.

표4 황태자와 황태자비의 책봉의례 비교

	책봉 이전의 사전 의례	책봉의례	책봉 이후의 사후 의례
황태자의 책봉의례	복일	책황태자의	황태자조사빈전의 황태자진치사우빈전의 백관진전하황태자의
황태자비의 책봉의례	복일	책황태자비의 황태자비수책보의	황태자비조알의 황태자비조알빈전의 황태자비조알명헌태후의 황태자비회궁예황태자행례의

3 태후의 존숭의례

고종이 황제에 즉위한 1897년 음력 9월 17일(양력 10월 12일) 당시 왕태후 홍씨가 생존해 있었다. 익풍부원군 홍재룡의 딸인 왕태후 홍씨는 1831년(순조 31)에 태어났는데, 헌종의 첫 번째 왕후였던 효현왕후가 사망한 지 1년 만인 1844년(헌종 10)에 왕비에 책봉되어 가례를 올리고 효정왕후(孝定王后)가 되었다. 가례 후 5년 만인 1849년에 헌종이 23세의 나이로 병사하고 철종이 즉위하자 효정왕후는 대비가 되어 명헌(明憲)·숙경(淑敬)의 존호를 받았다. 구체적으로 '명헌·숙경'이라는 존호는 철종이 1851년(철종 2) 8월 6일에 헌종과 효현왕후(孝顯王后)를 종묘에 부묘(祔廟)하고 나서, 8월 20일에 올린 존호였다. 이후 왕태후 홍씨는 1857년(철종 8) 순원왕후(純元王后) 김씨가 승하한 후 왕대비가 되었고, 예인(睿仁)·정목(正穆)·홍성(弘聖)·장순(章純)·정휘(貞徽) 등의 존호를 받았다.

고종이 즉위한 후에도 홍씨는 왕대비로 불리다가 1894년(고종 31) 12월 17일 왕태후(王太后)로 격상되었다. 당시 고종이 제후국의 국왕에서 대군주 폐하(大君主 陛下)로 격상됨에 따라 왕대비는 왕태후로, 왕비는 왕후로, 왕세자는 왕태자로, 왕세자빈은 왕태자비로 격상된 결과였다.[73] 1895년(고종 32)의 을미개혁 때 왕태후궁이 설치되어 궁의 일을 주관하였는데, 왕태후궁에는 칙임관의 대부 1명, 주임관의 이사 1명, 판임관의 주사 3명이 배속되었다.[74]

---

73 『고종실록』 권32, 31년(1894) 12월 17일.
74 『고종실록』 권33, 32년(1895) 4월 2일.

고종이 1896년(고종 33) 2월 11일(양력)에 러시아 공사관으로 파천할 때 왕태후 홍씨는 왕태자비 민씨와 함께 경운궁으로 이거하였다.[75] 이후 고종이 러시아 공사관에서 경운궁으로 환궁하고 황제에 즉위할 때까지 왕태후 홍씨는 경운궁에 머물고 있었다.

그런데 고종이 황제에 즉위하기로 결정한 음력 9월 8일(양력 10월 3일)에 장례원 경 김영수는 "삼가 역대의 전례의 따라 마련하겠지만, 참작하고 변통해야 할 의절은 마땅히 품지하여 거행하겠습니다. 그런데 황제에 즉위하고 황후와 황태자를 책봉하는 길일은 어느 때로 고를까요?"[76]라고 하여 황후와 황태자의 책봉에 관한 문제를 제기하였지만 왕태후의 존숭과 책봉에 관한 문제는 거론하지 않았다. 이는 고종의 황제 즉위에서 시급한 문제는 황후와 황태자의 책봉 문제였고 왕태후의 존숭과 책봉은 그만큼 시급하게 여겨지지는 않았기 때문이었다.

그러나 고종의 황제 즉위 후 왕태후 홍씨의 존숭과 책봉은 빼놓을 수 없는 문제였다. 고종이 황제에 즉위하면서 왕후를 황후로, 또 왕태자를 황태자로 격상시키면서 왕태후만 그대로 둘 수는 없기 때문이었다. 이에 장례원 경 김영주는 음력 9월 9일에 "이번에 황제로 즉위한 후에 왕태후 폐하의 위호를 가상(加上)하는 절차가 있어야 하는데, 장례원에서 감히 마음대로 할 수 없으니 시임과 원임 의정 및 지방에 있는 유현(儒賢)들에게 문의하여 처리하는 것이 어떻겠습니까?"라는 보고를 올렸고, 고종은 "서울에 있는 시임과 원임 의정에게만 문의하라"는 명령을 내렸다.[77] 이때부터 왕태후 홍씨의 존숭과 책봉 문제가 본격적으로 거론되었다.

고종의 명령에 따라 장례원에서는 낭청을 파견하여 서울에 있는 시임과

---

75 『고종실록』 권34, 33년(1896) 2월 11일.
76 『대례의궤』 장례원 주본, 정유년 9월 8일.
77 『대례의궤』 장례원 주본, 정유년 9월 9일.

원임 의정으로부터 왕태후 홍씨의 위호 가상에 대한 의견을 문의하였다. 당시 시임 의정은 의정부 의정 심순택이었고 원임 의정은 궁내부 특진관 조병세였다. 왕태후 홍씨의 위호 가상에 대하여 의정 심순택은 구체적인 의견을 제시하였지만, 특진관 조병세는 "신은 식견이 고루한 데다 예경(禮經)에도 어두워 지금 더없이 중대하고 처음 있는 전례에 대해 감히 함부로 대답할 수 없습니다. 오직 널리 하문하시어 처리하소서"[78]라고 함으로써 결과적으로 아무런 의견도 제시하지 않았다. 그 결과 왕태후 홍씨의 위호 가상은 의정 심순택의 의견대로 결정되었는데, 심순택의 의견은 다음과 같았다.

신이 삼가 살펴보건대, 송의 태종은 태조 황후를 '개보(開寶)'라고 호칭하였고, 명의 세종은 무종 황후를 '장숙(莊肅)'이라고 호칭하여 각각 위호 위에 두 글자를 더하였습니다. 그런데 '개보'는 태조의 연호이고, '장숙'은 세종이 무종에게 올린 존호입니다. 이 외에는 높일 만하고 근거할 만한 글이 없습니다.

또 살펴보니, 철종 때 문경공 홍직필이 기유년(1849)에 헌의하였는데, 그중에, "성종 때에 세분의 대비(大妃)가 함께 살아 있었는데 각각 휘호 두 글자를 위호 위에 더하였고, 선조 때에는 인성대비를 공의전(恭懿殿)으로 일컬었고, 숙종 때에는 장렬대비를 자의전(慈懿殿)으로 일컬었습니다"라는 내용이 있습니다. '공의(恭懿)'는 명종 2년(1547)에 올린 존호이며, '자의(慈懿)'는 효종 2년(1651) 초에 올린 존호입니다. 대체로 이것은 각각 전(殿) 자 위에 존호 두 글자를 더한 것이니 여기에서 비슷한 전례를 찾을 수 있습니다.

지금 왕태후 폐하에게 처음에 올린 존호 두 글자를 태후 위에 올리는 것은 옛 법에 비추어 볼 때 근거가 없는 것이 아닙니다. 신처럼 변변치 못한 사

---

78 『대례의궤』 장례원 주본, 정유년 9월 11일.

람으로서는 억측하여 판단할 수 없으니, 오직 널리 하문하여 처리하소서.[79]

위에 의하면 의정 심순택은 왕태후 홍씨에게 올릴 위호를 새로 만들지 말고 '처음에 올린 존호 두 글자를 태후 위에 올리는 것'으로 하자는 의견이었다. 즉 1849년 헌종이 23세의 나이로 병사하고 철종이 즉위한 후 대비가 된 홍씨가 최초로 받았던 '명헌·숙경'의 4글자 존호에서 앞의 '명헌'을 위호로 사용하자는 의견이었던 것이다. 이를 고종이 결재함으로써 왕태후 홍씨의 위호는 '명헌'으로 결정되었다.

이처럼 왕태후 홍씨에게 위호를 새로 만들지 않고 기왕의 존호를 사용한 것은 중국의 전례에 따른 것이 아니라 조선의 전례를 따른 것이었다. 이런 점에서 왕태후 홍씨의 위호 가상은 중국의 전례를 거의 그대로 따랐던 황후 책봉, 후궁 책봉, 황태자 책봉, 황태자비 책봉과 달랐다고 할 수 있다.

그러나 이 점을 제외한 나머지 존숭의례는 역시 중국의 전례를 모범으로 하여 마련되었다. 이에 따라 명헌태후의 존숭의례는 황후나 황태자, 황태자비의 책봉 때와 마찬가지로 존숭을 기준으로 존숭 이전의 사전 의례와 존숭 이후의 사후 의례로 구분되었다.

예컨대 존숭 이전의 사전 의례로는 존숭 날짜를 정하는 복일절차가 있었다. 왕태후 홍씨에게 '명헌'이라는 위호를 가상하기로 결정된 음력 9월 11일 당일에 장례원 경 김영수는 명헌태후에게 보를 올리는 길일을 언제쯤으로 고를지 보고하였고, 고종은 이달 20일 사이로 고르라 하였다.[80] 이에 따라 일관 김동표가 길일을 점쳐서 음력 9월 19일로 골랐다.[81]

또한 중국에서는 태후 존숭에 필요한 옥보를 공부에서 제작하였는데, 당

---

79 『대례의궤』장례원 주본, 정유년 9월 11일.
80 『대례의궤』장례원 주본, 정유년 9월 11일.
81 『대례의궤』장례원 주본, 정유년 9월 11일.

시 대한제국에서는 농상공부가 공부의 기능을 담당했으므로 농상공부에서 금책, 금보를 제작하게 하였다.[82] 또한 중국에서는 태후 존숭에 필요한 보문을 한림원에서 작성하였는데, 대한제국에서 한림원에 해당하는 관청이 홍문관이므로 홍문관이 보문을 작성하게 하였으며,[83] 보식은 '명헌태후지보(明憲太后之寶)'로 결정했다.[84] 아울러 명헌태후에게 옥보를 올릴 때의 정사와 부사를 궁내부로 하여금 차출하도록 하였는데,[85] 정사에는 의정 심순택이, 부사에는 장례원 경 김영수가 임명되었다.[86] 명헌태후에게 옥보를 올리는 길시는 음력 9월 19일 오시로 결정되었다.[87] 이 같은 준비절차를 거쳐 음력 9월 18일에 장례원에서는 명헌태후에게 옥보를 올리는 데 필요한 기본 절차를 결정하여 단자로 보고하였는데 그 내용은 다음과 같았다.

장례원 단자에, "이번 명헌태후에게 상보(上寶)할 때 마땅히 거행할 여러 일을 참작하여 마련하였습니다. 이에 의거하여 거행하는 것이 어떻습니까? 아룁니다" 하였다.

1. 옥보(玉寶)를 조성한 후 대궐로 나갈 때 궁내부 대신, 장례원 경, 홍문관 학사, 농상공부 대신, 각각 그 관청의 낭관 1명과 차비관은 모두 조복으로 배진한다. 옥보를 넣을 채여(彩輿)를 전도할 세장, 고취는 진열하지만 연주하지 않는다. 청도(淸道) 인원, 고훤(考喧) 군사는 아울러 각각 해당 관사로 하여금 마련하여 거행하게 하고, 도로는 한성부로 하여금 수치(修治), 연결(涓潔), 포황토(鋪黃土)하게 할 것.

1. 황제는 통천관에 강사포를 갖추고 태극전으로 간다. 종친, 문무백관 4품

---

82 『대례의궤』 장례원 주본, 정유년 9월 12일.
83 『대례의궤』 장례원 주본, 정유년 9월 12일.
84 『대례의궤』 장례원 주본, 정유년 9월 12일.
85 『대례의궤』 장례원 주본, 정유년 9월 15일.
86 『대례의궤』 장례원 조칙, 정유년 9월 15일.
87 『대례의궤』 장례원 주본, 정유년 9월 15일.

이상은 조복, 5품 이하는 흑단령, 정사와 부사 이하는 각각 조복을 갖추고 행례한다. 헌가(軒架)와 고취는 진설하지만 연주하지는 않는다. 의장과 여연(輿輦)을 진열하는 등의 일은 각 해당 관청으로 하여금 거행하게 한다.

1. 황제가 환내(還內)한 후, 백관은 조복 그대로 함께 동정(東庭)으로 가서 명헌태후에게 진전(進箋)하는 행례를 의식대로 한다. 제도(諸道)에서도 역시 진전한다.

1. 정사와 부사는 보를 받들고 대궐 문밖으로 모시고 가서 봉시에게 전해주어 들이게 한다.

1. 봉보관(捧寶官) 2명, 거보안자(擧寶案者) 2명, 욕석집사자(褥席執事者) 각 1명을 차출한다.

1. 여러 일을 배설하는 것은 사약(司鑰)과 각 해당 관청으로 하여금 전례에 비추어 거행하게 한다.

1. 미진한 조건은 추후에 마련한다.[88]

위에 의하면 명헌태후의 위호 가상은 다른 것이 아니라 '명헌태후지보'라 새겨진 옥보를 올리는 것이었다. 이는 고종보다 윗사람인 명헌태후에게 위호 가상이란 책봉이 아닌 존숭이기에 옥보만 필요하고 책봉문은 필요 없기 때문이었다.

게다가 조선 후기 이래로 대왕대비 또는 왕대비 등의 존숭에 관한 의례는 이미 자세하게 정비되어 있었다. 예컨대 『국조속오례의(國朝續五禮儀)』 가례의 '대왕대비상존호책보의(大王大妃上尊號冊寶儀)', '왕대비책보친전의(王大妃冊寶親傳儀)', '대왕대비정조진하친전치사표리의(大王大妃正朝陳賀親傳致詞表裏儀)'

---

88 『대례의궤』 장례원 주본, 정유년 9월 18일.

제4장   대한제국기 황실 봉작제와 책봉의례

등이 그것이었다. 이 중에서 명헌태후의 위호를 가상하기 위한 의례는 '대왕대비상존호책보의' 또는 '왕대비책보친전의'에 대응한다고 할 수 있었다. 이에 따라 태후로 격상되기 전의 왕태후 홍씨는 조선시대로 치면 왕대비에 해당하였으므로, 왕태후 홍씨의 위호 가상의례는 '왕대비책보친전의'를 참조하여 마련되었다. 먼저 '왕대비책보친전의'의 내용을 살펴보면 다음과 같았다.

왕대비책보친전의(王大妃冊寶親傳儀)[89]

액정서는 전하의 판위를 인정전 계상 중앙에 북향으로 설치하고, 소차를 전(殿)의 계단 위 서쪽에 설치한다. 권치책보안(權置冊寶案) 3개를 전내에 설치한다. 〈북쪽 가까이 남향인데 책은 동쪽이고 보는 서쪽이다.〉 전의는 종친, 문무백관의 위(位)를 전정의 동서에 평상시처럼 설치한다. 장악원은 헌현을 전정에 전(展)하고, 협률랑의 거휘위를 서쪽 계단 위에 설치한다. 병조는 요채여와 세장을 인정문 밖에 아울러 평상시처럼 설치한다. 집사는 책보를 받들어 먼저 안에 둔다.

그날 초엄이 울리면, 병조는 제위를 단속하여 장위를 평상시처럼 진열한다. 사복시 정(正)은 합외에 여(輿)를 올린다. 종친, 문무백관은 모두 조당에 모여 각각 조복을 갖춘다. 〈4품 이상은 조복이고 5품 이하는 상복이다.〉

이엄이 울리면 인정문 외위로 간다. 왕세제는 면복을 갖추고 나가 인정문 밖으로 가서 막차에 들어간다. 여러 호위의 관은 각각 그 복장을 착용하고 모두 합외로 가서 사후한다. 좌통례는 합외로 가서 부복하였다가 무릎을 꿇고 중엄을 계청한다.

삼엄이 울리고 북소리가 그치면 내외의 문을 벽한다. 좌통례는 무릎을 꿇

89 『대례의궤』 의주, 明憲太后上寶儀.

고 외판을 아뢴다. 전하는 면복을 갖추고 승여하고 나온다. 산선, 시위는 평상시와 같다. 좌우통례는 전도하여 인정전 서변(西邊)의 강여소에 이르러 좌통례가 강여를 계청한다. 전하는 강여한다. 좌우통례는 전도하여 소차로 들어간다. 산선, 시위는 평상시와 같다.

책보를 바칠 시간이 이르면 인의는 종친, 문무백관을 나누어 인도하여 들어와 자리로 간다. 상례는 왕세제를 인도하여 자리로 간다. 왕대비는 정전으로 나가는데 시위는 평상시와 같다. 인의는 사자를 인도하여 처마의 계단 아래로 가서 서향하고 선다. 좌통례는 무릎을 꿇고 차에서 나올 것을 계청한다. 전하는 차에서 나온다. 좌통례는 집규를 계청한다. 근시는 무릎을 꿇고 진규한다. 전하는 집규한다. 좌우통례는 전도하여 판위로 가서 북향하고 선다. 전의가 "사배"라고 말하면 좌통례가 국궁, 사배, 흥, 평신을 계청한다. 전하는 국궁, 사배, 흥, 평신한다. 왕세제와 종친, 문무백관은 모두 국궁, 사배, 흥, 평신한다. 좌통례는 궤, 진규를 계청한다. 전하는 궤, 진규한다. 왕세제 및 종친, 문무백관은 궤한다. 봉책관이 들어와 책안의 앞으로 가서 책함을 받들고 나와 무릎을 꿇고 근시에게 준다. 근시는 받아서 받들고 서향하여 무릎을 꿇고 올린다. 전하가 받아서 정사에게 준다. 정사는 앞으로 나가 동향하고 무릎을 꿇고 받아 정문을 통해 들어와 다시 안에 둔다. 그리고 동문을 통해 나가 처마의 계단 아래 동쪽 가까이로 가서 서향한다. 봉보관이 들어와 보안 앞으로 가서 보록을 받들고 나가 무릎을 꿇고 근시에게 준다. 근시는 받아서 받들고 서향하여 무릎을 꿇고 올린다. 전하가 받아서 정사에게 준다. 정사는 앞으로 나가 동향하고 무릎을 꿇고 받아 정문을 통해 들어와 다시 안에 둔다. 그리고 동문을 통해 나가 처마의 계단 아래 동쪽 가까이로 가서 서향한다. 좌통례는 집규, 부복, 흥, 사배, 흥, 평신을 계청한다. 전하는 집규, 부복, 흥, 사배, 흥, 평신한다. 왕세제와 종친, 문무백관은 모두 부복, 흥, 사배, 흥, 평신한다. 좌통례는 예필을 계청한다. 좌우통례는 전하를 인도하여 계단을 내려와 약간 서쪽에서 동향하고 선다. 정사는 책함을 받들고, 부사는 보록을 받들어 정문을 통해 내려가는데 가운데 계단으로 간다. 좌통례는 국궁을 계청한다. 전하는 국궁한다. 지나가면 평신을 계청한다. 전하는 평신한다. 왕세제 및 종친, 문무백관은 모두 국궁, 평신한다. 사자는 책보를 각각 요채여에 둔다. 세장과 고취가 전도한다. 좌우통례는 전하를 인도하여 승여소에 이른다. 좌통례는 석규를 계청한다. 전하는 석규한다. 근시는 무릎을 꿇고 규를 받는다. 좌통례는 승여를 계청한다. 전하는 승여하고 들어간다. 산선, 시위는 평상시와 같다. 전하는 내전에 이른다. 상례는 왕세제를 인도하여 나간다. 인의는 종친, 문무백관을 인도하여 나간다. 좌통례는 무릎을 꿇고 해엄을 아뢴다. 병조는 명령을 받아 방장한다.

사자는 왕대비전의 문밖에 이르러 책함과 보록을 전해 준다. 상전은 책함과 보록을 받아 들어간다. 사자는 다시 인정전의 정(庭)에 돌아와 북향하고 선다. 근시는 나가서 사자의 동북쪽으로 가서 서향하고 선다. 사자는 무릎을 꿇는다. 정사는 복명하여 말하기를, "명령을 받들어 삼가 왕대비 존호책보를 받드는 예가 끝났습니다" 하고 부복, 흥, 사배하고 나간다.[90]

위의 '왕대비책보친전의'에 의하면 이 의례는 국왕이 정전에 친림하여 왕대비에게 올릴 책보를 사자에게 주어 왕대비전으로 가서 전하게 하는 의례였다. 다만 이 의례는 국왕이 윗사람인 왕대비에게 올리는 것이기에 왕대비가 책보를 받기 위한 별도의 의례는 없었다. 다만 축하문인 전문과 선물을 바치는 의례가 있었는데 이와 관련된 의례가 바로 '대왕대비정조진하친전치사표리의'였다.

---

90 『국조속오례의』 권2, 가례, 王大妃冊寶親傳儀.

음력 9월 18일에 장례원에서 보고한 단자 즉 명헌태후에게 옥보를 올리는 데 필요한 기본 절차에 의하면 옥보를 올린 후 백관은 조복 그대로 함께 동정으로 가서 명헌태후에게 진전하는 행례를 의식대로 한다고 하였으며 제도에서도 역시 진전한다고 하였다. 백관과 제도의 진전은 명헌태후의 위호 가상에 대한 축하행사의 하나로서 이는 존승의례 이후의 사후 의례라 할 수 있다. 따라서 이 의례 역시 존승의례 자체 못지않게 중요하였고 그런 면에서 백관과 제도가 명헌태후에게 진전하는 의례가 마련되는 것이 상식에 맞았다.

하지만 『대례의궤』 자체에는 백관과 제도가 명헌태후에게 진전하는 의례는 실려 있지 않다. 이는 명헌태후에게 거행한 진전의례가 새로 마련된 것이 아니라 기왕의 진전의례를 사용했기 때문에 나타난 결과라 할 수 있다. 즉 『국조속오례의』 가례의 '대왕대비정조진하친전치사표리의' 등의 의례를 참조하여 진전의례를 거행했기에 별도로 관련 의례를 마련하지 않았던 것이다. 이에 비해 명헌태후에게 옥보를 올리는 의례는 '명헌태후상보의(明憲太后上寶儀)'로 자세하게 마련되었다. 이는 대한제국이 선포되면서 의례를 거행하는 장소가 바뀐 것은 물론 관제, 용어 등도 바뀌었기에 제도 정비 차원에서 마련된 것으로 판단되는데, 그 내용은 다음과 같았다.

명헌태후상보의(明憲太后上寶儀)[91]

하루 전에 주전사는 황제의 판위를 태극전 계단 위의 중앙에 북향으로 설치한다. 소차는 전(殿)의 계단 위에 동쪽 가까이 설치한다. 보안을 전의 안에 북쪽 가까이 남향으로 설치한다. 협률랑은 헌현을 전정〈진설하지만 연주하지는 않는다〉에 전(展)한다. 거휘위를 서계 위에 설치한다.

---

91 『대례의궤』 의주, 明憲太后上寶儀.

그날 주사〈장례원의 여창과이다. 아래도 같다〉는 종친, 문무백관의 위를 전정의 동서에 설치한다. 사자 이하의 위를 도(道)의 동쪽에 북쪽 가까이 설치한다.

초엄이 울리면, 시종원은 노부의장을 진설하고, 여연 및 장마를 진설하며, 채여를 진설한다. 고취, 세장은 아울러 평상시와 같다. 사자 이하 및 종친, 문무백관은 각각 조복〈4품 이상은 조복이고, 5품 이하는 흑단령이다〉을 입는다.

이엄이 울리면, 모두 외위로 나간다. 장례원 관은 보록을 받들고 들어가 안에 둔다. 여러 호위의 관은 각각 그 복장을 갖추고 모두 합외로 가서 사후한다. 좌장례는 합외로 가서 무릎을 꿇고 중엄을 아뢴다. 황제는 통천관에 강사포를 갖추고 내전으로 간다. 산선, 시위는 평상시의 의식과 같다. 근시 및 집사관은 먼저 4배례를 평상시처럼 거행한다. 협률랑은 들어와 자리로 간다.

삼엄이 울리면, 주사는 사자 이하 및 종친, 문무백관을 인도하여 들어와 자리로 간다. 북소리가 그치면, 내외의 문을 벽한다. 좌장례는 무릎을 꿇고 외판을 아뢴다. 황제는 여를 타고 나온다. 산선, 시위는 평상시의 의식과 같다. 좌우장례는 전도하여 강여소에 이른다. 좌장례는 무릎을 꿇고 강여할 것을 주청한다. 황제가 강여한다.

좌장례는 무릎을 꿇고 집규할 것을 주청한다. 근시가 무릎을 꿇고 진규한다. 황제는 집규한다. 좌우장례는 전도하여 판위로 가서 북향하고 선다. 찬의는 "국궁, 사배, 흥, 평신"을 창한다. 황제는 국궁, 사배, 흥, 평신한다. 사자 이하 및 종친, 문무백관은 국궁, 사배, 흥, 평신한다. 주사는 사자를 인도하여 처마의 계단 아래로 올라가서 동향하고 선다. 좌우장례는 무릎을 꿇고 궤와 진규를 주청한다. 황제는 궤, 진규한다. 〈만약 진규가 불편하면 근시가 받아서 받든다.〉 종친, 문무백관은 궤〈찬의가 또한 창한다〉한다. 봉보관은 들어와 안의 앞으로 가서 보록을 받들고 정문을 통해 나가 무릎을 꿇고 근시에게 준다. 근시는 전해서 받들고 서향하여 무릎을 꿇고 올린다. 황제는 받아서〈근시는 마주 든다〉사자에게 준다. 사자는 동향하고 무릎을 꿇고 받아서 정문을 통해 들어와 다시 안에 둔다. 좌장례는 무릎을 꿇고 집규, 부복, 흥, 사배, 흥, 평신을 주청한다. 황제는 집규, 부복, 흥, 사배, 흥, 평신한다. 종친, 문무백관은 부복, 흥, 사배, 흥, 평신한다. 좌우장례는 황제를 인도하여 소차 앞에 이른다. 좌장례는 무릎을 꿇고 석규를 주청한다. 황제는 석규한다. 근시는 무릎을 꿇고 규를 받는다. 황제는 소차에 들어간다. 사자는 보록을 받들고 정문을 통해 나가 중계를 내려가 요채여에 안치한다. 세장과 고취가 전도한다. 사자 이하는 뒤따라가서 명헌태후 합문 밖에서 전해 준다.

상전은 보록를 가지고 들어간다. 사자 이하는 되돌아와서 전정에 이른다. 좌장례는 무릎을 꿇고 출차를 주청한다. 황제는 출차한다. 좌장례는 무릎을 꿇고 집규를 주청한다. 근시는 무릎을 꿇고 진규한다. 황제는 집규한다. 좌우장례는 전도하여 판위로 가서 북향하고 선다. 좌장례는 무릎을 꿇고 궤를 주청한다. 황제는 궤한다. 종친, 문무백관은 궤한다. 〈찬의가 또한 창한다.〉사자는 판위 앞으로 가서 무릎을 꿇고 복명을 아뢴다. 좌장례는 무릎을 꿇고 부복, 흥, 사배, 흥, 평신을 주청한다. 황제는 부복, 흥, 사배, 흥, 평신한다. 종친, 문무백관은 부복, 흥, 사배, 흥, 평신한다. 〈찬의가 또한 창한다.〉좌장례는 무릎을 꿇고 예필을 주청한다. 〈찬의가 또한 창한다.〉좌장례는 무릎을 꿇고 석규를 주청한다. 황제는 석규한다. 근시는 무릎을 꿇고 규를 받는다. 좌장례는 무릎을 꿇고 승여할 것을 주청한다. 황제는 승여하고 환내한다. 산선, 시위는 올 때의 의식과 같다. 주사는 종친, 문무백관을 인도하여 나간다. 좌장례는 무릎을 꿇고 해엄을 아뢰고 명령을 받아 방장한다.

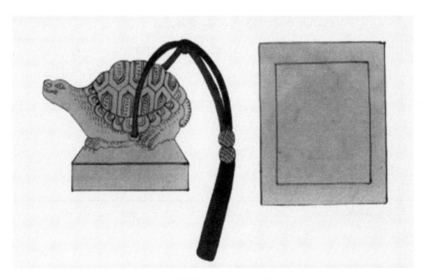

그림 1 　명헌태후지보(明憲太后之寶)

　　위에서 나타나듯 '명헌태후상보의'는 『국조속오례의』의 '왕대비책보친전
의'와 마찬가지로 황제가 정전에 친림하여 태후에게 올릴 옥보를 사자에게
주어 왕대비전으로 가서 전하게 하는 의례였다. 따라서 명헌태후의 위호 가
상의례에서 가장 중요한 것이 바로 명헌태후에게 올리는 옥보였다. '명헌태
후지보'라 새겨진 이 옥보는 남양옥(南陽玉)으로 제작되었으며 크기는 예기
척으로 사방 4촌 1푼이고 두께는 1촌 3푼이었다. 전각의 곽은 넓이 4푼이
었고, 위에 귀뉴가 있었으며, 귀뉴의 높이는 2촌 5푼이고 넓이는 3촌이었
다. 아울러 귀두의 길이는 5촌 5푼이었다.[92]

　　명헌태후의 존숭의례는 황후나 황태자의 책봉에 비해 상대적으로 조선
자체의 의례가 많이 참조되었다는 점에서 독특하다고 할 수 있다. 그럼에도

92 　『대례의궤』 도설, 明憲太后之寶.

불구하고 명헌태후의 존숭의례 역시 존숭의례를 기준으로 존숭 이전의 사전 의례, 존숭의례, 존숭 이후의 사후 의례로 구성되었다는 사실 그리고 조선시대의 대비 존숭의례 역시도 그 원형이 중국의 역대 전례를 참조하였다는 사실에서 궁극적으로 중국의 역대 전례를 참조한 의례였다. 이상의 내용을 표로 정리하면 표 5와 같다.

표5 명헌태후의 존숭의례 구성

존숭 이전의 사전 의례	존숭의례	존숭 이후의 사후 의례
복일	명헌태후상보의	백관진전 제도진전

4 황자의 책봉의례

1897년 음력 9월 17일(양력 10월 12일)에 고종은 환구단에서 황제 즉위식을 거행했다. 나라 이름도 조선에서 대한으로 바꾸었다. 이로써 조선왕실은 대한제국황실로 탈바꿈했다.

고종이 황제에 즉위하던 당시, 고종에게는 딸은 없이 아들만 두 명 생존해 있었다. 첫째는 황태자로서 훗날의 순종이었고 둘째는 의화군(義和君)으로서 훗날의 의친왕이었다. 이 중에서 황태자는 고종의 황제 즉위와 같은 날에 황태자에 책봉되었고 황태자비 역시 고종의 황제 즉위 며칠 후 황태자비에 책봉되었다.

반면 둘째 의화군에 대해서는 별다른 조치가 없었다. 귀인 장씨의 소생으로 1877년(고종 14)에 태어난 그는 1891년(고종 28) 12월 의화군에 책봉되었다. 고종이 황제에 즉위하던 1897년에 의화군은 이미 만 20살이었으므로 상식적으로 판단하면 황제의 아들이 된 의화군에게는 황실 봉작제에 의한 봉작 및 책봉이 필요했다.

고종이 황제에 즉위한 후 거행된 황후 책봉, 후궁 책봉, 황태자 책봉, 황태자비 책봉 그리고 태후 책봉까지 대한제국황실 구성원들의 책봉은 중국의 역대 전례 즉 중국의 황실 봉작제를 모범으로 준비, 거행되었다. 따라서 고종의 아들인 의화군의 봉작 및 책봉 역시 중국의 황실 봉작제를 모범으로 준비, 거행되는 것이 자연스러웠다.

그런데 고종이 황제에 즉위한 후 대한제국의 황실 봉작을 중국의 역대 전례에 따라 정비한다고 하더라도 어느 시대의 전례를 따를 것인지부터 결정되어야 했다. 만약 당의 전례를 따른다면 친왕-사-왕-군왕-국공의 체제로 가야 하고 명의 전례를 따른다면 제후왕의 체제로 가야 하기 때문이었다. 고종의 황제 즉위를 전후한 시점에서 당 전례와 명 전례를 놓고 논의가 있었을 것으로 보이는데, 결론이 나지 않은 듯하다. 게다가 고종이 황제에 즉위하는 시점에는 시급한 의례부터 마련해 거행하였기에 의화군의 봉작 문제는 상대적으로 소홀히 간주된 것으로 보인다. 이런 이유에서 고종이 황제에 즉위하던 1897년에 의화군을 대상으로 황실 봉작제에 입각한 봉작 및 책봉이 거행되지 않았던 것으로 이해된다.

이 외에 당시 궁인 엄씨의 해산이 임박했던 상황 역시 1897년에 의화군이 황실 봉작제에 입각한 봉작 및 책봉을 받지 못한 원인으로 간주될 수 있을 듯하다. 당시 고종의 총애를 독차지한 궁인 엄씨는 왕비의 역할을 대신하고 있었다. 고종은 황제 즉위식을 치른 후 홀가분한 상태에서 궁인 엄씨가 아이를 낳도록 했다. 고종이 황제에 즉위하고 8일 후인 9월 25일(양력 10월 20일) 밤 10시쯤에 궁인 엄씨가 아들을 낳았는데, 훗날의 영친왕이었고, 해산 장소는 경운궁 숙옹재였다.

고종은 황제에 즉위한 후에도 궁중 전통은 거의 그대로 조선왕실 전통을 계승하였다. 조선왕실에서는 후궁의 출산을 전후하여 호산청(護産廳)을 설치했다. 그런 전통에 따라 고종은 엄씨가 출산한 직후 호산청을 설치했다. 호산청에는 어의와 의녀 몇 명 그리고 실무자 몇 명이 배치되었다. 신생아는 전통에 따라 아기씨(阿只氏)로 불렸다. 아기씨는 젖도 잘 빨았고 잠도 잘 잤다. 3일째에 아기씨는 전통에 따라 묵은 쑥으로 끓인 물에서 목욕하는 세욕(洗浴)을 했다. 5일째에는 아기씨의 배꼽이 무사히 떨어졌다. 초칠일에 아기씨의 산자리를 걷는 권초례(捲草禮)와 함께 아기씨의 태를 묻는 장태(藏胎)의식이 거행되었다. 태는 창덕궁 후원에 묻혔다. 삼칠일이 되자 호산청은 해산했다. 아기씨는 계속 건강하게 잘 자랐다.

조선시대 사람들은 왕족은 물론 양반이나 평민도 어린아이를 아명(兒名)으로 불렀다. 보통 아명은 개똥이나 소똥이 등 비천한 의미의 이름이 많이 사용되었다. 이는 세상에 갓 태어난 아이의 복을 아끼려는 뜻에서 의도적으로 그렇게 한 것이었다. 조선 전기에는 왕실의 아이들도 태어난 후 아명으로 불렸다. 예컨대 조선 전기 왕의 자손들을 수록한 『선원록(璿源錄)』에는 대군, 군, 공주, 옹주 등의 아명이 실려 있다. 이는 조선 전기 왕족들도 일반인들과 마찬가지로 아명을 가지고 있었음을 의미한다.

그러나 조선 후기가 되면서 왕의 자손들은 아명을 쓰지 않고 단지 아기씨로만 불렸다. 다만 신분과 성별에 따라 원자 아기씨, 남 아기씨, 여 아기씨 등으로 구분되었다. 따라서 영친왕도 태어난 후 젖먹이로 있을 때는 단지 남 아기씨로만 불렸다. 또한 영친왕은 고종황제의 아들이었기에 황자라고도 불렸고, 특별히 순서를 표시할 때는 황삼자(皇三子)라고 불렸다. 이런 사실에서 의화군은 황이자(皇二子)로 불렸음을 추정할 수 있다. 즉 고종이 황제에 즉위하고 영친왕이 탄생한 후 상당한 기간 동안 황이자 의화군이나 황삼자를 대상으로 하는 황실 봉작이 거행되지 않았던 것이다.

『경국대전』에 의하면 왕의 본부인인 왕비가 출산한 아들은 대군이 되었는데, 대군을 봉작하는 연한은 따로 없었고 적당한 시기에 봉작하도록 하였음에 비해, 왕의 후궁이 낳은 아들은 군이 되었는데, 이들은 7살이 되면 봉작되었다. 이 같은 규정에 의한다면 고종의 황삼자 즉 영친왕은 7살이 되어야 봉작될 수 있었다. 그러나 조선시대 왕실 봉작이 꼭 규정대로만 이루어진 것은 아니었다. 예컨대 후궁이 낳은 왕자군은 7살에 봉작한다고 하였지만 그 이전에 봉작하는 경우도 없지 않았다. 예컨대 영조는 6살에 연잉군으로 책봉되었다.[93] 조선시대 왕실 봉작은 왕의 재량에 따라 어느 정도 신축적

---

93 "封王子昑爲延礽君", 『숙종실록』 권33, 25년(1699) 12월 24일(무자).

으로 운영되었던 것이다. 이는 고종황제의 황이자 의화군 그리고 황삼자의 경우에도 마찬가지였다.

1900년(광무 4년) 음력 7월 11일 고종황제는 "짐이 이미 천명을 받아 대위에 올랐다. 여러 아들들을 책봉하여 황실을 공고히 하는 것은 이전(彝典)이 있으며 만세가 함께하는 바이다. 황이자 의화군과 황삼자를 봉왕(封王)할 의절을 장례원으로 하여금 전례를 널리 고찰하여 날을 골라 거행하도록 하라"[94]는 명령을 내렸다. 이 명령에 의하면 황이자 의화군과 황삼자를 '봉왕할 의절'이라고 하여 고종황제는 이들을 왕에 책봉할 것임을 분명하게 하였다. 황삼자는 1897년에 태어나 1900년 당시 4살이었으므로, 4살의 황삼자를 대상으로 황실 봉작을 거행하는 것은 이른 감이 있었다. 그러나 만 24살의 황이자 의화군을 고려하면 오히려 황실 봉작은 늦은 감이 있었다.

그런데 당시 황이자 의화군은 1899년부터 미국에 유학 중이었고, 그 유학이 언제 끝날지 기약할 수 없었다. 실제 황이자 의화군이 미국 유학생활을 마치고 귀국한 때는 1905년 11월이었다. 따라서 의화군이 미국 유학을 모두 마치고 귀국한 후 황삼자의 황실 봉작을 거행한다면 너무 늦어질 우려도 있었다. 이런 상황을 두루 고려한 고종황제가 1900년 음력 7월 11일에 황이자 의화군과 황삼자의 봉왕을 명령했을 것으로 이해된다.

다만 이때의 '봉왕'은 명의 황실 봉작에서 나타나는 제후왕이 아니라 당의 황실 봉작에서 나타나는 친왕이었다. 이는 황이자와 황삼자를 "봉왕할 의절을 장례원으로 하여금 전례를 널리 고찰하여 날을 골라 거행하도록 하라"라는 음력 7월 11일 자 고종황제의 명령에 대하여 음력 7월 12일에 장례원에서 보고한 내용 중에 "친왕에 책봉할 길일을 어느 사이로 골라 올릴까요?"[95]라는 표현에서 확인할 수 있다.

94 『의왕영왕책봉의궤』 조칙, 경자(1900) 7월 11일.
95 『의왕영왕책봉의궤』 장례원 주본, 경자 7월 12일.

제4장 대한제국기 황실 봉작제와 책봉의례

아울러 고종은 왕에 책봉할 의절에 전례를 널리 고찰하라고 하였는데, 여기에서의 전례는 물론 중국의 역대 전례를 의미했다. 고종황제는 황후, 후궁, 황태자, 황태자비, 태후와 마찬가지로 아들들의 봉작과 책봉 역시 중국의 역대 전례, 특히 당의 황실 봉작제를 모범으로 시행하고자 했던 것이다. 이에 따라 황이자 의화군과 황삼자의 책봉의례 역시 황후, 후궁, 황태자, 황태자비, 태후의 책봉 때와 마찬가지로 책봉을 기준으로 책봉 이전의 사전 의례와 책봉 이후의 사후 의례로 구분되었다.

예컨대 책봉 이전의 사전 의례로는 책봉 날짜를 정하는 택일절차가 있었다. 황이자 의화군과 황삼자를 친왕에 책봉하기로 결정한 음력 7월 11일 다음 날에 장례원 경 이주영은 친왕에 책봉할 길일을 어느 즈음으로 고를지 물었고, 이에 대하여 고종황제는 7월 염간(念間) 즉 7월 20일 사이로 고르라고 명령하였다.[96] 이에 따라 장례원 경 이주영은 일관 김동표로 하여금 길일을 고르게 하였고 그 결과 음력 7월 23일로 결정되었다.[97] 또한 황이자 의화군과 황삼자의 책봉에 필요한 봉호도 미리 결정해야 했는데, 봉호를 논의해 결정할 길일은 음력 7월 14일 신시(申時, 오후 3-5시)로 결정되었다.[98] 이 외에 중국의 역대 전례에서는 친왕을 책봉할 때 책인을 쓴 적도 있고 책보를 쓴 적도 있었는데 황이자 의화군과 황삼자의 책봉에서는 책인을 쓰는 것으로 결정했다.[99]

아울러 중국에서는 친왕 책봉에 필요한 금책과 금인을 공부에서 제작하였는데, 당시 대한제국에서는 농상공부가 공부의 기능을 담당했으므로 농상공부에서 금책, 금인을 제작하게 하였다.[100] 또한 중국에서는 친왕 책봉에

96 『의왕영왕책봉의궤』 장례원 주본, 경자 7월 12일.
97 『의왕영왕책봉의궤』 장례원 주본, 경자 7월 12일.
98 『의왕영왕책봉의궤』 장례원 주본, 경자 7월 12일.
99 『의왕영왕책봉의궤』 장례원 주본, 경자 7월 12일.
100 『의왕영왕책봉의궤』 장례원 주본, 경자 7월 12일.

필요한 책문을 한림원에서 작성하였는데, 대한제국에서 한림원에 해당하는 관청이 홍문관이므로 홍문관이 책문을 작성하게 하였고,[101] 친왕에게 금책과 금인을 가져갈 정사와 부사를 궁내부로 하여금 차출하도록 하였는데,[102] 정사에는 특진관 이호준이, 부사에는 외부대신 박제순이 임명되었다.[103]

한편 음력 7월 14일 의정부에서 봉호를 논의한 결과 황이자 의화군의 봉호로는 의(義)와 정(靖) 두 가지가 추천되었고 황삼자의 봉호로는 영(英)과 경(敬) 두 가지가 추천되었는데, 고종황제는 이 중에서 '의'와 '영'을 선택하였다.[104] 이에 따라 황이자 의화군은 의왕 또는 의친왕으로, 황삼자는 영왕 또는 영친왕으로 불리게 되었으며, 의왕의 인문은 '의왕지인(義王之印)'으로, 영왕의 인문은 '영왕지인(英王之印)'으로 되었다.[105] 이 같은 준비절차를 거쳐 궁내부 대신 민병석은 의친왕과 영친왕을 책봉하는 데 필요한 기본 절차를 결정하여 사목(事目)으로 보고하였는데 그 내용은 다음과 같았다.

"의정부찬정 궁내부대신 임시서리 농상공부대신 신 민병석은 삼가 아룁니다. 이번 의왕(義王)과 영왕(英王)을 책봉할 때 마땅히 거행하여야 할 여러 일들을 참고하여 마련하였습니다. 이에 의거하여 거행하는 것이 어떻습니까? 삼가 아룁니다." 아뢴 대로 하라는 명령을 받았다.

1. 책인을 조성할 처소는 태복사(太僕司) 중에 설행할 것.

1. 당상과 낭청 그리고 별간역(別看役)은 본사(本司)의 근무를 빼고 상직(上直)할 것. 무릇 공회(公會)에는 차출하지 말 것이며 제사에 차출하는 것은 천천히 할 것.

101 『의왕영왕책봉의궤』 장례원 주본, 경자 7월 12일.
102 『의왕영왕책봉의궤』 장례원 주본, 경자 7월 14일.
103 『의왕영왕책봉의궤』 조칙, 경자 7월 14일.
104 『의왕영왕책봉의궤』 조칙, 경자 7월 14일.
105 『의왕영왕책봉의궤』 인식(印式).

제4장 대한제국기 황실 봉작제와 책봉의례

1. 당상관이 쓸 인신(印信) 하나는 본 조성소에서 조성할 것.

1. 본 조성소에 고원(雇員) 4명, 사령 2명, 사환 5명을 차출하여 사환하게 할 것.

1. 사용할 종이와 붓, 먹은 무역하여 쓸 것.

1. 각종 공장(工匠)은 해당 관사에 소속된 자를 기송(起送)할 것이고 소속된 자가 없으면 찾아서 사역하게 할 것.

1. 미진한 조건은 추후에 마련할 것.[106]

한편 의왕과 영왕을 책봉하기 위한 의례도 자세하게 마련되었는데 그것은 '책배친왕의(冊拜親王儀)', '책배친왕시황태자시좌의(冊拜親王時皇太子侍座儀)', '영왕자내수책의(英王自內受冊儀)', '영왕수책인후수군관하의(英王受冊印後受群官賀儀)' 등이었다. 이 중에서 '책배친왕의'는 의왕과 영왕의 책봉의례이다. '책배친왕시황태자시좌의'는 의왕과 영왕을 책봉할 때 황태자가 황제를 시좌(侍座)하는 의례이다.

그런데 '책배친왕의' 이외에 또 '영왕자내수책의'와 '영왕수책인후수군관하의'가 더 마련된 이유는 당시 영왕이 4살밖에 되지 않아 정전에서 책봉의례를 거행할 수 없어서 영왕의 처소인 서궁(西宮)에서 별도로 '영왕자내수책의'와 '영왕수책인후수군관하의'를 거행하였기 때문이었다. 먼저 의왕과 영왕의 책봉의례인 '책배친왕의'의 내용을 살펴보면 다음과 같았다.

책배친왕의(冊拜親王儀)[107]

하루 전에 주전사는 어좌를 중화전 북벽에 남향으로 설치한다. 보안을 어좌의 앞에 설치하고, 향안 2개를 전외의 좌우에 설치한다. 황태자 시좌를

---

106 『의왕영왕책봉의궤』 사목(事目).
107 『의왕영왕책봉의궤』 의주(儀註), 冊拜親王儀.

어좌의 동남쪽에 서향으로 설치한다. 조서안을 보안의 남쪽에 설치하고, 책인안 각 1개를 조서안의 동쪽에 설치한다. 〈책은 동쪽이고 인은 서쪽이다.〉 봉절관〈비서원 승이다〉의 위(位)를 책안과 인안의 동쪽에 설치한다. 장절자〈장례원의 겸장례이다〉의 위를 봉절관의 좌측에 설치하는데 모두 서향이다. 교방사(敎坊司)는 헌현을 전정에 설치하고, 협률랑 거휘위를 서계 위에 설치한다.

그날 주사〈장례원의 여창과이다. 아래도 같다〉는 종친, 문무백관 및 사자 이하 집사관의 위를 전정 동서에 겹줄로 북향으로 설치한다. 선조관과 전조관의 위를 동쪽 계단 아래에 동쪽 가까이 서향으로 설치한다. 외위는 평상시와 마찬가지로 설치한다. 조서개독위(詔書開讀位)를 전의 계단 위에 동쪽 가까이 서향으로 설치한다.

초엄이 울리면, 시종원은 노부의장을 정계와 전정의 동쪽과 서쪽에 진설한다. 태복사관은 여(輿)를 합외로 올리고 여연을 전정의 중도에 설치하며, 어마는 중도의 좌우에, 장마는 그 남쪽에 진설한다. 종친, 문무백관 및 사자 이하는 각각 조복〈4품 이상은 조복이고, 5품 이하는 흑단령이다〉을 입는다.

이엄이 울리면, 모두 외위로 나간다. 장례원 관은 책함, 인록을 받들어 각각 안에 둔다. 여러 호위의 관은 각각 그 복장을 갖추고 모두 합외로 가서 사후한다. 좌장례는 합외로 가서 무릎을 꿇고 중엄을 아뢴다. 황제는 면복을 갖추고 내전으로 간다. 산선, 시위는 평상시의 의식과 같다. 근시 및 집사관은 먼저 4배례를 평상시처럼 거행한다. 황태자는 면복을 갖추고 내당에 앉는다. 궁관은 먼저 4배례를 평상시처럼 거행한다. 전악은 공인을 거느리고 자리로 간다. 협률랑은 들어와 자리로 간다.

삼엄이 울리면, 집사관은 먼저 자리로 간다. 주사는 종친, 문무백관을 인도하여 들어와 자리로 간다. 북소리가 그치면, 내외의 문을 벽한다. 좌장례는 무릎을 꿇고 외판을 아뢴다. 황제는 여를 타고 나온다. 의장을 움직이고 고취를 울리고 진작하는 것과 산선, 시위는 평상시의 의식과 같다. 황태자는 여를 타고 뒤따라 나간다. 좌우장례는 전도한다. 황제가 장차 전문에 들어가려 하면 협률랑은 무릎을 꿇고 부복하여 휘를 들고 일어난다. 음악을 연주하면 고취는 그친다. 좌장례는 무릎을 꿇고 강여할 것을 주청한다. 황제가 강여한다. 좌장례는 무릎을 꿇고 집규할 것을 주청한다. 근시가 무릎을 꿇고 진규한다. 황제는 집규하고 승좌한다. 향로에서 연기가 오른다. 보를 받들어 안에 둔다. 산선, 시위는 평상시의 의식과 같다. 여러 호위의 관은 들어와 어좌의 뒤 및 전내의 동서에 늘어선다. 근시는 나뉘어 전내의 동서로 들어가 부복한다. 음악이 그치면, 전의가 "사배"를 말하고, 찬의는 "국궁, 사배, 흥, 평신"을 창한다. 종친, 문무백관 및 사자 이하는 국궁〈음악을 연주한다〉, 사배, 흥, 평신〈음악을 그친다〉한다. 승제관은〈비서원 승이다〉 앞으로 나가 어좌 앞에서 무릎을 꿇고 선제를 아뢰고 중문을 통해 나간다. 집사자는 책인안을 마주 들고 따른다. 승제관은 중계로부터 내려가 사자의 동북으로 가서 서향하고 선다. 집사자는 안을 들고 중계로부터 내려와 승제관의 남쪽에 약간 물러서 서는데 모두 서향이다. 승제관은 유제라고 칭한다. 찬의는 궤라고 창한다. 사자 이하 및 종친, 문무백관은 궤한다. 승제관은 선제하여 말하기를, "황자 모(某)를 봉하여 모왕(某王)으로 삼는다. 경 등에게 명하노니 지절하고 행례하라"라고 한다. 선제가 끝나면, 찬의는 "부복, 흥, 사배, 흥, 평신"을 창한다. 사자 이하 및 종친, 문무백관은 부복, 흥〈음악을 연주한다〉, 사배, 흥, 평신〈음악을 그친다〉한다. 봉절관은 장절자를 거느리고 사자의 앞으로 간다. 장절자는 절의를 벗기고 절을 봉절관에게 준다. 봉절관은 받아서 정사에게 준다. 정사는 앞으로 나가 북향하고 무릎을 꿇고 받아 장절자에게 준다. 장절자는 무릎을 꿇고 받아서 일어나 정사의 왼쪽에 선다. 집사자는 각각 책함과 인록을 받들고 승제관의 앞으로 간다. 승제관은 책함을 받아 정사에게 준다. 정사는 앞으로 나가 북향하고 무릎을 꿇고 받는다. 거안자는 마주 잡고 정사의 왼쪽으로 가서 무릎을 꿇는다. 정사는 책함을 안에 둔다. 거안자는 마주 잡고 물러나 사자의 뒤에 선다. 승제관은 인록을 취하여 부사에게 준다. 부사는 앞으로 나가 북향하고 무릎을 꿇고 받는다. 거안자는 마주 잡고 부사의 왼쪽으로 가서 무릎을 꿇는다. 부사는 인록을 안에 둔다. 거안자는 마주 잡고 물러나 정사의 뒤에 선다. 승제관은 돌아가 시위한다.

주사는 사자를 인도하여 동문을 통해 나간다. 장절자는 정문을 통해 나간다. 절의를 더하고 전도한다. 거책인안자는 다음이다. 사자는 책함과 인록을 각각 요채여에 둔다. 고취가 전도한다. 다음 장절자, 다음 책여, 다음 인여, 다음 의장, 다음 사자 이하가 따라서 서궁으로 간다.

승제관은 앞으로 나가 어좌 앞에서 부복하였다가 무릎을 꿇고 선제를 아뢰고 부복하였다가 일어나 동문을 통해 나가 선조관의 북쪽으로 간다. 전조관 2명이 조서안을 마주 들고 따른다. 승제관은 조서를 취하여 선조관에게 준다. 선조관은 무릎을 꿇고 받아서 전조관에게 준다. 전조관은 무릎을 꿇고 받아 일어나 마주 보게 선다. 승제관은 계단에서 서향하고 서고 유제라고 칭한다. 찬의는 궤라고 창한다. 종친, 문무백관은 궤한다. 승제관은 돌아가 시위한다. 선조관이 선조한다. 끝나면, 부복하였다가 일어나 제자리로 돌아간다. 전조관은 조서를 다시 안에 두고 부복하였다가 일어나 물러간다. 찬의는 "부복, 흥, 사배, 흥, 평신"을 창한다. 종친, 문무백관은 부복, 흥〈음악을 연주한다〉, 사배, 흥, 평신〈음악을 그친다〉한다. 좌장례는 앞으로 나가 어좌 앞에서 무릎을 꿇고 예필을 아뢴다. 〈찬의가 또한 창한다.〉 협률랑이 무릎을 꿇고 부복하여 휘를 들고 일어나면 음악을 연주한다. 황태자는 자리에서 내려와 선다. 황제는 자리에서 내려온다. 좌장례는 무릎을 꿇고 석규를 주청한다. 황제는 석규한다. 근시가 무릎을 꿇고 규를 받는다. 좌장례는 무릎을 꿇고 승여할 것을 주청한다. 황제는 승여한다. 산선, 시위는 올 때의 의식과 같다. 황태자는 승여하고 뒤를 따라 나간다. 좌장례가 황제를 인도하여 장차 전문을 나가려 하면, 고취를 진작한다. 협률랑이 무릎을 꿇고 언휘하고 부복하였다가 일어나면 음악이 그친다. 좌우장례는 전도하여 안으로 돌아간다. 황태자는 뒤를 따라 안으로 돌아간다. 고취가 그친다.

주사는 종친, 문무백관을 인도하여 나간다. 좌장례는 무릎을 꿇고 해엄을 아뢰고 명령을 받아 방장한다. 사자 이하는 따라서 서궁에 가서 예를 행하는데 의식대로 한다. 마친 후에 지절하고 복명하는 것은 평상시와 같다.[108]

위에 의하면 '책배친왕의'는 두 단계로 거행되었다. 첫 번째는 "황자 모(某)를 봉하여 모왕(某王)으로 삼는다. 경 등에게 명하노니 지절하고 행례하라"는 고종황제의 명령에 따라 정사와 부사가 '황자 모'의 금책과 금인을 중화전에서 받아 서궁으로 가져가는 단계였다. 이 단계에서 지칭된 '황자 모'는 물론 황삼자 즉 훗날의 영친왕이었다. 당시 영친왕이 4살밖에 되지 않아 중화전에서 공식적으로 책봉의례를 거행할 수 없었기에 고종황제는 먼저 사자에게 영친왕의 금책과 금인을 주어 서궁 즉 영친왕의 거처로 가게 하였던 것이다.

이 단계에 이어서 두 번째로 거행된 의례는 "선조관이 선조"하는 의례였는데, 이 의례는 물론 황이자 의화군의 책봉의례였다. '책배친왕의'에는 단순히 "선조관이 선조"하였다고만 나와 있지만, 그 조서의 내용은 분명 '황자 의(義)를 봉하여 의왕(義王)으로 삼는다'였을 것으로 판단된다.

그런데 당시 의화군은 미국 유학 중이라 친왕 책봉행사에 참여할 수 없

---

108 『의왕영왕책봉의궤』 의주, 英王自內受冊儀.

었다. 그래서 의친왕의 금책과 금인을 전해 주는 의례는 의친왕이 한양으로 돌아온 후에 거행하는 것으로 하였으며,[109] 그동안 금책과 금인은 임시로 장례원에 보관하기로 하였다.[110] 즉 당시 의화군의 의왕 책봉은 주인공이 없는 상황에서 거행된 것이었다. 이에 따라 의화군을 의왕에 책봉한다는 조서의 선포가 곧 의왕 책봉의례의 전부가 되었다.

반면 영왕의 책봉의례에는 영왕이 자신의 처소인 서궁에서 사자로부터 금책과 금인을 받는 의례가 더 남아 있었다. 당시 영왕의 처소가 서궁으로 불린 이유는 그 위치가 고종의 처소인 함녕전의 서쪽에 있었기 때문이었다. 영왕이 출생한 곳은 숙옹재이며, 호산청이 설치된 곳도 숙옹재인데 그 숙옹재가 바로 함녕전의 서쪽에 자리했다. 따라서 영왕의 책봉의례는 영왕이 태어난 숙옹재에서 거행되었다. '영왕자내수책의'가 그 의례인데 그 내용은 다음과 같았다.

영왕자내수책의(英王自內受冊儀)[111]

그날 주전사는 절안과 책안, 인안을 서궁의 정중앙에 설치하고, 향안을 책안과 인안의 남쪽에 설치한다. 영왕의 배위는 계단 위 중앙에 북향으로 설치한다. 주사〈장례원의 여창과이다. 아래도 같다〉는 정사와 부사의 위를 향안의 왼쪽에 설치한다. 독책인관의 위를 영왕 배위의 왼쪽에 설치한다. 영왕의 차(次)를 중문 안에〈지세의 마땅함에 따른다〉설치한다. 지영위를 차의 앞에 설치한다. 왕부관(王府官)은 시각에 따라 모이는데 각각 조복을 입고 궁문 밖으로 가서 좌우로 나뉘어 마주하며 북쪽이 상위이다.

때가 되면 왕부관은 출차할 것을 찬청한다. 영왕은 쌍동계에 공정책(空頂

109 『의왕영왕책봉의궤』 조칙, 경자 7월 14일.
110 『의왕영왕책봉의궤』 조칙, 경자 7월 22일.
111 『순비책봉의궤』 의주, 妃受冊儀.

幘), 칠장복(七章服) 차림으로 나와 차로 간다.

중화전에서 예가 끝나면 장절자는 절을 가지고 전도한다. 사자는 책함, 인록을 각각 요채여에 둔다. 고취가 전도한다. 다음 교마(轎馬)이고, 다음 의장, 다음 사자 이하 정사와 부사 및 독책인관이 따라서 궁문 밖에 이른다. 사자는 책함과 인체를 요채여에서 받들어 내어 집사자에게 준다. 집사자는 앞에서 가고 사자가 따라서 들어간다. 태복사는 교마를 정중에 진설한다. 시종원은 의장을 진설하고, 교방사는 고악을 진설하는데 모두 평상시와 같다.

절과 책과 인이 장차 도착하려 하면, 왕부관은 출차를 찬청한다. 영왕은 출차한다. 앞에서 인도하는 관〈여창과의 주사이다〉이 영왕을 인도하여 지영위로 간다. 절과 책과 인이 도착하면, 왕부관은 국궁을 찬청한다. 영왕은 국궁한다. 지나가면 평신을 찬청하고, 영왕은 평신한다. 앞에서 인도하는 관이 영왕을 인도하여 다시 차로 들어간다. 사자는 절, 책, 인을 각각 안에 〈책은 동쪽이고 인은 서쪽이며 절은 중앙이다〉 두고 각각 자리로 간다. 왕부관은 출차를 찬청하고, 영왕은 출차한다. 앞에서 인도하는 관이 인도하여 배위로 간다. 찬의는 궤를 창하고 영왕은 궤한다. 독책관이 앞으로 나가 무릎을 꿇고 함을 열어 책을 읽는다. 마치면 집사자는 책을 다시 함에 둔다. 독인관(讀印官)이 앞으로 나가 무릎을 꿇고 녹을 열고 인을 읽는다. 마치면 집사자는 인을 다시 함에 둔다. 집사자는 책함을 정사 앞에 올린다. 정사는 책함을 취하여 영왕에게 준다. 왕부관은 무릎을 꿇고 대신 받아 다시 안에 둔다. 집사자는 인록을 부사 앞에 올린다. 부사는 인록을 취하여 영왕에게 준다. 왕부관은 무릎을 꿇고 대신 받아 다시 안에 둔다. 찬의는 "부복, 흥, 사배, 흥, 평신"을 창한다. 영왕은 부복, 흥〈음악을 연주한다〉, 사배, 흥, 평신〈음악을 그친다〉한다. 찬의는 예필을 창한다. 사자는 절을 가지고 나간다. 앞에서 인도하는 관은 영왕을 인도하여 안으로 돌아가는데 평상시의 의례와 같다.

정사와 부사는 다시 중화전에 이르러 정(庭)의 도동(道東)에서 북향하고 선다. 전제관〈비서원 승이다〉이 사자의 동북으로 가서 서향하고 선다. 사자 이하는 무릎을 꿇는다. 정사는 복명하여 말하기를, "봉제하여 영왕에게 준비된 물품을 주어 책봉의례를 마쳤습니다"라고 하고 사배한다. 전제관은 그대로 보고한다. 사자 이하는 물러난다.

위에서 보듯이 '영왕자내수책의'는 영왕이 자신의 거처인 서궁에서 금책과 금인을 사자로부터 받는 의식이었다. 이런 의례가 거행된 이유는 물론 영왕이 4살의 어린아이였기 때문이었다. 이에 따라 영왕의 복장도 칠장복에 더하여 어린아이의 복장인 쌍동계(雙童髻)에 공정책이었던 것이다.

그런데 영왕의 책봉의례는 '영왕자내수책의'로 끝난 것이 아니었다. 여기에 더하여 '영왕수책인후수군관하의'가 더 있었는데, 말 그대로 영왕이 금책과 금인을 받은 후 군신들로부터 축하를 받는 의례였고, 내용은 다음과 같았다.

영왕수책인후수군관하의(英王受冊印後受群官賀儀)[112]

주전사는 영왕의 좌를 서궁 동벽에 서향으로 설치한다. 인안을 좌의 앞에 남쪽 가까이 설치한다. 교방사는 고악을 전정에 남쪽 가까이 설치한다. 주사〈장례원 여창과이다. 아래도 같다〉는 종친, 문무백관의 위를 궁정에 설치하는데 자리를 달리하여 겹줄로 북향으로 한다. 외위를 평상시처럼 설치한다. 대치사관위(代致詞官位)를 동쪽 계단 아래 동쪽 가까이 서향으로 설치한다. 치사안(致詞案)을 계단 위에 설치한다. 의정부 관리가 치사함을 받

---

112 『순비책봉의궤』 의주, 英王受冊印後受群官賀儀.

들어 안에 둔다.

때가 되면 왕부관은 각각 그 복장을 입는다. 시종원은 의장을 진설하고, 태복사는 교마를 진설하는데 모두 평상시와 같다. 종친, 문무백관은 각각 조복을 입고〈4품 이상은 조복이고, 5품 이하는 흑단령이다〉 모두 외위로 간다. 왕부관은 출차할 것을 찬청한다. 영왕은 쌍동계에 공정책, 강사포 차림으로 나와〈음악을 연주한다〉 좌에 오른다. 〈음악을 그친다.〉 왕부관은 겹줄로 북향하고 재배한다. 마치면 각각 자리로 간다. 주사는 종친, 문무백관을 인도하여 들어와 자리로 간다. 찬의는 "국궁, 재배, 흥, 평신"을 창한다. 종친, 문무백관은 국궁〈음악을 연주한다〉, 재배, 흥, 평신〈음악을 그친다〉한다. 주사는 시임대신과 원임대신을 인도하여 서쪽 계단을 통해 올라와 당 안으로 들어가 자리로 간다. 대치사관은 서쪽 계단을 통해 올라가 좌 앞으로 가서 부복하였다가 무릎을 꿇는다. 찬의는 궤를 창한다. 종친, 문무백관은 궤한다. 대치사관은 치사하여 운하기를, "구관(具官) 모(某) 등은 이에 영왕 저하(邸下)께서 영광스럽게 금책과 금인을 받고 책봉되신 예가 완성되는 때를 맞아 기쁨을 이기지 못하겠습니다"라고 한다. 축하가 끝나면 부복하였다가 일어나 내려가 제자리로 간다. 찬의는 "부복, 흥, 평신"을 창한다. 종친, 문무백관은 부복, 흥, 평신한다. 주사는 시임대신과 원임대신을 인도하여 내려가 제자리로 간다. 찬의는 "국궁, 재배, 흥, 평신"을 창한다. 종친, 문무백관은 국궁〈음악을 연주한다〉, 재배, 흥, 평신〈음악을 그친다〉한다. 찬의는 예필을 창한다. 영왕은 좌에서 내려와〈음악을 연주한다〉 안으로 돌아간다. 〈음악을 그친다.〉 주사는 종친, 문무백관을 인도하여 나간다. 다음 왕부관 이하가 나간다.

위에 의하면 '영왕수책인후수군관하의' 역시 영왕의 거처인 서궁에서 거행되었고, 핵심 내용은 군신들로부터 치사를 받는 것이었다. 이 같은 의례는 물론 책봉 이후의 사후 의례라고 할 수 있었다. 이런 사실에서 의왕과 영왕의 책봉의례는 책봉의례를 기준으로 책봉 이전의 사전 의례, 책봉의례, 책봉 이후의 사후 의례로 구성되었으며, 이 같은 책봉의례는 중국의 역대 전례를 참조한 의례였다고 할 수 있다. 이상의 내용을 표로 정리하면 표 6과 같다.

표6　의왕과 영왕의 책봉의례 구성

책봉 이전의 사전 의례	책봉의례	책봉 이후의 사후 의례
택일	책배친왕의 책배친왕시황태자시좌의 영왕자내수책의	영왕수책인후수군관하의

5 봉호·책보·상징물의 종류와 기능에 대한 비교

대한제국의 황후와 황태자는 조선시대와는 달리 더 이상 중국 황제의 책봉을 받지 않고 오직 대한제국의 황제에 의해서만 책봉되었다. 이는 대한제국의 황제가 명실상부하게 더 이상 중국 황제의 책봉을 받지 않는 황제였기 때문이었다. 또한 조선시대의 후궁, 세자빈, 대비, 왕자, 왕녀 등은 조선시대에도 중국 황제의 책봉을 받지 않았기에 대한제국기의 후궁, 황태자비, 태후, 황자 등이 오직 대한제국의 황제에 의해서만 책봉된 것은 당연한 일이었다.

그렇지만 대한제국의 황후, 후궁, 황태자, 황태자비, 태후, 황자 등에 대한 책봉의례는 근본적으로 중국의 역대 황실 봉작제를 모범으로 하였기에 이들의 봉호, 책보 등 상징물 역시 중국의 황실 봉작제를 모범으로 하게 되었다. 중국의 역대 황실 봉작제 중에서도 특히 대한제국의 황실 봉작제에 큰 영향을 준 것은 당과 명 대의 황실 봉작제였다.

중국 역대의 황실 봉작제를 모범으로 한 대한제국에서 황후, 후궁, 황태자, 황태자비, 태후, 황자 등의 봉호, 책보, 상징물 등은 당 또는 명 대의 것과 유사하였다. 예컨대 봉호의 경우 중국 역대의 황실 봉작제에서 나타나는 봉호와 동일하였다. 즉 황후, 황태자, 황태자비, 친왕, 태후는 완전히 동일하였다.

후궁의 경우도 마찬가지였다. 영친왕의 생모인 궁인 엄씨의 경우 처음에는 귀인에 책봉되었다가 다시 순빈 그리고 순비 마지막으로 황귀비에 책봉되었다. 즉 궁인 엄씨의 후궁 봉호로는 귀인, 빈, 비, 귀비가 사용되었던 것이다. 또한 의친왕의 생모인 궁인 장씨는 의친왕이 친왕에 책봉된 후 숙원(淑媛)에 책봉되었다.[113] 따라서 대한제국기 후궁의 봉호로는 숙원, 귀인, 빈, 비, 귀비 등이 사용되었다고 할 수 있는데, 이런 봉호는 중국의 역대 황실 봉작제에서 나타나는 봉호였다. 대한제국기 황실 봉작제에서 나타나는 봉호를 조선시대의 왕실 봉작제에서 나타나는 봉호와 비교하면 표 7과 같다.

표7 대한제국과 조선왕조의 봉호 비교

대한제국의 봉호	조선왕조의 봉호
황후	왕비
귀비, 비, 빈, 귀인, 숙원	빈, 귀인, 소의, 숙의, 소용, 숙용, 소원, 숙원
황태자	세자
황태자비	세자빈
태후	대비
친왕	대군, 군

황후, 후궁, 황태자, 황태자비, 태후, 친왕 등에 책봉 또는 존숭되면 그 증표로 책, 보, 인을 비롯하여 제, 조서 등을 받았다.

황후의 경우에는 제, 금책, 금보 등을 받았다. 제는 황후로 책봉한다는 황제의 명령문으로서, 명성황후 민씨를 책봉할 때는 "왕후 모씨를 책하여 황후로 삼는다. 경 등에게 명하노니 지절하고 전례하라"가 곧 황후 책봉을 명령하는 황제의 제였다.

황후의 금책은 황후로 결정된 사실과 함께 황후의 할 일을 당부하는 글을 적어 책의 형태로 만든 것이었다. 황후의 금책은 도금한 2편으로 되었는데 황금 7근 12냥이 들어갔으며, 매 편은 예기척으로 길이 1척 2촌, 넓이 5촌, 두께 2푼 5리이었다. 안쪽 가장자리 위와 아래의 구멍에 붉은 끈을 꿰

---

113 『고종실록』 권40, 37년(1900) 9월 17일.

어 2첩을 펼치거나 덮을 수 있게 하였는데, 금책의 뒷면은 각각 홍운문한단(紅雲紋漢緞)을 입히고, 네 가장자리에 초룡(草龍)을 조각하였다.[114]

명성황후 민씨의 금책에 들어갈 글은 홍문관 대학사 김영수가 지었는데, 책문을 서각(書刻)하고 당주홍(唐朱紅)으로 전자(塡字)하였다. 책문의 내용은 다음과 같았다.

황후금책문(皇后金冊文)[115] 〈매 첩은 6행이다. 글자 배열은, 극행(極行)은 19자이고, 평행(平行)은 17자이다.〉

유(維) 광무 원년(1897) 세차 정유 9월 정해 삭 17일 계묘에 황제는 다음과 같이 이르노라. 건도(乾道)는 자시(資始)하고, 곤도(坤道)는 자생(資生)한다. 후(后)는 군(君)에 배(配)하니, 존(尊)에 짝하는 동체(同體)이다. 군은 인정으로 만민을 자육(子育)하고, 후는 의덕(懿德)을 행하여 삼기(三紀)에 모림(母臨)하니, 가히 공경하지 않을 수 있는가? 너 왕후 민씨는 영철(英哲)하고 단장(端莊)한 자태로 가도를 바르게 하고 나라에 가르침을 이루었으며, 중회(重恢)의 대업에 근로를 함께 하였다. 내치가 명장(明章)한 것은 진실로 내조가 깊어서이다. 그 공로는 사직을 보존하였고 은택은 구역(區域)에 가득하였으니, 유화(柔化)가 현저하고 영문(令聞)이 뛰어나다. 이에 방명(邦命)을 유신하고 보위(寶位)와 대호(大號)에 호응하였다. 지금 의정부 의정 심순택, 홍문관 대학사 김영수를 보내, 금책과 금보를 받들어 너를 황후로 임명하게 하여, 왕도가 시작하는 바와, 대덕(大德)이 반드시 그 얻음을 기필(期必)하는 것을 밝힌다. 내권(迺眷)에서 가지(嘉祉)를 받고, 무강(無疆)토록 치창(熾昌)을 열고자 하니, 아 어기지 말지어다.

제술과 홍문관 대학사 신 김영수

---

114 『대례의궤』 도설, 皇后金冊.
115 『대례의궤』, 皇后金冊文.

이 외에 황후의 금보는 '황후지보'라 새겨진 도장이었는데, 이 금보는 황금으로 도금하였고 무게가 10근 8냥, 사방 길이가 예기척으로 3촌 9푼, 두께가 9푼 5리였다. 또한 전각(篆刻)의 곽(郭)은 넓이 4푼이었으며, 위에 용뉴가 있는데, 높이 2촌 3푼, 넓이는 1촌 2푼이고, 용두의 길이는 3촌 7푼이었다. 유대(鈕臺)는 사방 2촌 6푼, 두께 2푼이었으며, 복(腹) 아래에 횡혈(橫穴)이 있었다.[116] 또한 황후의 금보에는 포백척으로 길이 3척 5촌에 원둘레 8푼의 영자(纓子)가 부수되었는데, 이 영자는 홍융모사(紅絨冒絲)로 원다회(圓多繪)를 한 것으로서, 영자의 한끝을 유(鈕)의 횡혈(橫穴)에 끼워서 양 끝을 모두 위로 잡아 올려 유의 등에서 매듭을 지어 합하고, 그 끝에 또 방울 술(方兀 蘇兀)을 달았다.[117]

황후의 금보는 포백척으로 사방 2척 6촌 크기의 유보(襦褓)로 싸는데, 유보는 씨를 뺀 목화솜을 풀솜으로 씌워서 안에 넣고 꿰매고 네 귀를 남융사(藍絨絲)와 금전지(金箋紙)로 장식하였다.[118] 다시 유보는 포백척으로 길이 2척의 결영자(結纓子) 2개로 십자형으로 묶어 보통(寶筒) 안의 홍전(紅氈) 위에 놓고 풀솜으로 빈 공간을 채우고 의향(衣香) 1봉을 그 위에 놓고 뚜껑을 닫았다.[119]

한편 보통은 다음과 같은 방법으로 제작하였다. 먼저 두석(豆錫)으로 4편(片)을 만들고 은으로 땜질하여 네모난 통을 만든다. 통 내부의 상단에 높이 2푼의 뚜껑받이를 설치하여 뚜껑과 맞물리도록 한다. 뚜껑의 형태는 사면을 평평하게 하되 위로 올라가며 좁아지게 한다. 통 내부는 사방 각 6촌이

116 『대례의궤』 도설, 皇后之寶.
117 『대례의궤』 도설, 纓子.
118 『대례의궤』 도설, 襦褓.
119 『대례의궤』 봉과식(封裹式), 寶冊封裹式.

고, 통 바닥에서 뚜껑 안까지는 예기척으로 높이가 4촌 8푼이다. 통 외부는 삼보수(三甫水)로 물들이고, 내부에는 홍방사주(紅方紗紬)를 바른다. 또한 보통에는 사방 각 4촌 9푼, 높이 2촌 3푼의 주통(朱筒)이 첨부되는데, 주통은 보통과 같은 모양이나 뚜껑이 없으며 주통 안에 보지(寶池)를 채운다. 아울러 보통 안에는 의향 1봉을 넣는다.[120]

보통은 금박을 입힌 홍방사주 유보로 싸는데, 이 유보는 포백척으로 3척 2촌의 크기였다. 이어서 홍진사삼갑소(紅眞絲三甲所)로 만든 결영자 끈 2개를 사용해 십자형으로 묶어 보록에 넣었다.

보록은 다음과 같은 방법으로 제작하였다. 두께가 4푼인 단판(椴板)을 사용하는데, 녹 내부의 상단에 높이 2푼의 뚜껑받이를 설치하여 뚜껑과 맞물리도록 한다. 뚜껑의 형태는 사면을 평평하게 하고 위로 올라가면서 점차 좁아지게 한다. 뚜껑 위의 꼭지는 사각영(四隅鈴) 형태로 만드는데, 두석으로 주조하고 삼보수로 물들여 중앙에 박아 놓는다. 녹 내부는 예기척으로 사방 각 7촌 5푼이고, 녹 바닥에서 뚜껑 안까지는 높이가 7촌 2푼이다. 녹 외부는 담비가죽으로 싸는데 어교(魚膠)로 붙인다. 처음에 전칠(全漆)하고, 그 위에 조홍진칠(朱紅眞漆)을 덧바른다. 앞면과 좌우면의 3면에 이금(泥金)으로 승천하는 용 2마리를 그리고, 뚜껑 위에는 이금으로 구름 문양을 그린다. 위아래와 사면의 장식은 모두 도석으로 만들고 삼보수를 물들인다. 좌우에는 각각 둥근 고리와 국화동(菊花童)을 갖춘 배목(排目)을 설치한다. 녹 내부는 홍방사주를 바른다. 아울러 녹 안에는 의향 1봉을 넣는다.[121]

보록 안에 보통을 넣은 후 빈 곳은 풀솜으로 채우고 의향 1봉을 그 위에 놓고 뚜껑을 덮은 다음 두석 자물쇠로 보록을 잠그고, 열쇠를 열쇠 주머니에 넣어서 자물쇠에 걸어 놓았다. 그리고 초주지(草注紙) 1조(條)로 자물쇠와

---

120 『대례의궤』 도설, 筒, 寶筒.
121 『대례의궤』 도설, 盝, 寶盝.

열쇠를 둘러싸고, "신이 삼가 봉한다"라고 썼다.[122]

이 보록을 홍방사주 유보로 싸고, 포백척으로 3척의 홍진사삼갑소로 만든 결영자 끈 2개를 사용해 십자형으로 묶은 후 호갑(護甲)에 넣었다. 호갑은 누런 사슴가죽으로 제작하였으며, 네 모서리는 청색 담비가죽으로 덧대었다. 뚜껑과 사면을 꿰는 전(錢)은 청색과 자색의 담비가죽을 쓰며, 흰 말가죽으로 배접하였고, 끈은 누런 사슴가죽을 쓰고, 호갑 안쪽에는 붉은 사슴가죽을 덧대었는데, 크기는 보록이 들어갈 정도로 하였다.[123]

후궁의 경우, 귀인까지는 조선시대 후궁의 봉작 교지에 해당하는 봉작 칙지를 받는 데 그쳤다. 그러나 비 또는 황비로 책봉될 때는 황후와 마찬가지로 제와 금책을 받았지만 도장의 경우에는 금보가 아닌 금인을 받았다. 제는 후궁으로 책봉한다는 황제의 명령문으로서, 엄씨를 순비로 책봉할 때는 "순빈 엄씨를 순비로 진봉한다. 경 등에게 명하노니 지절하고 행례하라"가 곧 순비 책봉을 명령하는 황제의 제였다.

순비 엄씨의 금책은 후궁으로 결정된 사실과 함께 후궁의 할 일을 당부하는 글을 금책에 적어 책의 형태로 만든 것이었다. 순비 엄씨의 금책은 도금한 2편으로 되었는데 천은(天銀) 5근 6냥이 들어갔으며, 매 편은 예기척으로 길이 1척 2촌, 넓이 5촌, 두께 2푼 5리이었다. 안쪽 가장자리 위와 아래의 구멍에 붉은 끈을 꿰어 2첩을 펼치거나 덮을 수 있게 하였는데, 금책의 뒷면은 각각 홍운문한단을 입히고, 네 가장자리에 적(翟)을 조각하였다.[124]

순비 엄씨의 금책에 들어갈 글은 홍문관 학사 김영목이 지었는데, 책문을 서각하고 당주홍으로 전자하였다. 책문의 내용은 다음과 같았다.

---

122 『대례의궤』 봉과식, 寶冊封裹式.
123 『대례의궤』 도설, 護甲.
124 『순비책봉의궤』 도설, 金冊.

금책문(金冊文)[125] 〈매 첩은 5행이다. 글자 배열은, 극행은 17자이고, 평행은 15자이다.〉

유(維) 광무 5년(1901) 세차 신축 9월 계해 삭 4일 병인에 황제는 다음과 같이 이르노라. 예로부터 제왕은 반드시 육궁(六宮)과 비위(妃位)를 갖춘 다음에는 음례(陰禮)로 자교(資敎)하였다. 순빈 엄씨는 하늘에서 받은 천성이 돈후(敦厚)하고, 스스로의 몸을 경근(敬謹)으로 조심하여 실로 현문(顯聞)이 많아 마땅히 포가(襃嘉)함이 있어야 할 것이다. 이에 고전을 고찰하고 위호를 더한다. 지금 정사 완평군 이승응과 부사 궁내부 특진관 서상조를 보내, 너를 순비로 임명한다. 유적(褕翟)의 여장(輿仗)에 의례는 더없이 찬란하고, 범금(範金)의 책인에 예의 역시 막중하다. 아! 유도(柔道)를 체득하여 순승(順承)하고, 법도를 지켜 수려(修勵)하여, 귀한 데 처하여도 낮은 데 처한 듯이 하여 복상(福祥)을 영원히 넉넉하게 하면, 그 아니 아름다우랴?
제술관 홍문관 학사 신 김영목
서사관 규장각 직학사 신 정인승

위에서 보듯이 순비 엄씨의 금책은 비록 황후의 금책과 마찬가지로 금책이었지만 황후의 금책과 몇 가지 면에서 비교되었다. 우선 황후의 금책은 명실상부 황금으로 제작되었지만 순비의 금책은 천은으로 제작되고 금으로 도금되었을 뿐이었다. 또한 황후의 책문을 지은 사람은 홍문관 대학사였지만 순비의 금책문은 홍문관 학사가 지었다. 나아가 황후의 금책문은 매 첩 6행에 글자 배열은 극행이 19자, 평행이 17자였음에 비해, 순비의 금책문은 매 첩 5행에 글자 배열은 극행이 17자, 평행이 15자였다. 이처럼 순비의 금책은 황후의 금책에 비해 몇 가지 측면에서 격식이 떨어졌는데 그 이유는

---

125 『순비책봉의궤』, 金冊文.

물론 황후와 후궁의 지위가 반영된 결과라 할 수 있다.

이는 도장의 경우에 더 분명하게 드러났다. 즉 황후의 도장은 금보였음에 비해 순비 엄씨의 도장은 금인이라고 하여 아예 명칭에서부터 차이가 있었던 것이다. 순비 엄씨의 금인은 '순비지인'이라 새겨진 도장이었는데, 이 금인은 천은을 이용해 만들고 황금으로 도금하였고, 무게가 7근 6냥, 사방 길이가 예기척으로 3촌 9리, 두께가 9푼이었다. 또한 전각의 곽은 넓이 4푼이었으며, 위에 귀뉴가 있는데, 높이 1촌 3푼, 넓이는 2촌 4푼이고, 귀두의 길이는 5촌 5푼이었다. 귀뉴의 복 아래에 횡혈이 있었다.[126] 이처럼 황후 금보의 유는 용뉴였음에 비해 순비 금인의 유는 귀뉴였다는 점에서도 차이가 났다.

한편 순비 엄씨의 금인에도 황후의 금보와 마찬가지로 포백척으로 길이 3척 5촌에 원둘레 8푼의 영자가 부수되었으며, 금인은 포백척으로 사방 2척 6촌 크기의 유보로 싸고, 포백척으로 길이 2척의 결영자 2개로 십자형으로 묶었다. 이후 금인은 인통(印筒), 인록, 호갑에 넣어 보관했는데,[127] 인통, 인록, 호갑은 황후의 금보를 넣어 보관하는 보통, 보록, 호갑과 유사했다.

황태자와 황태자비의 경우에도 황후와 마찬가지로 제와 금책 및 금보를 받았다. 제는 황태자 또는 황태자비로 책봉한다는 황제의 명령문으로서, 황태자를 책봉할 때는 "왕태자 모(某)를 책하여 황태자로 삼는다"가 곧 황태자 책봉을 명령하는 황제의 제였고, 황태자비를 책봉할 때는 "왕태자비 모씨(某氏)를 책하여 황태자비로 삼는다. 경 등에게 명하노니 절을 가지고 예를 펴라"가 황태자비 책봉을 명령하는 황제의 제였다.

황태자와 황태자비의 금책은 황태자와 황태자비로 결정된 사실과 함께 할 일을 당부하는 글을 금책에 적어 책의 형태로 만든 것이었다. 황태자의

---

126 『순비책봉의궤』 도설, 金印.
127 『순비책봉의궤』 도설.

 제4장 대한제국기 황실 봉작제와 책봉의례

금책은 2편으로 되었는데 황금 7근 12냥이 들어갔으며, 매 편은 예기척으로 길이 1척 2촌, 넓이 5촌, 두께 2푼 5리이었다. 안쪽 가장자리 위와 아래의 구멍에 붉은 끈을 꿰어 2첩을 펼치거나 덮을 수 있게 하였는데, 금책의 뒷면은 각각 홍운문한단을 입히고, 네 가장자리에 초룡을 조각하였다.[128] 반면 황태자비의 금책은 황금이 아닌 천은을 써서 도금했다는 점에서 황태자의 금책과 차이가 났지만, 나머지 점은 동일하였다.[129] 황태자와 황태자비의 금책에 들어갈 글은 홍문관 대학사 김영수가 지었는데, 책문을 서각하고 당주홍으로 전자하였다. 황태자와 황태자비의 책문의 내용은 다음과 같았다.

황태자금책문(皇太子金冊文)[130] 〈매 첩은 5행이다. 글자 배열은, 극행은 17자이고, 평행은 15자이다.〉

유(維) 광무 원년(1897) 세차 정유 9월 정해 삭 17일 계묘에, 황제는 다음과 같이 이르노라. 체모(體貌)가 중한 적장자가 있어야 근본이 공고하고, 한 원량(元良)이 있어야 만대의 복이 된다. 아! 너 왕태자[휘(諱)]는 인효(仁孝), 공검(恭儉)하며, 덕업을 일찍 성취하였고, 학문에 집희(緝熙)가 있고 예지가 날로 새로워졌다. 한가한 여가에도 가르침을 받들었고, 총명이 정교(政敎)에 통달하였다. 이명(離明)의 상(象)에 들어맞으니 칭송하는 노랫소리가 드높도다. 순수한 행실과 돈독한 정성으로 다방면으로 보좌함이 잘 드러났도다. 처음으로 보위를 바로 하고 제도를 새로 하였으니, 지금 너를 책봉하여 황태자로 삼는다. 아! 대통을 이어 종묘를 지키도록 하라. 부탁함이 실로 크니, 군사를 위로하고 나라를 감독하라. 기대하여 바라는 바가 또한 크니, 너의 훌륭한 행실과 아름다운 명성에 힘써, 우리의 큰 왕업의 터전을 길이

---

128 『대례의궤』 도설, 皇太子金冊.
129 『대례의궤』 도설, 皇太子妃金冊.
130 『대례의궤』 금책문, 皇太子金冊文.

편안하게 하라. 아름다운 명령을 공경히 받들지어다.

제술관 홍문관 대학사 신 김영수

서사관 홍문관 학사 신 민병석

황태자비금책문(皇太子妃金冊文)[131] 〈매 첩은 5행이다. 글자 배열은, 극행은 17자이고, 평행은 15자이다.〉

유(維) 광무 원년(1897) 세차 정유 9월 정해 삭 19일 을사에, 황제는 다음과 같이 이르노라. 너 왕태자빈 민씨는 효경(孝敬), 숙철(淑哲)하여 왕태자의 홀륭한 짝이 될 만한 덕을 지녔도다. 유순함이 중궤(中饋)에 드러났고, 겸공(謙恭)이 육궁에 퍼졌으니, 만화가 조단(造端)하는 바이고, 백복(百福)이 유원(由源)하는 바이다. 지금 처음으로 이저(貳邸)의 호를 줌에, 예는 마땅히 배칭(匹稱)해야 한다. 지금 의정부 의정 심순택, 홍문관 대학사 김영수를 보내, 너에게 책보를 주어 황태자비로 임명한다. 아! 주창(主鬯)을 잘 받들어 중화(重華)의 좋은 배필이 될지어다. 종묘사직의 천만세 무궁한 복은 그 기반이 여기에서 근본하니, 규갈장(樛葛章)을 명심하여 빈조(蘋藻)의 일을 엄히 삼가라. 너는 이것을 공경히 받들지어다.

제술관 홍문관 대학사 신 김영수

서사관 홍문관 학사 신 민병석

위에서 보듯이 황태자와 황태자비의 금책은 비록 황후의 금책과 마찬가지로 금책이었지만 황후의 금책과 몇 가지 면에서 비교되었다. 우선 황후의 금책은 명실상부하게 황금으로 제작되었지만 황태자비의 금책은 천은으로 제작되고 금으로 도금되었을 뿐이었다. 또한 황후의 금책문은 매 첩 6행

---

131 『대례의궤』 금책문, 皇太子妃金冊文.

에 글자 배열은 극행이 19자, 평행이 17자였음에 비해, 황태자와 황태자비의 금책문은 매 첩 5행에 글자 배열은 극행이 17자, 평행이 15자였는데, 이는 순비 엄씨의 금책문과 같은 형식이었다. 이는 황태자의 금책이 황후보다는 낮고 순비 엄씨보다는 높은 반면, 황태자비의 금책은 황후보다 낮고 순비 엄씨와 유사했음을 알려 준다.

이런 사실은 도장의 경우에서 더 분명하게 드러났다. 즉 황태자와 황태자비의 도장은 황후와 마찬가지로 금보였지만, 황태자의 금보는 황후와 마찬가지로 황금으로 제작된 반면 황태자비의 금보는 천은으로 제작되었다. 또한 황태자의 금보는 황후와 마찬가지로 용뉴였지만, 황태자비의 금보는 순비 엄씨와 마찬가지로 귀뉴였다. 다만 금보의 전체적인 형태는 황후 금보와 유사하였다.[132] 이처럼 황후 금보의 유는 용뉴였음에 비해 순비 금인의 유는 귀뉴였다는 점에서도 차이가 났다.

한편 황태자와 황태자비의 금보에도 황후의 금보와 마찬가지로 포백척으로 길이 3척 5촌에 원둘레 8푼의 영자가 부수되었으며, 금보는 포백척으로 사방 2척 6촌 크기의 유보로 싸고, 포백척으로 길이 2척의 결영자 2개로 십자형으로 묶었다. 이후 금보는 보통, 보록, 호갑에 넣어 보관했는데,[133] 이들의 형태나 제작방법은 황후의 금보를 넣어 보관하는 보통, 보록, 호갑과 유사했다.

이에 비해 명헌태후를 존숭할 때에는 오직 '명헌태후지보'라 새겨진 옥보를 올리는 것이 전부였는데, 이 옥보는 귀뉴였다. 반면 제나 금책은 없었다. 물론 이는 고종보다 윗사람인 명헌태후에게 위호 가상이란 의례 자체가 책봉이 아닌 존숭이기에 옥보만 필요하고 책봉문은 필요 없기 때문이었다. 이런 사실에서 대한제국기에 옥보는 금인은 물론 금보보다도 그 위격이 훨씬

132 『대례의궤』 도설, 皇太子寶 · 皇太子妃之寶.
133 『대례의궤』 도설.

높게 간주되었다고 할 수 있다.

황자의 경우, 황태자와 마찬가지로 제와 금책을 받았지만 도장의 경우에는 금보가 아닌 금인을 받았다. 제는 황자를 친왕으로 책봉한다는 황제의 명령문으로서, 영친왕을 책봉할 때는 "황자 모(某)를 봉하여 모왕(某王)으로 삼는다. 경 등에게 명하노니 지절하고 행례하라"가 곧 영친왕의 책봉을 명령하는 황제의 제였다.

황자의 금책은 친왕으로 결정된 사실과 함께 친왕의 할 일을 당부하는 글을 적어 책의 형태로 만든 것이었다. 의친왕과 영친왕의 금책은 각각 도금한 2편으로 되었는데 천은 5근 6냥이 들어갔으며, 매 편은 예기척으로 길이 1척 2촌, 넓이 5촌, 두께 2푼 5리이었다. 안쪽 가장자리 위와 아래의 구멍에 붉은 끈을 꿰어 2첩을 펼치거나 덮을 수 있게 하였는데, 금책의 뒷면은 각각 홍운문한단을 입히고, 네 가장자리에 반이(蟠螭)를 조각하였다.[134] 의왕과 영왕의 금책에 들어갈 글은 홍문관 학사 서정준이 지었는데, 책문을 서각하고 당주홍으로 전자하였다. 의왕의 금책문 내용은 다음과 같았다.

의왕금책문(義王金冊文)[135] 〈매 첩은 5행이다. 글자 배열은, 극행은 18자이고, 평행은 16자이다.〉
유(維) 광무 4년(1900) 세차 경자 7월 경자 삭 23일 임술에 황제는 다음과 같이 이르노라. 예전 천하에 군림하던 자는 여러 아들을 크게 책봉하여 본지(本支)를 중히 하고 병한(屛翰)을 굳게 하였다. 짐은 황천(皇天)의 보우하심과 열성의 돌아보심에 힘입어, 신명(新命)에 받고 대업을 회복하게 되었다. 소자(小子) 강(堈)을 지금 명령하여 의왕으로 삼으니, 고제(古制)를 준수하여 그 복을 누리고, 황실을 보좌하여 영원히 명예를 보유하라. 아! 오직 효경

---

134 『의왕영왕책봉의궤』 도설, 義王金冊·英王金冊.
135 『의왕영왕책봉의궤』, 義王金冊文.

으로만 군친(君親)을 섬길 수 있고, 오직 겸공으로만 부귀를 지킬 수 있다. 그 덕을 잘 닦아서 천휴(天休)를 계승하고, 짐의 가르침을 몸으로 받들며 오히려 삼갈지어다.

제술관 홍문관 학사 신 서정순
서사관 홍문관 부학사 신 민경직

그런데 위의 내용을 보면 의왕금책문은 홍문관 학사가 지어 황태자의 금책문을 홍문관 대학사가 지은 것에 비해 격이 떨어지는데, 형식에서는 약간의 의문을 불러일으킨다. 왜냐하면 황후의 금책문은 매 첩 6행에 글자 배열은 극행이 19자, 평행이 17자였고, 황태자의 금책문은 매 첩 5행에 글자 배열은 극행이 17자, 평행이 15자였는데, 의왕금책문은 매 첩 5행에 글자 배열은 극행이 18자, 평행이 16자였기 때문이다. 의친왕이 황태자보다 격이 떨어지므로 금책문의 형식은 매 첩 5행에 글자 배열은 극행이 17자 이하, 평행이 15자 이하로 되어야 하는데 오히려 극행이 18자, 평행이 16자로서 오히려 황태자보다 높기 때문이다. 현재로서는 왜 이런 형태가 되었는지 확인할 수 없지만 1897년 대한제국 선포 이후 3년여의 세월이 흐르면서 황실 봉작제에 관한 지식이 더 정확하고 풍부해졌기에 나타난 결과가 아닐까 짐작된다.

비록 금책문의 형식에 약간의 의문점이 있지만, 황태자와 황자 사이에 현격한 격차가 존재했음은 도장의 경우에서 확실하게 드러난다. 즉 황태자의 도장은 용뉴의 금보였음에 비해 의친왕과 영친왕의 도장은 금인이라고 하여 아예 명칭에서부터 차이가 있었던 것이다. 의친왕과 영친왕의 금인은 '의왕지인'과 '영왕지인'이라 새겨진 도장이었는데, 이 금인은 천은을 이용해 만들고 황금으로 도금하였고, 무게가 7근 6냥, 사방 길이가 예기척으로 3촌 7푼, 두께가 9푼이었다. 또한 전각의 곽은 넓이 4푼이었으며, 위에 귀뉴가 있는데, 높이 1촌 3푼, 넓이는 2촌 4푼이고, 귀두의 길이는 5촌 5푼이었다. 귀뉴의 복 아래에 횡혈이 있었다.[136] 이처럼 황태자 금보의 유는 용뉴였음에 비해 의친왕과 영친왕의 금인의 유는 귀뉴였다는 점에서도 차이가 났다.

한편 의친왕과 영친왕의 금인에도 황태자의 금보와 마찬가지로 포백척으로 길이 3척 5촌에 원둘레 8푼의 영자가 부수되었으며, 금인은 포백척으로 사방 2척 6촌 크기의 유보로 싸고, 포백척으로 길이 2척의 결영자 2개로 십자형으로 묶었다. 이후 금인은 인통, 인록, 호갑에 넣어 보관했는데,[137] 인통, 인록, 호갑은 황태자의 금보를 넣어 보관하는 보통, 보록, 호갑과 유사했다. 이상의 내용을 정리하면 표 8과 같다.

표8 대한제국기 황실 봉작제와 책보

대 상 자	책봉문	인 장	인 문	유	수
황후	금책	금보	황후지보	용뉴	주수
후궁(빈/귀인)	칙지				
후궁(비/황귀비)	금책	금인	순비지인	귀뉴	주수
황태자	금책	금보	황태자보	용뉴	주수
황태자비	금책	금보	황태자비지보	귀뉴	주수
태후		옥보	명헌태후지보	귀뉴	주수
황자(친왕)	금책	금인	의왕지인 영왕지인	귀뉴	주수

---

136 『의왕영왕책봉의궤』 도설, 義王之印·英王之印.
137 『의왕영왕책봉의궤』 도설.

제4장 대한제국기 황실 봉작제와 책봉의례

6 책봉에 따른 권리와 의무

1897년 음력 9월 17일에 고종이 황제에 즉위하고 대한제국을 선포하기 3년 전인 1894년(고종 31) 음력 7월 18일에 군국기무처는 기왕의 정부조직을 궁내부와 의정부로 대별하는 제도개혁안을 상주하여 고종의 허락을 받았다.[138] 당시 궁내부에는 내시사(內侍司)와 명부사(命婦司)가 소속되었는데 내시사는 조선시대의 내시부를 계승하는 관서였고, 명부사는 조선시대의 내명부를 관장하는 관서였다. 물론 조선시대의 내시부에는 환관이 배속되었고, 내명부에는 왕의 후궁 및 궁녀가 배속되었다. 이런 내시부와 내명부가 갑오개혁 시기에 내시사와 명부사로 존속하였다는 것은 조선시대의 환관과 궁녀가 갑오개혁 시기에도 공식적으로 존재하였음을 의미한다.

예컨대 1894년 음력 7월 22일 군국기무처가 고종에게 올린 궁내부 의안에 의하면, 내시사는 감선(監膳), 전령(傳令), 수문(守門), 소제(掃除)의 일을 담당하였다. 이를 위해 내시사에는 지사(知事) 1명 및 필요와 때에 따라 그 수를 늘리거나 줄이는 상선(尙膳) 이하 장번수궁(長番守宮), 차비관(差備官)을 두었다. 또한 각 전궁에는 기왕의 전례대로 환관이 배속되었는데, 대전에 50명, 대비전에 10명, 중궁전에 10명, 세자궁에 20명, 세자빈궁에 8명, 세손궁에 15명, 세손빈궁에 6명이었다. 이 외에도 선원전에 4명, 각묘(各廟)와 각궁(各宮)에 각각 2명, 각궁차지(各宮次知) 각 1명이 있었다.[139] 이들을 합하면 각 전궁에 배속된 환관이 119명, 기타 각묘와 각궁에 배속된 환관이 약간

---

138 『고종실록』 권32, 31년(1894) 7월 18일.
139 『고종실록』 권32, 31년(1894) 7월 22일.

명으로서 전체 환관은 150명 내외가 된다. 이런 수치는 기왕의 환관과 비교할 때 별 차이가 없다고 할 수 있다.[140]

한편 1894년 음력 7월 22일 군국기무처가 고종에게 올린 궁내부 의안에 의하면, 명부사에는 상궁 이하를 배속하였는데, 그 수는 필요와 때에 따라 늘리기도 하고 줄이기도 하였다. 또한 각 전궁에는 기왕의 전례대로 시녀 즉 궁녀가 배속되었는데, 대전에 100명, 대비전에 100명, 중궁전에 100명, 세자궁에 60명, 세자빈궁에 40명, 세손궁에 50명, 세손빈궁에 30명이었다.[141] 이들을 전부 합치면 궁녀의 수는 480명으로서 이 또한 기왕의 궁녀 수 500여 명과 큰 차이가 없다. 이는 갑오개혁 시기에는 비록 궁내부를 설치하였다고 해도 기왕의 환관과 궁녀를 거의 그대로 존속시킨 결과라고 할 수 있다.

그런데 이렇게 갑오개혁 시기에도 공식적으로 존재하던 환관과 궁녀는 이른바 을미개혁 시기에 거의 사라지게 되었다. 1895년(고종 32) 4월 2일에 공포된 포달(布達) 제1호의 궁내부 관제에서 내시사와 명부사가 공식적으로 사라지면서,[142] 극히 일부의 환관과 궁녀만이 공식 직함을 바꾸어 잔존하게 되었기 때문이다. 예컨대 환관의 경우에는 시종원 산하에 봉시라는 직책을 가진 환관 12명만 잔존하고,[143] 나머지는 도태되었다. 결국 기왕의 환관 150명 내외에서 90% 이상이 도태된 것이었다. 궁녀 역시 정확히 얼마나 도태되었는지 알 수 없지만, 크게 축소된 것은 분명하다. 이처럼 을미개혁에서 환관과 궁녀를 대폭 줄인 이유는 고종의 왕권을 와해시키려는 일제의 공작과 함께, 당시의 궁내부 관제가 일본의 궁내성 관제를 모범으로 하여 마련

---

140 장희흥, 「갑오개혁 이후 內侍府의 官制 변화와 환관제의 폐지」, 『동학연구』 21, 한국동학학회, 2006, 23-26쪽.

141 『고종실록』 권32, 31년(1894) 7월 22일.

142 『고종실록』 권33, 32년(1895) 4월 2일.

143 장희흥, 「갑오개혁 이후 內侍府의 官制 변화와 환관제의 폐지」, 『동학연구』 21, 한국동학학회, 2006, 29쪽.

된 결과였다.[144]

1868년의 메이지 유신 이후, 일본의 궁내성 관제는 1884년(메이지 19) 2월 4일 크게 정비되었다. 당시 일본의 궁내성 관제는 내각 총리대신 이토 히로부미(伊藤博文)가 메이지 천황의 조서를 받들어 정비하였는데 그 내용은 대체로 다음과 같았다. 먼저 궁내성의 궁내대신은 제실(帝室)의 사무를 총판(總判)하고, 궁내직원(宮中職員)·황족직원(皇族職員)을 총독(總督)하고, 화족(華族)을 관리하는 일을 관장한다. 다음 궁내 차관(次官)은 대신을 보좌하고, 궁내성 사무를 정리한다. 다음 서기관(書記官)과 비서관(秘書官)이 있어서 지(旨)를 승(承)하고, 촉(屬)이 있어서 서기관과 비서관에 예속한다.

한편 궁내성에는 2과(課), 5직(職), 6료(寮), 4국(局) 및 1직원(職員)을 둔다. 2과는 내사과(內事課)와 외사과(外事課)로서 내사과는 성내(省內)의 서무(庶務)를 관장하고, 외사과는 제실 외교의 일을 관장한다.

5직은 시종직(侍從職), 식부직(式部職), 황태후궁직(皇太后宮職), 황후궁직(皇后宮職), 대선직(大膳職)으로서 시종직은 상시 봉사(奉仕)하고, 식부직은 제실의 제전(祭典), 의식(儀式), 아악(雅樂)의 일을 관장하며, 대선직은 어선(御膳) 및 연향(饗宴), 사찬(賜饌)을 관장한다.

6료는 내장료(內藏寮), 주전료(主殿寮), 도서료(圖書寮), 내장료(內匠寮), 주마료(主馬寮), 제릉료(諸陵寮)로서, 내장료(內藏寮)는 제실재무(帝室財務)의 일을 관장하고, 주전료는 궁전의 청소와 포설(鋪設)과 기구(器具) 및 궁문(宮門)의 관약(管鑰)과 방화(防火), 경계(警戒)의 일을 관장하며, 도서료는 제실의 기록과 도서 및 보기(寶器) 그리고 미술 보존의 일을 관장하고, 내장료는 제실의 토목과 공장 및 정원의 일을 관장하며, 주마료는 마필의 조습(調習)과 사양(飼養)과 거가승구(車駕乘具)의 일을 관장하고, 제릉료는 제릉의 일을 관장한다.

---

144 대한제국 전후의 궁내부 관제에 대하여는 서영희, 「1894-1904년의 정치체제 변동과 궁내부」,『한국사론』23, 1991 참조.

4국은 어료국(御料局), 시의국(侍醫局), 조도국(調度局), 화족국(華族局)으로서, 어료국은 제실 재산의 일을 관장하고, 시의국은 진후(診候) 및 궁중 위생의 일을 관장하며, 조도국은 어복조도(御服調度) 즉 제실의 의복공급 및 궁중수용 물품의 일을 관장하고, 화족국(華族局)은 화족 관리의 일을 관장한다.

마지막으로 1직원은 황족직원으로서 황족직원은 황족의 가사를 관장한다.[145]

위에서 보듯이 1884년(메이지 19)의 일본 궁내성 관제에는 환관과 궁녀에 관련된 관제 자체가 없으며, 제실 구성원들 예컨대 황태후, 황후, 황족 등은 황태후궁직, 황후궁직, 황족직원 등을 두어 관리하였다. 한편 당시의 궁내성 관제에 황태자와 관련된 관제가 빠진 이유는 당시에 황태자가 없었기 때문이었다. 이 같은 일본의 궁내성 관제를 모범으로 한 을미개혁에서의 궁내부 관제는 명칭은 물론 구조도 매우 유사하였다. 예컨대 을미개혁 때의 궁내부 관제와 일본의 궁내성 관제를 비교해 보면 표 9와 같다.

표에 의하면 을미개혁 때의 궁내부 관제가 일본의 궁내성 관제에 비해 속사(屬司)가 많은데, 이는 물론 500년에 걸친 군주제 조선의 왕실 관련 부서들이 궁내부 관제에 편입된 결과라 할 수 있다. 그렇지만 전체적으로 을미개혁 때의 궁내부 관제는 전체 구조 및 기능 등에서 일본의 궁내성 관제와 유사하다고 할 수 있다. 예컨대 궁내성의 대신, 차관, 서기관, 비서관, 속은 궁내부의 대신, 협판, 참서관, 비서관, 참리관(주사)에 해당한다고 할 수 있다.

이는 특히 왕실 구성원에 관련된 직제에서 두드러지게 나타난다. 예컨대 일본 궁내성의 황태후궁직은 궁내부의 왕태후궁에, 황후궁직은 왕후궁에 그리고 황족직원은 왕족 각 가(家)에 대응한다. 이는 당시 을미개혁을 주도

---

145 『明治天皇紀』, 메이지 19년(1884) 2월 4일.

표9 을미개혁기의 궁내부 관제와 메이지 일본의 궁내성 관제 비교

을미개혁기의 궁내부(고종 32년, 1895) 4월 2일	메이지 일본의 궁내성 (메이지 19년, 1884) 2월 4일
-대신	-대신
-협판	-차관
-참서관	-서기관
-비서관	-비서관
-참리관	-속
-주사	
-장례원(봉상사, 제릉사, 종정사, 귀족사)	-내사과
-시종원(비서감, 전의사)	-외사과
-규장원(교서사, 기록사)	-시종직
-회계원(출납사, 검사국, 금고사)	-식부직
-내장원(보물사, 장원사)	-황태후궁직
-제용원(상의사, 전선사, 주전사, 영선사, 태복사)	-황후궁직
-왕태후궁	-대선직
-왕후궁	-내장료
-왕태자궁	-주전료
-왕태자비궁	-도서료
-종묘서	-내장료
-사직서	-주마료
-영희전	-제릉료
-경모궁	-어료국
-각 능원묘	-시의국
-왕족 각 가	-조도국
	-화족국
	-황족직원

한 친일 개화파가 조선의 왕실구조를 일본의 천황가 구조와 유사하게 재편하려 한 결과라 할 수 있다. 그래서 을미개혁 때의 궁내부 관제에서는 공식적으로 환관과 궁녀가 제외되었다. 나아가 왕실 구성원들을 관리하는 방식도 일본 궁내성의 황태후궁직, 황후궁직, 황족직원 등을 모범으로 하여 왕태후궁, 왕후궁, 왕태자궁, 왕태자비궁, 왕족 각 가로 변화되었다.

이 같은 을미개혁의 결과는 조선시대 이래 왕실 구성원들이 누리던 권리

와 의무에 큰 변화를 불러왔다. 우선 환관과 궁녀가 공식적으로 존재하지 않게 됨에 따라, 조선시대 이래 전궁방(殿宮房)에 소속되던 환관과 궁녀가 공식적으로 사라지게 되었다. 그 자리는 관료들이 채웠는데, 그 내용은 다음과 같았다.

먼저 왕태후궁의 경우 갑오개혁 때만 해도 환관 10명과 궁녀 100명이 배속되었지만, 이들이 사라지고 그 대신 칙임관의 대부 1명, 주임관의 이사(理事) 1명, 판임관의 주사 3명 등 관료 5명만 배속되었으며, 이들이 궁의 일을 관장하여 처리하였다.[146]

왕후궁의 경우에도 왕태후궁과 마찬가지이며, 이들이 궁의 일과 내정(內廷) 사무를 관장해 처리하였다.[147]

왕태자궁의 경우에는 갑오개혁 때 환관 20명과 궁녀 60명이 배속되었지만 이들이 사라지고 그 대신 칙임관의 일강관(日講官) 2명과 첨사(詹事) 1명, 주임관의 부첨사(副詹事) 1명, 판임관의 시강관 4명과 시종관 7명과 주사 3명 등 관료 18명이 배속되었으며, 이들이 궁의 일을 관장해 처리하였으며 동시에 상시봉사(常時奉仕)와 진강(進講)도 관장해 처리했다.[148]

왕태자비궁의 경우에는 갑오개혁 때 환관 8명과 궁녀 40명이 배속되었지만 이들이 사라지고 그 대신 주임관의 대부 1명, 판임관의 주사 2명 등 관료 3명이 배속되었으며, 이들이 궁의 일을 관장해 처리했다.[149]

또한 왕족 각 가의 경우 갑오개혁 때 각궁차지 즉 환관 1명 및 차지 휘하의 직원들이 배속되었지만 그 대신 가령(家令)과 가종(家從)이 배속되는 것으로 하였으며, 이들이 가무(家務)와 회계(會計)를 관장해 처리했다.[150] 이상의

146 『고종실록』 권33, 32년(1895) 4월 2일.
147 『고종실록』 권33, 32년(1895) 4월 2일.
148 『고종실록』 권33, 32년(1895) 4월 2일.
149 『고종실록』 권33, 32년(1895) 4월 2일.
150 『고종실록』 권33, 32년(1895) 4월 2일.

표 10 갑오개혁과 을미개혁의 왕실구조 비교

갑오개혁 때의 왕실구조	을미개혁 때의 왕실구조
왕태후궁-환관 10명, 궁녀 100명(110명) 왕후궁-환관 10명, 궁녀 100명(110명) 왕태자궁-환관 20명, 궁녀 60명 (80명) 왕태자비궁-환관 8명, 궁녀 40명(48명) 각궁-각궁차지 1명, 기타 직원	왕태후궁-대부 1명, 이사 1명, 주사 3명(5명) 왕후궁-대부 1명, 이사 1명, 주사 3명(5명) 왕태자궁-일강관 2명, 첨사 1명, 부첨사 1명, 　　　시강관 4명, 시종관 7명, 주사 3명(18명) 왕태자비궁-대부 1명, 주사 2명(3명) 왕족 각 가-가령, 가종
각 전궁의 환관 합 49명, 궁녀 합 300명 환관과 궁녀의 총합 349명	각 전궁의 관료 총 33명

내용을 정리하면 표 10과 같다.

　표에서 보듯이 을미개혁으로 각 전궁에 소속되었던 환관과 궁녀는 거의 대부분 도태되고 그 대신 기왕의 환관과 궁녀의 10% 정도에 불과한 관료들이 배속되었다. 이는 기왕의 환관과 궁녀를 보유하던 조선왕실 구성원들의 권리가 을미개혁을 통해 크게 위축되었음을 의미한다. 그것은 단순히 숫자가 줄었다는 측면에서의 권리 위축이 아니라 배속된 사람들의 성격에서 나타나는 권리 위축이었다. 왜냐하면 각 전궁에 소속된 환관과 궁녀는 기본적으로 각 전궁의 주인에게 충성하는 존재지만, 관료들은 충성보다는 오히려 관리 또는 감독에 치중한다는 측면에서 그렇다.

　그뿐만 아니라 갑오개혁과 을미개혁을 거치면서 왕실 구성원들은 경제적인 측면에서도 권리 위축을 겪어야 했다. 예컨대 조선시대 왕실 구성원들은 궁방전은 물론 진상, 공상 등을 통하여 경제적 특권을 누렸는데, 이 중에서 진상과 공상 등이 갑오개혁을 거치면서 폐지됨에 따라[151] 진상이나 공상 등

151　田川孝三, 『李朝貢納制の研究』, 東京: 東洋文庫, 1964, 90쪽.

을 통해 확보했던 경제적 특권을 상실하게 되었다.

고종은 1897년 음력 9월 17일에 황제에 즉위한 후에도 갑오개혁과 을미개혁에서 성취된 제도개혁들을 거의 그대로 수용하였다. 예컨대 의정부와 궁내부로 이원화된 국가조직을 그대로 유지하였던 것이다. 이 결과 대한제국이 선포된 후에도 황실 구성원들은 환관과 궁녀를 받지 못하였고, 나아가 진상과 공상도 받지 못했다. 그럼에도 대한제국기의 황실 구성원들은 책봉된 후 인적 측면과 물적 측면에서 큰 권리를 향유하였다.

1) 책봉에 따른 인적·물적 권리

대한제국기에 황실 구성원들이 책봉된 후 어떤 종류의 인적, 물적 권리를 받는지에 대한 명확한 규정은 나타나지 않는다. 그 이유는 무엇보다도 황실 봉작에 관련된 제도를 정밀하게 마련하기에는 대한제국이 처했던 내외사정이 가혹하였기 때문이라 생각된다. 대한제국의 선포가 러시아 공사관에서 경운궁으로 환궁한 후 이루어졌다는 사실 자체가 그 같은 상황을 잘 나타내 준다. 이에 따라 대한제국기에 황실 구성원들이 책봉된 후 어떤 종류의 인적, 물적 권리를 받는지는 관련 사례를 통해 확인해 볼 수밖에 없다.

대한제국기의 황실 구성원 중에서 책봉 및 책봉 후의 기록이 가장 잘 남아 있는 대상자는 영친왕이다. 영친왕은 대한제국이 선포된 직후 출생하였을 뿐만 아니라, 1907년 일본에 인질로 잡혀갈 때까지 고종황제와 함께 경운궁에 머물렀다. 특히 영친왕이 친왕에 책봉된 후에 설치된 영친왕부(英親王府)에서 작성한 『일기(日記)』[152]는 영친왕의 출생, 책봉, 책봉에 따른 다양한 권리 획득 등에 관하여 자세한 기록을 남겼다. 이 『일기』를 근거로 영친왕이

---

152 영친왕부에서 작성한 『일기』는 한국학중앙연구원 장서각에 소장되어 있으며 1897년부터 1907년까지 10년의 내용이 수록되어 있다. 『일기』의 청구기호는 k2-247이고 9책으로 되어 있다.

책봉 후 받았던 권리를 인적 측면에서 살펴보면 다음과 같다.

영친왕은 1897년 음력 9월 25일에 출생하였는데, 이는 대한제국이 선포된 음력 9월 17일로부터 8일 후였다. 영친왕은 출생 직후에 즉 책봉되기 이전에는 이름을 정하지 않고 단지 출생 순서에 따라 황삼자로 불렸다.

영친왕은 4살 되던 광무 4년(1900) 음력 4월 14일 신시에 책봉되었는데, 그보다 두세 시간 전인 정시(丁時, 오후 12시 30분 - 1시 30분)에 이름을 결정하기로 하였다.[153] 영친왕의 이름은 궁내부에서 올린 정명단자(定命單子)를 통해 2가지가 추천되었는데, 이 중에서 고종은 첫 번째 은(垠)을 낙점하였다.[154] 아울러 봉호는 영(英)으로 낙점됨으로써 영친왕으로 책봉되었다. 영친왕이 책봉되고 4개월이 지난 8월 8일에 포달 60호가 공포되었는데, 포달 60호의 제26조에 다음과 같은 내용이 있었다.

포달(布達) 제60호 제26조[155]

궁내부 소속 직원 중 황태자비궁 아래에 친왕부(親王府)를 다음과 같이 증치(增置)하고, 왕족가(王族家) 가령(家令) 아래에 '일세급(一世及)'이라는 3글자를 삭거(削去)한다.

친왕부의 부무(府務) 및 소관 회계, 관장 직원을 다음과 같이 둔다.

　부령(府令) 1명-주임관

　전위(典衛) 2명-판임관

○ 궁내부 주임관 봉급표(俸給表) 2급의 1, 2, 3, 4, 5, 6등 난(欄) 안에 '부령'을 첨가해 넣고, 판임관 봉급표 4, 5, 6, 7, 8등 난 안에 '전위'를 첨입해 넣고 아울러 개부표(改付標)한다.

153 『일기』 1(장서각 도서분류 k2-247), 광무 4년(1900) 음력 7월 12일.
154 『일기』 1(장서각 도서분류 k2-247), 광무 4년(1900) 음력 7월 14일.
155 『일기』 1(장서각 도서분류 k2-247), 광무 4년(1900) 음력 8월 8일.

○ 5품 조충하(趙忠夏)를 영친왕부 부령에 임명하고 주임관 6등에 임명한다.

○ 숭릉령(崇陵令) 이세구(李世求)를 영친왕부 전위에 임명하고 판임관 4등에 임명한다.

○ 5품 안필용(安必鎔)을 영친왕부 전위에 임명하고 판임관 5등에 임명한다.

위에 의하면 영친왕이 4살 때 친왕에 책봉되면서 친왕부가 설치되었음을 알 수 있으며, 이 친왕부는 황태자비궁 아래에 위치하였음도 알 수 있다. 아울러 친왕부에는 부령 1명과 전위 2명 합 3명의 관리가 배속되었음도 알 수 있는데, 부령은 친왕부의 사무를 총괄하고 전위는 친왕의 호위를 담당했을 것으로 이해된다. 이는 을미개혁 때 왕태자비궁에 주임관의 대부 1명, 판임관의 주사 2명 등 3명의 관리를 배속한 것과 마찬가지로 친왕부에도 주임관의 부령 1명과 판임관의 전위 2명 등 3명의 관리를 배속한 결과라 할 수 있다. 영친왕부에 3명의 관리가 배속되었다면 의친왕부에도 3명의 관리가 배속되었다고 추정할 수 있다. 한편 영친왕이 6살 되던 1902년(광무 6) 1월 23일에 친왕부는 포달 제78호에 의하여 다음과 같이 크게 확대, 개편되었다.

포달 제78호 제26조[156]
궁내부 소속 직원 중 비서원, 시강원, 친왕부 관제 개정
친왕부는 친왕의 보익(輔翼), 강학(講學), 호종(護從)의 일을 관장하며, 부무(附務) 및 소관 회계를 관장한다. 직원을 다음과 같이 둔다.
  총판(總辦) 1명-칙임관
  찬위(贊衛) 1명-주임관

---

156 『일기』 2(장서각 도서분류 k2-247), 광무 6년(1902) 음력 1월 23일.

제4장 대한제국기 황실 봉작제와 책봉의례

전독(典讀) 1명-판임관

전위(典衛) 2명-판임관

총판은 칙임관으로 친왕의 보익, 강학, 호종의 책무를 전담하며, 친왕부 안
의 일체 사무를 관리하며, 소속 관리들을 지휘, 감독한다. 업무 중 각 부
(府), 부(部), 원(院)에 지조(知照)할 일이 있으면 해당 장관에게 평행조회(平行
照會)한다. 다만 의정부 의정, 궁내부 대신에게는 보고할 것.

찬위는 총판의 직무를 보좌하고 부무를 찬리(贊理)할 것.

전독과 전위는 상관의 지휘를 받아 부무에 종사할 것.

궁내부 칙임관 관등, 봉급표 중 2급 3등, 4등 난 안에 비서원 승(丞)을 첨입
하고, 주임관 관등 봉급표 중에 2급 1, 2, 3, 4, 5, 6등 난 안에 친왕부 찬위
를 첨입한다. 판임관 관등 봉급표 중 4, 5, 6, 7, 8등 난 안에 친왕부 전독을
첨입하고, 개부표한다.

비서원 경, 시강원 첨사, 친왕부 총판 봉급은 다음 별표에 의거한다.

칙임 2등, 3등 840원

경, 첨사

칙임 3등, 4등 720원

총판

위에 의하면 부령 1명과 전위 2명 등 총 3명으로 구성되었던 기왕의 친
왕부가 총판 1명, 찬위 1명, 전독 1명, 전위 2명 등 총 5명으로 확대, 개편되
었음을 알 수 있다. 또한 기왕의 부령과 전위는 주임관과 판임관에 불과했
지만 신설된 총판은 칙임관으로서 친왕부의 위상이 현격히 높아졌음을 알
수 있다. 이는 총판이 "업무 중 각 부(府), 부(部), 원(院)에 지조(知照)할 일이
있으면 해당 장관에게 평행조회(平行照會)한다. 다만 의정부 의정, 궁내부 대
신에게는 보고할 것"이라고 한 규정에서 명확하게 드러난다. 즉 친왕부의

총판에게 의정부 의정과 궁내부 대신을 제외한 모든 정부 관청의 장관과 대등한 지위를 부여하였던 것이다.

한편 1902년(광무 6) 1월 23일의 친왕부 확대, 개편에서는 전독이 신설되었는데 이는 당시 6살이 된 영친왕의 교육을 염두에 둔 조치라고 할 수 있다. 고종은 영친왕부의 초대 총판에 정3품 윤택영을 임명하였으며, 찬위에는 내부 참서관 심상익을, 전독에는 6품 이세영을, 그리고 전위에는 5품 안필용과 6품 김석기를 임명하였다.[157]

1902년 1월 23일에 영친왕부가 확대, 개편되면서 영친왕부는 경운궁 안에 신설되었다.[158] 이런 사실에서 기왕의 영친왕부는 경운궁 안의 기존 건물에 있었음을 추론할 수 있다. 영친왕부가 어느 곳에 자리했는지는 확실하지 않지만 영친왕의 거처 주변에 있었을 것으로 생각된다. 이후 1907년 영친왕이 일본에 인질로 잡혀갈 때까지 영친왕의 교육, 호종 등은 바로 이 영친왕부에서 관장하였다. 물론 의친왕의 교육, 호종 등은 의친왕부에서 관장하였을 것으로 이해된다. 이런 사실에서 대한제국기에 친왕에 책봉되면 친왕부가 설치되고 이 친왕부에 4명의 관료가 배속되었다고 결론지을 수 있는데, 이들 4명의 관리가 곧 친왕으로서 얻게 되는 인적 권리라 할 수 있다. 이를 조선시대의 왕자군 책봉에 비교하면, 왕자군은 책봉된 후 9명의 궁녀를 받았는데, 그에 비해 영친왕은 5명이 적은 4명의 관리만 받아 대한제국기 친왕의 인적 권리는 조선시대 왕자군의 인적 권리에 비해 절반 이하로 줄었다고 할 수 있다. 아울러 인적 권리에 따라 배속된 인원도 궁녀가 아니라 정식 관료라는 점이 중요한 차이다.

하지만 대한제국기 친왕의 물적 권리는 오히려 조선시대 왕자군의 물적 권리보다 더 커졌다. 이 예를 의친왕의 경우에서 확인할 수 있다. 1877년(고

---

157 『일기』 2(장서각 도서분류 k2-247), 광무 6년(1902) 음력 1월 23일.
158 『일기』 2(장서각 도서분류 k2-247), 광무 6년(1902) 음력 2월 7일.

종 14)에 출생한 의친왕은 15살 되던 1891년(고종 28) 12월 29일에 의화군으로 책봉되었다.[159] 조선시대 왕자군의 봉작이 7세 전후로 이루어진 관행에 비추어 보면 이는 매우 늦은 사례인데, 그 이유는 아마도 명성왕후 민씨 때문으로 여겨진다.

어쨌든 1891년 12월 29일 의화군이 책봉되면서 당연히 의화군방(義和君房)이 조직되고, 여기에는 기왕의 관례에 따라 9명의 궁녀가 배속되었을 것으로 보인다. 아울러 의화군방의 운영에 필요한 물적 기반을 마련하기 위해, 고종은 책봉 당일에 의화군에게 관례에 따라 저택, 절수전(折受田), 공상을 거행하라고 명령했다. 이에 따라 호조에서는 의화군에게 전장(田庄)을 매입할 자금 은자 2천 냥, 저택을 구입할 자금 은자 1,530냥을 지급하고 아울러 전장을 갖추기 전의 필요자금으로 태 100석과 미 100석을 5년간 지급하기로 하였다. 한편 조선시대의 관례에 따라 의화군에게는 궁방전 800결이 지급되었는데, 이 중 200결은 무토면세전(無土免稅田)이고 나머지 600결은 유토면세전(有土免稅田)이었다.[160] 물론 의화군에게는 공상도 지급되었다.[161] 이렇게 의화군은 책봉된 후 저택, 절수전, 공상을 모두 받았는데, 그에 관련된 구체적인 내용을 살펴보면 다음과 같다.

먼저 의화군의 저택은 한양 관인(寬仁)방에 마련되었다. 이 저택이 곧 의화군의 출합 후 거처이자 의화군방으로서 여기에 9명의 궁녀가 배속되었다. 1906년에 작성된 『의친왕궁전답비고책(義親王宮田畓備考冊)』[162]에 의하면, 의화군의 저택은 조선시대 양반 가옥과 마찬가지로 안채와 사랑채로 구성되었다. 안채는 지밀(至密) 12칸, 이 상궁방 18칸, 행각(行閣) 42칸, 한 상궁

---

159 『고종실록』 권28, 28년(1891) 12월 29일.
160 『고종실록』 권29, 29년(1892) 1월 17일.
161 『고종실록』 권29, 29년(1892) 7월 16일.
162 정수환, 「의친왕궁전답비고책(義親王宮田畓備考冊)」, 『장서각 소장 왕실도서해제-대한제국기』, 한국학중앙연구원출판부, 2008, 512-513쪽. 한편 『의친왕궁전답비고책』의 원본은 한국학중앙연구원 장서각에 소장되어 있으며 분류번호는 k2-3209이다.

방 18칸, 구주방(舊廚房) 14칸, 안 상궁방 23칸, 신주방(新廚房) 34칸, 동행각 22칸, 침방(針房) 8칸, 유모방(乳母房) 12칸 반, 서행각 18칸 반으로서 합 222칸이었다.

사랑채는 사랑 20칸, 행각 30칸, 복도(福道) 6칸, 서제소(書題所) 17칸, 방회청(房會廳) 8칸 반, 행랑 16칸, 외행가 12칸, 창사루(倉士樓) 100칸으로서 합 209칸 반이었다.[163]

그런데 의화군 저택의 안채에는 이 상궁방, 한 상궁방, 안 상궁방 그리고 유모방 등이 보인다. 이들이 바로 의화군방에 배속된 9명의 궁녀 중 상궁과 유모였을 것으로 이해된다. 즉 처음 의화군방에 배속된 9명의 궁녀는 1907년 당시까지도 그대로 존속하고 있었는데, 이는 의화군이 1893년에 가례를 거행하고[164] 출합하였기에 1895년의 을미개혁에서도 의화군방의 9명 궁녀가 존속할 수 있었을 것으로 보인다.

한편 1891년에 책봉된 의화군은 호조로부터 전장을 매입할 자금 은자 2천 냥을 지급받았는데, 이 자금으로 매입한 토지가 곧 의친왕의 궁방전 중 유토면세전 600결에 포함되었으며, 이 외에 무토면세전 200결까지 합 800결을 받게 되었다.[165] 당시 의화군이 은자 2천 냥으로 어느 곳의 토지를 어느 정도나 매입하였는지 또 어느 곳이 무토면세전을 확보하였는지 전모를 확인하기는 어렵다. 다만 1906년에 작성된 『의친왕궁전답비고책』을 통해 대략적인 상황을 살펴볼 수 있는데, 이 자료에 의하면 의친왕궁에 소속된 토지는 경자년부(庚子年付), 계사년부(癸巳年付), 갑진년부(甲辰年付), 갑오년부(甲午年付), 무술년부(戊戌年付), 을미년부(乙未年付), 계묘년부(癸卯年付) 등으로 구분되었다. 경자년부는 1900년(광무 4)에 소속된 토지이고, 계사년부

163 『의친왕궁전답비고책』, 장서각 도서분류 k2-3209, 義親王宮所在家屋及用地調査書.
164 『고종실록』 권30, 30년(1893) 10월 20일.
165 『고종실록』 권29, 29년(1892) 1월 17일.

는 1893년(고종 30)에 소속된 토지이며, 갑진년부는 1904년(광무 8)에 소속된 토지이고, 갑오년부는 1894년(고종 31)에 소속된 토지이며, 무술년부는 1898년(광무 2)에 소속된 토지이고, 을미년부는 1895년(고종 32)에 소속된 토지이며, 계묘년부는 1903년(광무 7)에 소속된 토지이다.

이를 의친왕이 친왕에 책봉된 1900년(광무 4)을 기준으로 구분하면 1893년의 계사년부, 1894년의 갑오년부, 1895년의 을미년부, 1898년의 무술년부는 친왕 책봉 이전에 소속된 토지인 반면 1900년의 경자년부, 1903년의 계묘년부, 1904년의 갑진년부는 친왕 책봉 이후에 소속된 토지이다. 따라서 1893년의 계사년부, 1894년의 갑오년부, 1895년의 을미년부, 1898년의 무술년부는 의화군의 자격으로 확보한 궁방전이라 할 수 있고, 1900년의 경자년부와 1903년의 계묘년부, 1904년의 갑진년부는 의친왕의 자격으로 확보한 궁방전이라 할 수 있다. 1906년에 작성된 『의친왕궁전답비고책』에 의하면 의친왕이 의화군의 자격으로 확보한 궁방전의 구체적인 현황은 다음과 같았다.

〈1893년의 계사년부 토지현황〉

의친왕궁소속전답추수질(義親王宮所屬田畓秋收秩)

-부여 현내면평(縣內面坪)

　　　　　　　답 34석 11두 3승락

　　　　　　　전 22석 5두 8승락

　　　　　　　합 도조 150석 9두

　　　　　　　　태 17석 3두

　　　　　　　결복 작인담당 사음 김태극

-강릉군 전답(田畓) 115석 18두 5승락

도전 7천량 엽평(葉坪) 계사년부 사음 엄찬석

〈1894년의 갑오년부 토지현황〉

소속축보노세질(所屬築洑蘆稅秩)

-봉산 서화포(西禾浦) 둔전(屯田) 어지둔(於之屯) 판포(坂浦) 노세(蘆稅) 278냥
 7전 4푼

　　　감관 송준철

-수원 숙성면(宿城面) 보세(洑稅) 작도장(作導掌) 갑오년부

　　　도조 매년 80석

소속잡세질(所屬雜稅秩)

-연안 강주인(江主人) 매삭 세전(稅錢) 100냥 엽평 갑오년부

　주인 한창순

〈1895년의 을미년부 토지현황〉

소속잡세질(所屬雜稅秩)

-인천부 사천장(蛇川場) 매년 세전 3천 냥 당평(當坪) 을미년부

　　　해부(該府) 서기청(書記廳) 담납(擔納)

〈1898년의 무술년부 토지현황〉

소속축보노세질(所屬築洑蘆稅秩)

-시흥군 독산리(禿山里) 관음보(觀音洑)　　　수세답(收稅畓) 101석 11두락

　　　소하리(所下里) 유목정보(柳木亭洑)　수세답 78석 5두락

　　　가리대리(加里大里) 한천보(漢川洑)　수세답 28석 9두락

　　　가리봉리(加里峯里) 장평보(長坪洑)　수세답 33석 9두락

　　　　　　합답(合畓) 241석 14두락

　　　　　　　　　　　　제4장 대한제국기 황실 봉작제와 책봉의례

축보비(築洑費) 2만 5천 냥

승처분(承處分) 무술년 축보(築洑)

위에 의하면 의친왕은 1891년 의화군에 책봉된 후, 1900년 친왕에 책봉되기 이전에 1893년, 1894년, 1895년, 1898년 네 차례에 걸쳐 토지를 확보했다. 확보된 토지 및 수입을 모두 합하면 전답이 412석 49두 6승락에 해당했고 이 외에 노세, 보세, 잡세가 추가되었다. 조선시대 논 1석락지가 대략 1천 평에[166] 해당하므로 412석 49두 6승락은 줄잡아 41만 2천여 평으로 환산할 수 있다. 여기에 더하여 노세, 보세, 잡세를 추가하면 의친왕이 의화군에 책봉된 후 받은 토지는 아무리 적게 잡아도 42만 평 이상으로 환산할 수 있을 것이다.

그런데 의친왕은 1900년에 친왕에 책봉된 후 또 1900년, 1903년, 1904년의 세 차례에 걸쳐 토지를 확보했다. 1906년에 작성된 『의친왕궁전답비고책』에 의하면 의친왕이 친왕의 자격으로 확보한 궁방전의 구체적인 현황은 다음과 같았다.

〈1900년의 경자년부 토지현황〉

의친왕궁소속전답추수질(義親王宮所屬田畓秋收秩)

-파주군 임진주 내면(內面) 진복평(鎭伏坪)

　　　　답(畓) 6석 5승락(斗落)

　　　　전(田) 16일경(日耕)

---

166 조선시대 토지 수량의 환산에 관해서는 이영훈, 「고문서를 통해본 조선전기 노비의 경제적 성격」, 『한국사학』 9, 한국학중앙연구원출판부, 1987 참조.

합 도조(賭租) 58석 15두 사음(舍音) 황의서

천현면(泉峴面) 동회리(東回里)

　　답 8석 8두 2승락

　　전 24일경

　　합 도조 97석 9두 5승　사음 최충신

　　　　　　　　　　　　　김흥만

둔방리(屯防里) 전독검둔(前獨劍屯)

　　답 5석 12두락

　　전 13일경

　　합 도조 42석 13두　사음 구연호

　　　이상 답 19석 19두 7승락

　　　　전 53일경

　　　　도조 198석 17두 5승

　　　　결복(結卜) 13결(結) 29부(負) 13속(束)

-과천군 내면(內面) 대원평(大原坪) 전장둔(前壯屯)

　　답 8석 11두락

　　전 40일경

　　합 도조 29석

　　　도태(賭太) 45석 12두 8승　사음 정치도

안양둔(安養屯)

　　답 12석 11두락

　　전 24일경

　　합 도조 33석 12두 5승

　　　도태 21석　사음 지흥룡

향둔(餉屯)

답 7석 14두락

합 도조 32석 5두 5승

　이상 답 28석 15두락

　　전 64일경

　　도조 94석 18두

　　도태 66석 12두 8승

　　결복 18결 64부 6속 사음 오순석

-봉산군 서호(西湖) 화포평(禾浦坪)

　답 21석 3두 5승락

　전 10석락

　합 도조 296석 15두 1승

　　결복 작인담당

　둔전평(屯田坪)

　답 10석 19두 5승락

　전 5석락

　합 도조 58석 6두 2승

　판포평(坂浦坪)

　답 5석락

　전 18두 3승 5홉(合)락

　합 도조 52석 9두 5승

　이상 답 37석 3두락

　　전 15석 18두 3승 5홉

　　도조 407석 10두 8승

　　결복 2결 13부 5속 〈둔전 판포 양처(兩處)〉

-은파(銀波) 검수(劍水) 고읍동(古邑洞) 선방(仙坊) 합 도전(賭錢) 756냥

감관(監官) 송준철

-재령 삼지강(三支江) 경리둔(經理屯)

　　　　　　　답 6석 11두락

　　　　　　　도조 30석 10두

　　　　　　　결복 50부 7속　이상 경자년부　사음 이종백

-진안 일북면(一北面) 개곡(開谷) 가암평(加巖坪)

　　　　　　　답 26석 10두 6승락

　　　　　　　전 10석 19두 4승락

　　　　　　　합 도조 43석 8두 6승

　이북면(二北面) 금계곡(金鷄谷) 상평(上坪)

　　　　　　　답 68석 6두 4승락

　　　　　　　전 21석 14두 5승락

　　　　　　　합 도조 97석 2승

　삼북면(三北面) 황금리(黃金里) 내원평(內院坪)

　　　　　　　답 23석 16두 5승락

　　　　　　　전 10석 8두 8승락

　　　　　　　합 도조 51석 17두 5승

　이북면　　　가정리(柯亭里) 와평(瓦坪)

　　　　　　　답 14석 1두 4승락

　　　　　　　전 9석 5승락

　　　　　　　합 도조 23석 1두 3승

　　　　　　　　이상 답 132석 14두 9승락

　　　　　　　　　전 52석 3두 2승락

　　　　　　　　　도조 215석 7두 6승

　　　　　　　　결복 작인담당 이상 경자년부　사음 최찬서

〈1903년의 계묘년부 토지현황〉

소속초평질(所屬草坪秩)

-과천 하서면(下西面) 후두미(後頭味) 약사곡(藥寺谷) 시초원(柴草園) 계묘년 매
부(買付)

　　　　　　시초분(柴草分) 작납(作納)

　　　　　　후두미 능곡(陵谷) 시초원 계묘년 매부

　　　　　　시초 삼분일(三分一) 작납

〈1904년의 갑진년부 토지현황〉

소속축보노세질(所屬築洑蘆稅秩)

-과천 서면(西面) 제언답(堤堰畓) 2석 4두락 갑진년 이부(移付) 경리원
　　　　　도조 8석 5두 5승 사음 오순석

　위에 의하면 의친왕은 1900년 친왕에 책봉된 후 1900년, 1903년, 1904년 세 차례에 걸쳐 토지를 확보했으며 그 규모는 1900년 즉 경자년에 확보한 토지가 파주군 임진주에 답 19석 19두 7승락, 전 53일경이었고 과천군 내면에 답 28석 15두락, 전 64일경이었으며 봉산군 서호에 답 37석 3두락, 전 15석 18두 3승 5홉이었으며 재령에 답 6석 11두락이었다. 또한 진안에 답 132석 14두락 9승락, 전 52석 3두 2승락이었고, 은파, 검수, 고읍동, 선방에 규모는 알 수 없지만 도전 756냥을 걷는 토지가 있었다. 이를 모두 합하면 전답이 289석 85두 1승 5홉이었고 전이 117일경이었고, 도전을 받는 토지가 추가로 있었다.

　또한 1903년에는 과천 하서면에 시초원을 확보했고, 1904년에는 과천

서면에 답 2석 4두락을 확보했다. 1900년, 1903년, 1904년에 확보된 토지 및 수입을 모두 합하면 전답이 291석 89두 1승 5홉에 해당했고 전이 117일경이었으며, 여기에 더하여 정확한 규모를 알 수 없는 도전 수취 토지와 시초원이 있었다. 조선시대 전 1일경이 대략 830여 평으로 환산되고 논 1석이 대략 1천 평으로 환산되므로,[167] 전 117일경은 97,110여 평으로 환산되고 전답 291석 89두 1승 5홉은 291,891평으로 환산될 수 있다. 그리고 97,110평과 291,891평을 더하면 389,000평에 달한다. 여기에 도전 수취 토지와 시초원까지 더하면 의친왕은 친왕에 책봉된 후 대략 40만 평의 토지를 확보했다고 할 수 있다. 이 규모는 의친왕이 의화군에 책봉된 후 확보한 42만여 평과 근사한 규모이다. 따라서 의친왕은 의화군에 책봉된 후 42만여 평, 친왕에 책봉된 후 40만여 평 합하여 82만여 평에 달하는 막대한 토지를 확보했다고 할 수 있다. 이상의 내용을 정리하면 표 11과 같다.

표11 의화군과 의친왕 책봉 이후 확보된 토지 비교

의화군(1891) 책봉 이후 확보된 토지 (합 412석 49두 6승락/42만여 평)		의친왕(1900) 책봉 이후 확보된 토지 (합 291석 89두 1승 5홉, 전 117일경/40만여 평)	
1893	부여 현내면 답 34석 11두 3승락 전 22석 5두 8승락 강릉군 전답 115석 18두 5승락	1900	파주군 임진주 답 19석 19두 7승락 전 53일경 과천군 내면 답 28석 15두락 전 64일경 봉산군 서호 답 37석 3두락 전 15석 18두 3승 5홉 재령 답 6석 11두락 진안 답 132석 14두락 9승락 전 52석 3두 2승락 은파, 검수, 고읍동, 선방의 도전 토지
1894	노세, 보세, 잡세		
1895	사천장 세전	1903	과천 하서면 시초원
1898	답 241석 14두락	1904	과천 서면 답 2석 4두락

167 조선시대 토지 수량의 환산에 관해서는 이영훈, 「고문서를 통해본 조선전기 노비의 경제적 성격」, 『한국사학』 9, 한국학중앙연구원출판부, 1987 참조.

대한제국기에 책봉된 태후와 후궁 그리고 황태자와 황태자비는 조선시대의 대비와 후궁 그리고 왕세자와 왕세자빈과 마찬가지로 거주지는 궁궐에 한정되었다. 이 외에 봉작된 황자의 경우, 혼인 이전에는 궁궐에서 거주하였지만 혼인 후 출합하더라도 거주지는 한양에 제한되었다. 즉 대한제국기의 황실 구성원들은 조선시대의 왕실 구성원과 마찬가지로 거주이전의 자유가 박탈되었다고 할 수 있다. 이 외에 관직 진출 등에서도 불이익을 당한 것은 조선시대와 같았다.

한편 대한제국기의 황실 구성원들 특히 황자는 당시의 국제관계에 따라 나라를 위해 인질로 잡혀가기도 하였다. 대표적인 사례가 영친왕이었다. 고종황제는 이에 대해 을사조약 체결 이전부터 은밀하게 저지 노력을 기울였다. 그런 노력은 1904년 8월 22일 '한일협약'으로 재정권과 외교권을 박탈당한 이후부터 본격화되었다. 1904년 12월, 고종황제는 주일공사 조민희에게 밀서를 주어 미국에 파견했는데, 그 내용은 "미국정부가 현재 조미수호조약과 저촉되지 않는 범위 내에서 동양 문제의 해결에 임하여 한국의 독립 유지에 진력해 주시기 바랍니다"였다. 조미수호조약 제1조에 "타국의 어떠한 불공평이나 경멸하는 일이 있을 때에 일단 확인하고 서로 도와주며, 중간에서 잘 조처하여 두터운 우의를 보여 준다"는 내용이 있는데, 여기에 근거하여 도움을 요청한 것이었다. 이 밀서는 미국 국무장관에게 전달되었다.

그러나 국무장관은 개인적으로 동정을 표시하기는 했지만 미국정부가 간여할 일이 아니라며 얼버무렸다. 그럼에도 불구하고 고종황제는 또다시 이승만을 밀사로 파견했다. 1905년 2월 20일, 이승만은 미국 워싱턴에서 국무장관을 만나 한국독립을 위해 노력해 줄 것을 부탁했다. 긍정적으로 노력해 보겠다는 응답을 받기는 했지만, 이것은 어디까지나 외교적 수사에 불과했다. 미국정부에게 대한제국은 이미 대등한 조약 상대국이 아니었다.

고종황제는 러시아 황제에게도 밀사를 보냈다. 고종황제의 밀서는 1905년 3월 25일 러시아 측에 전달되었는데, 그 내용은 "러시아와 일본의 개전으로 러시아 병사가 한국 국경을 떠남에 따라 일본의 한국에 대한 내정 장악과 주권침탈, 국제공법 무시현상이 날로 심해지니 러시아는 일본 병력을 구축하거나 혹은 정책으로써 일본의 폭거를 막을 수단에 대한 품의를 러시아 황제에게 호소합니다"였다. 러시아정부는 "한국 황제를 도와 일본의 폭거를 억압, 배제함도 얼마 남지 않았습니다"는 응답을 보냈지만, 이 역시 외교적 수사에 불과했다. 게다가 당시 러시아는 일본에 연전연패 중이었다. 1905년 9월 포츠머스조약 이후, 고종황제는 또다시 미국에 밀사를 파견해 도움을 요청했다. 그러나 미국 국무장관은 "이제 어떠한 조치도 취할 수 없다"고 했다.

마지막으로 고종황제가 보낸 밀사는 이른바 헤이그 밀사였다. 1907년 6월, 네덜란드 헤이그에 도착한 이상설, 이준, 이위종 3명의 밀사는 만국평화회의에 참여해 을사조약의 무효를 주장하려 했지만 참석 자체도 거부되었다. 명색만 만국평화회의였지 사실은 열강 사이의 이권조정회의였다. 3명의 밀사는 각국 대표들에게 을사조약의 무효와 대한제국의 독립을 주장하는 서한을 보내 도움을 요청했지만 별무효과였다. 세계열강 중 그 어느 나라도 약소국인 대한제국의 현실에 귀 기울이는 나라가 없었던 것이다.

헤이그 밀사 사건의 여파로 고종황제는 1907년 8월에 강제 양위당했다. 처음에 고종황제는 양위가 아닌 대리청정으로 사태를 수습하고자 했다. 실제로 고종황제는 7월 18일에 황태자에게 대리청정을 시키겠다는 명령을 내렸다. 하지만 일본의 강압에 의해 8월 24일에 고종황제가 양위하고 순종황제가 즉위했다. 이 당시에도 고종황제와 황태자는 중명전에 머물고 있었다. 고종황제는 양위 후에 태황제로 불렸다.

본의 아니게 황제에 오르게 된 순종황제는 고종태황제에게 여러모로 미안해했다. 함께 있기도 여간 거북하지 않았다. 여기에 더하여 일제는 고종태황제가 순종황제에게 영향력을 행사하지 못하게 하려 했다. 이 같은 사정에서 순종황제는 즉위 후 10일쯤 후인 9월 17일에 경운궁의 즉조당으로 거처를 옮겼다가 11월 13일에는 아예 창덕궁으로 옮겨 갔다. 이때부터 고종태황제와 순종황제는 경운궁과 창덕궁에서 따로 살게 되었다.

고종황제는 태황제로 밀려나면서 덕수(德壽)라는 궁호를 받았고, 태황제와 관련된 업무를 관장하기 위해 승녕부라는 부서가 창설되었다. 고종태황제가 '덕수'라는 궁호를 받은 후로 경운궁은 덕수궁으로 불리기 시작했다. 즉 '덕수궁'이란 '덕수'라는 궁호를 받은 고종태황제가 사는 궁궐이란 의미였다.

순종황제가 중명전에서 즉조당으로 옮겨 간 9월 17일을 전후해서 고종태황제 역시 중명전에서 함녕전으로 옮겨 갔다. 정상적인 상황이라면 새로 황제가 된 순종황제가 함녕전으로 옮겨 가야 하지만 당시 상황에서 순종은 그럴 수가 없어 자신은 즉조당으로 가고 부황은 함녕전으로 가게 했던 것이다. 즉조당은 비록 유서가 깊은 건물이기는 하지만 단층의 작은 건물임에 비해 함녕전은 황제의 침전으로 웅장한 건물이기 때문이었다.

태황제로 밀려난 고종은 덕수궁의 함녕전에 머물며 시간을 보냈다. 당시 고종태황제는 황제 자리를 빼앗겼다는 상실감 이외에 사랑하는 자녀들과도 떨어져 살아야 하는 아픔을 겪어야 했다. 궁에서 늘 함께 살던 순종이 황제가 되어 창덕궁으로 옮겨 갔을 뿐만 아니라 사랑하는 막내아들 영친왕까지 황태자로 삼아 창덕궁으로 갔기 때문이었다.

영친왕은 1907년 8월 27일(양력)에 순종황제가 즉위식을 치른 지 10여 일 후인 9월 7일에 황태자에 책봉되었다. 당시 영친왕의 나이 11살이었다. 순서대로 한다면 영친왕 위의 이복형 의친왕이 황태자가 되어야 했다. 그러나 당시 고종태황제는 황귀비 엄씨를 총애하였을 뿐만 아니라 막내아들 영친왕에게 부정을 쏟고 있었기에 영친왕을 황태자로 책봉했다. 이것이 영친왕에게는 행운이자 불행이었다. 영친왕은 고종태황제의 부정을 받았기에 황태자가 되었지만 그 때문에 곧바로 고종태황제와 헤어져야 했고 나아가 일본에 인질로 끌려가게 되었다.

9월 7일에 황태자에 책봉된 영친왕은 11월 13일에 순종황제를 따라 창덕궁으로 옮겨 갔다. 이때 초대 통감 이토 히로부미는 황태자를 인질로 잡아갈 계략을 꾸몄다. 고종태황제와 황귀비 엄씨를 통제하는 데는 황태자가 최고였기 때문이다. 이토 히로부미는 일본 유학이라는 미명을 내세워 황태자를 인질로 잡아가려 했다. 이를 위해 우선 황태자를 창덕궁으로 옮겼던 것이다.[168]

1907년 11월 19일에 황태자를 일본에 유학시킨다는 순종황제의 명령이 공포되었고, 같은 날 이토 히로부미를 태자태사(太子太師) 즉 황태자의 스승으로 삼는다는 순종황제의 조령도 공포되었다. 이처럼 이토 히로부미가 태자태사로 임명된 것은 영친왕 즉 황태자의 일본 유학을 원활히 진행하기 위한 술책이었는데, 그것은 이토 히로부미가 당시의 일본 총리 사이온지 긴모치(西園寺公望)에게 보낸 다음의 전문(電文)에 잘 나타난다.

제11호 극비(極秘)

한국 황제의 내의(內意)를 전해 들었는데, 본관(本官)에게 위임하기를 황태자의 태사로 하고, 대우하기를 친왕의 예로써 한다고 한다. 사부의 직은 보통의 관직과 달라 오로지 교육지도에 있는 것이기 때문에 이를 받아도 무방하다. 특히 한국 상하의 인심을 붙잡아 둘 수 있기 때문에 우리 정략상

---

168 김기훈, 「일제하 在日 王公族의 형성배경과 관리체계」, 부경대학교 석사학위논문, 2009, 9-10쪽.

(政略上)에 있어서도 이바지됨이 적지 않다. 그렇지만 이것이 이례적인 일에 속하기 때문에 미리 성재(聖裁)를 받들고자 한다. 각하를 번거롭게 하니 아무쪼록 귀답(貴答)을 바란다.[169]

이 같은 이토 히로부미의 술책에 따라 황태자는 일본 유학이라는 미명하에 인질로 잡혀가게 되었던 것이다. 황태자는 1907년 12월 4일에 고종태황제와 황귀비 엄씨에게 출국 인사를 드리기 위해 덕수궁에 들렀다. 고종태황제는 "일본에 가거든 아무리 곤란한 일이 있더라도 모든 것을 꾹 참고 때가 오기를 기다려라" 하면서 '인(忍)' 자를 써주었다고 한다. 다음 날 황태자는 이토 히로부미를 따라 일본으로 출국했다. 황태자가 인질로 잡혀가던 당시의 상황을 순명황후 윤씨의 본방내인이었던 김명길 상궁은 이렇게 증언하였다.

내게 창덕궁 낙선재에 대해 남아 있는 최초의 기억이며 지금도 생생히 남아 있는 일은 만 10세의 어린 태자인 영친왕이 이곳에서 한 달 동안 머무를 때의 일이다. 통감부를 설치하고 합병의 계략을 꾸미고 있던 일본은 영친왕을 일본에 볼모로 데려갈 계획까지 짜고 있었다. 태자가 낙선재로 거처를 옮긴 것도 바로 이 볼모계획의 사전 준비로 부왕인 고종과 엄비로부터 정을 떼기 위해서였다. 지금 덕혜옹주가 살고 있는 수강재가 영친왕의 거처였으며 한문과 한글 등을 배우시던 곳이다. 날씨가 화창한 날이면 낙선재의 후원을 오르락내리락하시며 7-8세의 생각시(생머리를 한 어린 궁녀)들과 군대놀이를 즐겨 하시곤 했다. 생각시들에게는 막대기로 총을 만들어주시기도 하고 태자께서는 대나무를 깎은 큰 칼을 어깨에 메고 앞장서서

---

169 『통감부문서』 3, 국사편찬위원회, 1998, 493쪽.

대장 노릇을 하곤 했다. 생각시들과는 같은 또래였지만 아주 위엄을 지키셨으며 아침이면 우리들 상궁들에게 "잘들 잤소?" 하는 인사말을 잊지 않으셨다.

태자께서 일본으로 떠난 것은 1907년 12월 아주 추운 겨울이었다. 이토 히로부미가 법석을 떨며 낙선재로 성큼성큼 들어오더니 태자마마에게 무릎을 꿇고 절을 하였다. 상궁들과 나인들은 입을 삐죽거리며 이토 히로부미를 흘겨보았다. 겉으로는 차마 못하고 속으로는 어찌나 욕을 해 대었던지. 이토 히로부미는 그동안 입고 있던 한복을 벗기고 군복을 입히고는 형왕(兄王)인 순종께 문안을 드리러 데리고 들어갔다. 이토 히로부미가 "잘 모시고 가겠으니 걱정 마십시오"라고 인사를 하자 순종은 "원로에 몸 건강히 잘 가라"는 당부를 하면서 얼굴이 붉어지셨다. 순종을 알현하고 나오던 태자는 눈물을 흘리며 전송하는 궁녀들에게 "잘들 있소"라는 한마디를 하고는 말을 못 이으셨다. 그리고는 이토 히로부미를 따라 인천에서 만주환(滿洲丸)을 타고 숙명의 길을 떠나셨다. 그때 나를 비롯한 상궁들은 어찌나 울었는지 뼈마디가 다 쑤실 정도였다.[170]

이렇게 일본에 인질로 잡혀간 황태자 즉 영친왕은 대한제국의 멸망과 독립을 일본에서 보아야 했고, 해방 후에 곧바로 귀국하지도 못했다. 영친왕이 이렇게 비극적인 인생을 산 이유는 물론 그가 약소국 대한제국의 황자 또는 황태자였기 때문이었다.

---

170 김명길, 『낙선재주변』, 중앙일보·동양방송, 1977.

　　　　　　　　　　제4장　대한제국기 황실 봉작제와 책봉의례

제 5 장

맺음말

1 내용 정리

이 책에서는 '조선왕실의 책봉의례'를 통해 조선시대 왕실 봉작제와 책봉의례의 역할, 기능, 중요성 등을 해명하고 이를 바탕으로 조선왕실문화에 대한 재인식과 재발견을 견인하고자 하였다. 특히 이 책은 조선왕조부터 대한제국까지를 검토 대상으로 삼음으로써 조선왕실의 봉작제와 대한제국황실의 봉작제를 파악하고 나아가 둘을 비교함으로써 각각의 봉작제가 갖는 특징, 역할, 기능 등을 통사적, 비교사적으로 파악하고자 하였다.

이 같은 목적을 효과적으로 달성하기 위해 먼저 조선왕실 봉작제와 대한제국황실 봉작제의 원형을 확인하고자 하였다. 이에 이 책의 전제로서 '명·청 대 조공·책봉제도와 책봉의례'를 첫 번째 대주제로 설정하여 검토하였으며, 이 같은 대주제 아래에서 '여말·선초 명과의 조공·책봉관계 성립과정', '명·청 대의 조공제도와 책봉제도', '조선국왕·왕비·왕세자의 책봉절차와 의례', '봉호·책보·상징물의 종류와 기능에 대한 비교', '책봉에 따른 권리와 의무' 등 다섯 개의 하위 주제를 각각 검토하였다.

'여말·선초 명과의 조공·책봉관계 성립과정'에 대한 검토결과는 다음과 같았다. 명 태조가 파견한 설사에게서 공민왕이 동왕 19년(1370) 5월에 고명과 인장을 받고 고려국왕에 책봉됨으로써 고려와 명 사이에 조공·책봉관계가 성립되었다. 조선 건국 이후 태종 때에 확립된 명과의 조공·책봉관계도 공민왕 때의 조공·책봉관계를 근거로 하여 맺어졌다. 이후 조선과 명과의 조공·책봉관계는 200여 년간 지속되었으며, 조선이 청과 맺은 조공·책봉관계 역시 명 대의 조공·책봉관계를 기준으로 하였다.

'명·청 대의 조공제도와 책봉제도'에 대한 검토결과는 다음과 같았다. 명과 청의 책봉제도는 은·주 시대의 조공과 책봉제도에 그 뿌리를 두었는데, 한 이후 대외적인 조공·책봉제도가 정착되면서 책봉문과 함께 인장, 즉 책봉인이 수여되었다. 명과 청의 조공·책봉제도는 주의 책봉제도를 원형으로 하며 그 구체적인 내용이 『대명집례』와 『대청회전』에 수록되었다. 우리나라의 경우, 삼국시대부터 조선시대까지 중국의 책봉을 받은 국왕의 책봉인은 금으로 제작된 금인이었다.

'조선국왕·왕비·왕세자의 책봉절차와 의례'에 대한 검토결과는 다음과 같았다. 태종 대에 명으로부터 고명과 인장을 받은 이후 조선에서는 현왕이 세상을 떠나고 후계자가 즉위할 때마다 새로이 명으로부터 책봉을 받았다. 명에는 조선의 '고부청시승습사'가 도착하면, 『대명집례』 빈례 2의 '번사조공'에 규정된 절차에 따라 고부청시승습사를 맞이하였다. 이후 『대명집례』 빈례 3의 '견사'에 규정된 절차에 따라 조사 또는 칙사를 파견하여 조선국왕을 책봉하였다. 결국 조선과 명의 조공·책봉관계는 조선의 요청으로 시작하여 이에 명이 반응하고, 또다시 조선이 반응하는 연속적인 과정이었다.

'봉호·책보·상징물의 종류와 기능에 대한 비교'에 대한 검토결과는 다음과 같았다. 조선국왕이 명에서 받은 책봉 호칭 즉 봉호는 조선국왕이었다. 조선국왕 중에서 조선은 국명이었고 국왕은 대외적 봉작명이었다. 반면 왕비와 왕세자의 경우에는 국명은 없이 단지 왕비와 왕세자의 봉호만 받았다. 이는 청 때에도 큰 변화가 없었다. 조선의 왕이 책봉될 때 받는 최고의 상징물은 임명장인 고명과 '조선국왕지인'이라 새겨진 책봉인이었다. 이 외에 조선국왕을 상징하는 의복을 비롯하여 책력 등 다양한 상징물들을 받았다.

'책봉에 따른 권리와 의무'에 대한 검토결과는 다음과 같았다. 명 또는 청의 책봉을 받은 조선국왕은 이를 근거로 국내에서 왕권의 정통성을 주장하였으며, 나아가 명과 청에 대한 독점적인 외교권과 통상권을 장악하였다. 반면 조선국왕은 명분상 명 또는 청의 제후왕이 되었으므로 명 황제나 청 황제가 천하에 공포하는 조서 또는 조선국왕을 신칙하기 위해 보내는 칙서를 받을 의무가 있었다. 아울러 명 황제 또는 청 황제의 생일이나 정월 초하루 등의 경조사에 조공해야 했는데, 이때 표문과 공물을 보내야 하는 의무도 있었다.

'조선왕실의 책봉의례'라는 이 책의 전제로서 검토한 '명·청 대 조공·책봉제도와 책봉의례'라는 첫 번째 대주제에 뒤이어 '조선시대 왕실 봉작제와 책봉의례'를 두 번째 대주제로 설정하여 검토하였고, 하위 주제로 '왕비와 후궁의 책봉의례', '왕세자와 왕세자빈의 책봉의례', '왕자와 왕녀의 봉작과 봉작의례', '봉호·책보·상징물의 종류와 기능에 대한 비교', '책봉에 따른 권리와 의무'를 검토하였다.

'왕비와 후궁의 책봉의례'에 대한 검토결과는 다음과 같았다. 조선시대의 왕비 책봉의례는 제후국이라는 명분에 보다 충실하게 정비되었다. 이에 따라 조선시대의 왕비 책봉의례에서는 고려시대의 왕비 책봉의례에서 사용되지 않던 명복이 추가로 사용되었다. 이에 따라 조선시대 왕비 책봉의례에서 왕비의 상징물은 기왕의 책, 보에 더하여 명복이 추가되었다. 왕비의 명복은 근본적으로 명에서 받은 것이므로 이를 책봉의례에 사용한 것 역시 조선왕실의 의례가 제후국 체제에 보다 충실하게 되는 결과를 가져왔다.

'왕세자와 왕세자빈의 책봉의례'에 대한 검토결과는 다음과 같았다. 건국 이후 조선은 명의 영향을 받아 정전에서 왕세자 책봉의례를 거행하는 것으로 바뀌었다. 세종 대에 정비된 조선의 왕세자 책봉의례는 더욱 구체화되어 『국조오례의』의 왕세자 책봉의례에 수록되었다. 조선시대의 왕세자빈 책봉의례 역시 명의 영향을 받아 정비되었다.

'왕자와 왕녀의 봉작과 봉작의례'에 대한 검토결과는 다음과 같았다. 명의 황자와 황녀에 대한 책봉의례가 있음에 비해 조선시대 왕자와 왕녀에 대한 봉작의례가 없었던 이유는 제후국을 자처한 조선왕실이 명과 동일하게 왕자와 왕녀를 책봉할 수 없었을 뿐만 아니라 왕자와 왕녀의 봉작 자체가 책봉의 효과를 대신했기 때문이었다. 조선시대의 경우 책으로 작위를 임명하던 대상은 왕비, 왕세자, 왕세자빈에 한정되었다. 나머지 후궁, 왕자, 왕녀는 비록 왕실 작위를 받는 대상이기는 했지만 책으로 임명하지 않고 교지로 임명했다. 이는 왕의 배우자 중에서 처첩을 구별하고 자녀들 중에서 장자와 중자 그리고 적자와 서자를 구별하기 위해서였다.

'봉호·책보·상징물의 종류와 기능에 대한 비교'에 대한 검토결과는 다음과 같았다. 왕비, 왕의 후궁, 세자, 세자빈을 제외한 왕자, 왕녀의 경우에는 교명이나 옥책, 죽책, 금인, 은인, 명복이 전혀 없었다. 오직 임명장인 교지만이 있었다. 그렇지만 왕자, 왕녀가 받은 교지는 왕비, 후궁, 세자, 세자빈이 받은 교명, 옥책, 죽책, 금인, 은인, 명복과 마찬가지로 왕자와 왕녀의 지위를 상징하는 증표로 기능하였다.

'책봉에 따른 권리와 의무'에 대한 검토결과는 다음과 같았다. 왕비를 비롯하여 왕세자, 왕세자빈은 국왕, 대비와 더불어 진상의 대상이 되었다. 반면 후궁, 왕자, 왕녀는 공상의 대상이 되었다. 이는 조선시대에 책봉 또는 봉작된 왕비, 후궁, 왕세자, 왕세자빈, 왕자, 왕녀는 책봉 또는 봉작되면서 진상 또는 공상을 받는 권리를 획득했음을 의미했다. 반면 왕비와 후궁 그리고 왕세자와 왕세자빈에게는 원칙적으로 거주지가 궁궐에 한정되는 거주지 제한이 있었으며, 봉작된 왕자와 왕녀의 경우, 혼인 이전에는 궁궐에서 거주하였지만 혼인 후 출합하더라도 거주지가 한양에 제한되는 의무가 있었다. 아울러 특정 국왕의 4대 이내 종친에게는 과거응시 금지와 정치활동 금지의 의무도 있었다.

두 번째 대주제인 '조선시대 왕실 봉작제와 책봉의례'에 뒤이어 '대한제국기 황실 봉작제와 책봉의례'를 세 번째 대주제로 설정하고, '황후와 후궁의 책봉의례', '황태자와 황태자비의 책봉의례', '태후의 존숭의례', '황자의 책봉의례', '봉호·책보·상징물의 종류와 기능에 대한 비교', '책봉에 따른 권리와 의무'를 하위 주제로 설정하여 각각 검토하였다.

'황후와 후궁의 책봉의례'에 대한 검토결과는 다음과 같았다. 1897년 고종이 황제에 오르고 국호를 조선에서 대한으로 바꿈으로써 조선왕실은 대한제국황실이 되었다. 이에 따라 황실 구성원들은 황제국 체제에 맞게 책봉되었고, 명성왕후와 궁인 엄씨 역시 황후와 후궁에 책봉되었다. 명성왕후의 황후 책봉과 궁인 엄씨의 후궁 책봉은 기왕의 전례 즉 중국의 의례를 거의 그대로 답습하여 마련되었는데, 이것이 이른바 대한제국에서 고종황제가 강조한 구본신참 또는 법고창신에서 '구본' 또는 '법고'의 구현이었다. 명성왕후의 황후 책봉의례는 기본적으로는 『대당개원례』의 '임헌명사'와 '황후수책' 및 명의 황후 책봉의례를 모범으로 하였지만, 당시 명성왕후는 이미 승하한 상태였기에 의례에 약간의 변화가 있었다. 이 결과 '책황후의'와 '황후책보봉예빈전행례의'의 두 가지 의례가 마련되었는데, '책황후의'는 『대당개원례』의 '임헌명사'에 해당하는 의례이고, '황후책보봉예빈전행례의'는 『대당개원례』의 '황후수책'에 해당하는 의례였다. 명성왕후의 황후 책봉의례가 빈전에서 거행된 이유는 물론 명성왕후가 승하한 상태였기 때문이었다. 궁인 엄씨의 경우 역시 후궁 책봉 때 중국의 의례를 참조하여 '책비의'와 '비수책의' 두 가지 의례가 마련되었다.

'황태자와 황태자비의 책봉의례'에 대한 검토결과는 다음과 같았다. 황태자와 황태자비의 책봉의례 역시 중국의 전례를 모범으로 하였다. 황태자의 책봉의례로는 크게 '책황태자의', '황태자조사빈전의', '황태자진치사우빈전의', '백관진전하황태자의'가 마련되었는데, 이 중에서 '책황태자의'가 황태자 책봉의례의 핵심이었고, 나머지 '황태자조사빈전의', '황태자진치사우빈전의', '백관진전하황태자의'는 책봉 이후의 사후 의례였다.

황태자비의 책봉의례로는 '책황태자비의', '황태자비수책보의', '황태자비조알의', '황태자비조알빈전의', '황태자비조알명헌태후의', '황태자비회궁예황태자행례의' 등이 마련되었는데, 이 중에서 '책황태자비의'와 '황태자비수책보의'가 황태자비 책봉의례의 핵심이었고, 나머지 '황태자비조알의', '황태자비조알빈전의', '황태자비조알명헌태후의', '황태자비회궁예황태자행례의'는 책봉 이후의 사후 의례였다.

'태후의 존숭의례'에 대한 검토결과는 다음과 같았다. 태후의 존숭의례는 중국의 전례 못지않게 조선시대의 전례를 모범으로 하였는데, 특히 『국조속오례의』 가례의 '왕대비책보친전의'가 많이 참조되었다. 이 의례를 참조하여 마련된 것이 '명헌태후상보의'로서, 태후에게는 옥보만 봉헌되고 책문은 생략되었다. 그 이유는 명헌태후가 고종황제의 윗사람이기에 '명헌태후상보의'를 책봉의례가 아닌 존숭의례로 마련했기 때문이었다.

'황자의 책봉의례'에 대한 검토결과는 다음과 같았다. 1900년에 의친왕과 영친왕의 책봉이 거행되었는데, 당시 고종황제는 황후, 후궁, 황태자, 황태자비, 태후와 마찬가지로 의친왕과 영친왕의 책봉 역시 중국의 역대 전례 특히 당의 황실 봉작제를 모범으로 하였다. 그 결과 '책배친왕의', '책배친왕시황태자시좌의', '영왕자내수책의', '영왕수책인후수군관하의' 등이 마련되었는데, 이 중에서 '책배친왕의'는 의친왕과 영친왕의 책봉의례였고, '책배친왕시황태자시좌의'는 의친왕과 영친왕을 책봉할 때 황태자가 황제를 시좌하는 의례였다. 한편 '책배친왕의' 이외에 또 '영왕자내수책의'와 '영왕수책인후수군관하의'가 더 마련된 이유는 당시 영친왕이 4살밖에 되지 않아 정전에서 책봉의례를 거행할 수 없어서 영친왕의 처소인 서궁에서 별도로 '영왕자내수책의'와 '영왕수책인후수군관하의'를 거행하였기 때문이었다.

'봉호·책보·상징물의 종류와 기능에 대한 비교'에 대한 검토결과는 다음과 같았다. 중국 역대의 황실 봉작제를 모범으로 한 대한제국에서 황후, 후궁, 황태자, 황태자비, 태후, 황자 등의 봉호, 책보, 상징물 등은 당 또는 명대의 것과 유사하였다. 예컨대 봉호의 경우 중국 역대의 황실 봉작제에서 나타나는 봉호와 동일하였다. 즉 황후, 황태자, 황태자비, 친왕, 태후는 중국과 마찬가지로 대한제국황실의 봉호로 이용되었고, 후궁의 경우도 마찬가지였다. 영친왕의 생모인 궁인 엄씨의 경우 처음에는 귀인에 책봉되었다가 다시 순빈 그리고 순비 마지막으로 황귀비에 책봉되었다. 즉 궁인 엄씨의 후궁 봉호로는 귀인, 빈, 비, 귀비가 사용되었던 것이다. 또한 의친왕의 생모인 궁인 장씨는 의친왕이 친왕에 책봉된 후 숙원에 책봉되었다. 황후, 후궁, 황태자, 황태자비, 태후, 친왕 등에 책봉 또는 존숭되면 그 증표로 책, 보, 인을 비롯하여 제, 조서 등을 받았다.

황후의 경우에는 제, 금책, 금보 등을 받았다. 제는 황후로 책봉한다는 황제의 명령문으로서, 명성황후 민씨를 책봉할 때는 "왕후 모씨를 책하여 황후로 삼는다. 경 등에게 명하노니 지절하고 전례하라"가 곧 황후 책봉을 명령하는 황제의 제였다. 황후의 금책은 황후로 결정된 사실과 함께 황후의 할 일을 당부하는 글을 적어 책의 형태로 만든 것이었고, 황후의 금보는 '황후지보'라 새겨진 도장이었다.

후궁의 경우, 귀인까지는 조선시대 후궁의 봉작 교지에 해당하는 봉작 칙지를 받는 데 그쳤다. 그러나 비 또는 황비로 책봉될 때는 황후와 마찬가지로 제와 금책을 받았지만 도장의 경우에는 금보가 아닌 금인을 받았다. 순비 엄씨의 금인은 '순비지인'이라 새겨진 도장이었다.

황태자와 황태자비의 경우에도 황후와 마찬가지로 제와 금책 및 금보를 받았다. 명헌태후를 존숭할 때에는 오직 '명헌태후지보'라 새겨진 옥보를 올리는 것이 전부였다. 황자의 경우, 황태자와 마찬가지로 제와 금책을 받았지만 도장의 경우에는 금보가 아닌 금인을 받았다.

'책봉에 따른 권리와 의무'에 대한 검토결과는 다음과 같았다. 고종은

1897년 음력 9월 17일에 황제에 즉위한 후에도 갑오개혁과 을미개혁에서 성취된 제도개혁들을 거의 그대로 수용하였다. 예컨대 의정부와 궁내부로 이원화된 국가조직을 그대로 유지하였던 것이다. 이 결과 대한제국이 선포된 후에도 황실 구성원들은 환관과 궁녀를 받지 못하였고, 나아가 진상과 공상도 받지 못했다. 그럼에도 대한제국기의 황실 구성원들은 책봉된 후 인적 측면과 물적 측면에서 큰 권리를 향유하였다.

대한제국기에 친왕에 책봉되면 4명의 관리가 친왕부에 배속되었는데, 이는 9명의 궁녀를 받았던 조선시대의 왕자군에 비해 절반 이하로 줄어든 인원수였다. 배속 인원도 궁녀가 아니라 정식 관료라는 점이 중요한 차이라고 할 수 있다.

하지만 대한제국기 친왕의 물적 권리는 오히려 조선시대 왕자군의 물적 권리보다 더 커졌다. 의친왕은 친왕에 책봉된 후 대략 40만 평의 토지를 확보했는데, 이 규모는 의친왕이 의화군에 책봉된 후 확보한 42만여 평과 근사한 규모였다. 따라서 의친왕은 의화군에 책봉된 후 42만여 평, 친왕에 책봉된 후 40만여 평 합하여 82만여 평에 달하는 막대한 토지를 확보했다고 할 수 있었다.

한편 대한제국기에 책봉된 태후와 후궁 그리고 황태자와 황태자비는 조선시대의 대비와 후궁 그리고 왕세자와 왕세자빈과 마찬가지로 거주지는 궁궐에 한정되었다. 이 외에 봉작된 황자의 경우, 혼인 이전에는 궁궐에서 거주하였지만 혼인 후 출합하더라도 거주지는 한양에 제한되었다. 즉 대한제국기의 황족 구성원들은 조선시대의 왕실 구성원과 마찬가지로 거주이전의 자유가 박탈되었던 것이었다. 이 외에 관직 진출 등에서도 불이익을 당한 것은 조선시대와 같았다. 그뿐만 아니라 대한제국기 영친왕은 황태자가 된 후 일본에 인질로 잡혀갔는데, 그 이유는 물론 그가 약소국 대한제국의 황자 또는 황태자였기 때문이었다.

2 의의 및 향후 전망

　이 책의 의의는 무엇보다도 조선 건국을 전후하여 고려시대의 불교적 국가의례가 유교적 국가의례로 개편된 결과 나타난 조선왕실의 대외적 책봉의례와 대내적 책봉의례를 조선시대부터 대한제국기까지 통합적, 통시적으로 고찰하였다는 점에 있다. 또한 조선시대 왕실 책봉의례와 대한제국의 황실 책봉의례는 그 원형이 역대 중국의 전례, 그중에서도 당과 명의 전례였다는 사실뿐만 아니라 나아가 역대 중국의 전례를 조선 현실에 맞게 변형, 재창조한 것이었다는 사실을 확인한 것도 중요한 의의라 할 수 있다. 나아가 조선왕실과 대한제국황실의 봉작제를 비교함으로써 각각의 봉작제가 갖는 특징, 역할, 기능 등을 보다 선명하게 파악한 것도 이 책의 주요한 의의이다.

　예컨대 조선시대 국왕은 대외적 책봉의례에 따라 확립된 왕권을 기반으로 대내적 책봉의례를 거행하였고, 조선시대 국왕의 대외적 책봉의례는 명의 빈례와 상호 연결되었다. 이런 사실은 조선시대 대외적 책봉의례와 대내적 책봉의례를 통합적으로 파악해야 그 전모와 기능 및 의미를 제대로 파악할 수 있으며, 각각의 봉작제가 갖는 특징, 역할, 기능 역시 대외적 책봉의례와 대내적 책봉의례를 통합적으로 파악할 때 보다 선명하게 드러날 수 있음을 보여 준다.

　또한 조선시대에 정비된 대외적 책봉의례를 대표하는 『세종실록』 오례의 ‘영칙서의’의 경우, 이 ‘영칙서의’를 거시사적인 측면에서 보면, 이 의례는 공민왕 19년(1370) 5월에 공민왕이 명 홍무제에 의해 고려국왕으로 책봉되면서 고명과 인장을 받을 때 거행되었던 명 빈례의 '번국접조의주'와 '번국수인물의주'가 수십 년간의 개정과 정비를 거쳐 조선의 가례 '영칙서의'로 변화, 정착된 것이다. 이러한 사실에서 조선시대 책봉의례는 단순히 중국의 전례를 모방한 것이 아니라 그것을 조선 현실에 맞게 변형, 재창조한 것이었다고 할 수 있다.

한편 이 책은 조선시대 왕실문화와 대한제국기의 왕실문화에 대한 이해의 심화 및 문화산업 발달에 기여할 것으로 전망된다. 조선시대 그리고 대한제국기는 근대 한국의 바로 직전 시대로서 해당 시대의 전공자들은 물론 수많은 대중들로부터 집중적인 관심을 받고 있다. 이 책은 이와 같은 일반인들의 관심에 부응하기 위하여 조선시대의 왕실 봉작과 대한제국기의 황실 봉작을 최대한 알기 쉽게 검토, 정리하였다. 그러므로 이 책은 일반인들로 하여금 조선시대의 왕실문화는 물론 대한제국기의 황실문화에 대한 이해를 심화하고 나아가 문화콘텐츠 제작자의 제작 자원으로 활용되어 문화산업 발달에도 기여할 것으로 전망된다.

하지만 한계 역시 분명하다. 무엇보다도 이 책의 한계는 조선시대 왕실 봉작 및 대한제국기 황실 봉작과 그것들의 모범이 된 중국 역대의 황실 전례와의 사이에서 찾아지는 유사점과 차이점의 내용과 이유 등이 정밀하게 검토되지 못했다는 사실에 있다. 예컨대 중국 역대 황실 전례의 내용과 형식 및 의미는 봉건제와 봉작제에 따라 크게 다르다. 따라서 조선시대 왕실 봉작과 대한제국기 황실 봉작의 내용과 의미를 보다 깊이 확인하기 위해서는 중국의 봉건제와 봉작제 특징 중에서 구체적으로 어떤 것이 조선시대 왕실 봉작과 대한제국기 황실 봉작에 적용되었고 또 어떤 것은 적용되지 않았는지, 나아가 그렇게 된 이유는 무엇인지 등등에 대한 검토가 필요하다. 아울러 중국의 황족들이 책봉 후 얻게 되는 다양한 특권과 의무를 조선의 왕족들이 책봉 후 얻게 되는 다양한 특권과 의무와 구체적으로 비교, 검토할 필요가 있지만 이 책에서는 그렇게 하지 못하고, 단지 중국 역대의 전례 중에서 당과 명의 황실 전례를 조선시대 왕실 봉작 그리고 대한제국기 황실 봉작과 평면적, 형식적으로 비교하는 데 그쳤을 뿐이다.

아울러 이 책은 조선왕실의 책봉의례에서 나타나는 내용과 의미에 대하여는 상대적으로 검토가 부족하였다. 예컨대 중국의 역대 황실 봉작과 조선시대의 왕실 봉작에서 가장 중요한 상징물로 이용된 책과 보에서 왜 책의 원형이 옥이었는지, 또 보의 유는 왜 용이나 거북이었는지에 대한 의미 파악이 부족하였다. 또한 책봉의례가 거행되는 공간상의 특징, 책봉의례의 행위 하나하나가 갖는 의미 등등에 대한 검토도 부족하였다. 이 같은 한계점들은 장차 각각의 측면들을 하나하나 나누어 구체적으로 검토함으로써 극복해 나가고자 한다.

찾아보기